모바일 장의 발자취

KB173433

이 저서는 2018년 대한민국 교육부와 한국연구재단의 지원을 받아 수행된 연구임
(NRF-2018S1A6A3A03043497)

모빌리티 연구 10년

모바일 장의 발자취

제임스 폴콘브리지 · 앨리슨 후이 편저 하홍규 옮김

앨피

모빌리티인문학 Mobility Humanities

모빌리티인문학은 기차, 자동차, 비행기, 인터넷, 모바일 기기 등 모빌리티 테크놀로지의 발전에 따른 인간, 사물, 관계의 실재적 · 가상적 이동을 인간과 테크놀로지의 공-진화co-evolution라는 관점에서 사유하고, 모빌리티가 고도화됨에 따라 발생하는 현재와 미래의 문제들에 대한 해법을 인문학적 관점에서 제안함으로써 생명, 사유, 문화가 생동하는 인문-모빌리티 사회 형성에 기여하는 학문이다.

모빌리티는 기차, 자동차, 비행기, 인터넷, 모바일 기기 같은 모빌리티 테크놀로지에 기초한 사람, 사물, 정보의 이동과 이를 가능하게 하는 테크놀로지를 의미한다. 그리고 이에 수반하는 것으로서 공간(도시) 구성과 인구 배치의 변화, 노동과 자본의 변형, 권력 또는 통치성의 변용 등을 통칭하는 사회적 관계의 이동까지도 포함한다.

오늘날 모빌리티 테크놀로지는 인간, 사물, 관계의 이동에 시간적 · 공간적 제약을 거의 남겨 두지 않을 정도로 발전해 왔다. 개별 국가와 지역을 연결하는 항공로와 무선 통신망의 구축은 사람, 물류, 데이터의 무제약적 이동 가능성을 증명하는 물질적 지표들이다. 특히 전 세계에 무료 인터넷을 보급하겠다는 구글Google의 프로젝트 룬Project Loon이 현실화되고 우주 유영과 화성 식민지 건설이 본격화될 경우 모빌리티는 지구라는 행성의 경계까지도 초월하게 될 것이다. 이 점에서 오늘날은 모빌리티 테크놀로지가 인간의 삶을 위한 단순한 조건이나 수단이 아닌 인간의 또 다른 본성이 된 시대, 즉 고-모빌리티high-mobilities 시대라고 말할 수 있다. 말하자면, 인간과 테크놀로지의 상호보완적 · 상호구성적 공-진화가 고도화된 시대인 것이다.

고-모빌리티 시대를 사유하기 위해서는 우선 과거 '영토'와 '정주' 중심 사유의 극복이 필요하다. 지난 시기 글로컬화, 탈중심화, 혼종화, 탈영토화, 액체화에 대한 주장은 글로벌과 로컬, 중심과 주변, 동질성과 이질성, 질서와 혼돈 같은 이분법에 기초한 영토주의 또는 정주주의 패러다임을 극복하려는 중요한 시도였다. 하지만 그 역시 모빌리티 테크놀로지의 의의를 적극적으로 사유하지 못했다는 점에서, 그와 동시에 모빌리티 테크놀로지를 단순한 수단으로 간주했다는 점에서 고-모빌리티 시대를 사유하는 데 한계를 지니고 있었다. 말하자면, 글로컬화, 탈중심화, 혼종화, 탈영토화, 액체화를 추동하는 실재적 · 물질적 행위자agency로서의 모빌리티 테크놀로지를 인문학적 사유의 대상으로서 충분히 고려하지 못했던 것이다. 게다가 첨단 웨어러블 기기에 의한 인간의 능력 향상과 인간과 기계의 경계 소멸을 추구하는 포스트-휴먼 프로젝트, 또한 사물 인터넷과 사이버 물리 시스템 같은 첨단 모빌리티 테크놀로지에 기초한 스마트 도시 건설은 오늘날 모빌리티 테크놀로지를 인간과 사회, 심지어는 자연의 본질적 요소로 만들고 있다. 이를 사유하기 위해서는 인문학 패러다임의 근본적 전환이 필요하다.

그러므로 모빌리티인문학은 '모빌리티' 개념으로 '영토'와 '정주'를 대체하는 동시에 인간과 모빌리티 테크놀로지의 공-진화라는 관점에서 미래세계를 설계하기 위한 사유 패러다임을 정립한다.

10장 가속, 역전 또는 출구 찾기?
파편화된 미국적 상상력에서 미래의 자동차 모빌리티

1장

모바일 장의 발자취

모빌리티 연구 10년

제임스 폴콘브리지|James Faulconbridge

앨리슨 후이|Allison Hui

　　　　10년 전 이 저널을 출간한 이래로 모빌리티 연구 장field은 빠른 속도로 발전해 왔다. 이 편집자 서문에서는 이 발전이 어떻게 선별 조직되었고curated, 어떻게 이 장이 진화해 왔으며, 이 연구의 성숙이 모빌리티 연구에 어떤 의미가 있는지를 탐구한다. 초기 편집자들이 어떻게 모빌리티 연구 내에서 특정한 발전 궤도를 고무해 왔는지 살펴본 후, 지난 10년 동안 등장한 주요 논의들을 확립하고 재형성한 논문들을 소개한다. 해당 논문들은 권력, 학제성, 사회과정, 미래와 같은 주제들을 끄집어내면서, 모빌리티에 대한 이해가 어떻게 변화하고 있는가 하는 물음뿐만 아니라 모빌리티 연구 장 자체가 어떻게 진전되고 있는지에 대해 중요한 물음을 제기한다. 이 주제들을 계속 이어 가면서 모빌리티 연구를 하나의 장으로 이해하는 것이 어떻게 미래의 투쟁, 파편화 그리고 하위-학문 분야들을 위한 잠재성을 고려하는 데 기여하는지 검토한다. 우리는 모빌리티 장의 개방성과 전략적 다양성이 과거 10년간의 성공을 함양해 왔으며, 따라서 이 장에서 여전히 중요한 영감의 원천과 창조적 잠재력이 되는 주요 주제들로의 수렴과 다양한 '내적 재료들'의 탐구 사이에서 선별 조직된 세밀한 균형과 함께 이 개방성과 다양성이 미래에 여전히 우선순위가 되어야 한다고 주장한다.

서론

2013년 9월 많은 동료들과 친구들이 영국 랭카스터대학교에서 열린 '글로벌 모빌리티 미래' 학회에 모여 모빌리티연구소Centre for Mobilities Research: CeMoRe 설립 10주년을 축하했다. 이 모임은 2004년 모빌리티연구소의 '대안적 모빌리티 미래' 학회에서 몇몇 참가자들이 처음 탐구했던 분야인 모빌리티 연구에 대해 다수의 흥미진진한 대화들을 촉발시켰다. 더 중요하게, 이 모임은 모빌리티 연구 내부에서 여전히 활기차고, 창조적이며, 생성적인 상호작용이 일어나고 있음을 재확인했다. 2013년 학회의 결과물이자, 2006년 이 저널이 출간된 이래로 10년을 맞는 이 특집호에서, 우리는 모빌리티 조사연구의 창조적 계기를 포착하고, 이 장이 어떻게 등장했고, 이 장의 미래는 어떠할지를 비판적으로 성찰하고자 한다.

학술지로서 《모빌리티스》는 중요한 시기에 태어났다. 모빌리티 주제에 대한 많은 학제적 논의들이 절충적이고 분산된 텍스트들 안에서 등장하고 있었다. 학술지는 진행 중인 대화들을 함께 모으고 대화를 이어 갈 포럼을 제공함으로써, 모빌리티의 동학과 내기물 stakes, 그리고 경험 연구를 중심으로 관심이 모이도록 고무했다. 《모빌리티스》는 2006년 첫째 호와 함께 '환경과 계획 A' 특집호를 출판했다. 이 두 호의 편집자들(Hannam, Sheller, and Urry 2006; Sheller and Urry 2006)은 '모빌리티 전환'에 대한 모든 논의의 출발점이 되었다. 이 시점에서부터 지난 10년 동안 이 학술지의 성공(해마다 3회 출판에서 5회 출판으로 확장)과 많은 핸드북들(Adey et al. 2014b), 특집호들(Anim-Addo, Hasty, and Peters 2014; Bajc, Coleman, and Eade 2007; Barker et al. 2009; Basu and Coleman 2008; Conradson and Mckay 2007; Fortier and Lewis 2006; Gill, Caletrío, and Mason 2011; Richardson 2013)과 연구 리뷰들(Cresswell 2011, 2012, 2014; Merriman 2015)의 출판이 증명해 보이듯이, 모빌리티 학술 연구는 확산되었다.

모빌리티 연구라는 명찰을 달고 출판된 학술 연구들을 요약하고 새로운 것이 무엇인지 묻는 것은 이와 같은 기념호에 어울릴 만한 일일 것이다. 하지만 이런 물음에 답하는 것은 불가능한 과제이다. 연구들은 각 학제간 분야들에 특정한 문제들을 제시한다. 따라서 새로움의 판단은 그 연구들이 어떻게 자리하고 맥락화되는지에 따라 달라질 뿐만 아니라, 이 분야의 이질성과 지속적인 발전을 고려할 때 그러한 판단은 하기 힘들거나 일시적일 것이다.

사실상 이 특집호에 실린 논문들의 다양성은 모빌리티 연구의 발전과 그 넓은 범위를 증거한다. 10년이 지난 후 이 장을 특징짓는 활발하고 학제적인 대화들은 진정으로 모빌리티 전환 또는 패러다임 전환이 있었는가 하는 질문을 무의미하게 만들었다. 그러므로 더 흥미로운 것은 연결과 관계, 역사 그리고 미래가 '최첨단의' 모빌리티 연구에 어떻게 엮일 수 있는가 하는 질문이다. 이 특집호에 실린 논문들은 모두 과거 10년간의 연구가 어떻게 사회 안에서 모빌리티의 위치에 대한 새로운 통찰들을 열었는지 보여 주는 본보기들이다. 이 논문들은 또한 모바일 세계에서 새로운 대화와 이해, 개입으로 나아가려는 시도들이 어떻게 모빌리티 장의 등장으로 촉발된 다소 의도적인 변화 안에 배태될지 그리고 그로부터 등장할지를 강조한다.

그러므로 이 편집자 서문에서는 이 특집호의 다양한 경험적·이론적·방법론적 주제들을 요약하려고 시도하기보다는, 뒤로 물러서서 모빌리티를 자체의 과거와 미래를 가진 연구장으로서 비판적으로 성찰하고자 한다. 이것은 모빌리티 연구의 활력은 연구하는 과정뿐만 아니라 모빌리티 조사연구의 실천과도 연계되어 있다는 확신에 기인한다. 그러므로 다음 10년 동안 모빌리티 연구의 활력과 창조성을 보장하는 일은, 우리가 연구하는 모빌리티의 이해와 정치에 대해 성찰하는 것일 뿐 아니라 연구 장들의 이해와 정치 안에 우리의 상호작용을 위치시키는 것이다.

우선 2006년 모빌리티 연구 장의 미래가 편집자들의 요청으로 어떻게 해서 학제적이고 경험연구 지향 프로젝트에 합류하게 되고 형성되었는지부터 살펴본다. 우리는 이 애초의 모빌리티 연구 틀짓기가 전략적으로 이 장을 다양한 분야로 형성하는 데 핵심적이었다고 주장한다. 특집호의 논문들이 어떻게 해서 기존의 대화들을 모으고 재방향짓는 연구의 발자취를 대표하는지를 소개한 후, 이 글의 후반부는 모빌리티 연구를 하나의 '장場'으로 부르는 것이 어떤 의미인지 좀 더 세밀하게 고려한다(Bourdieu 1984). 전체적으로 이 글은 조직적 장들의 등장과 성숙뿐만 아니라 장들 내의 투쟁과 보상에 관한 논의에 참여하면서, 모빌리티 연구를 하나의 장으로 취급하는 것이 다음 10년의 발전을 상상하는 데 중요한 함의를 갖는다고 강조한다.

새로운 궤도 선별 조직하기

우리의 첫 출발점은 모빌리티 연구의 계보와 그 안에 특정한 궤도들이 어떻게 지난 10년 동안 창조성과 기여를 가능하게 했는지 성찰하는 것이다. 애디Adey와 동료들(2014b)이 엮은 최근 핸드북의 글쓴이들이 모빌리티 연구에 기여하는 몇몇 (하위)학문 분야들의 계보에 관심을 갖는다면, 우리는 2006년 두 편집자 서문과 그들이 어떻게 특정한 탐구 경로를 인식하고 고무했는지에 주의를 기울이고자 한다. 우리는 이 애초의 개입이 후속 작업의 활기를 크게 북돋웠으며, 별개의 학제적인 모빌리티 연구 장의 형성에 기여했다고 시사한다.

한남 · 셸러 · 어리(Hannam, Sheller and Urry 2006)와 셸러 · 어리(Sheller and Urry 2006)의 편집자 서문은 '모빌리티 전환' 또는 '모빌리티 패러다임'과 관련하여 자주 인용되지만, 그들의 기여는 주로 선별 조직 작업과 범주화였음을 인정하는 것이 중요하다. 이 둘의 원칙은 모빌리티 어젠다를 발전시킬 작업의 이름을 짓고 재범주화함으로써 담론적 지령discursive injunction을 내리는 것이었다. 그래서 글쓴이들은 모빌리티 전환을 이미 여러 가지 방식으로 이루어지고 있는 무언가로 위치짓는 것에 조심스러웠다. 예를 들어, 모빌리티 전환을 모빌리티 학문의 역사화historicization(Cresswell 2010)나 사회과학 내 일관성 있는 패러다임들과 어떻게 관련지을 것인가 하는, 그에 따르는 긴장과 토론이 이러한 명명命名을 중심으로 생겨났다. 이것은 이 고의적인 '도발적 명명'(Adey et al. 2014a)이 어떻게 새로운 담론적 참여와 사회과학 문헌 안의 이전의 분할과 분리를 다시 살필 계기를 제공했는지 보여주는 증거일 수 있다. 그럼에도 불구하고 여전히 중요한 물음이 남아 있다. 인류학, 지리학, 이주학, 교통 연구transport studies와 같은 다른 분야들에서 이미 수십 년 동안 모빌리티 연구가 있었다는 것을 고려할 때, 이 두 편집자 서문이 알린, 패러다임적인 것은 아닐지라도 담론적 전환을 할 수밖에 없게 만든 것은 무엇인가?

우리가 파악한 이 편집자들의 주요한 기여는, 조사연구 실천을 더 큰 사회적 과정의 구성 요소로 보기보다는 모빌리티를 전면에 내세우기 위해 조사연구 실천의 변화와 재배열을 제안한 것이었다. 이것은 애초에 기존의 이론적 또는 학문적 틀을 통해 설명될 수 있다는 것을 전제하지 않고, 모빌리티와 관련된 경험 사례들을 연구할 필요를 의미한다. 이런 의미에서 모빌리티는 '불필요'하거나 '예외적인' 것이 아니라, 지속적인 관심을 가질 만한 가치가 있는 것이다(Adey et al. 2014a). 모빌리티 연구는 모빌리티가 비판적으로 그리고 맥락 안에서 다루어지는 '분석의 스타일'을 수반한다(Adey et al. 2014a, 2). 어떤 점에서 이러한 조처는 분석 대상으로서 모빌리티에 대한 단순한 확인으로 읽힐 수 있다. 그러나 그것은 또한 사회학과 같은 분야들에서는 당시 정통이 아니었던 것을 고려할 수 있는 공간을 마련해 주었다(Sheller 2014; Urry 2000). 그래서 모빌리티를 중앙 무대에 놓으려는 노력을 고무하는 것은, 사회 세계에서 무엇이 적절하고 적절하지 않은지, 중요한지 중요하지 않은지, 중심적인지 주변적인지에 대한 다양한 (하위) 분과의 전제들에 함축적으로 도전하는 것이었다. 모빌리티를 고려하도록 하는 초청은 '정상적인' 가정들과 범주들을 질문하고, 지식 공동체들 내부의 분할과 경계에 도전하고, 사회 세계를 연구하는 창조적이고 실험적인 접근 방식을 탐구할 공간을 제공했다.

　이렇듯 모빌리티를 나름의 방식으로 연구하도록 하는 요청은 특정한 이론적·방법론적 접근을 제안하는 것이지만, 그것을 전제로 한 것은 아니다. 실제로 그 결과 다양한 경험적 주제의 연구와 연관된 이론적이고 방법론적인 실험이 (이 특집호의 논문들이 보여 주는 것처럼) 두드러졌다. 예를 들어, 어리Urry는 모빌리티에 대한 성찰을 뒷받침하는 일단의 이론적 개념들의 개요를 서술해 주었지만(2007. 3장), 이것이 정설orthodoxy을 대표하거나 새로운 대서사를 구성하는 것은 아니다. 오히려 지난 10년간의 연구를 되돌아보면, 모빌리티를 이해하려는 여러 다른 이론들, 방법론들, 분석 '스타일들'을 발전시킨 학술 연구의 연속된 흐름을 확인할 수 있다. 이것은 다양한 경험 사례들을 연구하고 적절할 수 있는 이론적이고 방법론적인 자원들에 대해 개방 감각을 유지하도록 고무한 두 편집자 서문을 반영한다. 그래서 "새로운 모빌리티 패러다임은 현대 세계를 '총체화'하거나 환원적으로 묘사하는 대신에, 일련의 질문들, 이론들, 방법론들을 제시한다"(Sheller and Urry 2006. 210). 이것은 다양한 모빌리티 연구들이 기존의 학문적 틀에 의해 부과된 제약 없이 수행될 수 있는 공간을 창조하는 것을 주된 목표로 제안하며, 지난 10년 동안 출판된 연구도 이를 확인해 주는 것으로 보인다.

　당대의 이론적·방법론적 접근들은 애초에 셸러와 어리(2006)가 제시한 목록에 있는 것들처럼 여전히 이질적이지만, 그럼에도 불구하고 몇몇 중요한 궤도들을 확인할 수 있다. 예를 들어, 이론적으로 우리는 모빌리티를 신생 분야로 보면서 그와 같이 이론화할 필요를 가지고, 보다 과정지향적·수행지향적·실천지향적인 존재론적 입장의 등장에 주목한다. 예를 들어, 이는 정동affect에 대한 연구(Bissell 2010; Conradson and Latham 2007; Jensen, Sheller, and Wind 2014), 실천에 대한 연구(Aldred and Jungnickel 2013; Benson 2011; Cresswell and Merriman 2011; Hui 2013; Larsen 2008a), 네트워크 창조에 대한 연구(Blok 2010; Hui 2012; Larsen 2008b; Larsen, Urry, and Axhausen 2006; Nowicka 2007; Ren 2011), 비표상적non-representational 연구(McHugh 2009; Spinney 2011; Vannini 2011)뿐만 아니라, 고프먼Goffman의 연구(Jensen 2006, 2010; Licoppe 2009; Yeoh and Huang 2010)와 드 세르토de Certeau의 연구(Bissell 2009; Farías 2010; Kidder 2009)를 사용하고 발전시키는 것을 포함한다. 이와 관련하여, 경험 분석은 A에서 B로의 이동 기능성뿐만 아니라 모빌리티의 경험과 사회문화적 구성에 특히 관심을 가졌다(Cresswell 2006; Jensen 2009). 모빌리티 연구의 방법론적 도전과 기회는 또한 스마트폰과 같은 새로운 기술의 사용과 함께 민속지와 같은 전통들을 결합하고 재정향하는 '이동적 방법mobile methods'의 등장에 기여했다(Büscher and Urry 2009; Büscher, Urry, and Witchger 2011; Fincham, McGuinness, and Murray 2010; Hein, Evans, and Jones 2008). 이러한 모든 발전은 모빌리티 자체의 특수성을 우선시한 데서 비롯되었으며, 모빌리티를 더 넓은 현상의 우연적 부분으로 다루는 연구들과 뚜렷한 대조를 보인다.

특정한 이론적·방법론적 접근들의 발전은 또한 모빌리티라는 우산 아래 적합한 현상들의 여러 차별적 특징화를 동반한다. 이것은 앞서 서술한 이론적 · 방법론적 발전보다 훨씬 더 다양하다. 아마도 10년 전 편집자들이 명시적으로 학제적인 모빌리티 연구를 촉진하였기 때문에 이는 필연적이었다(Hannam, Sheller, and Urry 2006, 2, 16). 기존의 학문적 경계를 넘어서 대화를 창출하는 데 대한 관심은 개념적 개방성을 제안할 뿐만 아니라 요청했다. "이 패러다임에서 모빌리티는 광범위한 포괄적 의미에서 사용되고 있다"(Sheller and Urry 2006, 212). 그래서 다양한 체계들와 계층 구조들scales을 가로지르는 교차성과 역동성뿐만 아니라 (사람들, 대상들, 자본, 정보) 이동의 여러 유형들이 관심사였다(Hannam, Sheller, and Urry 2006, 1). 연결과 흐름, 배제와 장벽들에 대한 관심은 이질적인 모빌리티가 어떻게 상황지어진 경험과 참여뿐만 아니라 거버넌스governance[1]와 정치 체계들을 재생산하는지를 강조해 왔다. 이 모든 것은 자동차, 기차 또는 다른 교통수단에 의한 체화된 여행과 같이 더 전통적인 연구의 초점을 넘어설 수 있는 공간을 창출한다. 모빌리티 연구는 그러한 사례들을 신중하게 다루어 왔으나, 그것들을 더 넓은 과정과 문제에 연결시키는 것이

---

1 [역주] "세계화와 지방화로 인해 국민국가의 힘이 약화되면서 전통적인 정부government와는 다른 새로운 개념의 통치체제가 등장하고 있는데, 그것을 흔히 거버넌스라고 한다. 거버넌스는 다양한 행위자들과 그들의 네트워크로 구성된 통치체제이다. 이때 다양한 행위자들에는 기존의 (중앙정부든 지방정부든) 정부뿐만 아니라 기관, 기업, 대학, 방송국, 시민단체, 국제기구 등이 포함되며, 그들의 위치 역시 특정한 하나의 영역 안에 한정된 것이 아니라 국지적 · 국가적 · 세계적 수준에서 다양하게 분포한다. 따라서 거버넌스는 다중적 규모를 가로지르는 개방적이고 역동적인 네트워크로 구성된 통치체제로 볼 수 있다." 존 어리, 《모빌리티》(강현수 · 이희상 옮김)(서울: 아카넷, 2014), 282쪽.

중요함을 강조하였다.

그래서 2006년 편집자 서문들 이래로, 모빌리티 연구는 공유된 관심사들과 중요한 출발점을 중심으로 부상浮上해 왔다. 이는 이 특집호에 실린 논문들도 일부 다룬 많은 흥미진진한 발전 궤도들에 기여해 왔다.

모바일 장의 발자취: 특집호의 논문들

물론 이런 묘사는 지난 10년 동안 있었던 발전들에 대한 스냅샷에 불과하다. 마찬가지로 이 특집호에 실린 논문들은 여전히 변화하고 있는 모빌리티 연구 분야의 다양한 발자취들을 모았을 뿐이다. 우선 이 논문들은 10주년 기념 학회와 다양한 대화들의 결과물이다. 그러나 이 논문들은 또한 모빌리티 연구가 지난 10년 동안 기여해 온 그리고 미래에 기여할 수 있는 주요 분야들을 추적하여 기술하고 있다. 이렇게 하여 이 논문들은 '최첨단' 모빌리티 연구의 이해를 지속적으로 재구성하면서, 지난 10년 동안 나타난 진전과 성취에 대한 (불가피하게) 미완성의 그림을 표현하고 있다. 기대하는 바대로, 이 모든 논문들을 한데 묶는 것은 지난 10년 동안 이 분야를 정의하게 된 학제적 학문의 스타일, 곧 보기에 친숙한 주제들을 낯설게 하고 모빌리티 자체를 중앙 무대로 올리는 분석들을 통해서이다. 그래서 각 논문은 어떤 궤적들은 확장하고 다른 궤적들은 재방향지움으로써 다양한 모빌리티 연구의 역사들에 연결할 수 있는 고리를 구축한다. 역사들은 불평등의 유형, 등장과 발전의 담론 그리고 다양한 학제적 만남에 연결되어 있다. 이 논문들은 또한 이동적 단위들, 협상과 경쟁의 영역들, 각기 다른 이동적 주체 집단들을 연결하고 이것들 사이를 넘나든다. 이렇게 논문들은 여전히 발전하고 있는 모빌리티 연구의 많은 궤적들의 교차점에 위치해 있다.

첫 두 개의 논문(Sheller, 2장; Adey, 3장)은 어떠한 대화와 문제들이 모빌리티 연구에 더 잘 기여할 수 있는지 질문하면서, 이를 진화하고 있는 연구 어젠다에 반영한다. 특별히, 카우프만과 동료들(Kaufmann et al. 2004)이 모빌리티를 구성하는 특징으로 강조했던 불평등과, 비상사태emergencies가 추가적인 이론적 발전과 관심이 필요한 영역으로 강조된다. 모빌리티의 불균등함과 정치가 다양한 현장과 사례들에서 어떻게 드러나는지를 다룰 이론적 자원들을 개발하기 위해, 셸러는 푸코의 작업을 끌어들이며, 애디는 거버넌스를 중심으로 폭넓은 주제들을 끌어들인다. 이들의 논의는 모빌리티 연구 내에 거대 이론의 부족이 반드시 체계적인 과정과 문제에 대한 무지로 귀결될 필요는 없으며, 오히려 모빌리티 학자들이 그들이 연구하는 복잡하고 변화하는 현장들에 적절한 학제적 어휘와 이해를 개발하고 있음을 강조한다. 그래서 이러한 기여는 연구의 다음 10년에 적합할 새로운 어젠다와 이론적 발전을 위한 잠재력을 제시한다.

린과 후이의 다음 논문(4, 5장)은 모빌리티 연구가 기존 논의에서는 예외적인 사례들을 포함함으로써 더 발전할 수 있음을 살핀다. 린의 작업은 기존의 많은 연구들이 서구적 편견을 보이고 있으며,

그에 따라 항공 모바일 아상블라주assemblage가 비서구 경제와 사회에도 얼마나 중요한지 이해하는 데 실패하고 있음을 강조하는데, 지난 10년 이상 진행된 항공 모빌리티aeromobility에 대한 다양한 연구들(Adey 2008; Budd 2011; Burrell 2008; Cwerner, Kesselring, and Urry 2009; Lassen 2006)은 이를 잘 보여 준다. 후이는 이주 학자들과 모빌리티 학자들의 주요 마찰 지점들을 풀어내고, 두 학자 집단에 의해 영구화된 '이주 예외주의'를 미래의 학제적 참여를 위한 비판의 표적과 영감inspiration으로 삼으면서 이들 사이의 학제적 대화를 성찰한다. 각기 다른 방식으로, 이 논문들은 모빌리티 연구가 수행된 방식을 성찰하는 것이 새로운 경험적 현장, 새로운 학제적 상호작용 그리고 모빌리티 자체에 대한 새로운 이해를 열어 줄 수 있음을 보여 준다.

메리만과 리코페의 논문(6장, 7장)은 도시환경의 복잡한 변화와 이동적 사물들 사이의 관계를 탐구한다. 셸러와 어리(2006)가 편집자 서문에서 자동자 모빌리티automobility에 대한 연구의 부족을 언급했었지만, 이는 지난 10년 동안 모빌리티 학자들에 의해 시정되어 왔다(Böhm et al. 2006; Conley and McLaren 2009; Featherstone, Thrift, and Urry 2005). 메리만은 여기서 이러한 논의를 확장하는데, 도시환경이 어떻게 자동차뿐 아니라 자동차 주차의 물질성과 상상력을 둘러싼 인프라 구축 과정에 의해서도 변화해 왔는지 강조한다. 리코페는 모바일 위치 기반 locative 미디어가 '가명의 이방인들pseudonymous strangers'의 창조와 가상공간과 물리적 공간 사이의 결절seams과 중첩overlap의 협상을 통해 이동 주체들과 만남들을 어떻게 변화시켜 왔는지 검토하면서, 도시 변화의 다른 측면을 고찰한다.

이동 주체들의 체화된 경험은 모빌리티 연구가 지난 10년 동안 기여해 온 또 하나의 중요한 영역이다. 로리어와 그 동료들의 논문(8장)은 체화되고 인간상호적인interpersonal 걷기의 수행이 어떻게 모바일 장치와 지도 앱의 사용으로 변경되었는지를 살펴보면서, 이동적 주체들과 이동적 방법 사이의 교차 지점을 거론한다. 이들의 논문은 비디오와 화면 캡처 데이터에 대한 상세한 대화 분석에 기대어, 이동적 방법에서 새로운 기술의 탐색이 어떻게 해서 이동적 신체의 의미와 운동에 면밀한 관심을 기울일 수 있게 해 주었는지 밝힌다.

존슨과 마틴(9장) 그리고 리스(10장)의 마지막 두 논문은 모빌리티 연구의 미래에 대한 질문들의 중요성에 주목한다. 존슨과 마틴에 따르면, 이것은 우주여행의 형식 속에 모빌리티의 새로운 기술과 부상하고 있는 이 부문 안의 행위자들이 미래의 모빌리티를 구상하기 위해 어떻게 여행 담론과 다른 유형의 교통수단에 의지하는지와 관련이 있다. 이에 반해서, 리스는 우리가 자동차 모빌리티에 대해 말하는 이야기들이 미래에, 특히 긴급한 공공 정책의 우선 사항으로서 탄소 배출 감소에 어떠한 함의를 가질 수 있을지 질문하면서, '오래된' 기술, 곧 자동차를 검토한다. 이 마지막 논문들은 과거·현재·미래의 모빌리티 담론과 상상력의 중요성, 모빌리티 연구의 장과 우리가 연구하는 변화하는 사회들 사이의 복잡한 관계를 상기시킨다.

이 특집호의 논문들은 앞 절에서 소개된 모빌리티 연구의 궤적들을 각기 다른 방식으로 강조하고 있지만, 동시에 다음에는 무슨 일이 일어날지 그리고 모빌리티 연구가 여기서 어디로 가게 될지에 대한 물음들을 제기한다.

- 모빌리티 연구가 연구 실천들research practices과 연구 사례들을 특징짓는 권력역학을 진지하게 다루면서도 어떻게 여전히 흥미진진하고 강렬할 수 있을까?
- 모빌리티 연구는 어느 정도로 전제들과 경계들에 도전했고, 또 어느 정도로 다른 전제들과 경계들을 재생산하기 시작했는가?
- 수많은 이론들을 중심으로 한 결합, 그리고 관련 논쟁들은 어느 정도로 필요한가?
- 모빌리티 연구에 대한 우리 이야기들은 모빌리티 연구가 미래에 재생산하거나 연구할 실천들과 관련해서 어떻게 항구적인 것 또는 가변적인 것을 제시하는가?

이 물음들은 불균등한 모빌리티와 지속 불가능한 모빌리티 연구의 성패가 달려 있기에 중요하다. 또한 이 물음들은, 지난 10년이 보여 주었듯이, 모빌리티 연구가 틀지어지고 접근되는 방식이 이후의 다양한 기여를 위한 함의를 갖기에 중요하다. 그러므로 다음 절들은 이 물음들과 싸우기 위해 '장'(Bourdieu 1984)의 이해를 요청하고, 지난 10년 동안의 모빌리티 연구를 비판적으로 성찰한다. 그리고 다음 10년에는 무엇을 제공하게 될지도 상상해 본다.

신생 연구 장들의 정치

하나의 개념으로서 '모빌리티'의 개방성은 의심할 바 없이 학제적 연구의 '정상적인' 범주들과 단위들에 도전하는 흥미진진하고 결실 있는 논의들을 가능하게 해 왔다. 그것은 또한 복잡성과 이동하는 삶의 기저를 이루는 사회적·물질적 관계들의 촘촘한 망에 대한 새로운 고려를 요구해 왔다. 그러나 모빌리티 연구들이 10년간의 발전 후에 널리 공유된 관심사와 호기심으로 한데 묶여졌지만, 상당한 내적 다양성으로 특징지어진다는 결과를 낳았다. 기본적인 용어나 접근에 대한 광범위한 합의는 타당해 보이지 않을 뿐만 아니라, 모빌리티 연구가 이론적이고 방법론적인 자원들을 융통성 있게 사용할 것을 강조해 온 것을 고려할 때 부적절하다. 그러면 이러한 발전이 취해 온 형식을 어떻게 평가하고 성찰할 수 있을까?

지난 10년 동안의 연구 발전에 대해 생각하는 한 가지 방식은, 연구 장의 등장을 모빌리티 프로젝트에 기여한 이들이 노력한 결과로 볼 수 있는지 묻는 것이다. 장場이라는 용어를 사용함으로써, 우리는 피에르 부르디외(1984)의 작업뿐만 아니라 제도적 장들에 대한 연구들을 포함하여 다양한 문헌(DiMaggio and Powell 1983: Scott 1994)과 연관된 아이디어들을 암시하게 되었다. 우리는 모빌리티 연구 장의 등장이라는 질문을 두 가지 쟁점에 대해 생각하는 한 방식으로 사용한다. 첫째, 가장 근본적인 질문은 이것이다. 과거 10년간의 모빌리티 프로젝트를 어느 정도로 장의 등장 과정으로 개념화할 수 있는가? 이 질문을 던짐으로써, 우리는 등장 과정과 정치, 이어서 그러한 프로젝트의 성패가 어디에 달려 있는지를 고려한다. 둘째, 우리는 다음 10년 동안 있을 수 있는 잠재적 논쟁들을 고려하고, 미래의 상호작용과 논쟁을 형성하는 데 하위 분야들이 할 수 있는 중요한 역할에 주의를 기울인다.

첫 번째 질문과 관련해 우선 고려할 것은 장의 등장이 무엇을 포함하는가이다. 장은 '공동의 의미 체계'를 가진 각축장이다(Scott 1994, 207-208). 장은 장 구성원들의 행위를 형성하는 규칙, 규범, 문화를 가진 사회생활 영역으로 인식된다. 장의 의미 체계가 갖는 힘은 장이 등장하는 과정 가운데 변화한다. 플리그스틴과 맥아담(Fligstein and McAdam 2012, 86-87)은 신생 장들은 공유된 이해관계 때문에 서로 지향하지만 '게임의 규칙'에는 완전히 동의하지 않는 집단들이 차지하고 있다고 시사한다. 이것은 모빌리티 연구가 무엇이며 무엇은 아닌지에 대한 논쟁이 상대적으로 약한 이유를 설명해 준다. 첫 10년 동안에 '게임의 규칙'은 등장하는 과정에 있었기 때문에 어떠한 개인이나 집단도 연구 장의 내부와 외부에 무엇이 있는지 정의하는 것이 불가능했다. 실제로 새로운 장의 창출을 시도하는 연구들은(Hargadon and Douglas 2001; Navis and Glynn 2010) 이미 존재하는 장으로부터 새로운 장을 구별하고, 중요한 청중에게 이해 가능한 언어로 새로운 장의 작동 본질을 설명하는 데 많은 노력을 기울였음을 보여 준다. 이것은 모빌리티를 연구가 충분히 되지 않은 현상들에 초점을 두는 독자적인 연구 장으로서 각인시키는 한편, 더 넓은 사회과학적 논쟁과의 관계에서 장의 기여를 강조하려는 동시적 노력을 설명해 준다. 모빌리티 연구를 하나의 장으로서 정당화하고 강조하는 것은 사회과학 내에서 확실히 인정받고 이해받으려는 노력의 일환으로 첫 10년 동안의 주요한 분투였다.

이 분투의 우선성은 모빌리티 연구가 스콧Scott이 말한 두 번째 장의 존재 판단 기준을 충족하는지 여부가 분명하지 않은 이유를 설명하는 데 도움이 된다. 스콧은 장의 "참여자들은 장 밖의 행위자들보다 서로 더 자주 숙명적으로 상호작용한다"고 시사한다(1994, 207-208). 부분적으로 모빌리티 연구의 학제적 성격 때문에, 이 상호작용이 얼마나 강한지는 판단하기 어렵고 예측하기도 부적절해 보인다. 결국, 여러 학문 공동체들의 차이와 논쟁은 새로운 통찰을 제공해 주기에 이들의 불완전한 중첩은 학제적 교류에 이득이 된다. 학제적 작업이 점점 더 많이 수용되는 것은 연구자들이 각기 다른 여러 장들 안에 간헐적으로 (영국에서의 연구평가 실행 사례나 새로운 장들이 다른 장들에 지배되는 분과 재조직화 사례처럼) 어떤 이는 흥미가 있어서 어떤 이는 의무적으로 참여하는 일이 더 빈번해졌음을 의미한다. 그래서 학제적 맥락 안에서 그리고 연구자들의 경력이 여전히 (경제학, 지리학, 사회학 등) 메타학문과 그 장들에 집중되어 있는 대학 구조의 맥락에서, 모빌리티 연구는 스콧이 설정한 기준의 적절성에 도전할 수도 있다. 새로운 장을 구축할 때 그 장 밖의 행위자들과의 상호작용은, 믿을 수 없을 정도로 숙명적이며 새로운 참여자들을 끌어들이고 장의 중요성을 확립하는 데 중요한 결과를 낳는다. 그래서 플리그스틴과 맥아담(2012)이 제안하듯이, 네트워화된 현대사회생활의 특질을 고려할 때 장들 사이를 가로지르는 관계들과 상호작용들에 민감할 필요가 있다.

그럼에도 불구하고, 스콧의 정의가 지니는 잠재적 한계를 받아들이더라도 논문과 프로젝트, 그리고 이 저널 등을 통한 모빌리티 연구자들 간의 상호작용은 어젠다 설정과 이론 발전, 학문적 삶의 고유한 영역(장) 안의 경력에 점점 중요해지고 있다. 출판물, 학회, 회의 등에서 '모빌리티 패러다임' 또는 '모빌리티 전환'을 계속하여 담론적으로 분명히 표현하는 것은 사회생활에 대한 공유된 이해들과 조사연구 접근 방식들을 더 발전시키는 데 도움이 된다. 그러면 모빌리티 연구 장은 지속적으로 논의될 것이고(Adey et al. 2014b: Cresswell 2011, 2012, 2014: Merriman 2015), 참여자들에게는 숙명적인 '공간'으로 부상하게 될 것이다. 그렇다면 이런 발전 궤도가 다음 10년을 위해 갖는 함의는 무엇인가?

성숙과 새로운 도전들

장에 대한 문헌들은 장이 등장 후 성숙해지면서 어떻게 해서 새로운 것들을 고려하게 되는지 지적한다. 플리그스틴과 맥아담(2012, 88)은, 성숙기에는 각기 다른 행위자들에게 분명한 역할들이 주어지고, 장 내부의 행위자들이 '게임의 규칙'을 이해할 수 있도록 해 주는 틀을 창출하기 위해 좀 더 일관된 시도들이 이루어진다는 것을 보여 준다. 이러한 연합의 한 부분으로서, 권력관계가 발전하기 시작한다. 장을 정의하는 데 강력한 역할을 하는 '현직'에 있는 이들은 '게임의 규칙'이 어떠해야 하는지에 대해 다른 견해를 가질 수는 있지만, 새로운 합의에 문제를 제기할 자원이나 동기는 없는 '도전자들'과 나란히 자리한다. 그래서 명백하게 인정받은 모빌리티 전환의 두 번째 10년에 들어가면서, (모빌리티 연구가 무엇이며 왜 다른 연구와 구별되는지에 대한) 장의 참여자들과 비참여자들 사이의 투쟁이 모빌리티 연구자들 사이의 투쟁과 경쟁에 비례하여 점점 더 중요해질 것으로 기대할 수 있다. 예를 들어, 이는 장의 '핵심 특징들'(Urry 2007. 46)과 '전체 윤곽lineaments'(Urry 2007. 59)의 등장으로 이끌 수 있다. 어쨌든, 투쟁의 잠재성은 장들 안의 경쟁과 권력의 본질에 대한 중요한 질문을 제기하며, 이는 다음 10년과 매우 관련 있어 보인다.

부르디외(1984)의 장에 대한 논의, 특히 장들 안에서 진행되는 투쟁과 경쟁의 은유로서 게임의 사용은 이러한 질문들을 탐구하는 데 유용한 출발점을 제공한다. 부르디외에 따르면, 장 내부에서의 상호작용은 다른 구성원들과 비교해서 상대적인 권력과 위세를 증가시키는 방향으로 맞추어져 있다. 그래서 장은 한번 성취되면 "항상 그것들을 성취한 사람의 소유인," 매킨타이어MacIntyre가 '외면적 선 external goods'이라고 부른 권력, 위세, 돈과 같은 것들을 위한 경쟁을 포함한다(1997. 282). 이러한 선들, 곧 부르디외는 자본이라는 용어로 이해하는 것을 위한 경쟁은 개인적인 이득에 지향되어 있으나, 이는 그것들이 강화하는 가치와 내기물에 대한 공유된 이해와 헌신에 기초한다.

그러나 매킨타이어가 강조하듯이, 권력과 정치는 외면적 선만을 지향하지 않는다. 공유된 기준과 목적을 위한 투쟁 과정에서, 또한 사람들은 앞서려는 투쟁의 결과이긴 하나 그 성취가 그러한 실천에 참여하는 전체 공동체에게 이로운 '내재적 선internal goods'을 실현한 다(매킨타이어 1997, 282). 그래서 경쟁은 공유된 지식의 증가 또는 공유된 방법의 발전과 같은 집합적 이득을 낳는다. 외면적 선의 증가는 각기 다른 장들에 걸쳐서 쉽게 이해되고 비교될 수 있는 반면, 내재적 선의 증가는 한 실천 내부의 전문가들만이 평가할 수 있다. 왜냐하면 그들만이 그 실천의 독특한 가치와 보상을 이해하기 때문이다(매킨타이어 1997, 188-189).

외면적 선과 내재적 선은 모빌리티 연구 내부에서 어떻게 작동하는가? 한편으로 모빌리티 연구와 모빌리티 연구의 장으로서의 확립은 의심할 여지없이 관련 학문들이 외면적 선들을 인용, 연설 기회 speaking engagements, 위세, 진급을 통해 축적하게 해 주었다. 그러나 이러한 선들의 역학은 장이 성숙해 가면서 변화할 것이다. 왜냐하면 기존 장 내부에서 남을 능가하기보다 새로운 장을 세움으로써 위세를 얻는 것이 더 쉬울 수 있기 때문이다. 단지 사회과학 장만이 아니라 모빌리티 장 안에 위치를 정하는 것에 확실히 성공 여부가 달려 있듯이, 모빌리티 공동체 내부에서 이러한 선들이 더 다양하고 경쟁적이 될 것이라고 예상할 수 있다. 다른 한편으로는 새로운 아이디어와의 조우, 탐색할 수 있는 다양한 학제간 포럼에 참가하거나 새로운 네트워크와 관계 맺는 것과 같이, 모빌리티 공동체 내부의 상호작용으로부터 나오는 내재적 선들이 있다. 이러한 내재적 선들은 불가피하게 내적 탁월함과 관련되는 외면적 선들과 전적으로 분리할 수 없지만(Knight 1998, 113), 경쟁과 공동체 상호작용을 가치 있는 것으로 만들어 주는 데 기여한다.

내재적 선들과 외면적 선들 가운데 어디에 특권을 부여할지 고려하는 것은 중요하다. 나이트Knight가 강조하듯이, 선들에 대한 매킨타이어의 논의는 실천들을 조직하고 유지하는 데 도움을 주는 제도와 연결시킬 때 중요한 정치적 함의를 갖는다. "이 필수불가결한 제도들은 실천들을 오염시키고 실천 수행자들의 사기를 꺾으며, 외면적 선들의 추구보다 내재적 선들의 추구를 경시하도록 끊임없이 위협한다"(Knight 1998, 11). 매킨타이어에 따르면, 이것은 극도로 문제적이다. 내재적 선들의 탁월함에 대한 그의 강조는 이것들을 실천, 제도, 정치 안의 최전면에 내세우려는 더 넓은 움직임의 일부이다. 장들과 외면적 선들을 위한 장들의 투쟁을 지나치게 강조하는 것은 정치적으로 문제가 될 수 있다. 왜냐하면 경쟁의 보상이 '자연적으로' 개인들에게 누적되며, 그래서 위치짓기가 개인적 책임이고 개인적 투쟁이라는 것을 암시하기 때문이다. 이러한 맥락에서 장에 대한 논의들이 '협동적이며, 다원적이고 내재적 선들을 지향하는 실천들에 대한 고려로 보충되어야 한다는 워드(Warde, 2004, 25)의 제안이 도움이 된다. 이 제안은 실천들이 개인적 이익 또는 집합적 이익에 기여하는 정도에 대한 정치적 투쟁뿐 아니라, 내재적 선들과 외면적 선들 사이의 관계를 논의할 공간을 제공해 준다.

　이 논의는 다음 10년의 모빌리티 연구를 형성하는 데 현재 진행 중인 학문적 실천이 갖는 중요성을 시사한다. 우리는 장의 상호작용이 구조화되는 방식이 미래에 모빌리티 연구가 꽃을 피우는 데 중요할 것이라고 주장한다. 장의 구조와 실천에 대한 성찰과 개입은 다음 10년 동안 다른 학문들은 인정하지 않는 주제, 이론, 방법들을 연구할 공간일 뿐만 아니라, 다른 학제간 분야들과 구별되는 내재적 선들을 개발할 공간이다. 장의 이해에 대한 성찰은, 모빌리티 연구가 무엇을 탐구하는지뿐만 아니라 모빌리티 연구가 어떻게 자원 공유를 구축하고 집합적 이익을 촉진하는 데 참여할지에 대한 성찰을 촉진한다.

　협동적이고 창조적인 내재적 보상을 위한 공간이 어떻게 더 조성될 수 있을지 보여 주는 한 보기는 하위장들sub-fields의 발전과 관련되어 있다. 플리그스틴과 맥아담(2012)의 주요한 주장 가운데 하나는 장들의 둥지를 트는 것이 사회적 삶의 근본적인 특징이라는 것이며, 애봇(Abbot, 2001)도 학문들의 프랙탈fractal[2]한 특징에 대해서 비슷한 지적을 하였다. 이를 이 글의 주제와 연관시켜 보면, 이미 넓은 사회과학 안에 둥지를 튼 모빌리티 장이 어떻게 다양하게 둥지를 틀 하위

2　[역주] 프랙탈은 '조각난'이란 뜻의 라틴어 fractus에서 온 말로, 부분의 작은 구조가 전체 구조와 유사한 형태로 끝없이 되풀이되는 구조를 말한다. 부분과 전체가 같은 모양을 하는 '자기유사성' 구조를 '프랙탈 구조'라 한다. 폴란드 태생으로 프랑스와 미국에서 거주했던 수학자 브누아 망델브로Benoit B. Mandelbrot가 만들어 낸 말이다.

장들로 갈라질 가능성이 있는지 정도로 번역할 수 있다. 이것은 무엇을 뜻하는가? 하위장은 어느 정도 더 넓은 장과 '게임의 규칙'을 공유할 것이다. 그래서 예를 들어 모빌리티 연구 자체에 대한 강조가 하위장들에서 공유될 것이라고 기대할 수 있다. 그러나 하위장들은 또한 어젠다, 권력 구조 그리고 규칙들에 의해서 구별될 것이다. 푸코에 대한 최근 특집호(Manderscheid, Schwanen, and Tyfield 2014)와 이번 호에 실린 논문들(Adey, Sheller)이 시사하듯이, 하위장들이 어떻게 특정한 이론가들에 초점을 두는 작업을 중심으로 부상할 수 있는지 상상해 볼 수 있다. 그러한 하위장들은 아직 완전히 부상하지는 않았으며, 또한 매우 다양한 경험적·이론적·방법론적 초점들이 있을 수 있기 때문에 여러 다른 배열들configurations의 함의부터 고려해 보는 것이 우선이다.

예를 들어, 이론적 전통을 중심으로 하는 하위장들의 형성은 다른 학문들에서 이미 많이 되풀이된 이론적 논쟁들을 강조하거나 재생산할 수 있다. 이주나 관광과 같은 경험적 주제들을 중심으로 하는 하위장들의 형성은, 후이(5장)와 존슨과 마틴(9장)이 강조하듯이, 이 영역의 경계를 넘어서는 창조적 개입을 방해할 수 있다. 개방성의 가치에 전제를 두고 자극하고 싶은 것은, 예를 들어 애디와 그 동료들(Adey et al. 2014a)이 관심을 이끌었던 '질성qualities', '물질성,' 또는 '사건'을 중심으로 등장한 하위장들과 덜 전통적인 연결을 추구하는 것일 것이다. 또 다른 자극은 다양한 모빌리티의 정치와 윤리(Cresswell 2010), 서구 밖에서의 모빌리티 이론화(린 4장; 셸러 2장; 애디 3장), 체화된 모빌리티 맥락화(로리어와 동료들 8장; 리코페이 7장), 이질적 모빌리티 체계(리스 10장; 메리만 6장)와 같은 넓은 문제들을 중심으로 하는 하위장들을 형성하는 것일 것이다. 과도하게 경직되거나 분리된 하위장들은 모빌리티를 매력적인 학제간 장으로 만들어 온 유연성과 창조성을 억누를 것이기 때문에, 협력 관계와 개방성, 소장파 학자들과 노장파 학자들 사이의 위계 약화를 근본적인 가치로 배태하는 실천과 하위장들을 적극 구축해야 한다.

　더 근본적으로, 이것은 일관성과 폐쇄closure 사이에 명확한 선을 긋는 까다로운 도전과 관련되어 있다. 우리가 과거 10년의 성공을 기반으로 하려고 한다면, 모빌리티 연구가 무엇인지 그리고 아닌 것은 무엇인지를(폐쇄) 구분하는 명확한 선을 가지려는 충동을 억누르는 것이 중요하다. 과거 10년의 개방성과 협력 관계를 유지하기 위해서는 '정전canon'이나 다른 내적 위세와 위계(폐쇄)의 표지 구축 작업을 억누르는 것 또한 중요해 보인다. 위의 논의가 명확히 하듯이, 모빌리티 연구는 예를 들어, 행위자-네트워크 이론처럼 일관된 존재론적 입장이나 민속지학을 전면에 내세우는 인류학처럼 확립된 방법론으로 연합되지 않는다. '정전'의 확립은 다양한 논의 영역들을 폐쇄하는 쪽으로 갈 수 있다. 그러나 여러 핵심 어젠다가 부상하는 바람에 다양성의 위력을 너무 강화시키거나, 후속 대화와 창조적인 종합까지 막지 않도록 보장하는 것도 중요하다. 모빌리티 연구를 더 풍성하게 하고 집합적 보상을 증가시키려면 정교화와 전문화가 중요하다. 성찰하는 자세로 일관성 또는 폐쇄, 개방성 또는 합의의 문제에 접근하는 태도는 신생 하위장들을 연합시키는 미래의 궤도와 물음 그리고 아마도 '게임의 규칙' 형성에 기여할 것이다. 그러므로 우리는 향후 10년 동안에는 모빌리티 연구가, 모바일 세계가―어떤 맥락에서 어떤 이론과 방법을 사용하여―어떻게 연구될 수 있는가 하는 문제뿐만 아니라 장 자체가 어떻게 재현되고 상상되고 움직이는가 하는 문제들에 주의를 기울일 필요가 있다고 주장한다.

결론

지금까지 모빌리티가 연구장으로서 등장한 것과 관련한 물음들을 강조함으로써, 향후 10년 동안 있을 수 있는 긴장과 갈등의 가능성을 지적했다. 특집호에 실린 논문들은 모두 각기 다른 방식으로 이 딜레마를 가리키고 있다. 각 논문에서 언급된 주제들은 관련된 권력투쟁 및 선의 추구와 함께, 거버넌스 이론이나 자동차 모빌리티, 항공 모빌리티, 방법, 불평등 등 모빌리티 하위장의 등장을 위한 기초가 될 수 있을 것이다. 혹은, 모빌리티 연구의 고정된 하위장으로 자리잡지 않고 성취할 수 있는 것이 무엇인지를 열린 자세로 토론해 보는 밑거름이 될 수 있을 것이다. 우리는 후자의 시나리오 위에 구축된 비전을 선호한다. 융합과 결합은 개념적 발전, 자극, 기여를 위해서는 이점이 있지만, 우리는 이것이 지난 10년 동안 모빌리티 연구를 생동감 있게 해 주고, 예기치 못한 대화와 연구 현장에 대한 개방성을 고무한 개인적인 관심·우선성과 집합적인 관심·우선성 사이에 중첩되는 학제적 영감interdisciplinary inspiration에 기초하지 않으면 안 된다고 느낀다.

그래서 향후 10년간 우리의 주된 관심은 모빌리티 연구가 무엇인가, 무엇이어야 하는가, 또는 일련의 하위장으로서나 다른 장들과의 관계에서 내재적으로 모빌리티를 구별지어 주는 것이 무엇인가 하는 것이 아니다. 그보다는 더 폭넓은 사회과학들로부터 얻고 그 사회과학들에 기여할, 흥미진진하고 열린 그리고 창조적인 공유문화 안에서 모빌리티에 대한 대화를 지속하는 것이 우리의 관심사이다. 장 내부의 진화는 이러한 창조성의 중요한 부분이 될 것이며, 폐쇄 closing down〔중요한 어젠다를 점진적으로 발전시키기 위한 이론적 결합〕와 다공성porosity의 유지(모빌리티를 연구 대상으로서 신중하게 다루고 새로운 이슈들이 떠오를 때 신중한 연구를 위해 가장 적절한 도구에 의존하는 것)의 결합으로 이끌 것이다. 그러한 장을 선택하는 것이 모빌리티 연구자들이 각자의 실천을 통해 담당해야 할 의무이다.

기후변화와 불평등처럼 정치적으로 중요한 물음들과 맞닥뜨리는 것은 관대한 개방과 함께 선택적인 폐쇄를 혼합하는 것이 왜 중요한지를 강조해 준다. 이런 쟁점들을 다루기 위한 노력 가운데 (예를 들어, 이론적으로 집중된 하위장들을 통해) '거인의 어깨 위에 서는' 것뿐만 아니라, (새로운 접근 방법을 받아들일 것을 요구하는) 지속적으로 진화하는 도전들의 본질에 반응할 필요가 있다. 그러므로 이 특집호는 과거 10년의 접근으로부터 얻은 유익들, 아직 질문되지 않은 모든 물음들, 그리고 그 물음들이 미래에 진화할(그리고 불가피하게 변화할) 장 안에서 촉발할 풍부한 대화들에 대한 우리의 경의의 표시다.

이 서문을 포함하여 기고된 모든 논문들을 논평해 주고, 각 논문들이 향상될 수 있도록 도움을 준 심사자들의 관대함에 감사한다. 항상 그렇듯이, 페니 드린칼Pennie Drinkall은 CeMoRE와 《모빌리티스》 사무실에서 돋보이는 지원을 해 주었다. 이 특집호를 만드는 매 단계마다 애쓰고 지원해 준 젠 서던Jen Southern(랭카스터대학)에게도 감사한다.

2장

불균등한 모빌리티의 미래

푸코적 접근

미미 셸러 Mimi Sheller

모빌리티 연구의 과거와 미래의 방향과 관련하여 다음의 세 가지 보기, 곧 관광 모빌리티와 인종화된 공간, 엘리트 분리의 지리-생태학, 질병 모빌리티와 격리를 통해 드러나는 불균등한 모빌리티 장치apparatus를 더 잘 이해하고 평가하기 위해서는 푸코식의 접근이 요청된다. 이 글은 영토, 통신, 속도에 대한 '고고학적'이고 '계보학적'인 연구에 기반하여 식민지 역사와 정치생태학, 생명정치biopolitics에 의한 모빌리티 연구의 심도 있는 역사화뿐 아니라, 채굴 산업과 군사력, 인종 형성의 바이오모빌리티에서 모빌리티의 물질적 자원 기반을 깊이 있게 발굴하려 한다. 모빌리티에 대한 주권적 통제, 개인의 '규율화된 모빌리티'와 카운터-모빌리티counter-mobilities, 그리고 감시, 안보화securitization, 모빌리티 지식의 생산 각각이 불균등한 모빌리티의 미래 역사를 고찰할 근본적인 요소로서 등장한다.

서론

모빌리티는 보편적인 인간 권리로 고려될 수 있으나, 실제로는 모든 규모에서, 곧 공적 공간으로부터, 국가 시민권으로부터, 그리고 모빌리티 수단으로부터 계급적·인종적·성적sexual으로 젠더화된 gendered 그리고 무력화하는disabling 배제와 관련하여 존재한다. 모빌리티에 대한 접근과 통제를 가로막는 이러한 장벽들은 움직이고 출입하는 권리를 제한하고, 국가의 보호를 선택적으로 적용하는 공식·비공식 치안, 국경, 게이트, 통행, 의복, 규칙, 감시 체계를 통해 실행된다(Cresswell 2006, 2010; Adey 2010b; Adey et al. 2014). 심지어 게이트 안에 있는 이들에게도, 말하자면 해체된 공공서비스와 적대적인 치안, (철책, 담, 장애물과 같은) 반인간적인 설계, 젠트리피케이션된 도시 중심은 가난한 이들과 퀴어, 장애인, 비백인을 주변부로 몰아낸다 (Blomley 2011, 2014; Sawchuk 2014). 사실상, 모빌리티의 통치government는 '이동'(과 휴식처)의 허용과 부인을 통해 계급화된 인종적·성적으로 신체 건강한 주체들을 만드는 데 핵심적이다(McKittrick 2006; Cresswell, 근간).

이 논문에서 나는 모빌리티에 대한 주권적 통제, 개인의 '규율화된 모빌리티'(Packer 2003), 그리고 감시와 안보화securitization, 모빌리티 지식의 생산 각각이 영토, 통신, 속도에 대한 푸코적인 접근 위에 구축될 수 있는 불균등한 모빌리티의 역사에서 근본적인 요소로 등장한다고 주장한다(Packer 2013; Manderscheid, Schwanen, and Tyfield 2014). 이러한 관점에서 '불균등한 모빌리티'는 먼저 **주권적 이동 영토**를 가리키는 데, 이 안에는 부분적 연결성과 우회bypassing를 위한 다른 경로들, 차별화된 접근, 그리고 통제 구조control architectures를 창조하는 공간적 설계, 물리적 인프라, 그리고 상징적 장애가 존재한다. 둘째는 다소간의 손쉬움, 편안함, 유연성, 속도, 안전을 가지고 있는 그래서 다소간의 마찰, 소음, 위험, 공포 또는 격동을 가지고 움직이는 정동적affective 경험을 통해 **이동적 주체의 규율화**를 암시하는 이동 수단 또는 이동 방식을 가리킨다. 셋째는 그러한 **모빌리티와 비非모빌리티의 관계**, 속도와 느림의 관계, 편안함과 불편함의 관계, 안전과 위험의 관계**에 대한** 지식을 생산하는 제도적 장치와 통신 매체를 가리킨다. 여기서 지식 생산과 통신에 대한 질문은 미래의 작업을 위해 남겨 두고 주로 첫째와 둘째 측면에 초점을 둔다.

일반적으로 미디어 연구에 대한 패커Packer의 견해와 발맞추어, 앞으로 푸코식의 모빌리티 연구는 구체적인 맥락에서 특정한 모빌리티 장치의 '고고학'과 모빌리티 권력들이 어떻게 구성되고 저항되어 왔는지에 대한 '계보학'을 결합해야 한다(Packer 2013). 크레스웰Cresswell, 애디Adey, 셸러와 동료들의 저작에서 모빌리티 정치에 대한 강조 그리고 도시 공간과 분위기에 관심을 둔 앤 젠센Anne Jensen의 연구(Jensen 2011)나 요르겐 바렌홀트Joergen Bærenholdt의 '이동통치governmobility' 개념(Bærenholdt 2013)과 같은 권력과 모빌리티에 대한 주요한 이론들에도 불구하고, 모빌리티 연구자들은 이동통치가 어떻게 계급, 젠더, 인종, 민족, 국적, 섹슈얼리티, 신체적 능력에 따라 불균등한 모빌리티의 체화된 차이들을 조직하고 연출해 내는지를 보여 주는 데는 충분한 시간을 들이지 못했다. 주권적 통제와 규율 체계는 불평등한 이동적 주체로서 표식된 신체들marked bodies을 역사적으로 어떻게 다르게 생산하는가? 영역, 통신, 속도의 통제를 위한 지역적·지방적·도시적·국가적·전지구적 체계는 어떻게 각기 다른 규율된 모빌리티 신체들과 계층 구조scales를 생산하는가? 그리고 어떠한 형식의 대항 권력과 '전복적 모빌리티'(Shell 2015; Montegary and White 2015)가 이러한 이동통치에 저항하거나, 전복하거나, 피하도록 해 줄 이동에 영향을 미칠 수 있는가?

10년 전《새로운 모빌리티 패러다임The New Mobilities Paradigm》(Sheller and Urry 2006a)의 출판과 "모빌리티, 비모빌리티 그리고 정박Mobilities, Immobilities and Moorings"(Hannam, Sheller, and Urry 2006)이라는 제목의 편집자 서문과 함께 저널《모빌리티스Mobilities》가 출간된 이래, 나의 작업은 불균등한 모빌리티, 불평등과 권력의 주제에 초점을 맞추어 왔다. 그러나 이 10년 동안 또한 모빌리티 연구를 식민지 역사, 글로벌 지형, 신제국주의 면에서 더 깊이 역사화하고(cf. Sheller 2003), 채굴 산업, 군사력, 생명정치적 급진화에서 모빌리티의 물질적 자원 기반을 더 생태화할(cf. Sheller 2014) 필요가 있다는 것이 분명해졌다. 제3세계 글로벌 도시들의 주변에서 그리고 퍼거슨(Ferguson 2006)이 신자유주의 세계 질서의 '글로벌 그림자'라고 부른 지역들에서 모빌리티에 대한 불안 정적 접근이라는 도전은, 어느 곳에서나 발견될 수 있지만 가장 날카로운 불균등 모빌리티의 외형을 생산하고 있다.

우리에게는 몇 가지 출발점이 있다. 최근의 '루틀리지 모빌리티 연구 핸드북Routledge Handbook of Mobility Research'을 체계화하는 데 사용한 범주들을 사용하자면, 모빌리티의 불균등은 불균등한 경험의 **질성, 인프라**에 대한 불균등한 접근성, 불균등한 **물질성**, 불균등한 모빌리티 **주체들**, 불균등한 멈춤 · 진행 · 통과 · 정지 · 대기 사건들(Adey et al. 2014)의 형태를 취할 수 있다.

그래서 불균등한 모빌리티에는 여러 층위가 있으며, 그 조직과 체계적인 공간적 · 시간적 · 개인적 효과들에 대해 생각하는 방식도 여러 가지다. 그러나 모빌리티 연구에 기여한 최근의 많은 연구들은 이러한 모빌리티 관계들이 상황 지워져 있고 통치되는 더 큰 권력 장치에 대해서는 충분히 규명하지 못한 채, 짧은 이동 순간들을 포착하는 미시 규모의 인간 상호 간 상호작용과 이동적 방법들로 관심을 돌렸다. 새로운 형식의 물질주의, 비인간more-than-human 정치적 존재론 그리고 관계적 인식론으로의 전환은 모빌리티 연구를 위한 미래의 유망한 방향성을 제시해 주었으나, 모빌리티 장치에 대한 더 포괄적인 푸코적인 역사적 접근과 대화에 들어가야 할 필요 또한 제시했다.

그러므로 불균등한 모빌리티와 모빌리티 연구의 미래 어젠다에 대한 이러한 평가 아래, 나는 푸코적인 역사학과 계보학이 불균등한 모빌리티를 규명할 잠재성이 있음을 보여 주는 세 가지 짧은 보기에 초점을 맞추고자 한다. 우선 관광 모빌리티와 인종화된 공간에 대한 논의로 시작하는데, 이는 내가 미시 수준 '바이오모빌리티'

라고 부르는 것과 '플레이-스케이프play-scapes'[1]의 글로벌 지형 사이의 관계를 강조한다. 그러고 나서 모빌리티와 영토 통제 그리고 불균등한 자원 착취 사이의 관계를 보여 주는 엘리트 분리, 군사력, 물류lotistics로 넘어간다. 마지막으로 최근 아이티의 콜레라 전염과 서아프리카의 에볼라 발병에서 드러나듯이, 질병 모빌리티와 검역의 문제로 향한다.

이 다양한 주제들을 함께 논의하는 가운데 여기서 이 모든 것을 완전히 상술할 수는 없겠지만, 나는 이러한 개입이—내가 주장하는 바 현재의 모빌리티 연구에서 불충분하게 재현된—불균등한 모빌리티의 탈식민주의적·생명정치적·지리-생태학적인 측면들로 관심을 이끌기를 희망한다.

관광 모빌리티와 인종화된 공간

모빌리티는 항상 특별한 종류의 모빌리티 공간을 창조하는 다양

---

1 [역주] 모빌리티 연구자들은 '흐름flow'과 구별되는 '스케이프scapes' 은유를 사용한다. 존 어리에 따르면, 스케이프는 "기계, 기술, 조직, 텍스트, 행위자로 구축된 네트워크이며, 흐름의 교체를 가능하게 하는 서로 이어진 노드를 구성한다." 존 어리, 《사회를 넘어선 사회학》(윤여일 옮김)(서울: Humanist, 2012), 67쪽. "그래픽 인터페이스와 같이, 테마 환경의 심미성aesthetic은 도시 인프라와 융합된다. 심미성은, 사람들이 만나는 공간을 제공함으로써 모빌리티와 연결성을 가능하게 하는 어떤 관계적인 창 또는 게이트웨이를 창조하기 위하여 기술적 인프라와 융합한다. 이 게이트웨이들이 내가 '플레이스케이프'라고 개념화하는 도시 지형의 인터페이스이다." Mattias Junemo, "'Let's build a palm island!': playfulness in complex times," p. 187 in Mimi Sheller and John Urry(eds), *Tourism Mobilities: Places to play, places in play*, London and New York: Routledge, 2004.

한 사회-기술적 체계와 인프라들로 유지되고 가능해졌으며, 그러한 공간들은 모빌리티 능력에서 권력 격차를 재생산한다. 관광객 모빌리티에 대한 연구들은 수행performances과 실천을 통해 연결된 장소들, 사람들, 기술들 그리고 자연들 사이에 불안정하고 계속 변화하는 상호관계가 있음을 강조한다(Edensor 1998, 2000, 2001; Bærenholdt et al. 2004; Sheller and Urry 2004, 2006b). 이 유동적 관계들은 현대 관광 발전의 복잡한 공간성과 시간성을 창출하는데, 그 주요한 특질들 가운데 하나는 일상과 무질서하게 뻗어 나간 (근교)도시 지역들의 따분함으로부터의 '탈출'로서 특정 장소들의 수행이다.

관광 모빌리티에 대한 푸코적 접근은 이동적 관광객, 관광 서비스 노동자, 그리고 관광지를 만들어 내는 기술들technologies로부터 시작할 수 있을 것이다. 이 이동적 주체들과 장소들을 접합하는 세 가지 주요 장치는 올인클루시브all-inclusive 리조트, 크루즈 여객선, 개인 섬이며, 이들 각각은 사람들과 재화들을 그곳으로 가게 하는 데 독특한 모빌리티 방식을 필요로 한다.

이러한 시-공간적 인클레이브들enclaves은 관광 경험의 일부분이 되는 모빌리티 특유의 특징과 분위기를 창출한다. 카리브해로부터 태평양, 인도양에 이르기까지 세계 전 지역은 관광 발전과 마케팅 체계에 휘말려 있다. 이 체계는 불균등한 이동적 주체를 생산하면서, 열대 리조트를 비非백인 서비스 노동자들이 방문객들의 필요에 봉사하는 도시 근대성 밖의 레저 공간으로 형상화하는 것을 중심으로 삼는다(Sheller 2003). 호화로운 리조트 건설과 인클레이브 관광enclave tourism[2]은 가시성과 비가시성의 공연에서, 특정 역할을 수행하지만 원치 않을 때는 사라져야 하는, 검은 신체 또는 갈색 신체들의 주의 깊은 연출을 요구한다(Thurlow and Jaworski 2014).

비행기 여행은 이러한 관광 수행의 불균등을 낳는 주요한 인프라 가운데 하나이다. 피터 애디는 《비행 생활Aerial Life》(2010a)에서 영공air space은 하나의 형태와 지형을 가진다고 주장한다. 하늘을 통해 움직이는 것은 체화된 실천이며, 공간의 수행이다. 애디는 영국의 인도지배British Raj[3]에 의한 식민화 실천과 그 초기의 생물측정학biometrics 실천으로까지 되돌아가서 제국적–항공imperial-aerial 시각을 추적한다. 애디는 "현재의 공항, 국경 지대, 안전 공간, 그리고 일상에서 생물측정학의 등장은 영토가 아니라 매개체vectors에 초점을 두면서 위험스런 이동적 인구를 신원 확인하고 관리하는 수단으로서 생물학적 · 신체적 데이터를 체계적으로 사용하는 것"이라고 주장한다(Adey 2010a, 88-89). 애디는 등록 형식들, 스스로 선택하는 '신뢰받는 여행자' 프로그램 그리고 데이터로 준비된data-ready 신체를 제시

---

2 [역주] 원 지역 주민들로부터 지리적으로 분리되고 단절된 자족적 리조트 형태를 가리킨다. 인클레이브 안에 테니스, 골프, 스쿠버다이빙, 승마 시설들뿐 아니라 때로는 비행 활주로도 포함한다. 먹을 것, 마실 것, 즐길 것이 모두 리조트에서 제공되기 때문에 이러한 인클레이브에 머무는 관광객들은 그 장소를 떠날 필요가 없다. 개발도상국들에 있는 리조트 인클레이브들은 주로 다국적기업들에 의해 개발되어, 지역 주민들에게 경제적 혜택이 돌아가지 않는다. Jafar Jafari(ed), *Encyclopedia of Tourism*(London and New York: Routledge, 2000) 참조.

3 [역주] 인도 제국은 1877년 영국에 의해 성립된 식민 제국이었다. British Raj는 영국 동인도 회사가 빅토리아 여왕에게 통치권을 이관함으로써 실질적으로 영국이 영향력을 발휘한 1868년부터 1947년 사이의 기간을 지칭한다.

해야 하는 여행객의 책임, 이 모든 것이 어떻게 지도화mapping, 가시화 그리고 측량하는 식민지적 실천 위에 구축되었는지를 보여 준다(Amoore 2006; Salter 2008; Amoore and Hall 2009). 그래서 감시는 영토의 지도화와 국경을 넘는 모빌리티의 규제뿐만 아니라, 이동성이 증가하고 있는 국경의 검문소들에서 자기 정보를 스스로 등록하는 규율화되고 인종화된 신체들에 대한 생명정치적 관리를 통해 (신)식민적 거버넌스를 가능하게 한다(Vukov and Sheller 2013).

비행 권력aerial power과 상공으로부터 시각은 군사력, 항공 감시 그리고 이동 관광객의 인종화하는 시각을 안전보장된 항공 여행의 레짐 아래 결합해 낸다(Kaplan 2006, 2011). 그리하여 편안함을 갖고 영공을 통과하던가 아니면 갈등 속에 꼼짝 못 하게 되던가 함으로써 특권적 주체와 배제된 주체를 생산한다. 오늘날 글로벌한 엘리트의 순환은, 공항의 빠른 '글로벌 입국'[4] 레인, 항공 여행객을 위한 다양한 등급의 멤버쉽과 특권, 외부인의 출입이 통제된 전용 리조트, 개인 비행기 여행, 해외 조세 피난지에서의 부의 보호를 포함하여 특권적 모빌리티의 사사화私事化된 통로를 통해 통치된다(Birtchnell and Caletrio 2014; Urry 2014b). 이것은 백인의 **바이오모빌리티**를 영속화하는 것일 수 있다. 여행의 갈등이, 생체 측정 결과의 불균등한 미시-모빌리티와 인정

---

4 [역주] 엄격한 배경 조사나 사전 인터뷰를 통해 미리 승인되거나 위험이 낮은 여행객들을 빠르게 입국할 수 있도록 한 미국 관세국경보호청의 프로그램.

되지 않는 신체적 수행, 그리고 엘리트 대 서발턴[5] 모빌리티의 인종화되고 이동 가능해진abilized[6] 재현을 통해 인종화된 신체들(뿐만 아니라 트랜스젠더의, 장애의, 또는 다른 '의심스러운' 신체들)을 분류하는 기제가 되고 있기 때문이다. 경계짓기 프로젝트는, 인종화된 신체가 국민국가 안으로 그리고 밖으로 이동하는 것을 통제하고, 어떤 집단들의 이주는 장려하면서 다른 집단들이 국경을 넘는 것은 막고(Nicholson and Sheller, 근간), 휴일, 해변, 열대섬의 역閾공간liminal space에서의 인종적 경계 위반을 허용하면서(Nagel 2003; Vicuña Gonzalez 2015), 인종적 경계 그리기를 집행한다.

모빌리티 연구는 이런 여행지와 휴양지들이 국가 영토로부터 탈배태되고disembedded, 글로벌 대도시 교통수단, 미디어, 데이터 흐름에 연결된 고유한 자연적 인클레이브로서만이 아니라, 능동적으로 **분리된**islanded, 즉 사적 소유와 사적 인프라, 그리고 타인의 모빌리티에 대한 통제로 가능해진 조율된 보안으로 인종 관계를 주의 깊게 관리하여 분리해 낸 공간들로 재포장되는 방식에 대해 할 말이 훨씬

---

5 [역주] 탈식민주의 이론의 개념어로, 하층민, 하위주체, 종속계급 등을 가리킨다. 이탈리아 마르크스주의자 안토니오 그람시가 프롤레타리아를 대신해 만든 말로서, 인도의 역사학자 라나지트 구하Ranajit Guha를 비롯한 역사학자 그룹이 역사에서 배제되었던 인도 인민의 입장을 부각시키기 위해 사용했다. 특히 탈식민주의 페미니즘 연구자인 가야트리 스피박 Gayatri Chakravorty Spivak이 〈서발턴은 말할 수 있는가?〉에서 자세히 소개하여 널리 사용되게 되었다.

6 [역주] abilize라는 단어는 사전에 없다. 글쓴이는 Abilize Stride Sport라는 브랜드의 바퀴가 세 개 또는 네 개인 전동 스쿠터에서 이 말을 가져온 듯하다. 그래서 'abilized'는 '이동보조수단으로 움직이게 된'이라는 뜻인 것으로 여겨진다.

더 많아야 한다(Sheller 2009a, 2009b). 또한 어떻게 군사력이 관광을 위한 안전 공간을 만드는 데, 그리고 결과적으로는 2005년 인도네시아 발리에서 일어난 폭탄테러, 2014년 케냐 몸바사 근처 관광 해변에 대한 해적들의 공격, 2015년 튀니지에서 벌어진 관광객 공격 사례처럼 테러리스트 공격의 위험한 공간이 될 수도 있는 공간을 만드는 데 영향을 주는지 생각하는 것이 중요하다. 푸에르토리코의 비에케스섬Vieques Island의 불균등한 모빌리티는 과거 미국 군사무기 시험 장소가 어떻게 해서 '사람 손이 닿지 않는' 자연보호구역과 관광 전용리조트 장소로 전환되었는지 보여 준다(Sheller 2007). 비에케스는 장소의 새로운 수행을 창출할 땅, 인프라, 미디어 재현의 공간적 재구조화를 보여 주는 특히 예리한 사례라 할 수 있다. 곧, 군사화가 아니라 관광을 뒷받침하기 위해 불균등한 모빌리티에 의존하지만, 섬의 점유, 표적 겨냥, 무기 시험의 파괴적 과정을 정상화함으로써 암묵적으로 여전히 미국 군사력을 용이하게 한 사례이다.

버나데트 비쿠냐 곤잘레스Vernadette Vicuña Gonzalez의 매력적인 책《파라다이스 지키기—하와이와 필리핀의 관광과 군사주의Securing Paradise: Tourism and Militarism in Hawaï i and the Philippine》(2013)는 군사주의와 관광의 연결이 많은 태평양 섬들뿐 아니라 미국과 카리브해의 관계에도 중요하다는 것을 보여 준다. 그녀는 (헬리콥터 투어와 같은) 특정한 항공 모빌리티 형태와 (H-3 주간州間 고속도로와 같은) 도로 건설이 체화된 모빌리티와 공간적 실천을 통해 군사 점령의 역사와 열대 섬 관광객의 시선을 어떻게 연결시키는지를 보여 준다. 그녀는 카우아이Kaua'i섬의 헬리콥터 투어는 "모빌리티, 시각 장, 그리고 감정의 구조를 생성해 내는데, 이는 과거와 현재의 군사적 폭력과 깊이 상호연결되어 있는 관광의 즐거움을 위한 풍경을 만들어 낸다"고 주장한다. 에덴동산과 같은 열대 섬들에 대한 비행 접근가능성은 헬리콥터 투어가 의존하는 기술, 시각 체계 그리고 관광과 군사주의 논리의 '상호작동성interoperability'에 의존한다(Vicuña Gonzalez 2013, 149). 비쿠냐 곤잘레스는 "관광객은 순진한 레저 주체의 배역을 맡게 되는데, 관광객의 자유롭고 안전하게 이동할 권리는 신자유주의 거버넌스 이데올로기를 전형적으로 보여 준다"고 말한다(Vicuña Gonzalez 2013, 218). 원 지역의 땅들은 점유되고, 지역 모빌리티는 제한되고, 접근은 소수의 혜택을 위해 통제된다.

글로벌 도시들의 도시 중심에 대해서도 같은 말을 할 수 있다. 여기서도 엘리트들의 과시 소비와 제한되지 않은 모빌리티가 도시 한계 지역과 주변부로 쫓겨나서 도시에 대한 접근이 불가능한 이들과 '역겨운 대조'를 이루고 있다. 이는 점점 엘리트 특권과 관광 소비로 연출된 장관壯觀이 되어 왔다. 요새화된 기업 고층 건물들과(Kaika 2011: Graham 근간) 상업화된 삶/노동/플레이-스케이프(Sheller and Urry 2004: Davis and Monk 2011)의 번쩍이는 거대 도시들에는 체화된 모빌리티와 새로운 형태의 건축적 계층의 복잡한 연출이 있다. 오로지 규율된 이동 주체들만이 가장 좋고, 가장 깨끗하고, 가장 푸른 위치들을 점유할 수 있고, 가장 새롭고, 가장 빠른 교통과 통신 인프라를 이용할 수 있다. 보호막과 수직적 모빌리티가 불균등한 지역들은 불균등한 모빌리티를 통제하고 통치하는 데 중심이 되는 사회-기술적 인프라를 사회적·정치적 전면에 내세운다. 이 지역들은 (비)모빌리티가 연출되는 인조 환경built environment의 디자인뿐만 아니라(Jensen 2013) 통치 실천들에도 의존하는데, 이 실천들 속에서 연기, 배제, 격동, 폐쇄, 구금, 몸수색, 방해가 생계 수단과 통로와 수용소를 찾으면서 주변화된 공간에 거주하고, 참을성 있게 기다리고, 불편하게 이동하는 이들에게 일상의 수행이 된다(보기, Graham 2009: Mountz 2010: Fischer, McCann, and Auyero 2014).

요약해 보자. 만약 관광과 관련된 불균등한 모빌리티를 이해하고자 한다면, 다양한 속도 기술(공군력부터 급행 공항 보안검색까지), 영토 통제(식민주의적 제국들부터 관광 리조트와 개인 섬들까지), 그리고 통신과 데이터 공유(증기선 우편 서비스부터 여권, 생체측정학, 믿을 수 있는 여행자 데이터베이스에 이르기까지) 사이의 역사적 상호작용을 추적할 필요가 있다. 다음으로는 엘리트와 서발턴 모빌리티에 대한 주권적 통제 문제로 넘어가서, '엘리트 분리' 과정을 군사력에 의존적인 에너지 사용과 자원 채굴에 대한 심층적인 지리-생태학에 연결시키고자 한다.

엘리트 분리와 군사력의 지리-생태학

'모빌리티'를 "개인이나 집단이 이동에 관련된 가능성의 장을 전유하고 그것들을 사용하는 방식"(Kaufmann and Montulet 2008, 45)이라고 정의할 수 있다면, 엘리트들이 어떻게 땅과 자본뿐만 아니라 깨끗한 공기, 물, 음식을 갖춘 장소들로의 이동 가능성 또는 잠재력을 전유하는지 개념화할 수 있다. 그래엄과 스리프트(Graham and Thrift 2007) 같은 지리학자들이 전기·통신 체계·철로·관을 통한 물과 폐수의 흐름과 같은 표면적으로 원활해 보이는 '바로 쓸 수 있는' 인프라를 제공해 주는, 이면에서 이루어지나 노동집약적인 유지와 보수에 관심을 가졌다면, 기술 역사가들은 '인프라 구축'(Star 1999)이 얼마나 일상적 사회 실천들에 배태된 능동적인 형성의 과정인지(Guy and Shove 2000) 보여 주었다. 일단 발전된 서구 국가들이 이런 프로젝트의 국가 비전과 도시 집중화를 가졌지만, 그들은 점점 더 파편화되고 분열되었다(Graham and Crang 2001).

　여기서 우리는 빨리 통과한 사람들과 대비하여 기다려야 하는 사람들에 대해 생각해 볼 수 있다. 길리언 풀러Gillian Fuller는 그러한 체계들은 스톱-앤-고stop-and-go 모빌리티를 유형짓는 일종의 '제어 구조'라 할 수 있는 대기 행렬의 '일상적 인프라'에 의존한다고 말한다. 대기 행렬 조직에는 내재된 권력관계와의 일상적인 춤daily dance이 존재한다. "속도와 움직임은 상품이고, 지체는 통제라면, 스마트 기술과 높은 봉급을 받는 이들에게는 대기 행렬이 뛰어넘을 수 있는 것이지만, 다른 이들에게는 피할 수 없는 것"이다(Fuller 2014, 212). 다른 이들은 '빠르게' 지나가는 반면, 기다려야 한다는 것은 (예를 들어, 엘리트의 성공과 성취 궤도를 묘사하는 데 널리 쓰이는 자동차 모빌리티의 은유인 '추월 차선'에 뛰어들거나 '고속도로'를 타는 자동차 운전자들이 매일 경험하는) 권력의 형태이다.

　기다림은 시간적으로뿐만 아니라 신체적으로도 갇혀 있음을 뜻한다(반면에 아래의 배회 논의를 보라). 갇혀 있다는 것은 또한 사람들을 음식, 깨끗한 물, 위생, 숨 쉴 만한 공기가 없는 취약한 환경, 곧 그로부터 도피할 수 없는 환경 안에 가두어 두는 지속 불가능하고 불공평한 모빌리티 체계에 의해 유발된 재난의 위험, 독성 공해, 취약성에 대한 노출과 관련된다. 아우예로와 스위스턴(Auyero and Swistun 2009)은 빌라 인플라마블레Villa Inflamable 또는 '불에 잘 타는 곳 Flammable'[7]이라 불리는 아르헨티나 판자촌에 대한 서술에서, 아르헨티나에서 가장 큰 석유화학 공업단지 곁에서 서서히 일어나고 있는 삶의 환경적 재난을 묘사한다. 그 근처는 석유정제소, 관리감독되지 않는 쓰레기 소각장과 매립지로 둘러싸여 있어 납이나 크롬, 벤젠 그리고 여타 화학물질들에 의해 땅과 공기, 물이 오염된 곳이다. 고도의 모바일 엘리트 세계의 정반대인 이곳은, 석유화학 제품들이 글로벌 엘리트들의 모바일 라이프 스타일을 떠받치고 있는 바로 그 순간에, 열등한 환경의 질성이 살아 있는 신체, 곧 인간의 바이오모빌리티를 파괴하도록 운명지워진 추방과 기다림의 장소이다.

　기후와 관련된 사회적·환경적 붕괴의 패턴은 기존의 글로벌 모빌리티 체제와 에너지, 원료, 인구 그리고 그 체제가 창조하는 경제

7　[역주] 아르헨티나 부에노스아이레스시의 남동쪽 경계에 있는 아벨라네다Avellaneda 지역에 위치해 있다.

적 기회의 불균등한 분배에 깊이 영향받는다. 주민들 스스로가 변화하는 기후에 취약하고, 물과 에너지 또는 음식에 대한 접근이 위협당하고 있는 것을 알게 될 때, 기후변화와 이와 관련된 도시 재난으로 야기된 정치적 불안과 국가 안보화의 가능성을 포함하여 안전보장 이슈는 점점 더 전면으로 나오게 될 것이다(Graham 2009). 현재의 모빌리티 체계의 지속불가능성을 둘러싼 정치 때문에 모빌리티가 제한되거나 훨씬 더 비싼 비용을 치르게 될 때, 네트워크 자본의 불평등은 더 날카롭게 부각될 것이다.

엘리엇과 어리는 네트워크 자본을 모바일 능력의 조합으로 정의한다(Elliott and Urry 2010, 10-11). 모바일 능력은 원거리 네트워크 접속, 신체 이동 능력, 위치에 구애받지 않는 정보와 접촉 지점, 통신 장치들과 안전한 만남 장소에 대한 접근, 이동 수단과 인프라에 대한 접근, 그리고 조정을 위한 시간과 다른 자원들을 포함한다. 주위의 물리적·사회적·정치적 이동 지원성affordance과 관련하여 이러한 잠재적 이동 능력의 불균등한 분배가 있다. 여기서 우리는 모빌리티 사건이 얼마나 모빌리티를 뒷받침하는 인프라(흔히 '지속 가능한 교통수단'에 대한 제한된 접근의 초점인)뿐만 아니라 접근성의 거대한 아상블라주assemblage의 물질성과 '단절된' 세계 안에 연결되어 남아있을 수 있는 바이오모바일 주체들의 형성에도 의존하는지를 볼 수 있다(Sheller 근간). 모빌리티는 다양한 계층구조들을 동시에 포괄하는 지리-생태학과 생명정치학의 융합이다.

뉴올리언스에서 허리케인 카트리나 이후의 이주displacement와 지진 이후 아이티에서의 인도주의적 대응으로 인해 현대의 글로벌 도시 지형을 형성하는 복잡한 모빌리티 체계들과 인프라적 정박 moorings의 상호의존성 및 취약성이 전면에 부상했다(Sheller 2013, 근간). 재난으로 고통당하는 도시들은 교통 체계, 통신 체계, 공급 체계, 일정관리 체계의 역동적인 결합 매듭이 어떻게 빠르게 풀릴 수 있는지를 그리고 그와 함께 장소에 머무르고 살 수 있는 사람들의 능력을 보여 주는 예증이 된다. 모빌리티 체계들의 실패(넓게는 기후변화의 영향)에 직면하여, 우리는 특정 집단을 위해危害에 취약하게 놔 두는 사회적 권리와 네트워크 자본의 차이와 불균등한 분배를 포함하여, 특정 영역들의 공간화를 지배하는 제도적 뼈대와 규제적 레짐의 민낯을 보게 된다(Sheller and Leon, 근간).

　미래의 교통 통로들과 모빌리티 체계들의 탄력성을 상상해 볼 때, 우리는 다른 이들을 느리고 방해받고 또는 취약한 모빌리티 상황으로 내쫓으면서, 사적인 통로와 네트워크 자본의 축적을 통해 자신들의 안전과 보안을 가능하게 할 엘리트들의 '분리'가 가져올 영향을 고민할 필요가 있다. '분리주의 모빌리티'는 자동차로 움직이는 교외로의 이동처럼 단순하거나(Henderson 2006), 개인 섬 소유, 해외 은행 계좌 사용, 개인 제트비행기 이용과 같이 복잡할 수 있다(Baldacchino 2010; Urry 2014b). 조세 회피, 자유무역 지역, 수출가공 지역, 편의치적선便宜置籍船,[8] 인터넷 사업, 가상은행shell bank 등을 포함하여 역외화域外化

8　[역주] flags of convenience. 세금 부담의 경감, 인건비 절약 등을 위해 선주가 소유할 선박

는 이 엘리트 분리를 뒷받침한다. 자본은 국가 영토 내의 법률과 과세를 회피하면서 은밀하게 이동할 수 있는 반면, 노동은 여행 비자를 얻기 힘든 '경제이주민'으로 결정된 사람들과 함께 장소에 고착되어 있다. 존 어리가 주장하듯이, 비밀스런 역외 세계들과 규칙 파괴는 "컨테이너에 기반한 화물수송의 다양한 신종 사회 기술체계, 곧 광범위한 항공 여행, 인터넷, 엄청난 양의 자동차와 대형 화물트럭 수송, 새로운 전자화폐 송금 체계, 국가 규제 회피를 지향하는 조세·법률·재정 전문가들의 성장, 그리고 국경을 넘나드는 빈번한 이동을 포함하여 많은 '모바일 인생들'의 급증 덕에 수월해졌다"(Urry 2014a, 227).

에너지에 대한 접근과 수송 체계를 구성하는 광물과 금속은 분리주의 모빌리티의 중요한 차원이다. 모빌리티의 잠재력은 수송 에너지의 원천이 어디이며, 어디로 유출되고, 그 에너지의 대부분을 누가 사용하는가에 근거한다. 탄소에 굶주린 이동 엘리트들이 개인 제트비행기, 헬리콥터, 고속 열차, 요트, 방탄 리무진 또는 반무장半武裝 SUV를 사용할 때, 그들은 고탄소 라이프 스타일의 환경적 영향을 타인들에게 외화外化시키는 것이다. 이러한 전용 이동 수단들은 또한 외부인의 출입이 통제된 인클레이브, 고층 건물, 위생 처리된 유사도시 관광구역, 개인 전용 해변을 갖춘 올인클루시브 리조트, 소비자본주의의 장관, 그리고 지역 주민들은 출입이 금지된 생태 리조트

을 자국에 등록하지 않고 제3국에 편의적으로 등록한 선박.

를 뒷받침하는 공간 개발을 결정한다(Sheller 2009a, 2009b; Birtchnell and Caletrio 2014). 이동 엘리트들은 점점 희소해지는 전지구적 자원들을 통제하는 권력을 사용하여 에너지, 물, 광물권에 대한 통제를 독점한다.

지속 불가능한 모빌리티는 또한 인종적 부정의injustice를 이러한 글로벌 모빌리티 체계와 불균등한 에너지 인프라에 배태시키는 식민지·신식민지·신자유주의적 형태의 권력에 주로 의존한다. 통신 체계는 실리콘과 코발트와 텅스텐 같은 희토류 금속들을 필요로 하지만, 폭격기, 드론, 장갑차, 무기, 위성유도 시스템은 모두 알루미늄과 니켈과 같은 주요 금속들을 필요로 하기 때문에 이런 모빌리티 자원의 통제는 또한 군사 우위를 보장해 준다. 원료와 금속은 무기와 자동차로 조립되며, 이것들의 연료 공급을 위해서 송유관, 유조선, 물류 허브들을 통한 글로벌한 오일과 가스의 이동이 필요하다. 그러므로 불균등한 모빌리티는 지정학적일 뿐만 아니라, 본질적으로 지리-생태학적이다(Sheller 2014).

넓게 말해서, '역외화 과정'은 국가 밖의 유사자율적 영토들의 공학engineering, 곧 정상적인 통치로부터 벗어난 관타나모만과 같은 강제수용소, 군사기지, 세계문화유산, 그 외 자율적인 사법관할구역 등을 포함한다(Baldacchino 2010). 그러한 공간들은 흔히 그들을 연결시켜 주는 특별한 인프라를 필요로 한다. 현재 파나마 운하의 확장, 파나마 운하 통과 가능 최대 선박보다 큰 화물선에 맞추기 위한 깊은 수심의 항구 건설, 그리고 고트 아일랜드Goat Island로 알려진 중국 물류 허브로 예정된 자마이카의 보호구역과 같은 곳에 새로운 물류 허브의 건설 가능성 등은 모두 글로벌 무역의 흐름이 자연 자체를 인프라로 변환시키면서 지역경제와 생태계를 능가하는 방식을 가리키고 있다(Carse 2012). 미국의 군사기지, 무기 시험장, 석유 시추 시설들이 있는 주요 장소인 카리브해와 태평양의 섬들은 모두 미국이 자신의 지배력을 보장하기 위해 사용하는 주요 군사적 자산이지만, 특별히 새로운 인프라(도록, 항만, 철도)에 대한 중국의 투자로 점점 잠식당하고 있다. 이런 군사적 지형은 또한 불균등한 모빌리티를 창출하며 (이에 의존하는데), 이는 이미 언급한 바와 같이 관광과 밀접하게 관련되어 있다. 이전에 점령되었던 공간들이 무인지대가 되고, '개발되고,' 버려지고, 그리고 나서 '보호구역'으로 공표되고, '자연적이고' '오염되지 않고' '훼손되지 않은' 관광을 위한 곳으로 무르익고, 새로운 물류 사슬로 연결되는 곳으로 제시되는 축출과 수용 과정을 고민해 볼 필요가 있다.

물류 합리성에 대한 데보라 코웬Deborah Cowen의 최근 저작은 물류가 군사전략과 전술뿐만 아니라 기업들의 글로벌 무역 조직화 실천에서도 제2차 세계대전 이래로 심대한 변화를 겪었음을 보여 준다(Cowen 2010, 2014b). 물류, 곧 '물적 유통의 관리'는 이러한 불균등한 지리생태학을 뒷받침하는 핵심 모빌리티 체계이다. 물류에 대한 이해는 글로벌한 물품과 사람의 이동 인프라와 그러한 공간과 시간의 조직화를 추동하는 상상력 및 상징적 의미와 관련된다. 물류를 관리하는 화물 컨테이너, 컴퓨터, 위성통신의 등장과 함께 새로운 형태의 시스템 사고思考가 노동관계, 지형, 안전보장 형태들을 재형성하면서 전면에 등장하게 되었다. 코웬은 물류가 공급 사슬의 보안을 국경 체제와 보안의 재측정과 얽히게 하면서, "군사적·제국적·기업적 과거에 사로잡혀 있다"(2014a, 194)고 말한다. 군사화는 보안된 인클레이브들을 추진하는데, 그 과정에서 군사 논리가 공간을 재형성하고 시민권이나 집합적 조직이 없는 인종화된 이주노동력을 고용한다는 것이다.

　미래의 전쟁은 그러한 근본적인 자원들의 전유와 자재 및 군수품을 전세계에 이동시킬 물류 체계의 통제를 놓고 벌어질 것이다. 바로 이 전쟁들과 새로운 형태의 무기가 지구 자원을 고갈시키고, 생태계 불안정과 공해, 인간과 비인간의 삶에 실존적 위협을 가할 것이며, 그 비용은 세계의 가장 가난한 지역들의 몫이 될 것이다. 그러므로 우리 지구의 이른바 '생태계 서비스'[9]의 지속가능성을 향한 이행은 우리가 일상에서 쓰는 에너지 양을 변화시키는 것 이상을 요구한다. 그것은 근본적으로 이동과 정주를 위한 질성, 사건, 주체, 물질성, 인프라를 재분배하고 이것들에 대한 결정에 과정적이고 숙의적인 정의justice를 부가하는 기존 모빌리티 장치의 전복을 통해서만 이루어질 수 있는, 네트워크 자본과 모빌리티 역량의 더 큰 형평성을 요구한다. 이에 따르는 결과는, 모빌리티 정의와 덜 불균등한 접근권의 분배 이행이 종신토록 태양계의 생태학적 지속가능성과 복

---

9 [역주] 생태계 생산성, 토양 보호, 기후 조절, 또는 해양생태계의 물의 순환, 탄소의 순환, 오염 물질의 정화 기능 등 인간 사회에 직접적인 경제적 혜택은 없으나 생태계의 존재와 기능이 생물의 생존에 기여하는 혜택으로 생태계 요소의 간접 사용가치라 할 수 있다.

원성을 보장할 모세혈관 모빌리티라는 대항 권력의 등장을 요구한다는 것이다. 다음 절에서는 마지막 불균등 모빌리티인 질병의 거버넌스로 넘어간다.

질병 모빌리티와 통제의 지형

인간과 비인간의 모바일 물질성이 불균등한 공간성과 차별적인 모바일 주체 생성의 특징을 이룬다면, 악성 질병이 영토·통신·속도에 대한 주권적 권력을 놓고 겨루는 무대에서 발발할 때 어떠한 일이 일어날 것인가? 질병에 대한 노출과 인구 저항에 일어나는 변이는 오랫동안 글로벌 모빌리티의 유형을 형성해 왔으며, 질병 모빌리티 자체는 주권적 권력과 영토 통제의 확대를 형성해 왔다. 새로운 질병의 유입이 유럽의 아메리카 대륙 정복을 도왔다는 것은 잘 알려져 있다. 열대병에 대한 유럽인의 취약성이 일부 백인들을 아프리카에는 들어가지 못하게 했고, 많은 식민지들을 이른바 '묘지'가 되게 했다는 것도 그러하다. 질병은 (열병으로 인해 엄청난 군대의 손실을 가져옴으로써) 아이티공화국의 독립과 미국의 루이지애나 매입으로 이끈 나폴레옹의 생도맹그Saint Domingue 식민지에서의 패배와 같은 세계사에서 가장 악명 높은 패배들을 거들었다. 질병 모빌리티는 구제역口蹄疫, 사스SARS, 그리고 미생물 모빌리티와 비행기 사이의 관계에 관심이 모아졌던 새로운 모빌리티 패러다임의 출발 이래로, 비인간more-than-human 모빌리티의 중요한 차원으로 이해되어 왔다(Sheller and Urry 2006a).

최근의 작업은 질병 모빌리티와 교통수단에 대한 연구를 식민지 모빌리티의 오랜 역사와 국경 및 지식의 현대적인 인종화에 연결시키기 시작했다(Mavhunga 2014). 마브훙가(Mavhunga 2014, 근간)는 짐바브웨에서의 인간과 비인간 모빌리티 연구에서 질병, 모빌리티, 식민지 인종주의가 깊이 상호연결되어 있다는 것을 보여 준다. 체체파리Tsetse fly와 함께 사는 방법에 대한 아프리카의 전통적 지식이 유럽 정착민들에 의해 끊기는 바람에 사람들과 가축들이 트리파노소마증trypanosomiasis에 노출되었다. 유럽인들은 모빌리티 관리를 통하여 아프리카 인구를 체체파리로 가득한 지역으로 몰아내면서, 질병을 피하는 방법에 대한 아프리카인들의 실천적 지식을 전유했다. 마브훙가는 가축들이 질병 이동의 '유기적 매개체organic vehicle'였으며, 동물과 비인간 모빌리티가 인간 모빌리티의 주요 형성자가 되고, 그럼으로써 식민화와 저항 과정의 주요 형성자였다고 제시한다(Mavhunga 근간). 스테파니 라바우Stepanie Lavau가 주장하듯이, H5N1 조류독감과 같은 바이러스는 철새와 같은 살아 있는 매개체에 붙어 이동할 수 있는 '여행 동반자'이지만, 존재론적으로 변이 가능한, 곧 형태를 변화시키고, 종의 장벽을 넘고, 유전적 변이와 항원 저항력을 빨리 획득할 수 있는 '수반종隨伴種'이다(Lavau 2014, 299). 이런 의미에서 '입소문이 나다going viral'는 이동할 수 있는 능력과 변화할 수 있는 능력 둘 다 가진 통제할 수 없는 모빌리티에 대한 훌륭한 은유이다.

그러나 질병 모빌리티의 문제는 모빌리티 연구에서 기대하는 만큼 두드러지지 못했다. 그래서 이 마지막 절에서 최근 아이티의 콜레라 발병과 서아프리카의 에볼라 발병에 대해 짧게 다루고자 한다. 여러 가지 면에서 이 둘은 우리 시대의 불균등한 모빌리티 격차와 바이러스의 불안정성을 상징한다. 모빌리티 연구에서 물질성, 환경 지원성environmental affordances, 인간-동물-기술의 아상블라주에 주의를 기울이면서, 우리는 질병 발발의 불균등한 모빌리티가 어떻게 공간과 생명정치학(누가 보호받을 가치가 있으며, 누가 면역을 가지고 있고, 누가 격리되어야 하는가 하는 생명정치학을 중심으로 정의되는 몸의 정치학)의 재구성에 기여하는지 질문해 볼 수 있다. 예를 들어, HIV 감염 확산의 지형은 (알려진 대로 처음에 HIV의 미국 유입을 아이티인 탓으로 돌렸던) 미디어의 재현과 인종적·계급적·성적 불평등으로 뒤섞인 인간 취약성의 분배에 의해 인종적으로 영향을 받아 왔다. 콜레라와 에볼라의 진로도 공간의 인종적·국가적·계급적 (하부)구조화로 가능해진 불균등한 지원성에 편승하고 있다. 서구인들의 '암흑의 아프리카'에 대한 두려움이나 아프리카 주민들의 외국인 보건 인력에 대한 두려움, 인간들의 반응 또한 인종과 공간의 재현에 의해 형성된다. 감염병은 우리 인간을 빠르게 전파하는 매개체로 활용하면서, 불균등한 모빌리티의 갈등을 통해 인류를 억제하고 있다.

쉽게 전염 가능한 (바이러스 용어를 사용하자면, 치명적인) 콜레라의 한 종류가 2010년 지진 약 9개월 후에 아이티로 유입되었다. 모든 증거는 유엔 평화유지군에 의해 네팔로부터 유입되었음을 가리

컸다. 이 콜레라는 활발한 콜레라 발병지로부터 중앙 아이티의 주요 농업 지역에 있는 아티보니트Artibonite주의 분수령에 직접 유입되면서 위생 체계가 제대로 갖추어지지 않은 원거리 농촌 지대로 곧바로 이동했다(Katz 2014). 지금까지 아이티에서 8,500명 이상의 사람들이 죽었으며, 70만 명 이상이 감염되었고, 도미니카공화국으로 확산된 사례 등 섬을 넘어 비행기 여행을 통해 옮겨진 사례들도 나왔다(PAHO 2014). 광범위한 증거와 여러 소송에도 불구하고, 유엔은 책임을 인정하지 않으려 했고, 최근에야 아이티에서 그 질병의 확산에 극도로 취약한 상수도와 위생 체계가 원인이 되었다고 밝혔다. 그러나 과거 식민지 원정遠征이 질병에 노출되지 않았던 토착 인구에게 질병을 가져왔듯이, 질병에 취약한 인구를 질병에 노출시킨 것은 부분적으로 이 글로벌한 인도주의적 미션의 동원이다(Sheller 2013, 근간).

'이로운 일을 하려는' 세계 주관 기구들과 인도주의자들의 모빌리티는 흔히 점령된 인구에 영향을 주는 암묵적인 군사적 점령과 이와 연관된 불균등한 모빌리티를 엄폐한다. 다양한 종류의 거버넌스 붕괴는 군인, 피난민, 인도주의적 원조, 엔지니어, 연구자, 돈, 물질뿐만 아니라, 이러한 매개체들이 동반하는 바이러스, 박테리아와 다른 병원균 등의 새로운 모빌리티 유형을 생성한다. 유엔군과 다양한 비정부기구들의 모빌리티는 그들이 원조한다고 하는 지역들에서 매춘과 성적 인신매매의 증가와 관련되어 왔으며, 이에 따라 HIV의 확산과 관련이 있다. 비행기 여행, 공항, 군항공 수송에 대한 접근권은 평탄한 고속도로와 수심 깊은 항구들과 함께 이러한 글로벌 이동을 뒷받침하고 있다. 평화유지군은 스스로 날카로운 철조망으로 둘러싼 주둔지들을 보호하고, 지역 주민들을 통과해 이동하기 위해 장갑차들을 이용한다. 사람들이 생명정치적 무기의 부재로 고통받으면서 바이러스 면역이나 외교 면책권을 누리지 못하는 나라에서 말썽이 생기면, 그들은 외교 면책권에 기대거나 단지 성범죄 기소를 피하려, 이 경우에는 콜레라 유입에 대한 책임을 회피하고자 그 나라를 떠날 수 있다.

새로운 치명적인 질병이 변이를 일으키고, 종의 장벽을 넘고, 글로벌 여행으로 뒷받침되는 새로운 방식으로 유포되면, 공항과 비행기 여행의 안전 확보는 질병의 억제와 모바일 엘리트들에 의해 향유되는 안전성 보호를 위한 인프라에서 주요 관심사가 된다. 세계가 조류독감, 약물 내성 결핵, 슈퍼박테리아와 같이 새로운 종류의 질병 발발과 가장 최근에는 서아프리카에서 끔찍한 에볼라 발발에 직면하면서, 우리는 모빌리티를 관리할—특히 국경, 공항, 전체 도시 지역의 통제가 주요 봉쇄 지점이 되는—새로운 글로벌 레짐의 등장을 목도해 왔다. 에볼라가 기니에서 시에라리온과 리베리아로 확산되면서, 감염 확산을 멈추게 할 절차들이 작동하지 않고 있음이 점차 명확해졌다. 질병에 대한 공포는 급속도로 국경 폐쇄, 감염 지역으로부터 백인들의 소거, 위험하고 원시적인 것으로 취급된 인구 주변에 일종의 방역선 설치로 이끌었다. 에볼라에 감염된 처음 두 명의 백인 미국인이 비행기로 옮겨져 조지아주에 있는 병원에서 비밀스런 항생 혈청을 주사받은 반면, 아프리카인 희생자들은 격리되어

죽도록 남겨졌을 때 아프리카인들과 전세계 다른 사람들은 경악했다. 어떤 나라들은 심지어 감염되지 않은 아프리카 국가로의 항공편들을 취소했으며(대한항공은 질병이 도달하지 않은 케냐 항공편을 중단시켰다), 아픈 승객들을 탐지하는 새로운 심사 과정을 도입했지만, 에볼라 바이러스는 항공 승객들을 따라 나이지리아의 라고스와 세네갈의 다카르로 옮겨졌다.

인간들이 새로운 세균과 바이러스 위협의 매개체가 되자, 중세의 '방역cordon sanitaire' 관행이 재도입되었다. 이는 특히 리베리아에서 논란이 되었는데, 전체 도시 주변 지역을 엄격하게 격리하려는 시도들이 저항에 부딪히고, 수도 몬로비아에서는 질병이 보건 시설들을 압도하면서 통제를 벗어났다. 검역격리가 미래에 전지구의 건강에 대한 위협을 어떻게 무력화할 것인가? 이것은 인구를 안전한 사람들과 위험한 사람들로 분류하고, 인종화된 지역들을 안전하지 않고 질병이 들끓는 곳으로 인지하는 인종화된 과정들을 어떻게 반영할 것인가? 에볼라 발발에 대해 기니와 리베리아와 시에라리온에 존재하는 경제적이고 지정학적인 맥락과, 이것이 어떻게 취약한 보건 인프라와 농촌 및 도시 빈민들의 의료 서비스 접근 결핍의 원인이 되는지 언급하는 해설은 드물다. 인간 종에 대한 바이러스의 공격이 건강, 부, 임산부 사망률, 어린이 기대수명, 소득 분포 등 많은 글로벌 지표에서 바닥에 위치한 나라들에서 발생하는 것은 우연인가? 최근에 에볼라 발발이 시작된 기니의 불균등한 모빌리티에 잠시 초점을 맞추어 보자.

기니는 철광석, 금, 다이아몬드, 그리고 글로벌 모빌리티 인프라에 중요한 다른 금속들의 주요 매장지이다. 보크사이트는 전세계 매장량의 3분의 2가 기니에 있다. 광산업 부문은 이 나라 수출 수입의 95퍼센트를 산출하고 있으나, 기니는 여러 가지 방식으로 초국가적 채굴 산업이 안고 있는 문제들의 전형을 예시하는 아프리카에서 가장 가난한 나라들 가운데 하나이다(EITI 2014, Sheller 2014). 1990년대에 국제통화기금IMF과 세계은행World Bank의 구조조정 협약 아래, 기니 정부는 광범위한 민영화를 통해 정부 부문을 감소시키기 시작했다. 1998년 투자법은 외국인 투자의 길을 열어 주고, 수익의 본국 송환을 허용했다. 그러자 리오 틴토Rio Tinto와 루살Rusal 같은 초국가적 채광회사들이 앞다투어 투자에 나섰고, 정부 불안정과 몇 차례의 쿠데타를 겪으며 나라 전체가 부패로 들끓었다. 2007년과 2009년에 무장한 치안 부대가 수백 명의 시위자들을 살해했고, 수십 명의 여성들을 공개적으로 강간했다. 그럼에도 불구하고, 국제통화기금과 세계은행으로부터 21억 유로의 구제금융이 지원되었을 뿐만 아니라, 15억 유로(19억 3천만 달러)의 채굴 계약이 군사정권에 의해 체결되었다. 2009년에는 중국국제기금Chinese International Fund이 모든 채굴 프로젝트의 전략적 파트너가 되는 조건으로 항만·철도 선로·발전소 등의 인프라 프로젝트에 70억 유로의 투자를 성사시켰다. 이것은 사하라 이남 아프리카 지역에서 가장 큰 민간 투자였다.

글로벌 경제를 구축하려는 글로벌 자본의 모빌리티와 금속에 대한 욕망은, 불균등한 모빌리티를 창출하는 공간적 인프라들과 함께 에볼라 발발과 무슨 상관이 있을까? 기니의 외딴 지역(과 몬로비아의 슬럼)에 사는 사람들의 극한 빈곤은, 채광에 필요한 항만과 도로에 대한 외국의 엄청난 인프라 투자에는 현혹되면서 자국에 대한 투자에는 소홀한 자국 정부의 태도와 어떤 관련이 있는가? 기니 또는 시에라리온과 리베이라 사람들을 돕고자 이들 지역에 들어오는 인도주의자들은 그 나라에서 초국적 자본이 하는 역할을 의식할까? '검역격리'된 지역에, 심지어 '국경없는 의사회'조차 들어가지 못하게 되어 위생용품들을 구할 수 없을 때, 그리고 지역 의료진들까지 사망하게 된다면 어떤 일이 벌어질 것인가?

미네소타대학교 전염병 연구 및 정책 센터the Center for Infectious Disease Research and Policy의 소장인 마이클 오스터홈Michael Osterholm은 《뉴욕 타임스》에 실은 기고문에서, 바이러스는 공기 전염을 위해 빠르게 변종하여 인류에 위협이 될 수 있다고 밝히면서, 유엔안전보장이사회가 군용기를 동원하여 격리 지역에 음식과 물뿐만 아니라 감염 통제 물품들을 공급할 체인을 구축하여 이 상황에 대한 통제력을 장악해야 한다고 요청했다(Osterholm 2014). 그의 해결책에 언급되지 않은 것은, 이 방법이 이들 나라의 총체적 검역격리와 유엔의 비행기 여행 통제를 전제로 하고 있어 모빌리티에 대한 주권적 권력을 빼앗고 특정 아프리카인 인구를 나머지 인류로부터 분리한다는 것이다.

인도주의적 대응은 아무리 최선을 다해도 불균등한 모빌리티를 수반한다. 재난에 대한 인도주의적 대응은 그와 함께 네트워크 연결성을 포함하여 고도의 네트워크 자본을 들여오게 된다(Sheller 근간).
글로벌한 건강 및 인도주의 조직들의 광범위한 디지털 연결성에도
불구하고, 그들이 감염 지역들에 충분한 물품 공급과 인력을 들여
오기는 사실상 불가능하다. 이러한 현지 공급의 부재는 서아프리
카에서 글로벌한 채광과 채굴 경제에만 공급하고 지역 경제들은 무
시했던 물류 체인에 의해 이미 초래되었다. 지진 이후 아이티의 맥
락에서 논의했듯이, 구조 · 재건 · 재난 후 회복 과정들을 수행하는
바로 그 동일한 디지털 연결과 물류 노력이 동시에 단절과 비동원
demobilization, 그리고 내가 '격리 효과islanding effect'라고 이론화한 것을
초래한다(Sheller 2013).

역설적이게도, 새로운 항공 감시 기술과 지리정보시스템Geographic
Information System을 재난 관리를 위한 실시간 지도화로 통합시키는 것
은 국경 통제, 보안 관리, 이주 차단, 그리고 아마도 미래에는 점차
검역 통제에 쓰일 동일한 모빌리티 레짐을 강화한다. 내가 주장했
듯이, 이러한 기술적 인프라의 빠른 배치는 재단에 대한 대응 자체
를 통해 사회적 불평등의 심화, 불균등한 공간성의 재구성과 차별
적인 네트워크 자본을 가진 주체들의 재형성을 뒷받침한다. 조나단
카츠Jonathan Katz는 아이티 지진에 대한 인도주의적 대응이 큰 트럭
이 지나가면서 뒤로 재난을 남긴 것과 같다고 했다(Katz 2014). 이는 불
균등한 모빌리티에 대한 적절한 은유이다. 콜레라의 유행은 제국주
의의 불균등한 모빌리티가 남긴 처참한 후유증의 주요 부분이었다.
에볼라 발발과 그에 대한 대응은 차별화된 모바일 주체들이 각기 다

른 방식으로 검역격리와 죽음 자체에 노출된 불균등한 모빌리티의 극심한 사례이다.

결론

모빌리티 연구에 존재하는 미래의 몇 가지 의제에 대한 이 짧은 개요를 통해, 불균등한 모빌리티의 주요 문제들로 두드러진 관광의 질, 공간, 수행과 엘리트 분리, 인종 공간의 글로벌 생명정치학을 통한 모바일 주체의 생산, 자원 추출, 군사화, 바이러스 이동에 의존하는 인프라 구축 과정 등의 여러 쟁점들을 함께 엮어 보려고 했다. 푸코적인 접근 안에서 이 각각의 주제들은 현대 글로벌 모빌리티의 통치에 영향을 주는 식민지·제국·군사 장치의 오랜 역사에 대한 더 큰 '계보학적' 관심과 분열된 인프라들과 불균등한 모빌리티의 물질성을 뒷받침하는 자원 추출과 에너지 사용의 심층 지리–생태학에 대한 '고고학적' 관심을 요청한다. 물질과 신체 모빌리티의 정치적 조직화는 미시 바이오모빌리티와 거시 지리생태학의 결합에 의존하는데, 이는 현대적인 삶의 방식과 연관된 에너지 사용의 지속불가능성과 생태계 파괴를 초래하고 당연하게 만드는 데 기여한다. 그러나 이런 권력 기술들은 다른 모빌리티의 미래를 향해 전환될 수도 있다.

최근 모빌리티 연구에서 21세기의 도시 지속가능성과 글로벌 엘리트 및 글로벌 도시들의 새로운 모빌리티에 대한 질문에 많은 관심이 모아지고 있지만, 군사적·식민지적·인종적 역사를 포함하여 오늘날의 불균등한 모빌리티에 영향을 미치는 상호연관된 세계적인 역사적 유형들을 추적할 필요가 있다. 나는 영토, 통신, 속도 등 근본적인 변수들에 대한 푸코적인 접근이 불균등한 모빌리티를 밝혀 준다고 주장했다. 불균등한 모빌리티는 식민 세계를 건설했으며, 현대의 글로벌 불평등의 유동적 생산을 보증하는 현재 진행형의 권력 형태들로 엮인 엘리트 분리, 영토 전유, 자원 추출 형태들에 결정적이다.

그런데 불균등한 모빌리티는 항상 근접성과 밀집성, 응시와 은신, 감시와 역감시의 미시-정치를 통해 결합된다. 한편으로 우리는 글로벌 모바일 엘리트를 볼 수 있는데, 앤서니 엘리엇Anthony Elliott은 이들이 "분리된 참여, 속도, 네트워크화된 가능성, 지역성으로부터의 거리, 탈출로의 계획"을 배양하는 구별되는 사회적 실천을 가지고 있다고 주장한다(Elliot 2014, 37). 다른 한편으로 정반대의 입장에서 생존을 위한 "비공식적 인프라"의 등장도 볼 수 있는데, 콜린 맥팔레인 Colin McFarlane과 알렉스 바수데반Alex Vasudevan은 이를 "점차로 불균등한 권력, 자원, 지식 관계에 의해 형성된 다양한 모빌리티를 통해 정주定住하게 되는" "또 다른 도시성을 생성하는 일단의 **모바일 계획 실천들**"로 묘사한다(2014, 256-257). 자체 관리되는 상수도 체계를 무단 점유하거나 건설하는 것과 같은 실천들을 통해, 비공식적 거주지에 사는 사람들은 자체로 '끊임없이 이동하는' '반란적 도시성'을 위한 '자발적인 지형'을 창조한다(McFarlane and Vasudevan 2014, 261-262). 듀스베리

(Dewsbury 2014. 430)는 떠도는 이들loiterers을 '우리 시대의 이단적 인물들, 분열분석적인schizo-analytic[10] 부드러운 전복자'라고 일컫는다(Guattari 2009를 따라서). 배회, 예기치 않은 지연, 혼합된 군중, 침입형 공중interstitial publics, 새로이 강조되는 시간성의 생산은 주변화된 사람들의 역량을 강화시키는 정치를 위해 불균등한 모빌리티에 영향을 줄 수 있는가?

점령운동Occupy movement, 크리티컬 매스Critical Mass 자전거 타기 등 많은 급진적 사회운동 전통에서 목격되듯이, 일상적 운동의 봉쇄는 집합적 현존으로서 점령의 정치를 창출할 수 있는데, 이는 '정상적인' 모빌리티 공간을 붕괴시킨다(Furness 2010). 또한 다양한 사람들이 인도를 지나가고(Blomley 2014), 서로 섞이고, 즐거운 사회적 만남을 위하여 걸음을 늦추고 멈추고 하면서, 미시-모빌리티의 불균등한 영토 안에서 발생하는 '생생한 마찰'이 있다. 델리와 같은 도시에서는 지하철을 타는 것조차 공간과 주체를 협상하는 장소, 곧 '정동적 반응'이 '도시 안에서 상호작용하는 권력 장'과 품행 및 정중함의 '규율 코드'를 반영하는 곳이 될 수 있다(Butcher 2011. 238). 글로벌 엘리트들의 원활한 모빌리티와 생존 도시성의 비공식 인프라가 지닌 흠 있는 모빌리티 사이의 이러한 대비들은 기후변화와 이로 인한 모빌리티 체계의 임박한 붕괴에 직면하여 그 중요성이 커질 것이다.

---

10 [역주] 분열분석schizoanalysis은 들뢰즈와 가타리가 《안티 오이디푸스》에서 전통적인 정신분석의 단점과 지나친 단순화를 비판하면서 도입한 개념이다. 분열분석은 고정된 정체성의 산출을 과정화하며, 욕망이 어떻게 반복되고 어떤 차이를 생성하는지 분석한다.

관광 리조트로 전환된 군사 인클레이브나 비밀 강제수용소들의 접근제한 지역들과, 젠트리피케이션을 통한 '도시 재생'에 넘겨져 시달리게 된 도시 인근 지역들과, 발전이라는 명목 하에 수입된 질병들로 인구가 파괴된 토착 지역들과 섬들 사이에는 공통점이 있다. 각 사례에서 모빌리티, 자원, 에너지, 병원균과 면역에 대한 접근 때문에 새로운 영토로 이동이 가능해진 순진한 정착자들의 도래로 인구 감소가 감춰지고 있다. 비공식적 도시성이 발달하는, 곧 불법거주자, 반자본주의 운동, 공동체 망사형 네트워크, 또는 고속도로 봉쇄가 있는 곳에서, 우리는 어떻게 다양한 종류의 마찰, 배회, 끈질긴 점령의 전개가 엘리트 모빌리티에 대항하는 권력의 형태로 기여하게 되는지 생각해 볼 수 있다.

깨끗한 공기, 물, 보호소에 대한 인간 권리는 이제 전체 인구에게 가용하거나 가용하지 않을 수 있는 '생태계 서비스'로서 금전화되고 민영화된다. 자연은 완전한 파괴(보기: 에이전트 오렌지Agent Orange[11]로 고사된 전체 숲, 불탄 유전, '자연'재해와 기후변화를 일으키는 화학전과 생물학 무기들)의 장소로서 군사화되고 무기화(Hamblin 2013)될 수 있으며, 물류는 생명을 뒷받침하는 인프라를 부정하는 방향으로(보기: 군사적인 항만 봉쇄, 피난선의 침몰, 국경을 넘어 물품과 에너지를 이동시키는 운동의 방해) 전환될 수 있다. 이러한 것들은 미래의 주요한 불균

---

11 [역주] 베트남전쟁 중 정글을 고사시키기 위해 미군이 사용한 고엽제의 한 종류를 가리키는 암호명.

등 모빌리티로서, 모빌리티 연구가 다음 10년에 천착해야 할 주제이다. 이러한 불평등 모빌리티 체계와 불균등한 공간성 사이의 관계를, 체화된 모바일 주체들의 생명정치적 거버넌스의 형태로서 그리고 잠재적인 저항과 비판적 영향력의 장소로서 철저하게 탐구할 의무가 우리에게 있다.

정보공개 진술서Disclosure statement
저자에 의해 이해관계 충돌의 가능성이 보고되지 않았음.

3장

비상사태 모빌리티

피터 애디|Peter Adey

이 논문은 연구와 비판적 논쟁에서 거의 함께 논의되지 않았던 두 개념인 모빌리티와 비상사태 사이의 관계를 탐구한다. 비상사태는 사건들의 정치적 관리, 삶, 그리고 모빌리티의 생산과 거버넌스에서 상대적으로 당연하게 받아들여지는 부분이다. 동등하게, 모빌리티와 비非모빌리티는 비상사태 때문에 또는 비상사태를 통해 발생한다. 도주하든 반응하든 비상사태가 사람의 삶의 기회와 삶의 질을 급격하게 변화시키는 고도로 집중된 이동 형태를 요구하기 때문에 일부 모빌리티는 확실히 비상사태**로서** 이해될 수 있다. 이 논문은 특정한 모빌리티들이 특정한 종류의 조건들과, 비상사태 정치와 비상사태 정치 법률과 그 실천 하에 행사되는 거버넌스의 형태들 아래에서 발생하며 강요된다고 제시한다. 그리고 결론을 내리기 전에, 모빌리티와 비상사태와 비상사태의 거버넌스에 대한 좀 더 신중하고 잠정적인 이해를 위해 이러한 주제들이 지닌 함의에 대한 논의와 함께, 기존 문헌들과 움트고 있는 탐구 영역과 개념적인 글들 안에서 탐구되기 시작한 비상사태 모빌리티의 몇몇 특징들을 규명하고자 한다.

서론

이 논문은 연구와 비판적 논쟁에서 공간이 겹치지 않는 두 개념인 모빌리티와 비상사태 사이의 관계를 탐구한다. 그러나 이 두 개념은 서로 낯설지 않다. 여기에 비상사태와 모빌리티의 계보를 추적할 공간은 없지만, 이 두 개념은 서로 피할 수 없는 한 쌍이다. 비상사태는 사건들의 정치적 관리, 삶, 그리고 모빌리티의 생산과 거버넌스에서 상대적으로 당연하게 받아들여지는 부분이다. 동등하게, 모빌리티와 비非모빌리티는 비상사태 때문에 또는 비상사태를 통하여 발생한다. 예를 들어, 환경 재해, 기술적 실패, 질병이나 내전內戰으로부터 분출하는 모빌리티를 고려해 보라. 도주하든 반응하든 비상사태가 사람의 삶의 기회와 삶의 질을 급격하게 변화시키는 고도로 집중된 이동 형태를 요구하기 때문에 일부 모빌리티는 확실히 비상사태로서 이해될 수 있다. 그러한 모빌리티는 때때로 유동적이고 이동적인 지형, 산사태, 진흙 사태, 지진, 쓰나미 또는 불안정한 정치경제적·사회적·국내적 환경들처럼 땅이 뒤집어지는 잔혹한 비인간 자연에서 발생한다.

서아프리카의 나이지리아, 시에라리온, 리베리아 및 기타 나라들에서 일어난 에볼라 발생의 맥락에서 현재 비상사태의 법적인 공표와 '비상시국'을 비교해 보자. 비상사태는 리베리아의 수도 몬로비아의 웨스트포인트 슬럼의 보안 차단(BBC News Online 2014)과 90일간의 시간한정적 비상시국(LA Times 2014)에서 보이듯이, 국제적인 교통에 대한 제약, 인구통행금지, 검역격리 명령을 통한 강제된 비모빌리티뿐만 아니라 구호, 국경 지점, 환자와 인구 이송, 매우 불공평한 재외국민들의 국가 간 부상자 후송 등의 여러 순환을 야기해 왔다. 비슷하게, 현재 유럽 국가들이 직면하고 있는 이민 위기는 헝가리와 같은 국가들이 증강된 경찰 병력과 새로운 법령 등을 통해 이주민들의 이동을 통제하려는 시도로서 여러 카운티들에 비상사태를 개시하는 것을 보았다.

비상사태는 정부의 예외적인 법적 패러다임으로서(Agamben 1998), 또는 훨씬 더 정상적인 정부-제도적인 형태로서, 어느 쪽이든 모빌리티와 전적으로 관련되어 있다. 그러나 모빌리티와 좀 더 미묘한 개념들인 비상사태와 거버넌스 사이의 관계는 모빌리티 연구의 초점이 되는 일이 드물었다(재난 이후 인도주의적 구호에 대한 셸러[Sheller 2013]의 글과 이 저널의 예외로서 Birtchnell and Büscher 2010, Budd et al. 2010, O'Regan 2010을 보라). 모빌리티와 비상사태를 연결시키는 것은 거버넌스, 다양한 방식으로 비상사태 모빌리티를 관리하려는 거버넌스 형태들의 실천이다. 현대의 학술 연구에서 그것들이 인식되는 방식들 사이에 현재 놓여 있는 것이 바로 이러한 모빌리티와 비상사태의 접합이며, 개념적이고 경험적인 분리이며, 그것이 바로 이 논문이 극복하려는 바이다.

이 논문은 특정한 모빌리티들이, 특정한 종류의 조건들과 비상사태 정치(Honig 2013)와 비상사태 정치 법률과 그 실천 하에 행사되는 거버넌스의 형태들 아래에서 발생하며 강요된다고 제시한다. 다양한 관점들이 퇴거와 재정착, 그리고 귀환 과정의 결과들에 관심을 둘 수 있지만, 모빌리티는 비상사태가 어떻게 통치되는지, 어떠한 의미와 중요성이 실리는지, 어떻게 살아남고 경험되는지를 탐구하도록 도울 수 있다. 허리케인 카트리나에 대한 사회과학의 대응은 이러한 종류의 접근을 반영한다(Bartling 2006; Cresswell 2008; Graham 2005). 이는 단지 우리가 재난의 사회적·정치적 구성을 이해하는 방식의 변화뿐만 아니라, 비상사태 대피와 같은 종류의 모빌리티가 사건의 징후 이상의 것으로 보여질 수 있음을, 즉 **비상사태 자체를 생산하는** 것일 수 있음을 보여 준다. 이 논문은 비상사태 모빌리티 거버넌스의 과정에 초점을 맞추기 위해 이러한 개념들이 기존의 사례 연구들과 학제간 분리로부터 단일하게 발전하는 것을 넘어서고자 한다.

첫째, 더 광범위한 모빌리티 문헌을 살피고, 그 문헌들에 담긴 비상사태에 대한 관심과 이러한 작업 안에 비상사태와 거버넌스에 대한 비판적인 개념적 문헌의 광범위한 부재를 조사한다. 그렇게 함으로써, 이제까지 관련 없던 문헌들을 함께 모아 모빌리티, 비상사태, 그리고 거버넌스와 관련된 더 발전된 개념적 논의를 시작하자고 제안한다.

그리고 나서 이 논의를 따라, 비상사태 모빌리티 이론을 발전시킬 수단으로 움트고 있는 조사 영역 안에서 탐구되기 시작한 비상사태 모빌리티의 여러 관련 특징들을 구별한다. 예측, 조정, 비인간, 모바일 기계, 부재, 차이 그리고 마지막으로 시간의 주제들이 뒤따른다. 이렇게 함으로써 모빌리티와 비상사태 및 비상사태의 거버넌스에 대한 신중하고 잠정적인 이론화를 위해 이러한 측면들이 지닌 함의를 논의하며 결론을 맺을 것이다.

모빌리티, 비상사태, 통치하기

저널 첫 호의 어젠다를 제시하는 편집자 서문에서 케빈 한남Kevin Hannam, 미미 셸러Mimi Sheller, 존 어리John Urry는 다음과 같이 썼다.

사스SARS와 조류독감으로부터 기차 충돌까지, 공항 확장 논쟁으로부터 지구온난화 통제까지, 도시혼잡세 징수로부터 네트워크화된 글로벌 테러리즘까지, 쓰나미와 허리케인의 맹습에 대한 비상사태 관리로부터 중동의 오일 전쟁까지, '모빌리티' 이슈는 핵심 위치에 있다(Hannam, Sheller, Urry 2006, 1).

모빌리티 이슈들이 어떻게 '핵심 위치'에 있는지를 보여 주는 전범으로서 글로벌 재난 사건들과 쓰나미나 허리케인에 대응하도록 고안된 비상사태 기술들이 제시된 것은 흥미롭다. 비상사태 모빌리티는 우리가 주의를 기울여야 하는 예외적인 사건들로 보이지만, 지속적인 관심을 요구하는 근대적 존재의 불안정함을 고려하면 정상적이다.

이러한 예증이 되는 용례들에도 불구하고, 비상사태는 충분히 연구되지 않았으며, 모빌리티 연구 내에서 이론화되어야 하는 주제이다(하지만, 재난에 대한 Cook and Butz 2015 볼 것). 특정한 비상사태들에 중요한 학문적 관심이 없었다는 뜻은 아니다. 이 저널의 창간 편집자 서문이 9·11 동안의 불안정한 비상대응 네트워크와 허리케인 카트리나 때 뉴올리언스의 '역기능적' 대피에 대해서 논의했듯이(예를 들어 Graham 2005 을 보라), "현대의 도시 생활을 유지하는 복잡하고 단단하게 연결된 모빌리티, 교통, 통신 체계"는 광범위한 저자들에 의해 규명되었다. 이것은 모빌리티 체계가 비상시에 실패할 수 있으며(Graham 2009), 그 실패가 비상사태가 될 수 있는 방식들을 보여 준다. 그와 같은 연구들이 하나의 성취로서 모빌리티의 취약성을 밝히는 모범적인 열쇠가 되는 경향이 되었던 것과 같이, 대피든 재정착이든 모빌리티 경험에서 모빌리티가 창출하는 불평등은 공통된 점이다.

더 일반적으로, 모빌리티 연구는 비상시나 위기 가운데 이동하며 살아야 하는 삶을, 사회적 불평등이 비상사태로 강화되거나 재조정되는 방식들(Cresswell 2008)에서, 기존의 모빌리티 실천에 압박을 가하는 즉흥적 대응이나 적응에서, 그리고 체화된 경험의 수준에서 고려해 왔다. 이 연구들은 의도했든 그렇지 않든, 모빌리티를 비상사태나 거버넌스의 산물로서 더 넓게 보려고 하며, 모빌리티 경험을 비상사태가 통제되고 관리되는 방식들로부터는 단절시키는 습관이 있다(예외로는 Sheller 2013 볼 것).

다른 연구 영역들은 비상사태를 우리 시대의 정치적 중심주제motif로서 인식하기 위해 더 심도 있게 작업해 왔다. 여기서 정상적인 법 규제의 법-예외적인 중지, 곧 '비상시국'(Agamben 1998)이 중요하기는 하지만, 우리가 반드시 고려해야 할 사법절차에 의하지 않은 살인과 고도화된 안전보장 실천으로부터, 일상적인 국경 실천border practices[1] 이 모바일 주체들이 주권국가를 떠나고 들어오는 것을 막거나 가능하게 하거나 걸러 내는 방식에 이르기까지 사건 분석을 제공하는 데 도움을 주었던(Amoore 2006) 유일한 비상사태의 표현은 아니다. 이것들은 예외의 일상적인 형태들이다. 현대의 국경 실천이 특히 9·11 이후에 의심할 바 없이 비상사태 정치 안에서 틀지워져 왔지만, 살터(Salter 2008)는 예외 상황의 다른 양상들이 수행되어서 단순한 법의 중지가 아니라 누가 영토와 인구에 대한 주권적 보호 아래 들어갈지를 결정하는 능력의 상이한 정상화를 보게 된다고 주장했다. 비상사태는 국경을 넘어서 그리고 국경 안에서 모빌리티를 허용하거나, 거부하거나, 축출하는 우리의 능력을 형성한다.

그러나 비상사태가 어떻게 단지 예외를 통해서가 아니라 '권력의 메커니즘·기법·기술의 수준에서 정리되는지 살펴보는 다양한 작업이 시작되고 있다(Foucault 2003, 241). 정상적인 법집행의 법적인 중지나 주권 권력의 특정한 역량 이상으로, 비상사태는 삶에 대한 위협으로 인해 특정한 행위들이 금지되거나 가능해지는 순간이 생성되는 일반적이고 개방적인 공간-시간 또는 간격(Aradau and van Munster 2012)이다. 국내적이고 국제적인 현대 거버넌스 형태들은 일상적으로 비상사태를 통치하는 기술들을 활용하는데, 이 기술들은 헌법적 권력의 중지와 그 권력의 분리에 의존하는 것이 아니라, 비상사태가 위

---

1 [역주] 국경을 만들고, 이동시키고, 지우는 등 국경과 관련된 여러 행위들.

협할 때 무엇을 해야 할지를 준비하고 계획하는 조직들에 위임된 법이 정한 권력과 책임감에 의존한다(Anderson and Adey 2012; Collier and Lakoff 2008; Grove 2013; O'Grady 2014).

다른 한편, 이러한 모빌리티 연구에 대한 관심은 또한 상대적으로 부분적이다. 여러 비평가들이 주장했듯이, 한 측면에서 비상사태는 주로 예외적 상황으로 취급하면서 고도의 개념적 추상 수준에서 논의되는 경향이 있다(이러한 비판을 위해서는 Neocleous 2006 볼 것). 다른 측면에서, 비상사태는 대부분 국경이나 캠프와 같은 특별한 공간-정치적 구조들과 그러한 구조 안에 잡혀서 억류되고, 감금되고, 버려지는 대상들과 관련되어 있다(Diken and Laustsen 2005; Edkins 2000; Ek 2006).

나는 비상사태 모빌리티에 공통된 다양한 경험들을 진지하게 다루기 위해 비상사태 모빌리티에 대한 공감적인 이해를 시작할 수 있는 부단한 이론적 발전이 부족해 보인다고 주장한다. 이는 곧, 비상사태에서 모빌리티의 윤리와 정치에 대하여 훨씬 더 비판적으로 생각하고, 거버넌스의 특별한 기법들·양상들·실천들이 활용되는 방식들을 이해하는 것이며, 광범위한 맥락과 상황들에 공통된 것이 무엇인지 질문하는 것이다.

한 가지 해결책은, 모빌리티 연구와 위에서 본 비상사태 정치에 잘 맞춰진 다른 학술 작업 영역들을 모두 통틀어 작동하는 접근 방법을 발전시키는 것일 것이다. 다음 절에서는 비상사태 모빌리티의 이론화를 촉진하기 위해 모빌리티, 비상사태, 거버넌스의 여러 상호 연관된 측면들을 탐구한다.

비상사태 모빌리티 통치하기

먼저 비상사태 모빌리티 이론에 몇 가지 중요한 가정들을 세울 수 있다. 첫째, 비상사태의 본질: 비상사태는 환경 재난, 화학물질 폭발, 원자로 용해, 불, 홍수, 전쟁, 테러리즘, 폭동, 체류 적국인의 위협에 대한 대응과 같이, 매우 다양한 맥락과 상황 또는 사건들에 적용될 수 있다. 이러한 종류의 비상사태들은 대개 국가공무원, 지역 정부, 응급 서비스 당국과 같은 다양한 지정 행위자들에 의해 명명되거나 지정된 '밀물' 유형의 비상사태로서, 이동적이며, 예측하기 어렵고, 산불처럼 퍼지고, 각기 다른 사회 체계들을 가로질러 연속되거나(Little 2006), 보이지 않게 스며든다. 비상사태는 첫째, 둘째 또는 다른 순서효과로서 탈출하려는 통제되지 않은 인구뿐 아니라, 광범위한 붕괴를 포함할 수 있다. 마찬가지로 비상사태는 봉쇄된 모빌리티가 된다. 어떤 이들은 갇혀서 발이 묶이거나, 어디로 가야 할지 방향을 잃고, 또한 자유를 위해 투쟁하고 있다(Sheller 2013). 그러므로 비상사태는 모빌리티의 중지나 붕괴, 또는 다른 계획되지 않고 절박한 모빌리티의 촉발과 강제까지도 포함한다. 간단히 말해서, 비상사태는 명명되거나 지정되며, 다양한 형태의 (비)모빌리티를 생산한다.

둘째, 비상사태의 지정 자체가 일련의 가능한 법적이고 과정적인 대응 실천을 지정하듯이, 모빌리티는 거버넌스가 비상사태에 대응하는 방식들을 구성한다. 모빌리티의 비상사태 거버넌스는, 어떤 경우는 집중적으로 지역적이고, 셸러(2013)가 아이티의 맥락에서 보여 주었듯이 어떤 경우는 초국가적인, 다양한 수준을 넘어서 다시 이동하게 하고자 연합하여 대응하고 계획하기 위해 노력하는 일련의 활동·실천·기술·재현들을 조직하려고 시도한다. 이것은 비상사태 계획의 수립과 같은 여러 기술들의 발전, 대개 대응 요원들과 주민들이 어떻게 행동해야 하는지, 어디로 이동해야 하는지, 사람들을 안전한 곳으로 옮기면서 어떠한 결정을 내려야 하는지를 안내해 주는 행위의 연속을 의미할 수 있다(Adey and Anderson 2011). 구호와 인도주의 조직의 동원은 그 정의상 사람과 물품의 원거리 이동을 복잡하게 분배하는 것을 뜻한다(Calhoun 2010). 다른 맥락에서, 구급차, 사고, 소방관들은 현장으로 빨리 이동한다. 다른 말로, 구호와 의료 대응의 복잡한 물류 흐름으로부터(Fassin and Pandolfi 2010), 응급 서비스의 이동과 취약한 사람들의 대피에 이르기까지, 모빌리티는 흔히 비상사태를 통치하려는 노력으로서 수행된다(Ikeya 2003).

마지막으로, 비상사태 모빌리티 개념은 예외적인 비상사태 법률 제정을 넘어서 정상화된 비상사태 모빌리티의 통치를 위해 사용되는 기술들과 실천들까지 연구하게 할 수 있지만, 이것이 우리가 예외의 가능성에 닫혀 있어야 한다는 것을 의미하지는 않는다. 권력의 메커니즘·기법·기술의 정상적인 활용을 통한 비상사태 모빌리티의 거버넌스와 조직은 어떤 순간에는 아감벤적인 '예외 상태'를 임시적으로 부과하도록 허용할 수 있다.

그래서 비상사태 모빌리티의 개념화는, 이동적이고 상당히 유동적인 행위자들의 복잡한 결합으로 구성된 비상사태와 거버넌스의 특징에 이미 주의를 기울이고 있다. 이는 다양한 규모로 계획과 메커니즘, 모바일 실천의 수준에서 비상사태 거버넌스에 주의를 기울임을 뜻한다. 그리고 비상사태 개념을 아감벤적인 '예외' 개념으로부터 멀어지게 하려고 할지라도, 그 가능성을 배제해서는 안 된다. 이 절의 나머지 부분에서는 이러한 개념화를 구축한다. 기존의 그리고 발전 중인 개념들과 유망한 연구 영역들을 기반으로 하여, 미래의 모빌리티 연구가 추구할 수 있는 7가지 주요 특징들의 개요를 서술한다. 비상사태 모빌리티의 다른 여러 측면들을 통하여, 비상사태 모빌리티 이론에 살을 더 붙이는 데 도움이 될 것이다.

예측

다양한 형태의 예측이 비상사태 동안에 그리고 이전에 비상사태를 상상하는 방식과 리스크 매트릭스, 시나리오 그리고 행위자들 및 과정들의 복잡한 모빌리티를 시뮬레이션하고 시연해 보는 역할놀이와 훈련과 같은 상상-수행적 기술들을 통해 비상사태가 발생하기 전에 알거나 이해할 수 있게 하는 방법으로서 모빌리티가 통치되는 방식을 구성하게 된다는 것은 명백하다(Lakoff 2007). 오그래디(O'Grady 2014)가 보여 주듯이, 영국 소방대 내부에서는 화재 리스크와 소방대가 현장에 즉시 도착하기 위해 지역 도로망을 통과하면서 이동하는 대응 시간을 계산하여 리스크를 예측한다. 이러한 여정은 등록과 추적을 통하는 증가된 감독 형태들에 지배받을 수 있으며,

이러한 행정 실천들이 실패하는 사례가 그만큼 많을 수 있다.

반즈와 패리쉬(Barnes and Farish 2006)가 1950년대 중반 워싱턴 브레머튼Bremerton의 대피 계획을 마련하고자 운영 연구operational research 방법의 실행에서 학문이 할 역할의 윤곽을 그렸듯이, 지리학 영역 안에서 냉전 대피 계획의 예측적 실천에서 전후 학문적 지리학자들의 공모까지 인식할 필요는 없다. 그들의 모델과 시뮬레이션은—'정제된 추상의 비실재성unrealtiy'—핵공격에 이은 실제 비상사태 계획을 개선하는 데 도움을 주었다(Barnes and Farish 2006, 820).

비상사태 모빌리티에 대한 연구조사는 현재보다 복잡한 이 예측들의 얽힘과 어떻게 그것들이 미래에 모빌리티를 통치 가능하게 만들지에 주의를 기울이기 시작했다. 그러한 관점들은 영국의 민간비상대비법(Civil Contingencies Act 2004)과 같이 현재의 법 제정에 도움이 되는 통찰을 줄 수 있다. 이 법은 충돌 사고와 인프라의 실패로부터 도시 대피 계획과 광범위한 홍수에 이르기까지, 대규모 비상사태의 제도화와 다양한 모빌리티 비상사태에 대한 시나리오 계획을 착수하는 데 도움을 주었다(Medd and Marvin 2005).

예측 형태들은 비상사태에 대한 우리의 이해를 형성할 수 있다. 예를 들어, 오그래디(2014)는 '소방대 비상대책 툴킷Fire Service Emergency Cover Toolkit'이라 불리는 시스템을 통해 소방 인원들의 복잡한 순환과 모빌리티와 함께 화재 확산을 예측함으로써, 화재 리스크와 잠재적인 비상사태를 통치하기 위해 고안된 구체적인 예측 기술들을 탐구한다. 리스크 지도와 매트릭스에 표시된 이 툴킷은 화재 유형과 화재 현장까지 원거리를 이동하는 소방 인원들의 모빌리티 속도에 대한 추론을 근거로 정해지는 확률 계산이다. 오그래디에 따르면, 이러한 모델에는 화재와 같은 비상사태를 통치하는 능력에 대한 근본적인 가정이 깔려 있는데, 궁극적으로 '이러한 보안 요원들의 비모빌리티'와 '그들이 보호하려는 생명과 인구'를 함께 묶는 '비상 대응 요원들의 이동 능력'에 가하는 제한 같은 것들이다(O'Grady 2014, 524).

모델·시뮬레이션·시나리오에 대한 인식은, 그것들에 수반하는 전문가 지식과 접근가능성, 재현의 정치와 함께, 우리가 매개 기술을 통해 비상사태 모빌리티의 예측을 이해하는 방식에 중요한 변화를 가져올 것이다. 게다가 이러한 접근들이 미래의 모바일 사건들을 결정하는 데 기여할 수 있다는 잠재적 주장들을 무디게 해야 할 필요성이 있다. 어떤 저자들은 상상적인 시나리오를 계획하는 실천을 "백지에 예측 가능한 결과들을 권위적으로 쓰거나 새기는 과정이라기보다는, 잠정적으로 시험해 보고 느끼는 것"이라고 묘사했다(Adey and Anderson 2012, 109). 단순한 홍수 사건으로 보인 이동성 있고 우연적인 실체들과 지역 주민들을 대피시켜야 할 필요성이 어떻게 전개될지는, 심지어 지역 지도자들을 대상으로 한 비상 대응 교육용 시나리오 훈련 안에서도 제대로 예측하기 힘들 수 있다.

모빌리티 연구는 이러한 예측적 실천 형태에 실험적으로 개입할 가능성을 탐구하는 데 적합할 수 있다. 예를 들어, 왓모어와 부셰(Whatmore and Boucher 1993)는 정부 기구들이 만든 공식적인 홍수 비상사태 예측 모델들이 미래의 비상사태에 대한 예측과 계획에서 각기 다른 '정치적 기회와 연합'을 가능하게 하는 공동체 이익집단에 의한 공동의 추론과 숙고에 종속될 수 있는 방식들을 상세히 열거했다.

조정

예측과 함께, 비상사태를 통제 아래 두기 위하여 자원, 사람, 기술의 분배를 조정하는 수단들을 포함해야 한다. 예를 들어, 미국의 지능형 교통 체계와 그 통제실에 대한 모나한(Monahan 2007)의 연구는, 조정 실천을 가능하게 하는 데 통제실의 기술적 장치뿐만 아니라, 비상사태·안전·효율성 목적의 결합을 위해 교통과 승객들을 모니터링하는 데 다중적 기능과 목적들의 수렴 또는 어긋남을 서술한다. 비상사태 모빌리티는 다수의 행위자들 사이에 집중적인 조정과 소통의 형태들을 요구한다. 이러한 과정들은 비상사태를 이해하려는 노력과 함께 나란히 작동한다. 예를 들어, 크라우드 소스 데이터를 통해 비상사태에 맞서기 위해 디지털 정보학이 발전하고 있는데, 이는 여러 저자들이 주장해 왔듯이(Büscher 2013) 정보 공유를 통한 프라이버시에 대한 관심을 높이고 있다.

당대의 다른 연구는 매개되고, 증강되고, 상황지어진 행위에 의한 네트워크와 인프라 집중으로 이루어지는 모빌리티의 비상사태 조정을 탐구한다(Büscher 2007). 예를 들어, 고든(Gordon 2012)은 통제실에 대한 관심과 비상사태의 관리가 어떻게 해서 우리를 노동하는 사람과 사물, 프로토콜, 기술이 함께 작동하기를 요구하는 '실천적 성취'로서의 모빌리티 개념에 훨씬 더 가까이 가게 하는지 설명한다. 비상사태 모빌리티가 철저하게 감시되고 통치되는 공간은 우리의 관심을 끌만하며, 이것은 국경없는 의사회Médecins Sans Frontières(MSF) 같은 조직을 위한 통제실과 정보 허브처럼 조정과 의사결정이 놀랄 정도로 집중된 공간들이다.

상황지어진 연구situated research는, 어떻게 해서 비상사태에 모빌리티의 거버넌스가 매우 잠정적이며, 아래에서 보듯이, 수색·행방불명·찾기 실천들을 포함하여 사건이나 비상사태가 발생했는지에 대해 상당한 불확실성을 포함하는지 더 많이 말해 줄 수 있다. 게다가 고든이 보여 주듯이, 모빌리티를 조정하는 활동가들은 "에이전시가 유지하는 연합을 통하여 에이전시가 위임되고 분산되게 하는 불안정하고 실천적인 성취다"(Gordon 2012, 122).

비상사태 모빌리티 관리는 의미를 부여하는 통제실 과정, 곧 형식적인 코딩과 원거리 행위자들과의 협업을 통한 분류를 포함한다. 다른 말로 해서, 그것은 급변하고 때로는 부분적이고 불확실한 관계와 그 관계를 수행하는 모든 일련의 실천들을 포함할 수 있다. 이것은 비상사태 모빌리티 거버넌스를 반드시 성공적인 것으로 이해하는 대신, 거버넌스가 수행되도록 하는 모바일 실천과 조직적 구조 및 문화에 좀 더 초점을 두도록 요구한다.

모바일 기계들

프레드릭센(Fredriksen 2014)은 최근에 비상사태 인도주의적 공간의 이동과 구성을 개념화했는데, 그녀는 그것이 장비 및 다른 객체들과 관계된 실천의 복잡하고 이동적인 어셈블리로 구성되어 있다고 제시한다(또한 Duffield 2010 보라). 비상사태 모빌리티 연구가 캠프의 지배와 정체를 통해서가 아니라 모바일 기계, 객체, 임시 장소들의 구성을 통한 인도주의적 비상사태 공간의 구축에 관심을 둘 수 있다는 것이 바로 이러한 의미에서이다(Smirl 2008). 예를 들면, 국경없는 의사회의 비상사태 '구급세트'는 제2차 세계전쟁 동안 공습받은 도시에 대한 구호 요청과 관련하여 적십자가 개발한 모바일 의료 기구에 기반을 두고 있다고 알려져 있다. 그 결과는 피터 레드필드Peter Redfield가 '유연한 표준화 원칙을 중심으로 한 위기 대응 모바일 템플릿'(2008, 157)이라고 부른 것이었는데, 그로 인해 비상사태에 인도주의적 구호의 제공은 표준화된 모바일 장치의 조립으로 구성되었다. 주거를 잃은 사람들을 위한 비상사태 보호소와 구호품들을 만들기 위해 국제적십자 및 적신월연맹IFRC: International Federation of Red Cross and Red Crescent Societies에 의해 공급된 보호소 구급 세트와 텐트들을 가져가면서, "그들은 공간들을 최소한 잠정적으로라도 **인도주의적** 공간들로 안정화시키고 (재)정비하는 데 적극적으로 참여한다"고 프레드릭슨은 주장한다(Fredriksen 2014, 150).

비상사태에 대한 모바일 기술의 이동을 설명하려고 한다면, 종종 매우 차별화된 접근권에 대해 설명해야 한다. 고故 스멀(Smirl 2015) 교수는 비상사태 인도주의의 자동차 모빌리티automobility라고 일컬을 수 있는 여러 쟁점들을 확인하였다. SUV와 랜드로버의 이전 모델이 여러 저자들에 의해 비상사태 인도주의 안에서 오늘날의 운동적 엘리트들kinetic elites을 위한(Campbell 2005: Graham 2011: Mitchell 2005) 신자유주의 시민권의 누에고치와 같은 캡슐 모양의 내부를 제공하는 것으로 이해되었듯이, 자동차 모빌리티는 구호 인력들에게 하나의 안전 위치에서 다음 안전 위치 사이의 울타리를 제공한다. 이것은 정확하게 스멀이 국제 구호 인력 사이에서 "자동차 내부의 침투불가성과 그들이 통과하는 땅 위에 있음"으로 표현된 것이라고 본 바로 그것이다(Smirl 2015, 43).

이런 방식으로 매개되는 비상사태 인도주의 모빌리티는 주변에서 벌어지는 인지된 안전 위협들로부터 단절시키는 경향이 있다. 이러한 분리는 그들이 네트워크화된 인클레이브들 사이에서 왕복하고 있다는 것을 의미한다. 이는 더필드(Duffield 2010)가 국제적 공간의 '군도群島' 벙커들로 묘사했던 그것이다. 항공 모빌리티도 비슷한 거리 유지의 특징을 제공한다. 스멀은 2004년 인도네시아 아체Aceh 주에서 일어난 인도양 쓰나미 이후 NGO들을 위한 항공 모빌리티가 마련되는 방식을 자세히 열거한다.

유엔은 특정 해변 도시들(칼랑, 뮬라보)을 오가는 일일 항공편을 포함한 병행적 교통 체계를 만들었다. 옥스팜Oxfam과 같은 다른 조직들은 자체 소유 헬리콥터에 투자했다. CHF International 같은 다른 조직들은 원격지 비행이 가능한 가벼운 비행기를 특화하고 있는 기독교 NGO인 Mission Aviation Fellowship(MAF)를 사용했다. 그 효과는 많은 경우 방문 전문가들인 국제적 스태프, 컨설턴트, 본부 파견

스태프들이 극도로 유동적이고 이동적인 방식으로 쓰나미 이후의 공간을 경험하게 했고, 이는 돕기 위해 온 국제 구호 인력들과 그들이 의도한 수혜자들 사이의 분리를 강화했다는 것이다(Smirl 2014, 123).

더 분명하게 말하자면, 비상사태 개입의 공간들은 개입이 필요한 사람들로부터 지리적으로, 사회적으로 그리고 정치적으로 쉽사리 멀어질 수 있는 방식으로 이동적이다. 대상들의 결합으로서 그 공간들은 국제적으로 표준화되어 있을지라도 반드시 변하지 않는 것은 아니다. 레드필드가 분석하듯이, 국경없는 의사회의 모바일 장치는 '모듈식 모빌리티의 기술적 원칙'을 구현하고 있지만, 그 장비 세트는 궁극적으로 '개방된 용기container'다. 다른 말로 해서, "그 장치는 광범위한 프로젝트에 이용될 수 있도록 가용한 상태로 있다"(Redfield 2008, 165). 모바일 장치를 변동 가능하게 하여 지역의 공급원으로터 제공되는 물질들과 요소들에 쉽게 적응할 수 있게 하는 것이 바람직하다. 프레드릭슨이 보여 주듯이, IFRC의 비상 구급 세트는 '교체할 수 있도록 표준화되어' 있다(156).

비상사태 모빌리티 이론은 인도주의적 구호 공간에 대한 더 이동적인 개념화에 주의를 기울여야 한다. 이 표준화되어 있을 뿐만 아니라 적응 가능한 기계들의 모바일 공간은 그들이 보호하려는 공동체들로부터 비상사태 거버넌스와 구호를 원거리화하고, 심지어 '고립화'하는 효과를 산출하는 것으로 보인다.

부재

비상사태는 모빌리티를 생성하는 부재absence를 만들어 낸다. 네크로모빌리티Necromobility와 죽음, 사망자들의 지형은 비상사태 이후뿐만 아니라 비상사태 동안에도 공통적으로 나타난다. 자쌀(Jassal 2014, 3)이 주장하듯이, 우리는 "국가와 슬픔을 당한 사람들과 기업 전문가들이 사망자들의 물질성을 옮기고, 처리하고, 다루는 일상적이고, 정치적이고, 평범한 방식들을 질문해야 한다." 살아 있는 자들뿐만 아니라 이동하는 사망자들도 각기 다른 삶의 분계점에 따라 통치하고 조정하는 비상 구급대가 사용하는 기록 체계와 관리 체계 안에 존재할 수 있다.

그러나 에드킨스(Edkins 2011)는 일부 사람들을 누락시키는 거대하고 부적절한 관료 체계를 설명한다. 이 일부 사람들은 자연재해, 내전, 국가 테러리즘 또는 단순 무능으로 잃어버린 실종자들의 부재를 뜻한다. 모빌리티 연구는 비상사태의 생존자, 사망자 또는 실종자를 기록하고 추적하는 도구들을 더 면밀히 다루어야 하며 의사 결정에서 그들에 대한 중요한 평가가 현존하지만, 실종은 또한 살아 있는 자들과 사망자들의 일부나 흔적을 찾아야 하는 중요하고 이동적인 수색 실천을 의미한다.

비상사태 동안에 실종자, 사망자 또는 겨우 살아 있는 자들을 수색하고 찾아내기 위해 거대한 자원들이 동원될 수 있다. 야우드(Yarwood 2012)는 비상 복구가, 노출된 먼 지역에 있는 것들이나 최근 말레이시아 항공 MH370 사례에서 보듯 실종된 것들을 회수하고 찾으려는 모든 모빌리티 세트와 감지하고 보는 실천을 포함함을 보여 주었다.

수색 모빌리티는 기술적일 뿐만 아니라, 한 지역을 따라 이동하는 다른 이들과의 공조 가운데 수행되는 학습된 탐지 기술 등 고도로 연마된 것일 수 있다. 야우드는 산악 구조팀이 수행한 수색구조 훈련에 참여했던 경험을 다음과 같이 묘사한다.

나는 황야지대를 훑고 지나가는 다른 팀들의 전등 빛을 볼 수 있었다. 다른 곳에서는 번쩍이는 섬광등이 수색견들이 잠재적 사상자들의 냄새를 좇아 껑충껑충 뛰면서 전진해 오는 것을 따라가면서 엄청난 속도로 그 황야 지대를 가로질러 비추고 있었다. 라디오는 수색에 참여하고 있는 팀들과 통제관들로부터 메시지를 방송하면서 주기적으로 치직거렸다(Yarwood 2012, 25).

실종자들을 찾는 것은 땅이나 바다를 샅샅이 훑는 수행된 모빌리티를 요구할 수 있다. MH370의 경우는 화성 이미지보다도 낮은 해상도에서 촬영되는 위성 원양遠洋 원격측정을 통해 추적하는 엄청난 노력을 요구하는 것이다(McNutt 2014). 알려진 기법과 기술들의 적용과 즉흥적인 변형은 흔한 일이다. 반응은 치열한 바다와 걱정스런 지정학적 경계들을 꼼꼼히 살피는 것을 의미한다. 거기서 이동하고 수색하는 것은 단순한 선의의 제공이 아니라 잠재적으로 적극적인 통치권의 수행이다(Steinberg 2014).

통제실의 우연성과 마찬가지로, 실종된 이들을 수색하는 비상사태 모빌리티는 모빌리티의 비결정성을 드러내며, 이는 예측할 수 없는 시간 동안 아직 생각해 보지 않은 장소들에까지 계속해서 갈 수 있음을 뜻한다. 그것은 비상사태 모빌리티가 얼마나 확실하지 않을 수 있는지, 실종자들은 뚜렷한 발자국이나 우리가 기대하는 구체적인 흔적들, 곧 추적하고, 살펴보고, 줍고, 저장하고, 헤아리고, 분류될 자취들을 남기지 않을 수 있으며, 별 흔적 없이 사라질 수도 있다는 것을 가리킨다. 이런 의미에서 파아와 파이프(Parr and Fyfe 2013)는 비상시에 실종된 것으로 생성되고 찾아져야 하는 부재는 자원과 실천을 지휘하는 데 '적극적인 범주'로서 작동하지만, 수색은 혼란으로 특징지어지는 '뒤범벅의 실천'이라고 지적한다. 비상사태 거버넌스 모빌리티는 잃어버린 것들과, 잃어버린 것들이 어떻게 알려진 대로 회복되거나 전혀 알려지지 않을 수 있는지에 대한 것이다.

비非인간

여러 저자들이 주장해 왔듯이, 비상사태와 재난과 같은 여타 참사의 범주들을 부적절하고 불균등한 사회 또는 경제와 정치에서 발생한 구조적 실패들에 좌우되는, 사회적으로 배태되고 구성된 것으로 보려는 정치적이고 윤리적인 작업들이 많이 있다. 이러한 개념들은 비상사태 동안 펼쳐진 모빌리티 정책들의 부적절성에 대한 분석에 중요한 의미를 제공해 주었지만, 다른 개념들은 '우리의 세계와의 교호작용transactions을 질서지우고 규제하는 능력'(Clark 2010, 29)에 한계가 있을 수 있다는 것을 암시한다. 비상사태 모빌리티는 매우 이동적인 '생명체들과 근본적인 과정들'(Clark 2010, 29) 또는 사라 왓모어Sarah Whatmore가 '조사되지 않은 물질적 구조'나 우리의 '일상적 삶을' 구성하는 것들이 '용해될 때'(Whatmore 2013, 37)로 묘사한 것과의 우연적인 관계들처럼 지구, 기후 패턴, 불, 사이클론과 쓰나미, 상궤를 벗어난 자연에 의해 동요되는 것으로 보인다(Clark 2010, 29). 물론, 로(Law 2006)는 거버넌스의 부적절성이 어떻게 해서 과도한 구제역의 물질성들과 만나 실제로 2001년 영국에서 발병을 일으켰는지 보여 주었다.[2]

용해되고 이동적인 물질성들로 상궤를 벗어난 지구가 단순히 비상사태 시에 계획하고 준비하고 반응하는 우리의 능력을 넘어서는지 여부에 대해서는 지적할 것이 있다. 클라크Clark도 다른 곳에서, 사회가 그 반응을 과잉결정하려고 하는 비상사태 거버넌스 장치에 반드시 복종하지 않고서도 비상사태와 재난, 곧 왓모어(2013)가 '생각을 강요하는' 세계라고 부른 것 아래에서도 생존하고 이동하는 것을 배워 왔던 실험적이고 즉흥적인 방식들을 가치 있게 여길 수 있다고 말한다.

그것들은 똑같이 인구를 그들 자신의 실험에 반응하도록 강제하는 사건이다. 지구의 리듬과 격동에 상대적으로 매우 가깝게 살아가

---

2 당시 다른 사건들과 결합하여 이 비상사태, 곧 로에 따르면 '재난'은 제2차 세계대전 이래로 영국 비상사태 법안의 가장 대대적인 개혁을 이끌었다.

는 많은 사람들은 극단적인 사건들로부터 도피하는 것이 얼마나 좋은지, 언제 안전지대로 이동해야 하는지, 과잉 에너지를 어떻게 보내야 하는지, 무엇을 저장하거나 비축해야 하는지, 언제 불로써 불과 싸워야 하는지 배운다(Clark 2014, 32).

아마도 그렇다면, 항상 잘못이나 죄책의 할당이 아니라 '모든 방식의 지구적 힘들, 그 가운데서도 신체, 코드, 기기, 모델, 문서, 단백질의 강요'(Whatmore 2013, 36)를 실현하는 방식으로, 비상사태 모빌리티가 어떻게 이를 통치하려는 시도를 넘어설 수 있는지 고민하는 것이 우리의 사후적 생각이 되어서는 안 된다.

2010년의 지진에 이어 아이티에서 콜레라가 발발했던 것을 예로 들어 보자. 지진 3년 후까지도 50만 명의 사람들이 마실 물과 적절한 대피소나 현대적 위생시설 없이 남겨져 있었다. 그 조건들은 콜레라 역병의 확산을 부채질했다. 그러나 발발 자체는 네팔로부터 콜레라 박테리아를 가져온 유엔 평화유지군들에 의해 일어났음이 밝혀졌다(Montalo et al. 2013). 셸러에 따르면, 이것은 "질병들도 국가들이나 섬들, 신체들이나 세포들의 경계를 고려하지 않고, 모빌리티 매개체를 이용한다"는 것을 상기시켜 준다(Sheller 2013, 199).

이와 같은 보기는 비상사태에 갇혀 있는 이들과 이를 해결하려고 하는 이들의 모빌리티 권력 기하학을 병치시키고 있다는 것을 상기시킨다. 현재 네팔군에 대한 유엔의 바이오보안biosecurity 스크리닝과 질병을 확산시킨 미러빌레이Mirebelais의 유엔 캠프 내에 적절한 하수처리 시설을 설치하지 않은 민간 사업자의 과실을 놓고 법적 소송이 진행 중이다(The Guardian 2014). 현장을 보려고 안달난 고참 정치인들과 엘리트들의 유명 인사 지정학―정치적 탐욕성political vulturism―이라 불려 온 것의 모빌리티는 이러한 접근권의 기하학이나 이동 능력의 불균등을 더욱 벌어지게 한다. 셸러(2013)가 고려하라고 촉구하는 아이티 현장의 모습은, '원활한 물류 수송 보장'을 용이하게 하기 위해 냉혹한 생존 조건을 견디도록 강제된 아이티인들의 극단적인 비모빌리티에도 불구하고, 글로벌한 인도주의적 구호를 수행한 이들의 기이한 하이퍼모빌리티였다. 다른 한편, 이 사례는 인간이나 동물의 몸에 올라탄 질병과 박테리아의 비인간 모빌리티를 보여 주는데, 이는 거버넌스의 주목을 피하거나 기업의 이익을 위해서 의도적으로 무시되었다.

비상사태 모빌리티 이론이 이에 책임 있는 자들의 실천에 대한 비판적 통찰을 무너뜨리려고 한다면, 이러한 비인간 삶의 복잡성이 과실을 규명하려는 시도들을 어렵게 만들 수 있을까? 유엔은 책임을 모면하기 위해 다른 요소들에 의존하고 있지만, 거의 확실하다. 아이티의 재난이 이러한 유형에 들어맞지 않을 수 있지만, 어떤 비상사태들은 그토록 많은 모빌리티와 우연들에 의해 구성된 그러한 규모와 복잡성일 수 있으며, 그것들을 예방하고 대응하는 것은 항상그 과업에 부적절할 수 있다는 것을 상기시켜 준다.

차이

우리는 비상사태 모빌리티가 기존의 젠더 지형을 강화하고 악화시킬 수 있음을 염두에 두어야 한다. 위에서 언급한 바와 같이, 허리케인 카트리나에 대한 사회과학의 반응은 실패한 도시 소개疎開와 그로 인한 주민들의 새집 마련 등 비상사태 모빌리티가 매우 불균등하며 불공평하다는 것을 드러냈다(Klein and Smith 2008; Smith 2006). 조사연구는 비상사태 모빌리티가 인종·민족·계급·젠더 라인을 따라 어떻게 새로운 불균등 계층화를 강화하고, 심화시키고, 야기하는지 보여 주었다. 그러나 젠더 또한 다른 사회적 차이 범주들과 교차한다. 최근 연구는 더 많은 여성들이 빈곤 가운데 살고, 더 높은 비율의 노인 인구를 형성하고, 부양자들이나 친척들에 대한 더 큰 책임을 짊어지고 있으며, 이러한 모든 요소들이 비상사태 동안에 이들의 모빌리티 능력을 제한한다는 것을 보여 준다. 더 놀랍게도, 최근 아이티와 뉴올리언스에서의 연구가 보여 주듯이, 비상시 퇴거 모빌리티는 가정 학대로부터 성폭력에 이르기까지 젠더에 기반한 폭력의 증가를 드러냈다(Anastario, Shehab, and Lawry 2009; Enarson 1998; Henrici 2010). 비상사태 동안에는 여성 사망률 역시 남성 사망률보다 더 증가했다(Neumayer and Plümper 2007).

이러한 논의들은 뒤얽힌 장소, 집, 가정의 의미들을 넘어서 비상사태 모빌리티와 이것의 거버넌스 재배치를 강요하는 사회경제적 맥락과 장소의 정치 안에 위치할 필요가 있다. 예를 들어, 모리스(Morrice 2014)는 2011년 뉴질랜드 크라이스트처치Christchurch의 지진과 오스트레일리아 퀸즈랜드Queensland 홍수의 맥락에서 귀환하는 이동이 떠나는 과정만큼이나 트라우마적일 수 있다는 것을 보여 주었다. 2004년 쓰나미에 이어 고립된 마을에 특별히 만들어진 숙소 구역으로 이동하도록 강제되었던, 인도네시아 인근의 비상사태에 따른 젠더화된 모빌리티에 대한 새뮤얼스Samuels의 놀라운 연구는 이런 이슈들을 잘 보여 준다. 새뮤얼스가 입증하듯이, 여성들의 모빌리티 능력과 일과 서비스에 대한 접근성은 남성들과 비교했을 때 그들의 거주지 재배치에 의해 불균등하게 영향을 받았다. 이는 여성들이 근처 도시에 있는 기회들에 접근하려면 비싼 대중교통과 제한된 개인 차량에 의존해야 하는 것과 관련하여 이해될 수 있다. 최근 후속 연구들은 비상사태에 대응하는 취약성 또는 비상시의 취약성에 대한 인지에 초점에 맞추고 있다. 키넌(Keenan 2014)이 최근 교통 인프라를 공격한 테러리즘에 대한 젠더화된 취약성 인지 연구에서 주장했듯이, "한 사람의 신체, 그리고 그 신체에 대한 사회적이고 개인적인 기대는 장소의 경험과 취약성의 경험에 모두 영향을 미친다"(369).

비상사태 모빌리티는 다른 이들과 함께 겪어야 하는 매우 다원적인 여정이다. 이러한 함께함은 비상사태 모빌리티를 통치하려는 노력들을 혼란스럽게 만들 수 있다. 모빌리티를 관리하고자 의도된 장치와 기술은 공동체들과 가족 집단들을 헤어지게 하거나, 단지 특정한 유형의 모바일 주체에게만 특권을 부여하는, 이러한 근본적인 특성을 인식하는 데 자주 실패한다. 이것은 아마도 자동차와 같은 개인용 모빌리티 장비에 대한 개인들과 가족들의 접근성이 매우 과

장되고 낙관적이었던 카트리나 때 가장 명확하게 드러났다.

여러 저자들에 따르면, 이러한 분배적 차이들의 결과는 모빌리티 정의justice와 모두를 위한 더 평등한 모빌리티 역량의 귀속과 성취, 그리고 "그들 자신의 기본적인 필요를 충족시키는 데" 더 주의 깊게 대응하는 모빌리티의 정치다(Sheller 2013, 195).

시간

비상사태 모빌리티는 비상사태 정치에 앞서서 또는 비상사태 정치 동안에 속도에 의해 특징지어질 수 있는데, 비상사태 정치는 가능한 한 가장 적게 심사숙고하면서 모빌리티를 통치할 수 있는 조건들을 산출하는 것으로 보인다. 앤더슨(2012)이 주장했듯이, 초법적 '비상 상태'는 현대의 비상사태에 대한 통상적인 정부 대응 방식이 아니다. 예외적인 것은 반드시 헌법상의 권리들이 무시되는 속도가 아니라, "생사가 달려 있는 상황," 곧 때맞춘 조치가 요구되는 상황에 대한 "대응 속도이다".

현대의 비상사태들이 빠른 모빌리티와 빠른 결정에 대한 책임으로 특징지어지듯이, '빠른 대응'은 다양한 비상사태 유형에서 골고루 발견될 수 있다. 앤더슨이 주장하듯이, 빠른 반응은

일상의 통상적인 위기에 조기 개입할 준비가 되어 있는 사회사업팀에서, 재난 구역에 들어가기 위해 구성된 도시수색구조팀Urban Search and Rescue Teams에서, 또는 '급한 재난 발발'에 대한 대응으로 '신

속한 기금'을 모으기 위해 인도주의적 조직들에 마련된 신속대응기구Rapid Response Facilities에서 발견된다. 복지가 비상구호의 문제가 되어 갈 때, 우리는 또한 일신상의 위기에 처한 이들에게 음식이나 자금이나 대피소를 제공하는 것과 관련하여 '빠른 대응'을 발견한다. 규모를 확장하여, 빨리 대응해야 하는 필요는 현재의 금융 위기 한가운데서 글로벌 금융 체계 안으로 유동성을 주입하기 위해 고안된 (긴급안정기금 등의) 다양한 비상 대책들 이면에 있다(Anderson 2012).

하지만 비상사태의 속도는 여전히 문제적이다. 결정이 너무 빨리 변하기 때문에, 속도는 반대하는 목소리들과 다른 형태의 대응들을 차단해 버릴 수 있다. 필요하다고 결정된 장소들에 대한 원조의 분배는 비상사태의 본질, 차원 또는 이에 대한 대응을 논의하고 다투는 능력을 부정할 수 있다. 긴급한 비상사태 정치는 삶, 죽음, 삶의 가치에 대한 결정이 내려질 때 빠른 숙고가 이루어져야 한다는 것을 의미할 수 있다. 단순하게 말해서, 비상사태 모빌리티의 속도에서, 사물들은 이미 이동했을 수 있다. 자원, 사람 그리고 원조는 적절한 숙고가 있기 전에 이동할 필요가 있을 수 있다.

다른 맥락에서 비상사태 모빌리티 중 결정의 속도는 사물들의 일상적인 흐름을 멈출 수 있다. 뉴올리언스 내부에서 정당한 법 절차를 보장해 줄 법 전문가들의 부재는 대부분의 법공무원들이 도시에서 대피하면서 주요 쟁점이 되었다(Crouch 2013). 이 이슈는 '카트리나 타임'이라고 불린 징역살이, 곧 재판 없이 구금 중인 죄수들을 감금하면서 주지사의 집행권 아래 인신보호영장의 기간 제한 중지와 결합되었다. 이런 의미에서, 비상사태 모빌리티의 거버넌스는 법 내·외부에서 복잡한 시간들과 일시성들에 대해 주의를 환기시켜야 한다(Cooper 2014; Opitz and Tellmann 2014). 카트리나 이후, 법적 보상이 아직 진행 중이다. 연방법, 주법, 카운티법, 심지어 국제법의 복잡성 때문에, 다리를 건너 다른 카운티(그렛나 타운)로 넘어가려다가 무장 경찰의 봉쇄로 돌아와야 했던 홈리스들은 지금도 법적 정의를 실현하지 못하고 있다(Crouch 2013). 미국 헌법에 명시된 명백한 이동권에도 불구하고(Cresswell 2001), 헌법은 실제로 '주내intra-state' 이동보다는 '주간inter-state' 이동을 보호한다.

비상사태 모빌리티 거버넌스 이론이, 예외적인 시기에 (홈리스가 된 도시 주민들이 건너지 못하게 다리를 지켰던) 일부 관리들의 경멸적이고 아무 생각 없는 반응들을 옹호했던, 다른 모순적 구조 속에 처해 있는 법의 곤경을 더 잘 고려할 필요가 있을지라도, 일부 사례들은 심사숙고의 '감속'을 위한 더 많은 희망을 제공해 준다. 왓모어와 부셰(Whatmore and Boucher 1993)가 라투르와 스탱에스Latour and Stengers를 따라 제기하듯이, 비상사태 거버넌스에 대한 정치적 추론이 다른 결정이 내려지는 지점까지 감속될 수 있는 곳에서 비상시 심사숙고의 공간을 생성하는 것이 가능할 수 있다. 비상사태 모빌리티 이론은 이러한 가능성들에 열려 있어야 한다.

결론

우리는 모빌리티가 비상사태의 본질과 거버넌스에 얽혀 있음을 보았다. 이 논문의 추동력은 모빌리티 장 내에서 비상사태 모빌리티와 비상사태 모빌리티의 거버넌스 그리고 우리가 그것들을 어떻게 이론화할 수 있을지에 대해 더 지속적인 관심을 촉발하려는 시도였다. 더 큰 분석적 가치는 이러한 과정들을 비상사태와 재해 내부의 더 중요한 이슈들의 결과론이 아닌 것으로 탐구하는 것도 가능하고, 모빌리티를 단순히 더 큰 세력들의 결과로 보는 것도 가능하며, 수용소나 교도소와 같이 이러한 작업을 특징짓는 공간적 역치域値에 초점을 두는 비상사태와 거버넌스에 대한 더 미묘한 개념화를 단순히 포용하지 않는 것도 가능할 수 있다는 것이다. 이러한 접근들을 연결하면서, 이 논문은 모빌리티가 사실상 사람들의 삶의 기회에 실제 영향력을 가진 비상사태일 수 있으며, 강화되고 중요한 거버넌스 절차를 구성하게 된다고 주장했다.

이러한 개념에 살을 보태서, 우리는 비상사태 모빌리티에 공통된 7가지 특징들을 논의했다. 이 특징들은 예측적 실천들, 행위자들의 이질적인 네트워크 사이의 조정 과정과 프로토콜, 모바일 거버넌스를 발생시키는 모바일 기계들, 아주 희미한 생존 조짐만 있더라도 수색하고 감지하는 많은 비상사태 모빌리티 실천을 추동하는 부재의 인식, 비인간과 우연적 관계들의 규명, 비상사태와 비상사태 거버넌스를 통한 차이의 생산, 마지막으로 시간 또는 시간 부족에 대한 강조를 포함한다. 이러한 특징들이 정상 시기에 모빌리티와 거버넌스가 조직되는 다른 방식으로는 이를 인식할 수 없음을 뜻하지는 않는다. 우리가 보아 온 사례들은 기존 수행의 적응이나 즉흥적 변형이거나 또는 그것의 강화이다. 게다가 비상사태와 정상성 사이의 경계는 분명하지 않을 수 있기에, 이러한 특징들은 비상사태에 앞서서 준비하거나 예방하거나 수행하려는 실천들 가운데 인식 가능하다.

그러나 이것은 비상사태의 취약성을 강조해 왔고 또한 강조해야 하는 비상사태 모빌리티 개념이다. 비상시 모빌리티 거버넌스에 대한 기존의 관심은 확실히 우리가 조우했던 주요 개인, 제도, 선택들뿐만 아니라, 구조적 힘들에 대한 비난과 비판을 할당할 수 있는 비판적 이점을 포함했다. 이것은 거버넌스와, 영향력을 행사하는 힘의 양식 그리고 비상사태와 모빌리티의 이야기였다. 게다가 우리는 비상사태 모빌리티를 실패라고 생각하는 데 익숙해져 있으며, 특별히 '모빌리티 정의'의 인지와 성취를 고려하여 그것들이 달리 또는 더 낮게 수행될 수 있는 방식을 요구받고 있다. 동시에 훨씬 더 임시적이고 우연한 관계들이 모빌리티와 거버넌스의 완수에서 강조되어 왔다.

우리는 예측 불가능한 모바일 생명체, 생명체들, 사물들 사이에 복잡하고 불확실한 관계들뿐만 아니라, 난폭하거나 교묘한 비상사태의 지구적 힘들을 강조함으로써 관계의 성질을 띠는 비인간을 해명하기 시작한 연구를 보았다. 이것은 비상사태 모빌리티 개념이 예측 불가능하고, 심지어 미세한 모바일 행위자들을 포함하여 임시적이고, 각기 달리 추론되고, 고도로 잠정적인 완수로서의 모빌리티와 거버넌스 개념들로 완화되어야 한다는 것을 의미한다. 이것은 모빌리티 역량의 원인, 비난 또는 평등의 확립 사이의 할당이 실패할 수 있음을 의미한다. 우리가 보았듯이, 비상사태 모빌리티의 거버넌스는 결코 간단치 않으며, 비인간 생명체와 매개체들과 함께 가깝거나 먼 곳에서의 까다롭고 취약한 수색과 감지의 실천, 존재와 부재를 포함한다.

이러한 우연성들을 고려할 때 예외로서의 비상사태 개념을 떠나서, 비상사태와 모빌리티를 통치하는 다른 일상적 형태들 안에서 이 개념을 정상화하는 방향으로 나아가면서, 우리가 논의해 온 이 같은 배제와 불평등과 정치적 권리 상실이 그렇게 자동적이지 않을 수 있다는 것을 보여 준다. 클라크(Clarke 2014)와 호닉(Honig 2013)을 따라, 이러한 개념들은 비상사태 모빌리티를 계속 증가하는 종결로서가 아니라 '권리, 법, 희망, 정치'의 잠재적 개방을 제공하는 것으로 재상상하도록 우리를 초청한다.

특집호 편집자들과 익명의 두 심사자들이 제공한 지침에 감사한다. 또, 필립 리버흄 상Philip Leverhulme Prize의 지원에 감사한다.

정보공개 진술서Disclosure statement
저자에 의해 이해관계 충돌의 가능성이 보고되지 않았음.

4 장

(항공)모빌리티 재-결합하기

서구를 넘어선 관점들

웨이치앙 린Weiqiang Lin

이 논문은 서구를 넘어서서 모빌리티 연구를 확장할 필요성을 옹호한다. 싱가포르의 항공을 사례로 삼아, 각기 다른 맥락에서의 (항공) 모빌리티 결합이 어떻게 수동적인 복제가 아니라 서로 관련하여 발전하는 반복을 낳는지를 보여 준다. 이러한 상호 결합 mutual assembling은 다른 것들보다 더 영향력 있는 '글로벌' 패러다임을 가진 정치적 과정이다. 서구의 초점을 초월하지 않은 모빌리티 연구는 공간의 확산과 적응 그리고 재생산을 통해 이동이 실천적으로 (재)결합되는 고도로 관계적인 방식을 가릴 위험이 있다.

서론

10년 동안 모빌리티 전환은 사회의 안정성과 '장소성'에 대한 오래된 믿음을 탈신화화하면서, 사회적 삶이 현재 진행형으로 구성되고 있는 방식들을 새로운 학문적 통찰로 이끌었다(Urry 2000). 이러한 영토적 정체territorial stasis의 부정은 모든 종류의 경계를 넘는 사람들의 이동이 강화되는 상황으로부터 영감을 얻을 뿐만 아니라, 미세한 수준에서 걷기, 통근, 그리고 다른 일상적인 이동과 같은 일상생활에 퍼져 있는 평범한 이동들에 의해서도 영향을 받는다(Adey 2010a). 모빌리티는 사람들의 이동을 넘어서 국제적으로 배송되는 물건들, 정보, 심지어 계획 정책들을 포함하여 무수한 것들의 이동을 아우르게 되었다(Graham 2005: McCann 2011: Cowen 2014). 이러한 이동들과 관계들이 없다면, 사회와 사회의 삶의 세계들은 어떠한 일관된 방식으로 유지되기는커녕 기능을 멈추게 될 것이다.

학자들이 생산적인 방식으로 모빌리티의 중심성을 강조해 왔음에도 불구하고, 현재 연구는 분석적 관점을 위해서 영미와 스칸디나비아의 경험('서구적'이라고 느슨하게 정의되는)에 과도하게 의존하는 경향이 있다. 공간을 가로질러 역사, 태도, 기술적 수단, 그리고 정책 관련 자유와 제약들에 명백한 차이가 있음에도 불구하고, 그러한 경험적 편향은 부적격일지라도 이른바 '유럽'과 같은 '발전된' 세계들을 포함하여 세계가 이동하는 방식에 보편성을 함축할 위험이 있다. 예를 들어, 제3세계Global South의 교통 '근대성'(Wood 2014)에 대한 비교적 더 온건한 시각들 또는 글로벌한 기후변화에 대한 두려움 가운데서도 팽창하고 있는 중국의 자동차 문화를(Bradsher 2004) 생각해 보라. 이러한 보기들은 모빌리티와 모빌리티의 의미, 사용, 오용, 환경이 흔히 각기 다른 맥락에서 상당히 다른 중요성을 가질 수 있음을 드러낸다. 게다가 이러한 차이들이 어떻게 발생하는가 하는 것은, 단지 자명한 '문화적' 유형들로서만이 아니라 다양한 방식의 이동을 야기하고 강요하는 불균등하지만 복잡한 글로벌 상호작용의 효과로서도 이론적 적합성이 있다(Steele and Lin 2014). 모빌리티가 다양한 만큼, 현재 연구도 이러한 '다른' 현상들에 엄밀하게 주의를 기울일 필요가 있으며, 그 다른 현상들이 어떻게 해서 현재 학자들이 이미 저술하고 있는 모빌리티와 함께 등장할 수 있는지 조사할 필요가 있다. "세계와 … 관계를 갖는 하나의 방식 이상으로(Adey 2010, xviii)," 모빌리티 자체는 더 큰 세계 **안에 있는** 관계들을 통해 결합되며, 이는 확산, 상호 영향 그리고 정치적 배열에 의해 특징지어진다.

이 논문은 이러한 공간상호적 변이와 연관들에 관심을 돌림으로써 모빌리티 학문을 진전시키려고 한다. 모빌리티의 결합에 대한 더 글로벌한 관점을 지지함으로써, 현재의 작업이 특히 '비서구'에서 비대칭적으로 구성된 광범위한 모바일 반복성에 대한 강조와 비교를 통하여 더 발전되고 세밀해질 수 있다고 주장한다. 나는 환유적 보기로서 항공 모빌리티에 초점을 둠으로써 이를 설명하고자 한다. 모든 사람이 참여하지 않는 특별한 유형의 이동이지만, 항공 여행은 최근에 "급증하고 있으며, 전례 없는 관심"(Cwerner 2009, 2)을 끌어 왔는데, 이는 적어도 "공중과 대기"가 점점 더 "다양한 중요한 학술적 관심이 다루어질 수 있는 영역으로"(McCormack 2009, 27) 여겨지고 있기 때문만은 아니다. 문화·기술·정치를 포함하여 다양한 영역들을 관련시키는 점 외에(Butler 2001; Adey 2010b), 항공 운송은 그것의 활성화와 출현이 하나의 맥락 안에 전적으로 제한되지도 않고 그 맥락 밖에서 반복되지도 않는다는 것을 함축하면서, 사실 그 국제성으로 인해 두드러진다. 나는 항공 네트워크에 깊이 자리잡고 있지만 항공 질서의 창조로부터는 거리가 먼 아시아의 도시국가인 싱가포르를 통해, 항공 교통의 분산된 형성 사례를 조명한다. 국제적 규칙과 기준의 존재가 산업에서 단지 균일성을 야기한다는 개념에 반대하면서, 나는 항공 모빌리티가 이러한 맥락에서 어떻게 불균등한 관계들로부터 유래하는 가능성과 제약의 뚜렷한 정점에 있는지를 밝혀보고자 한다.

이 논문의 나머지 부분은 네 절로 나누어져 있다. 2절에서는 항공 모빌리티 문헌들에 나타나는 주요 테마들을 검토하며, 그 테마들이 거의 배타적으로 (특정한) '서구' 경험에만 충실하다는 점을 강조한다. 다음 절은 아상블라주assemblage 이론이 어떻게 모빌리티와 모빌리티의 글로벌한 위계적 배열에 대해 더 다양한 이해를 낳을 수 있는지 살핀다. 싱가포르의 짧은 맥락을 소개한 후, 넷째 절은 그 독특한 문제들(과 해결책들)이 규제적이고 기술적이고 그리고 지정학적인 전면에서 발생하면서 항공 모빌리티가 어떻게 도시국가 안에서/

에 의해서 항상 약간 다른 방식으로 주름지게 되는지enfolded[1] 밝힌다. 다섯째 절에서는 단지 '다른' 이동 수단들을 모두 다 다루기 위해서만이 아니라, 어떻게 이동의 복합적인 반복성과 아상블라주가 잠재적으로 공간을 통한 복잡한 상호작용들의 관계적 · 정치적 결과물일 수 있는지를 심사숙고하기 위해서, 서구를 넘어서는 모빌리티에 관심을 둘 필요가 있다는 것을 반복함으로써 결론을 맺는다.

항공 모빌리티 '정확하게 이해하기Pinning Down'

'공중 이동being airborne'의 다양한 측면을 발굴하고 설명하는 학자들을 발견하면서, 항공에 대한 사회과학 문헌들이 최근 몇 년 사이에 꽃을 피우고 있다(보기 Millward 2007: Pirie 2009: Adey 2010b). 철 지난 실증주의적 틀 때문에 비판받는 하위 학문 분야인 '전통적' 수송 지리학의 공리주의적 초점을 피하면서, 이 작업의 대부분은 인간 사회와 의도 그리고 항공 여행을 조직하는 특별한 방법들과 복잡하게 얽혀 있는 의미 있게 구성된 모빌리티 형태로서 항공 수송을 재발견하려고 한다. 대도시 터미널 집중 방식hub-and-spoke 네트워크, 공간적 유형들

---

1 [역주] 주름fold은 실체에서 출발하지 않고 '생성'으로 사물의 존재방식을 정의하기 위해 사용되는 은유이다. 주름은 입자와 같은 실체가 아니라, 끊임없이 분화하는 잠재성으로, 지금 존재하는 것은 특정한 주름 잡기의 효과라고 할 수 있다. 피터 애디는 동료들과 함께 쓴 다른 글에서 항공 모빌리티를 "사회적이고 기술적인 것의 복잡한 주름짐enfolding"으로 정의한다. Peter Adey, Lucy Budd and Phil Hubbard, 2007. "Flying lessons: exploring the social and cultural geographies of global air travel," *Progress in Human Geography*, 31(6): 774

그리고 규제 정책에 대한 변치 않는 집착에 반대하여(Graham 1995; Oum and Yu 2000), 이제 항공을 둘러싼 실천·경험·정치에 대한 큰 공감이 존재한다(Adey, BUdd, and Hubbard 2007). 항공 여행 현상이 드디어 "그 자체로 하나의 대상 또는 문화로서" 그 나름대로 해명될 수 있는 것은 바로 이러한 방향 전환 덕분이다(Adey and Lin 2014, 61).

이 짧은 지면에 이 문화를 전체적으로 설명하는 것은 아마도 실제적이지 않겠으나, 반복되는 두 주제는 언급할 가치가 있다. 첫 번째 주제는 항공 여행의 사회적 삶과 그것이 가져오는 신선한 관점에 관한 것이다. 애디(Adey 2010b, 8)가 쓰듯이, "항공 모빌리티는 우리의 이동 범위를 형성하고 정의해 왔다". 그리고 "매우 새로운 형식의 삶이 비행기에 의해서 만들어져 왔다". 이는 항공 시대의 초기에(DeLyser 2010; Budd 2011; Caprotti 2011a) 비행이 (유럽의 선택된 부분) 사회에 익숙하게 만들었던 새로운 감각, 에티켓, 문화들과 관련되며, 더 최근으로 오면 점점 더 유행하는 세계 여행의 라이프 스타일, 시차증jet-lag, 환승, 비엘리트 여행객들을 섞어 넣는 공항과 국경의 엄격한 감시와 관련되는데, 이것들은 현대의 항공 시민이 알아야 하고 익숙해져야 하는 것이 되었다(Gottdiener 2001; Adey 2004; Bissell 2015). 그러나 항공 여행이 여전히 밀입국자들과 허가증 없는 이주민 같은 대상들은 거의 관용하지 않는 엄격한 '백인'의 공간인 상황에서, 이것이 이러한 경험에 대한 동등한 접근권이 있음을 의미하지는 않는다(Sheller 2010; Martin 2011). 이러한 배제에도 불구하고, 비행은 사회의 기대와 지향점을 세계와 그 밖을 향하여 급진적으로 변화시켰다. 이러한 전례 없는 문화적 패

러다임은 현재의 연구가 애디(Adey 2010b)에 의해서 '공중 생활aerial life'
이라고 이름 붙여진 것을 강조하고 섬세하게 다루도록 촉발했다.

　이러한 '새로운' 삶과 관련하여, 학자들은 공중의 질서가 어떻게
구성되고 확립되는지에 대해 동일하게 관심을 갖고 있다. 항공의
구성에 대한 피상적인 설명을 제공하는 것 이상으로, 그들은 인간
들, 기계들, 그리고 다른 구성 요소들이 항공 운송을 가능하게 하기
위해 어떻게 정확하게 배열되고 결합되는지를 주의 깊게 고려해 왔
다(Urry 2007, 141). 비행기 티켓 구입부터 수하물 체크인과 하역에 이르
기까지, 모빌리티 연구는 어떻게 항공이 그 기능과 통상 절차를 조
정하기 위해 점점 더 컴퓨터 기술에 의존하는 복잡계로서 작동하
는지 강조해 왔다(Dodge and Kitchin 2004; Graham 2005; Peters 2009). 버드와 애디
(Budd and Adey 2009)의 저작은 비행기 모니터링 체계가 지상에서의 편리
함을 넘어 조종사가 '보면서' 상공을 운행하는 대리 수단으로서 중
요해지면서, 소프트웨어가 현대 비행기 조종에 얼마나 필요불가결
한 부분인지를 강조한다(또한 Adey 2010b와 William 2011a 볼 것). 항공 모빌리티
의 운영을 결정적으로 조절하는 항공 권리, 항공사, 통제 구역, 그리
고 항공 교통 통제 과정들을 포함하여, 여타 법적·운용 요소들이
이러한 기술 영역으로부터 확장하고 있다. 이러한 부분들이 시계
장치처럼 딱 맞아 돌아가지 않는다면, 항공 수송 체계는 항공 모빌
리티에 대한 사회의 유약한 의존을 그대로 드러내면서 지연과 방해
에 취약해질 것이다(Birtchnell and Büscher 2011).

　항공 모빌리티 연구는 확실히 항공 여행에 대한 이해를 더 탄탄히

증진시키는 데 많은 진보를 이루었다. 모빌리티 전환의 취지와 발맞추어, 항공 모빌리티 연구는 그 연구 대상을 공리적인 운송수단으로서라기보다는 그 자체로 하나의 문화로서 생산적으로 다루어 왔다. 그러나 모빌리티 장의 다른 영역들처럼 항공 모빌리티도 매우 글로벌화된 수송 방식에 초점을 두고 있음에도 불구하고, 서구의 경험, 더 정확하게는 영미와 스칸디나비아의 경험에 의존해 왔다. 서구에 집중하는 것이 그 자체로 문제적인 것도 아니고 실제로 많은 교훈들을 생성해 왔지만, 서구에 거의 배타적으로 의존하는 것은 특정한 영토와 인클레이브의 사회적 사실들만 이해하는 것을 피하고자 했던 연구 어젠다와 반대로 작동할 수 있다. 카리브와 파시스트 이탈리아의 항공 수송에 대한 비멀(Bhimull 2011)과 카프로티(Caprotti 2011b)의 보기 드문 연구는 항공 모빌리티의 '대안적인' 반복이 존재할 뿐만 아니라, 지배적인 서구를 포함하여 다양한 맥락과 함께 공동으로 발전한다고 짧게 언급한다. 이러한 '다른' 비상사태들과 그 동학이 여전히 전반적으로 모호한 채로 남아 있는 상황에서, 미래의 연구는 항공 모빌리티에 대해 더 코스모폴리탄적인 관점을 허용하는 가운데 항공 모빌리티와 그것이 얼마나 불균등하게 공간을 가로질러 물질화하고 있는지를 철저히 조사연구해야만 유익이 있을 수 있다.

(항공)모빌리티 재-결합하기

모빌리티 장이 원래 '태어난 곳' 서구를 넘어서 모빌리티 연구, 곧 학문적 실천과 관련하여 영미 및 스칸디나비아 대학들과 유사한 대학들에서 행해지는 연구는, 정확하게 그것이 예시하는 새로운 이론적 시각 때문에 이미 늦은 것이라는 판단이 늘어나고 있다. 크레스웰(Cresswell 2014. 714)이 최근 연구 동향을 파악하는 글에서 쓰고 있듯이, "모빌리티 연구는 영국, 스칸디나비아, 북미" 밖에서 더 자주 진행될 필요가 있다. 왜냐하면 이동은 항공이든 아니든, 다른 곳에서는 "매우 다른 문제"일 수 있기 때문이다. 스틸과 린(Steele and Lin 2014)은 《트랜스퍼스Transfers》의 특집 서문에서 이러한 정서를 공유하고 있다. 여기서 두 사람은 더 구체적으로 21세기 "아시아는 단지 서구의 발자국을 따라가고 있었거나 따라가고 있는 것이 아니라, 그 자체로 '이동적이고,' '현대적인' 사회들"이라고 주장하면서, 각기 다른 지역에서 각기 다른 모빌리티들을 연결하는 관계라는 자격을 부여하려고 한다. 모빌리티를 다중심적인 노력으로서 (재)상상하려는 비교 입장은 동시에 존재하는 다양한 모바일 실재들에 대한 관심을 높이기만 하는 것이 아니다. 이런 입장은 또한 모빌리티가 본래 서구로부터 정확히 특정되어 보편화될 수 있는 내적 논리를 가지고 있지 않다는 인식을 촉구한다.

　이러한 맥락에서, (항공)모빌리티 연구가 이미 기대어 진술하고 있는 패러다임인(Budd and Adey 2009; Williams 2010a) 아상블라주 이론의 원리들에 대한 깊은 이해가 이러한 다양성을 더 구체적으로 이해할 수 있도록 도울 수 있다. 이미 결정되어 있는 전체의 반명제로서 표현되는 아상블라주를 데 란다(De Landa 2006. 10)는 구성 부분들이 자동적으로 상호 관계에 들어가는, "외부성의 관계들에 의해" 특징지어 지는 배치constellations로서 정의한다. 앤더슨과 맥팔레인(Anderson and McFarlane 2011, 126)은 "아상블라주는 항상 영토를 '요구'한다. 그러나 이 것은 단지 잠정적인 과정이다. 관계는 변할 수 있고, 새로운 요소들이 들어올 수 있으며, 연합이 깨어질 수 있고, 새로운 결합이 강화될수도 있다"라면서, 보통 말하는 아상블라주를 더 명확하게 설명한다. 이 창발이라는 아이디어가 모빌리티에 새로운 것은 아니지만, 대부분의 연구들은 이러한 재영토화의 잠재력을 **다른 곳에서** 수정된 반복으로서 (재)창발할 수 있는 아상블라주보다는 단일한 맥락에 속하는 것으로 생각한다(Lagendijk and Boertjes 2013).

새로운 장소에서 관계적으로 생성하고 스스로 재생성하는 형성 formations을 허용하는 가운데, 아상블라주 이론은 시간의 흐름에 따른 변화로서만이 아니라 공간을 가로질러 공존하는 여러 다른 형식들로서 모빌리티를 실현하는 데 복수성multiplicity의 필요성에 대한 더 큰 감각을 북돋울 수 있다. 짧게 말해서, 아상블라주 이론은 서구 안에서 동일하고 친숙한 탐구의 경로를 추적하고 재추적하는 현재의 실천들을 넘어서면서, 이러한 "위상학적으로 복잡하고 덜 확실한" 결합 과정 안에서 '타자성'의 가능성을 지니고 있다(Hetherington and Law 2000, 129).

그러나 공간을 가로지르는 모빌리티의 증식은 무작위인 것이 아니라, 그것을 규제하는 비대칭적 관계들과 밀접하게 연결되어 있다. 데 란다(De Landa 2006, 19)가 단언하듯이, 아상블라주 인구들은 단지 따로따로 떨어진 창발들의 모음으로서 나타나는 것이 아니라, 특정한 위계적 배열의 대규모 아상블라주를 형성하기 위해 '종합된다 synthesised'. 옹과 콜리어(Ong and Collier 2005, 4)의 '글로벌 아상블라주' 개념은, 개별 체계들의 절합articulation이 좀처럼 독립적이지는 않지만, 특정한 패러다임적 '글로벌 형태들'이나 지배적인 템플릿들을 통해 걸러진다는 것을 강조하면서, 그러한 위계들의 탁월한 예를 제시한다. 어떤 점에서 '국민국가'와 '경제'(그리고 나는 항공 모빌리티를 추가한다)와 같은 다양한 전세계적 현상의 결과적인 생성은 동질화하는 글로벌 아상블라주들로 나타나며, 그럼에도 불구하고 그것들의 구체적인 표현이 차이의 정치를 더 공고히 하면서 동일성으로 귀결되는 것이 아니라, 템플릿들이 달리 위치지워진 각기 다른 환경들에 부과되고 활성화된다. 여기서 이러한 글로벌 형태들을 수용하는 지역 행위자들의 에이전시는, 행위자들이 새로운 형성을 창출하려는 그러한 부과를 선택적으로 적용하고, 적응하며, 그리고/또한 제한하면서, 관건이 되고 있다(McFarlane 2009, 562). 아상블라주가 어떻게 경쟁적으로 협상되고 재구성되는지를 강조함으로써, 아상블라주 이론은 이번에는 모빌리티에서 지배와 복종의 빈틈에서 생산되는 '템플릿'과 (수정된) '복사본들'로 구성된 또 다른 관계적 지형을 발굴할 수 있다.

아상블라주 이론에 기대어 모빌리티를 다시 다듬어서 얻은 이러한 통찰들은 우리로 하여금 현재 특정 서구 사례들에 대한 집착을 넘어서서 모빌리티 연구를 확장해야 할 필요로 돌아오게 한다. **공간을 가로지르는** 결합 과정의 복잡성을 강조함으로써, 이러한 시각들은 단지 다양성에 대한 초점을 요구할 뿐만 아니라, 모바일 아상블라주를 서로의 관계 속에서 병렬시키고 차별화시키는 정치 동학political dynamics에 가치를 부여한다.

사실상, 도시(McCann 2011)로부터 영토(Allen and Cochrane 2007)에 이르기까지 공간들이 현재 개념화되는 방식과 유사하게, 모빌리티도 '여기'와 '저기' 그리고 '가까이'와 '멀리서' 요소들과 영향들을 통하여 주름지게 되는 그러한 관계적 특질이 부여되어 있을 수 있다(Allen 2011). 때때로 이것은 어떤 곳에서는 결합 가능성을 제한하는 지배적인 형태들을 의미할 수 있으며, 다른 곳에서는 동일한 템플렛이 지역의 (모빌리티) 필요에 응답하기 위해 적용되고/적응될 수 있다는 것을 의미한다. 확실히 그러한 분배된 과정들에 영향받지 않은 채 남아 있는 특별히 걷기와 같은 일상적인 이동 사례들이 있다. 그러나 모빌리티가 현재 학문이 제기하는 것보다 더 글로벌한 (그리고 글로벌하게 얽혀 있는) 얼굴을 가질 수 있다는 것을 인정하는 첫발을 내딛지 않으면, 서구의 경험을 유일하고 잘못 경계지어진 보편적인 지식 모델로 혼동하고 탈정치화하기 쉽다.

싱가포르의 항공 모빌리티

이 아이디어들을 상술하기 위해서, 모빌리티가 어떻게 동남아시아 도시국가들을 세계로 연결시키는 상호작용과 교섭하여 경쟁적으로 결합되는지를 실증해 주는 싱가포르에 관심을 돌려 보자. 영국의 무역 식민지였던 싱가포르는 특히 배후 지역인 말레이시아에서 정치적으로 분리된 1965년 독립 이후에, 경제 전략의 중심에 국제공항을 두었다(Lin 2015). 이 정책 안에 항공 부문은 싱가포르 국가에 의해 특별히 강조되었고, 대량으로 투자되었다. 예를 들어, 1981년 용량에 한계가 있던 이전 공항을 대체하기 위해 15억 싱가포르 달러(1981년에 미화 7억 달러)라는 막대한 비용을 들여 완전히 새로운 창이Changi공항을 건설하였다. 동남아시아의 주요 항공 중심이 되고자 했던 지역 라이벌들과의 경쟁에 대항하여, 싱가포르는 가장 이른 자유항공 정책 옹호자들 가운데 하나가 되었다. 그리고 (짧은 기간 안에) 비서구의 유일한 콩고드 운영자이자, 국제적인 설문조사에서 여러 차례 1등으로 뽑힌 최고의 국적 항공기를 자랑하게 되었다 (Raguraman 1986, 1997). 이러한 성취는 단지 서구처럼 항공적으로 발전하려는 열망으로만 추동된 것은 아니다. 이 성취는 이 도시국가가 세계의 한 부분에서 항공 모바일의 우위를 놓고 벌이는 경쟁과 얽혀 있던 특별한 환경의 반영이었다.

이러한 열망에도 불구하고, 싱가포르는 이러한 맥락과는 다른 이야기가 되면서 결코 그 발전에 버금가는 영향력을 소유하지는 못했다. 이 도시국가는 항공 과학의 원조도 아니며, 비행기를 제작하지도 않는다. 이로 인해 항공이 기술적으로 실현되는 방식에서는 어떠한 직접적인 변화나 혁신도 이루지 못하게 되었다. 전문성은 차치하고, 싱가포르는 젊은 국가이다. 그 자치 역사는 항공산업이 형성되는 시기에 항공 수송의 규제적 측면들에 목소리를 내기에 충분할 정도로 오래되지 않는다. 대신 1960년대 이전 항공 발전의 많은

120

부분은 국제 포럼에서 (말라야로서) 식민지를 대표했을 뿐만 아니라, 기술 인력과 전문가들 그리고 재정적 자원을 공급했던 영국 식민지 정부에 귀착될 수 있다. 이러한 상황들을 고려할 때, 싱가포르의 항공 모빌리티는 결코 스스로 성장하지는 못한 무언가로 이해되어야 한다. 오늘날까지도 "세계의 항공 질서가 여전히 서구 세계의 논리에 깊이 경도되어 있는" 한(Lin 2014, 97), 싱가포르의 항공 발전은 자신이 글로벌 규칙들의 저자이기보다는 적용자/적응자로서 그 규칙들에 지속적으로 지배되고 제한될 것이다.

이러한 글로벌 구조들의 융합, 지역 라이벌, 그리고 지역적 열망은 싱가포르의 항공 모빌리티가 성장하는 특유의 맥락이 존재함을 시사한다. 이제부터는 이러한 요소들이 어떻게 실천적으로 항공의 세 가지 근본적인 '구성 부분,' 곧 규제·기술·지정학적 실행의 절합에 영향을 주고 조정하는지 조사할 것이다. 300개가 넘는 싱가포르의 항공산업 뉴스레터, 공식적인 공개 정보, 보관된 정부 문서, 국제민간항공기구International Civil Aviation Organization 회의 보고서들에 대한 텍스트 분석을 통해 대부분의 분석이 이루어질 것이다. 이러한 텍스트들 외에, 싱가포르 항공 관료들과의 (항공 운수 허브 설계자들과의 인터뷰 15개, 기술 인력과의 인터뷰 12개로 이루어진) 27개 인터뷰, 싱가포르의 민간항공에 대한 기존 문헌들을 통해 증거를 삼각측정했다. 이 데이터들은 싱가포르가 동남아시아에서 항공 모빌리티 실행자로서 직면하고 있는 한계점들을 밝혀 준다. 이 데이터들은 더 크고 역사적으로 더 우월한 항공 플레이어들로 붐비는 세계에서, 이 도시국가가 스스로 세력권을 개척하려고 수행해 온 적응 전략들을 맥락으로 설명한다.

항로 규제에 대하여

성숙해 가고 있는 산업으로서 민간항공은 보편적으로 적용되는 고정된 규제 체제들 속에서 조직되어 온 것으로 보일 수 있다. 그러나 제2차 세계대전 이후 국가들의 영공 사용에 관한 주요 난제들이 해결되었지만(Budd 2009), 이 '안정성'(Williams 2011b, 254)의 외양은 신원 오인mistaken identity과 같다. 사실상 글로벌 항공 질서가 개별 국가들의 이해관계와 모두 양립될 수 있는 것이 아니듯이, 그 질서의 기원이 되는 북미와 유럽(의 일부)을 넘어서 확산되는 것은 문제적이다. 흔히 논쟁이 되는 한 가지 규칙은 1946년 미국과 영국이 체결한 제1차 버뮤다협정 이후(Little 1949) 1940년대에 수립된 항로 협상 체계인 '하늘의 자유Freedoms of the Air'와 관련된다. 이 제도 수립 이래로, 국가들이 민간항공 서비스를 시작하기 전에 양국 간 또는 최근에 다국간 조약을 타결하도록 의무화한 실천이 지난 70년 동안 항로의 (비)자유, 경유의 가능성 그리고 국제항공편의 빈도와 용량을 좌우해 왔다(Button and Taylor 2000). 싱가포르에 관심을 돌리면, 원래 전후 서구 국가들의 항공산업을 보호하기 위해 고안된 이러한 '글로벌 아상블라주'(Ong and Collier 2005)가 어떻게 해서 이 아상블라주를 창조하지 않은 장소들에서 수용되는지를 알 수 있다. 마찬가지로 중요하게, 이러한 맥락적 변화를 수행함으로써 싱가포르와 같은 장소들이 자국에 더 우호적인 다른 결과를 (재)결합하기 위해 상정해야 했던 적응 전략들을 강조할 수 있다.

이 국제적인 관례로 제한되지만, 싱가포르는 지속적으로 '하늘의 자유'에 의해 채택된 보호주의적 이상과 거리를 두어 왔다. 싱가포르의 민간항공 당국이 출판한 뉴스레터에서 역사화하듯이,

> 폭탄이 여전히 떨어지고 있는 동안, 인간들은 상공을 지배하기 위해 미친 듯이 자기들끼리 어떤 질서에 대한 협약을 맺으려고 하였다. … 인간들은 전쟁의 교훈을 제대로 배웠다. 그들은 지키려고 애썼던 상공의 보호를 항공 경제학으로까지 확대했다. 그러므로 1944년 컨퍼런스에서 도출한 협약은 인간들이 승객, 화물, 또는 우편을 수송할 이른바 경제적 권리를 다툴 공백을 남겼다(Aviation Views 1986a, 6).

싱가포르에서 수송 이전에 권리 거래에 대한 요구는 이제는 그 행정가들이 '다투어야' 하는 (특정 서구 국가들의) 전시戰時 불안으로부터 창출된 '공백'을 형성한다. 이 규제적 이상블라주는 싱가포르의 이익을 보호하기보다는 사실상 손해를 입힌다. 특별히 싱가포르의 작은 규모는 싱가포르가 "항공 수송 수요의 발생에서 낮은 시장 가능성"을 가지고 있으며, 이는 "적은 항공사들만이 싱가포르에 마음이 끌리고, … 그래서 권리를 얻는 데 약한 협상력"을 가지게 된다는 것을 함축한다(Raguraman 1986, 58). 한 전前 협상가는 항공 권리를 그것이 없으면 "항공사를 가질 아무 의미가 없는" "항공사의 생명소生命素"라

고 부르면서, 이 사실의 무게를 싱가포르의 항공사들에게 납득시켰다(Lim 2000, vol. 2). 지정학적 환경에 불리한 국제적 제약으로 제한된 싱가포르는, 전지구에 널리 퍼져 있는 관례적인 권리-거래 실천에 수동적으로 따를 수는 없지만 세계 내 항공 위치를 강화하려면 부가적인 노력을 해야 한다.

그러기 위해서 관련 당국들은 항공이 번성하도록 우호적인 거래 협의와 아상블라주의 형성을 매끄럽게 할 (인간) 행위자가 되면서, 항공 권리의 획득에서 주도적인 중개인이 되는 데 전념해 왔다. 제정된 규칙을 따라 일하면서, 또한 그것을 극복하려고 노력하면서, 이 관리들은 기회가 생길 때마다 긴밀한 양자 관계를 유지하고 협정 또는 항공 서비스 협약ASAs을 맺을 새로운 길을 모색하기 위해 정치적 상대방과 규칙적인 협의를 할 책임이 있다. 인터뷰를 했던 한 관리가 말하듯이, "항공 서비스 협약은 단지 싱가포르가 서명하기를 원한다고 해서 나오는 것이 아니다. 다른 나라들과 네트워크를 만들고, 발전시키고, 좋은 관계를 구축하는 것과 같은 다른 작업이 있다." 매력적인 의존 시장 없이, 이 도시국가는 항공 연결망이 항공 모빌리티를 보호하기보다는 항공 모빌리티 자체를 구성하게 하면서, 항공 연결망이 기본적으로 기능하도록 만들기 위해 이러한 외교적 관계에 의존해 왔다. 네트워크 구축을 항공의 주요한 부분이 되게 함으로써, 상대국들과 호의적 관계를 유지하고 인간적으로 수행되는 종류의 규제적 (재)결합에 입각한 '새로운' 모바일 레짐이 여기서 맥락적으로 등장했다(cf. Budd 2009).

"외국 항공사들이 싱가포르에 서비스를 운영하도록 적극적으로 권하고 설득하기 위해 '민간항공 홍보팀'이 추가적으로 설립되었다"(Aviation Views 1986b, 6). 다른 인터뷰 대상자에 따르면, 이것은 (실제 항공기 운항을 개시함으로써) 이미 보장된 항공 권리를 활성화하고, ("우리 싱가포르 항공기들은 비행하고 있지만, 그들의 항공기들은 그렇지 않다"는 이유로) 외국 정부가 미래의 권리 확대를 거부할 가능성을 줄여주는 이점이 있다. 여기서 싱가포르는 상공에, 도시의 허브를 외국 항공기들에게 적극적으로 마케팅하는 홍보팀 구성원들을 참여시키고, (해외) 승객 확대와 홍보 제휴를 통해 그들의 활동을 지원하는 또 다른 인적 자원 수준의 투입을 도입한다. 외국 항공사들을 위해 이렇게 드문 사업 발전 방식에 뛰어듦으로써 목적한 바는 싱가포르와의 항공 연결망 구축을 가속화하고, 지배적인 항로–협상 체계 내에서의 불이익을 상쇄하는 것이다. 이것은 이미 갖추어진 포맷을 수용하는 것이 아니라, 비우호적인 글로벌 배열에 창조적인 전략과 새로운 관리 기능들을 더함으로써 어떻게 작은 아시아의 도시국가가 대안적으로 항공 모빌리티를 결합하는지 보여 주는 또 다른 예이다.

이러한 수정 전술은 때때로 외국 정부들로부터 또다시 적응해야 하는 추가적인 보호주의적 조치를 유발할 수도 있다. 특별히 싱가포르의 항공사–항공–허브 모델의 성공이 강화되면서, 이 도시국가는 엄격한 규제적 제재의 표적이 되었다. 이러한 감축은 1990년대 전에 선고되었는데, 그 당시 주요 항공사인 싱가포르 항공SIA은 정기적으로 북미와 서유럽 당국의 괴롭힘과 권리 취소에 시달렸다(Outlook 1981a). 더 체계적으로, 1979년에 오스트레일리아는 콴타스 Quantas와 영국항공British Airways의 가격 인하를 허용하면서도, 싱가포르항공이 싱가포르의 허브를 통하지만 오스트레일리아와 영국 사이에 (더 싼) 포인트-투-포인트point-to-point[2] 요금을 제공하는 것은 금지한 국제 민간항공 정책International Civil Aviation Policy을 시행했다. 이에 대한 반응으로 싱가포르는 이 ICAP에 대항해서 로비를 하기 위해 비슷하게 영향을 받은 이웃 국가들을 규합했으며, 이는 1981년 해당 정책이 폐지되면서 막을 내렸다(Outlook 1981b). 보통 관계하게 되는 더 부드러운 설득 과정처럼, 싱가포르의 더 명백한 저항은 항공이 보편적으로 동일한 방식으로 작동되고 방어된다는 환상을 없애 버린다. 이 환상은 규제적 자유와 혜택의 관계적 정치와 다른 곳에서 그에 상응하여 (항공) 모빌리티를 재-결합하고 재-형성하는 새로운 방법들을 촉진하면서, 서구에서 기원하는 글로벌 아상블라주가 서구 밖에서 적용될 때 발생하는 복잡하고 비대칭적인 동학을 시사한다.

기술에 대하여

항공에서 승인된 기술적 지식과 전문성을 구성하는 것과 관련한 국제적인 규칙들은 항공 모빌리티를 실현하는 데 차별화된 전망과 전달자로 인도할 수 있는 또 다른 종류의 의무 부과를 야기한다. 대

2　[역주] 항공 노선 운영 형태 가운데 하나. 주요 거점 공항으로 승객을 모아 다시 주변의 여러 노선으로 연결하는 허브-앤-스포크 방식과 달리, 필요한 수요만큼 두 도시만을 연결하여 운항하는 형태.

부분의 현대적인 제트 항공기는 (러시아나 중국 비행기를 타지 않는다면, 북미와 서구 유럽의 몇몇 승인된 공급사들에 의해서만 제작되기 때문에) 대개 유사한 작동 원칙들을 따르지만, 이러한 원칙들에 대한 불균등한 영향력은 흔히 기술적인 지배와 의존 사이의 차이를 의미할 수 있다(Engel 2007). 뒤따르는 분열적인 결과들, 기술적인 전문가의 가용성과 재정적 자원에 대한 접근가능성과 지역적인 교통 요구 사항과 같은 지역적 요소들, 그리고 심지어 항공기가 상공을 지나게 되는 육지(나 해양과) 같은 물질적인 고려 사항은 비행의 실현을 맥락에 따라 매우 이질적인 경험으로 만들 수 있다. 이러한 미묘한 차이들에 주의를 기울이지 않으면, 기존 문헌들에 인용된 기술적인 실천과 배열은 항공 모빌리티가 전문적으로 결합되는 방식에 대해 단지 절반의 이야기만―아마도 (서구의) 비행기 발명자들의 탈정치화된 이야기들을―말해 준다. 이런 점에서 싱가포르의 사례는 그러한 전문성을 당연하게 여기지 않는 관점에서 말한다는 점에서 대안적인 이해를 제공할 수 있다.

항공 수용력을 증강시키려는 노력들은 싱가포르가 아상블라주에서 다른 장소들과 공유하고 있는 밀접한 기술적 관계들을 보여 줄 수 있는 매우 적절한 사례이다. 빠르게 성장하고 있는 지역 항공 교통량에 직면하여, 싱가포르는 포화 상태가 된 상공에 대한 해결책을 찾고 그 운송 능력을 증가시킬 기술을 사용하도록 압력을 받고 있다. 그러나 그렇게 하기 위해서, 싱가포르는 공항에 들어오고 나가는 이동량을 유지할 항공기의 수를 결정할 뿐만 아니라, 수용 능력을 증가시킬 방식을 결정하는, 글로벌하게 표준화된 항공 교통 관리 규칙들에 또다시 제약을 받는다(ICAO 2007). 이러한 규제들이 다른 관할 지역들보다 싱가포르에 더 엄격하게 적용되는 것은 아니지만, 앞서 말한 규칙들이 규정하는 해결책들을 찾도록 강요한다(Lin 2014). 자체의 전문성도 없고 기존의 아상블라주와 경쟁할 대안적 해결책도 없는, 싱가포르에서의 항공 모빌리티 생산은 일련의 준비된 논리나 발명으로서가 아니라 학습을 통해 결합을 시작해야 하는 필요조건으로서 맞닥뜨리게 된다. 이번에는, 기술적으로 타국들에 의존함으로써 항공 전문 기술의 글로벌 아상블라주를 거부하기보다는 스스로 그 안으로 접속해 들어가도록 노력해야 한다.

2000년대 중반 남중국해를 지나는 항공 수용 능력을 증가시키기 위해 싱가포르가 시도한 방법은 기술적인 '돌파'를 이루는 좀 더 난해한 경로를 정확하게 예시한다. 해당 프로젝트는 두 지역 항공사들에 적합하도록 미국이 주창한 RNP-10required navigation performance(항행 성능) 기준을 조정하는 것을 포함했는데, 이는 연이은 비행기 사이에 법적으로 허용 가능한 위도상 거리를 80해리에서 50해리로 줄이려는 것이었다(줄어든 간격의 결과로서 60퍼센트의 수용력 증가)(ICAO 2008). 자체 기술자들, 곧 인터뷰 대상자가 '위대한 수학자들'로 묘사한 이들이 없는 싱가포르는 이러한 외국의 기준을 시행하기 위해서 미국 전문가들에 의지해야 했다. 싱가포르는 특별히 워싱턴 DC에 기반을 두고 있는 항공기 제조업체 CSSI의 도움을 얻어 필수적인 충돌 확률 평가를 실시하고, 계획된 거리 단축과 그 평가와 양립시킬 지역 장비들을 조사하였다(ICAO 2008). 이러한 외부의 도움으로 위험을 '적절히' 밝힐 수 있게 됨에 따라, 예측 논리와(Budd and Adey 2009) 더 나아가 수용 능력이 증대된 싱가포르 상공에 대한 신뢰도가 유지되었다. 글로벌한 도움을 필요로 하는 글로벌한 처방을 포함하는 관계적 결합 행위에서, 이것은 의존의 논리가 기술 '보유국'과 기술 '비보유국'을 분리하는 권력 동학을 요구하면서 항공 모빌리티의 '여기'와 '저기'의(Allen 2011) 반복을 연결하기 위해 작동하는 방식을 보여주는 사례이다.

싱가포르의 이러한 패러다임적 기술 아상블라주의 수입은 지역적 관점을 채택할 때 훨씬 더 복잡한 프로젝트임이 드러난다. 항공기 사이의 거리 단축으로부터 이득을 보기 위해서는, 단축 한계가 전체 항공사들과 조화를 이룰 수 있도록 싱가포르 주변의 모든 영공들이 이 도시국가의 기준을 따라야 한다. RNP-10 외에도, (유사하게 수입된) 자동종속감시시설-방송Automatic Dependent Surveillance-Broadcast 기술에 근거한 2차 단축은 이러한 통합적 관계들을 심화시킬 것이다. 원래 알래스카의 산이 많은 곳을 운항하기 위해 사용된 ADS-B를 남중국해로 옮겨 오기 위해, 싱가포르는 자체적으로 시작했던 기술 프로젝트에 이웃 국가들이 (시기상조이지만) 가입하도록 설득했다. 인도네시아와 베트남은 신호 수신기 설치를 위해서 전략적 위치에 있는 세 개의 섬들을 지정해야 했지만, 전체 지역은 수용 능력이 증가된 영공을 계속 사용하기 위해 항공기들이 ADS-B 능력을 갖추도록 해야 했다(ICAO 2014). 미국으로부터 체제를 수입하는 것 외에, 싱가포르는 남중국해에 연결된 자체의 정치적 동학과 물질적 고려 사항들로 가득 찬 지역 (영)공을 기술적 협력으로 결합해야 했다. 서구와 현재 우위에 있는 서구적인 글로벌 기술 아상블라주와 구별되면서 동시에 연결되어 있는 전문 기술 전유의 '새로운' 논리는, 하나의 (지배적인) 아상블라주로부터 다수의 다른 아상블라주들로의 선택적인 두 단계 기준 확산을 포함하면서, 그와 같이 작동하였다.

이러한 사례들이 (일부) 미국과 유럽의 맥락 사이에서 관찰되는 '기술지정학technogeopolitics'(Butler 2001)을 부정하는 것이 아니라, 동남아시아에서는 오히려 기술지정학을 다른 모양으로 확장한다. 한편으로 싱가포르처럼 기술적으로 덜 능숙한 플레이어들에게, 항공 모빌리티는 단순히 완성된 국내 기술 발명품의 골조로부터 만들어지는 것이 아니라 미국과 같은 지배적인 국가들의 기술적 도움이 필요한 것임이 분명하다. 다른 한편으로, 이 모빌리티는 패러다임적 모델의 대규모 복제품이 아니라(McCann 2011), 지역과 현지 수준에서 추가적인 (재)결합을 겪은 재편성된 형식들이다. 중요하게도, 이 복잡한 동학은 단지 서구의 발명품과 (자기)전유를 포함하는 실재보다 훨씬 더 복잡한 (항공)모빌리티의 기술적 현실을 투사하면서, 하나가 아니라 복수의 재배열된 기술적 지배와 의존의 순환 회로를 발생하게 한다. 사실상 단일한 맥락은 이러한 기술문화의 풍부함을 다 아우를 수 없으며, 이것은 국경을 넘는 관계들, 상호 의존, 그리고 다양한 연결 지역들과 (글로벌) 아상블라주들을 가로지르는 전략적 적용/적응에 대한 끊임없는 탐색을 요구한다.

지정학에 대하여

싱가포르 관점에서 바라보는 전망이 제공할 마지막 통찰은, 서구 밖에서 항공 이동의 지정학이 실천되고 구조적으로 (재)결합되는 독특한 방식들과 관련이 있다. 미국과 영국 같은 서구 (초)강대국들과 같은 항공력을 갖지 못한 국가들이 (중국과 러시아는 제외하고) 명백한 형태의 권력 시위에 참여하는 것은 드물지만, 다른 이해관계를 포함하고 다른 수단을 사용하며 다른 함의를 가질지라도 강대국 다음의 국가들 사이에서도 공중'전戰'이 벌어진다. 그러나 이러한 전쟁은 앞서 언급한 강대국 지정학과 완전히 분리된 것이 아니라, 서구 식민주의, 현재의 신식민주의 실천과 담론, 베스트팔렌 국가ㆍ주권ㆍ영토 보전 체계에 뿌리를 두고 있는 대지−공기 분쟁의 역사와 관계가 깊다(Ó Tuathail 1996). 이 절에서는 이러한 관심을 동남아시아의 상공에까지 투사하고 있으며, 글로벌 지정학의 하위 집합인 또 한 라운드의 항공 모빌리티 결합 과정에서 싱가포르가 상공 통제를 위해 이웃 나라들과 어떻게 '전투'를 벌이고 있는지 살피고 있다.

세계의 영공은 우선적으로, 개별적이지만 인접해 있는, 비행정보구역Flight Information Region으로 알려진 많은 비행통제구역들로 나뉘어 있는 것으로 인식되어야 한다. 운항을 위한 공간 조직화 수단으로서, 비행정보구역은 국가 영토 바로 위에 있는 기주氣柱ㆍair columns에 대한 국가의 법적 소유를 가리키는 주권적인 영공과 같은 것은 아니다. 비행정보구역 통제가 대개 문제의 상공 아래에 있는 주권 영토를 가진 국가에 위임되지만(ICAO 1974), 국제 공해公海, 불확실한 통치권 그리고 서로 지나치게 가까운 영토들에 걸쳐 있는 상공들 가운데서 항공 교통 서비스의 책임을 결정하는 과정은[3] 분쟁의 가능성을 시사한다. 특히, 일부 국가들은 여러 주권 관할지역을 가로지르는 비행정보구역들에 항공 교통 서비스를 제공할 권한이 있다. 이러한 분리된 공간적 배열 때문에, 상공 통제는 흔히 국가들이 서로 싸우는 잠재적인 주요 걸림돌이다.

모호성의 시대에, 기술적으로 우월한 국가에 운항 통제권을 위임하는 것을 옹호하는 글로벌 담론이 국제 정책을 이끌고 있다. 대부분의 북미와 유럽의 강대국들이 그들의 기술적 우위 때문에 대서양, 인도양, 태평양 상공을 포함해서 불균등하게 많은 비행정보구역들에 대한 이의 없는 관리권을 갖고 있다는 것을 고려해 볼 때, 이것은 중요한 이슈는 아니다. 그러나 다른 국가들에게, 이 논리는 (반대로) 빈약한 권리를 부여한다. 그러한 것이 바로 말레이시아가 영국 정부가 싱가포르에게 이양했던 상공 통제권을 얻기 위한 계획을 수립했던 1970, 80년대 싱가포르의 경험이었다. 싱가포르가 자신의 영토 상공뿐 아니라 거대한 대지들 사이를 운항하는 항공 교통을 통제하는 것에 반대하여, 말레이시아는 1973년 첫 번째 ICAO 아태지역항행회의Asia-Pacific Regional Air Navigation Meeting에서 자신들이 말라카해협으로부터 동쪽 남중국해에 이르기까지 거의 전체 비행정보구역에 대한

---

3 분명한 상공의 구분은 조종사의 업무량을 증가시키고 안전을 위태롭게 할 수 있기에, 이러한 경우들에서 비행정보구역은 영토와 일치하지 않는다.

책임을 맡아야 한다고 주장했다(그림 1)(ICAO 1973). 이 제안은 이 도시 국가의 여실如實한 터미널 공역을 상실케 할 수 있는 것이었기에, 싱가포르의 항공 모빌리티를 위협했다. 기술적으로 발전한 국가들과 동일한 자격을 갖고 있지 않은 싱가포르는 서구에는 잘 알려져 있지 않은 다른 종류의 경쟁에는 취약했다. 이런 다양한 경험들을 연결시키는 것은, 세계의 항공 모빌리티를 질서지우는 만큼 항공 안전에서 (지배적인) 특정 국가들에게 특권을 부여하는 지정학적 논리였다.

그럼에도 불구하고, 이 담론은 싱가포르가 결정적인 요구를 할 권리를 배제하였지만, 말레이시아의 도전에 대응할 법적 근거를 제공하기도 하였다. 1973년 회의의 결과로, 말레이시아는 (반도와 동말레

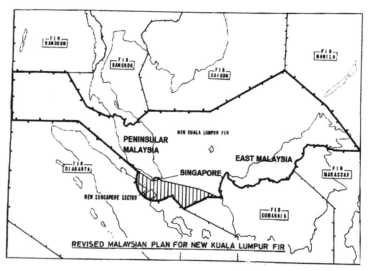

그림 1 싱가포르의 비행정보구역을 분할하기 위한 말레이시아의 1973년 계획을 보여 주는 지도 (굵은 선)
출처: 국립기록보존소, 영국, 외무 · 영연방부(FCO) 76/671

이시아와 일치하는) 비행정보구역의 육지 상공 부분에 대한 통제권을 획득하는 데 성공했으나, 여기서 남중국해 상공에 대한 통제권은 제외되었다(ICAO 1973). 싱가포르는 나머지 상공에 대한 미래의 도전에 선수를 치기 위해서, 전략적으로 기술적 선두 주자들의 항행 이해관계에 맞출 수 있는 일련의 지정학적 실천들을 결합했다. 1977년 22회 총회에서 발표된 성명을 살펴보라.

우리나라는 항행 안전을 위해 ICAO가 정한 표준과 권고 사항들을 실행하고 있으며, 지속적으로 실행할 것입니다. 왜냐하면 우리는 (그래야만) 더욱더 진보할 수 있다고 믿기 때문입니다(ICAO 1977, 68-69).

ICAO의 표준과 권고 사항을 따를 것을 다짐함으로써 싱가포르는 선구적인 (서구) 국가들의 기술 프로그램들과 연합시키겠다는 의지를 보여 주었다. 24회 ICAO 총회에서 싱가포르는 더 자세히 상술하였다.

우리는 총회의 요구에 부응하기 위해 우리의 항공 시설들을 끊임없이 업그레이드하고 향상시켜 왔습니다. … 새로운 싱가포르 창이 공항과 싱가포르 비행정보구역을 통과하는 항공기들을 위한 항공교통 서비스의 높은 기준을 맞추기 위해 설치한 컴퓨터화된 장거리 레이더 시스템은 싱가포르가 얼마나 전념하고 있는지 보여 주는 최근의 단 두 사례일 뿐입니다(ICAO 1983, 44).

최첨단 장비를 사용하면서 '높은 기준'의 비행정보구역에 '전념'하는 것은 글로벌 '재현 정치'를 수행함으로써 지역적으로 약한 지위를 상쇄시키고자 하는 싱가포르의 시도를 보여 주었다(Sharp 2011, 271). 여기서 이 도시국가는 단지 자국을 자국보다 큰 영향력을 가진 의사결정자들의 네트워크와 연합시켰을 뿐만 아니라, 상공에 대한 지속적인 지배력을 정당화하기 위해 기술적 우위라는 친숙한 언어에 호소하였다. 현지/지역의 관심사를 자신의 명분에 잘 들어맞는 글로벌 논법에 연결시키는 데, 싱가포르는 스스로 기술적 능력이 있다는 평판을 구축해 내었다. 그럼으로써 다른 경쟁자들을 단념시켰다.

지정학을 통해 표현되는 항공 모빌리티는, 서구 밖에서 고려될 때 매우 다른 양상을 보인다. 이 경우에, 싱가포르는 폭력이나 어떤 새로이 정의하는 논리에 호소한 것이 아니라, 기존의 선구적인 지정학적 논법과 실천의 글로벌 아상블라주를 자국의 현지/지역적 도전들에 적합하도록 기회주의적으로 재포장했다. 구체적으로, 말레이시아와의 대립 관계에서 창발하는 골치 아픈 '외부 형식의 관계들'(De Landa 2006)을 헤치고 나아가면서, 비행정보구역에 대한 글로벌 베스트팔렌 체제에 대한 싱가포르의 대응은 그 체제를 활용하고 그 질서 안에서 상공의 지분을 보존하는 데 도움을 줄 수 있는 영향력을 축적하는 자원들을 담론적으로 그리고 물질적으로 (재)결합하는 것이었다. 통상의 서구 항공 강대국들의 맥락과는 다른 맥락으로 눈을 돌려 보면, 주변부에서 벌어지는, 중요하지만 눈에는 덜 띄는 공중전을 강조하는 것이 가능하다. 그것은 '세계의 나머지 국가들이' 항공 모빌리티의 지정학에 대해서 침묵하는 것이 아니라, 다른 목적을 위해 덜 눈에 띄는 방식으로 재구성하고 있을 뿐임을 보여 준다.

결론

모빌리티 연구는 '영국, 스칸디나비아, 북미' 밖에서 이루어져야 한다는 크레스웰(Cresswell 2014, 714)의 요청에 부응하여, 이 논문은 항공 사례를 통해 이동이 다른 맥락들에서 새로운 유의성誘意性과 의미를 얻는 방식에 대해 더 확장된 견해를 전제할 필요가 있음을 주장했다. '새로운' 모빌리티 패러다임과 관련한 대부분의 전문 기술은 지금까지 서구의 경험으로부터 매우 풍부하게 영향받아 왔지만, 보편적 지식은 반복적으로 동일한 지역만을 참고함으로써 배타적으로 추론될 수 있을 것 같지 않다. 이 논문은 항공 모빌리티의 세 가지 근본적인 측면들, 곧 항로 규제, 기술적 배열, 지정학적 실행을 싱가포르와의 관계 속에서 고려하였다. 이것은 서구를 넘어 시선을 던질 때 가능한 상황적 출발의 논증이다. 각 사례의 경우, '이동하기 making move'에 대한 재구성된 관점, 감수성, 방법이 나타나며, 이는 뒤따르는 이론적 통찰이 그러한 재정향으로부터 얻어질 수 있음을 시사한다. 대부분의 세계가 서구를 따라 그대로 이동하는 것이 아니기 때문에, (항공)모빌리티 연구를 다음 단계로 이끌어가기 위해서는 모빌리티가 '다른 곳'에서 길을 만날 때 어떤 일이 벌어지는지를 더 신중하게 성찰해야 한다.

그러나 이것은 다양성 그 자체를 위해 생각 없이 밀어붙이는 것이 아니다. 연구를 비서구로 확장하는 것은, 이동의 반복이 어떻게 서로에게 투입되는지에 관심을 두는 지적인 움직임으로서, 모빌리티가 개인적으로 구성되는 만큼이나 공간을 가로지르는 배열적 constellational 관계를 통해 상호적으로 형성된다는 점을 보여 줄 수 있다. 아상블라주 이론에 기대어, 그리고 특별히 합체coalescence의 **개체군**에 주의를 기울이면서(De Landa 2006), 이 논문은 싱가포르에서 항공 모빌리티의 주름잡힘enfolding이 어떻게 해서 고립되어 일어나는 것이 아니라 항상 다른 구조들과 겹쳐져 있는지 세심하게 포착하려고 하였다. 이것은 글로벌 항공 조직을 지배하는 아키텍처들 또는 싱가포르의 항공 모바일 영토화에 개입하려는 더 인접한 지역 체제들과 관련된다. 교차하는 각기 다른 구조들을 가로질러 연결들이 형성될 정도로, 모바일 아상블라주는 또한, 동시에 '여기' '저기'에서 배열되는 매우 관계적인 그리고 상호적으로 함축된 본질로 인식되어야 한다(Allen 2011). 이러한 구조들의 복수성에 주의를 기울이는 것은 모빌리티가 얽혀 있는 무수한 관계들을 혼합하는 것일 뿐만 아니라, 이전의 북미(의 부분들)와 유럽의 모빌리티 형성이 실제로 어떻게 견제되었는가에 대한 질문들을 자극한다.

공존하는 아상블라주들이 서로 영향을 주는 불균등한 방식은 나아가 (항공)모빌리티의 정치적 차원을 도입한다. 배열적인 상호작용들 가운데, 아상블라주는 어떤 구조들을 다른 것들보다 영향력 있게 만드는 불균등한 권력관계로 자주 비난받는다(Lagendijk and Boertjes 2013).

이 논문이 항공을 통해서 그러한 패러다임적 형식들이나 옹과 콜리어(Ong and Collier 2005)가 '글로벌 아상블라주'라고 부른 것이 서구의 지배적인 국가들에 의해 독점되는 경향이 있음을 강조하고 있듯이, 싱가포르와 같은 곳에서의 항공 모빌리티도 드물게 자유로이 형성되고 있지만 특정한 (규제적, 기술적, 지정학적) 템플릿에 의존한다. 이러한 위계적 배열들은 일부 지방의 (항공)모바일 자율성을 침해하는 일종의 배제적인 정치를 시사하지만, 그들은 또한 지역의 행위자들이 이러한 글로벌 아상블라주에 저항하고 적응하고 활용하듯이, (항공)모빌리티를 다투고 (재)결합하는 다양한 방식들에 박차를 가하는 것이다. 사실상, 싱가포르의 사례에서 지배적인 기준은 때때로 불리한 제도 시행을 피할 방법을 찾도록 추동하기도 했으며, 현지/지역적 위협을 다루는 (도입 준비된) 해결책을 제공하기도 했다. 이러한 보급은 패러다임으로서 특정 모빌리티 형식의 확산뿐만 아니라 그것의 잠재적 정치를 중재하는 복잡한 과정들에 대한 날카로운 인식을 필요로 하게 만든다. 절대적인 '최고의 실천'이라기보다는, 그것들은 기껏해야 적응의 기초를 제공하고, 최악의 경우 사회들이 글로벌하게 이동하는 방식을 좌우하는 유사하게 부당한 네트워크의 증거가 될 수 있다.

이 논문은 모빌리티 연구가 이론적·경험적 '출생지'인 서구를 넘어서 이동하는 것이 지극히 중요하다고 제안한다. 연구의 주제인 모빌리티는 내부 공간적 관계들과 창발들에 의해 특징지어지는 아상블라주로서 결코 어느 특정 지역(Anderson and McFarlane 2011)이나 이해의 영역에 영구적으로 한정지어질 수 없다. 위에서 말한 싱가포르와 항공 관련 사례들은 명백하게 더 넓은 가능성의 보고寶庫를 향한 모험에 단지 하나의 작은 발걸음이다. 독특한 모바일 결합 양식의 전형적인 예가 됨으로써 그리고 맥락들을 가로질러 일어나는 대화들을 허용함으로써, 이 논문이 적어도 모빌리티를 '영국, 스칸디나비아, 북미'의 유일한 또한 그 안에만 전적으로 한정된 전유물로 볼 수 없다는 것을 연구자들에게 설득할 수 있기를 바란다. 이동이 글로벌 상호작용을 가능하게 하는 시대에, 미래의 학술 연구에서 이러한 '대안적인' 양식들이 상호중첩과 중요성을 위해 적절한 절차대로 분석되는 것이 적합해 보인다. 그렇지 않고서는, 모빌리티 장은 내가 비판한 바로 지역적 편협성의 위험을 안고 있다.

두 익명의 심사자들과 편집자 앨리슨 후이와 제임스 폴콘브리지의 사려 깊은 의견과 이 논문에 담긴 많은 아이디어들에 영감을 준 팀 크레스웰과 피터 애디에게 특별히 감사한다. 그러나 모든 오류는 저자의 몫이다.

정보공개 진술서Disclosure statement
저자에 의해 이해관계 충돌의 가능성이 보고되지 않았음.

이 논문은 영연방 장학금 관리 위원회the UK Commonwealth Scholarship Commission의 지원을 받았음.[지원금 번호: SGCR–2011–72]

5 장

학제간 장들의 경계

이주와 모빌리티 연구 사이
대화의 과거와 미래를 형성하는 시간성

앨리슨 후이|Allison Hui

이 논문은 이주와 모빌리티 연구의 학제간 장에 기여하고자, 차이들은 고착화되고 일부 개념들은 협상이나 대화가 지나서도 남아 있는 장소들, 곧 그 장들의 경계에 대한 이해를 시간화하고자 한다. 학제간 장의 창조성과 경계를 넘는 잠재력은 흔히 적절한 개념과 지식을 정의하고 규제하는 분과학문들과 대척점에 있지만, 그렇게 특징짓는 것은 학제간 장들이 시간을 거슬러서 그리고 시간과의 관계에서 변화하는 경계를 가지는 방식을 모호하게 만든다. 그러므로 이 논문은 이 장들 사이의 협력을 제한해 왔던 진화하는 경계들을 고려하기 위해서 세 가지 시간 동학, 곧 비/동시성, 시퀸싱sequencing, 시간에 따른 축적을 사용한다. '초국가주의,' '모빌리티,' '방법론적 국가주의'와 같은 개념에 대한 과거의 논의들을 추적함으로써, 이 장들 사이의 대화의 우연성과 복잡성, 그리고 분과학문들처럼 이 장들이 어떻게 "알지 않아도 무방한 것"을 정의하는지를 강조한다. 독특하고 지속적으로 유의미한 주체로서 특권을 가진 '이주민들'을 통해 창조된 경계들을 인식하기 위해, '이주자 예외주의'라는 새로운 개념이 도입된다. 이주와 모빌리티 학자들은 이주자 예외주의를 영속화하는 것으로 보이며, 간헐적 이주민들에 대한 연구를 통해 이를 논박하는 것은 학제간 대화를 위해 기존 경계를 조절하고 새로운 공간을 여는 수단으로 판명된다.

학제간 연구 장들 사이의 대화는 학문 간 경계들을 가로지르면서, 다양한 사례들에 적용되고, 새로운 기여를 하는 많은 개념들의 모빌리티를 포함한다. 예를 들어, 이주와 모빌리티 학자들 사이의 아이디어 흐름은 주체성, 섹슈얼리티 그리고 정주dwelling(Conradson and Mckay 2007; Crang and Zhang 2012; Mai and King 2009), 인간과 객체들의 교차 이동(Basu and Coleman 2008; Burrell 2008, 2011), 다수多數 귀향의 협상(Ahmed et al. 2003; King and Christou 2011), 국경을 넘어 그리고 국경을 통해 발생하는 권력 동학(Fortier and Lewis 2006; Gill, Caletrio, and Mason 2011; Richardson 2013)의 이해에 기여해 왔다. 그러나 이러한 흐름에 대한 해명은 학제간 교환의 경계, 복잡성 그리고 우연성을 인식하기보다는 새로운 지식을 지지하고 정당화하는 것을 더 지향해 왔다. 배리·본·웨스칼니스(Barry, Born, and Weszkalnys 2008, 42)가 언급하듯이, "특별한 종류의 학제성의 독창성에 대한 어떠한 분석도 학제간 장들의 독특성과 계보, 복수성複數性에 주의를 기울여야 한다." 그러므로 이 논문은 장들의 상호관련된 계보에 대한 이해를 확장하기 위해(Adey et al. 2014; Fortier 2014), '내재적으로 학제적인' 모빌리티 연구와 이주 연구의 장들 사이에 무시되거나 경합되는 아이디어들의 이동을 살펴본다(Castles 2007; Favell 2001, 397; Hannam, Sheller, and Urry 2006).

특별히, 이 논문은 이주와 모빌리티 연구의 학제간 장에 기여하고자 하는데, 이를 위해 차이들은 고착화되고 일부 개념들은 협상이나 대화가 지나서도 남아 있는 장소들, 곧 그 장들의 경계에 대한 이해를 시간화하고자 한다. 상당한 양의 연구가, 이미 성공적인 경력과 협력을 지지하는 구조와 특징들을 포함하여, 학제간 교환과 학제간 실험들을 실패시키는 것들(Holland 2014: Strober 2010), 학제간 참여 유형들 사이의 구분(Barry et al. 2008), 그리고 대화가 어떻게 분과학문의 전제들을 드러내고 도전할 수 있는지 고려하였다(Boix Mansilla, Dillon, and Middlebrooks 2002: Lyall et al. 2011: National Academies (US) et al. 2005). 그러나 이러한 작업의 상당 부분이 가능성과 기회들뿐만 아니라 협상되고 진화하는 경계들을 가진 장들 안에 학제간 상호작용을 최소한으로 위치시켰다.

이것은 부분적으로 학제성의 가능성을 분과학문들의 경계와 관련하여 틀 지우는 일반적인 내러티브로부터 유래한다. 학제성을 이해하기 위해서, 애봇(Abbott 2001, 135)은 "학제성은 분과학문들을 전제하기 때문에" **분과학문들의 혼돈**을 철저히 조사해야 한다고 제안한다. 사회과학 분야들의 발전을 추적하면서, 애봇(2001, 130)은 그 학문들이 대학 구조와 노동시장을 조직하는 것뿐만 아니라, 인식론들을 재생산하고 경계를 짓는 데도 중요하다고 시사한다. 학문들은 "참여자들에게 독특하게 실재적으로 보이는 지식의 양태를 창조하고," "알지 않아도 무방한 것들을 정의한다." 비슷하게, 배리와 동료들(Barry et al. 2008, 20-21)은 "특정 학문적 방법들과 개념들이 엄격하게 사용되고, 그 학문의 대상, 방법, 개념이 아닌 것들은 배제되는지" 확인하면서, "학문들이 어떻게 제자들을 훈련시키는지" 언급한다. 학제성은 역으로 '경계 위반'과 '기존의 지식 총체'를 넘어서는 이동을 위한 공간을 창조하는 것으로서 위치지어져 왔다(Barry et al. 2008, 21). 도간과 패레(Dogan and Pahre 1990)의 작업에 기대어서, 어리(Urry 2000, 210)는 "혁신은 분과학문들의 경계를 넘는 학술 모빌리티, 곧 그들이 '창조적 주변성'이라고 부른 것을 생성하는 모빌리티로부터 나온다"고 했다. 학제적 참여를 낳는 가정, 선례, 틀, 접근의 다양성은 다양한 청중, 방법, 경험적 현장, 또는 이론적 지침들과의 창조적인 상호작용을 지지한다. 이주와 모빌리티 연구자들 사이의 그러한 학제적 참여의 약속은 오래전부터 언급되어 왔다(Blunt 2007; Hannam, Sheller, and Urry 2006; King 2012).

그러나 창조와 협력의 잠재력은 단지 하나의 동학이며, 배리와 동료들(2008)이 강조하듯이 학제성의 혁신은 작동하는 다양한 논리와 교환을 감출 수 있다. 부르디외(Bourdieu 1984)가 제시하듯이, 장들은 공통의 가치와 내기물에 의해 통합되지만, 여전히 투쟁의 장이다. 글로벌 이동의 체계를 연구하는 데 대한 이주와 모빌리티 연구의 인식론적 헌신은 인류학, 문화 연구, 지리학, 역사학, 사회학 그리고 다른 분야들의 학자들 사이의 대화를 필요하게 만든다. 그러나 부분적으로는 이러한 대화 덕분에, 각 분야는 관련 토픽을 연구하기 위해 다양한 접근 방법을 사용하는 연구자들(Adey et al. 2014)과 공유된 이론들의 창안을 방해하는 다양한 경험 사례들(Castles 2010, 1566; King 2012, 138)로 인해 내부적으로 분열된다. 초기의 출판 저작들(Kalir 2013)이나 지나치게 단순화된 '기반 전제들founding premises'(Franquesa 2011)만을 인지하는 비판들에서 학제간 장들의 내부 복잡성은 언급되지 않은 채 넘어간다. 이들은 어떠한 합의라 할지라도 협상되고, 관계적이며, 부분적인 성취라는 것을 인식하는 데 실패한다. 게다가 일부 학자들은 학제(간) 경계들을 넘어서 참여하지만, 다른 이들은 그렇지 않다. 모빌리티 연구자들이 이주, 관광, 교통, 커뮤니케이션 또는 사회-기술 체계를 연구하는 이들과 관계를 맺을 가능성은 기존 연구 분야와 관련되어 있으나, 완전하지는 않게 그리고 다양한 영향력을 가지고 이루어졌다. 이 모든 동학들은 요약 평가나 압축된 역사에서 흔히 언급되는 것보다 훨씬 더 학제적인 분야들에 관계된다.

그래서 시간성의 문제를 제기함으로써 이 학제적 분야들, 특히 이주와 모빌리티 연구의 경계들이 어떻게 변화해 왔고, 그들 사이의 교환과 대화의 결과는 무엇인지 세밀하게 살필 수 있다. 애봇(2001, 150)이 학제성과 분과학문들 사이의 관계는 오래 계속되는 것이라고 언급하지만, 그것들이 지적 발전의 상보적 힘으로서 공존한다는 그의 가정은 학제간 분야들이 시간의 흐름에 따라 그리고 시간과 관계하며 변화하는 방식에 대한 인식을 방해한다. 애봇(2001, 134)에 따르면, 학제간 상호작용은 문제 중심이며, 그래서 제한된 수명을 갖고 있다. 그러나 이주와 모빌리티 연구는 많은 문제들을 연구해 왔으며, 어느 것도 관심의 감소로 인해 탄력을 잃을 것으로 보이지는 않는다. 실제로 때때로 이 연구는 사회적인 또는 정책적인 관련성이 강조되는 "문제 중심적"인 연구보다는 새로운 질문에 답하고자 하는 "학술적으로 지향된 학제간 연구" 모델에 더 잘 들어맞는다(Lyall et al. 2011, 2장). 장들 내부의 시간 동학은, 특별히 개념들이 시간의 흐름에 따라 그리고 시간과 관계하며 맞물리게 되는 방식에 더 많은 관심을 요청한다.

이 논문은 순환하는 개념들의 시간성, 곧 유사한 개념들에 대한 비/동시적인 관심, 개념·관심·청중들의 시퀀싱, 그리고 장기간 시간 흐름 속에서 사회 세계에 대한 제한된 이해들의 축적에 대한 연구를 중심으로 구조화되어 있다. 제한된 청중들에 도달하고, 제한된 승인을 받고, 세계에 대한 제한된 이해들을 틀짓는 개념들을 추적함으로써, 이 논문은 학제간 분야들의 우연성과 복잡성을 강조하고, 그 분야들이 분과학문들처럼 "알지 않아도 무방한 것들을 정의하고" 비학(제)적 개념들을 제외할 수 있다고 주장한다(Abbott 2001, 130). 모빌리티와 이주 학자들은 이 논문에서 논의되는 개념들을 동등하게 받아들이지 않았으며, 그 개념들의 순환을 언급하는 것은 잠재적인 학제성의 한계를 인식하고 과거와 미래의 기여를 위치짓는 작업의 한 부분이다.

게다가 그 논의는 개념들의 순환에 관심을 두는 것이 연구에 대한 성찰적 평가에 중요할 수 있다는 것을 강조한다. 부르디외(1990)가 언급하듯이, 분석가의 논리는 분석가가 연구하는 이들의 실천과는 다르다. 그러므로 개념적 범주들과 순환의 시간성에 대한 성찰은 분석가가 사회 세계에 대한 이해에 강제하는 왜곡을 인식하고 그에 대응하는 데 중요하다. 학제적 장들은 다른 분과학문들에 의해 합법화되지 않은 개념들과 사례들을 활용할 공간으로서 시작할 수 있지만, 시간의 흐름에 따라 이 장들은 비판적 성찰이 필요한 가정들과 경계들을 발전시킬 수 있다.

이 논문은 여러 다른 개념들의 순환을 언급함으로써 이러한 주제들을 다룬다. 먼저 초국가주의transnationalism와 모빌리티 개념이 어떻게 순환되는지 그리고 학제간 상호작용의 시간성에 대해 어떤 함의를 갖는지 논의한다. 그리고 나서 상대 개념의 한계를 반박하는 개념쌍들을 논의한다. '방법론적 국가주의'가 '국가들을' 정상화하고 이에 우선순위를 부여하는 데 따르는 한계를 어떻게 지적하는지 검토한 후에, '이주민들'을 정상화하고 이에 우선순위를 부여하는 데 따르는 유사한 한계를 강조하기 위해 '이주자 예외주의'라는 새로운 개념을 도입한다. 논의하는 내내 학제간 장들이 어떻게 경계 넘기뿐만 아니라 한계와 경계에 의해서도 형성되는지 강조하기 위해 개념적 모빌리티의 시간성이 사용된다.

초국가주의와의 비동시적인 관계

연구가 의존하고 있으며 또한 연구에 기여하는 아이디어들의 순환은 특별한 동기화synchronization의 순간에 의존한다. 스케줄들이 일치하도록 맞추어져야, 아이디어들이 회의 또는 인터뷰 동안에 사람들 사이에 흐를 수 있다. 연구 결과물의 정책 또는 새로운 순환과의 동기화는 많은 청중을 찾고 결과물의 순환을 촉진하는 데 중요하다. 학제간 대화 안에서는 관심사들의 시간적 배열이 마찬가지로 중요하다. 곧, 사회적 삶의 우연성을 심각하게 고려하는 것은 학제간 대화가 결코 필수불가결한 것은 아니며, 장들 사이에서 아이디어들의 순환이 그것들의 시간성과 관련된 장애물을 만날 수 있다는 인식을 요구한다. 이 점을 강조하기 위해, 나는 특정한 개념, 곧 초국가주의에 눈을 돌려 이주 연구 안에서 이 개념이 가진 순환의 시간성이 어떻게 해서 뒤이은 모빌리티 연구와의 관계를 위해 중요한지 고려한다.

1990년대 이래로, 초국가주의는 "이주 연구에서 거의 틀림없이 지배적인 패러다임이었다"(King and Christou 2011, 454). '초국가적'이라는 용어는 몇 년 먼저 나타나기 시작했지만, 이 개념을 개념적이고 분석적인 틀로 구체화하려는 첫 번째 주요 시도는 배쉬 · 글릭 · 쉴러 · 잰튼 블랑(Basch, Glick Schiller, and Szanton Blanc 1994)으로부터 비롯되었다. 그들은 초국가주의를 다음과 같이 정의한다.

이주민들이 자신들의 출신 사회와 이주지를 함께 연결하는 다면적 사회관계를 구축하고 유지하는 과정들이다. 우리는 많은 이주민들이 오늘날 지리적 · 문화적 · 정치적 경계들을 넘어서 사회 장들을 건설한다는 것을 강조하기 위해 이 과정들을 초국가주의라고 부른다(Basch et al. 1994, 7).

이 정의는 새로운 것이었지만, 그 정의가 강조하는 실천들은 그렇지 않았다. 그러나 이 실천들의 전례에도 불구하고, 그것들을 함께 묶을 수 있는 한 개념을 찾는 것은 중요하다.

그것들을 어떤 의미에서 '동일한 것'으로 규명할 수 있기 위하여 그것들의 유사성을 밝힐 설득력 있는 이론적 관점이 부족했다. 이 관점이 결여된 그러한 사례들은 새로운 전형이나 예측의 발전을 향한 축적 없이 고립된 역사 이야기들로 남아 있을 것이다(Portes 2003, 875).

그러므로 배쉬와 동료들(1994, 2장)은 초국가적인 것들에 대한 연구를 강조하는 여러 이론적 전제들의 개요를 서술하고자 이주, 국가, 세계 체제, 인종에 대한 논의들에 개념적으로 의존했다. 애초에는 엘리트들과 개발도상국에서 온 이주민들의 초국가적 실천에 초점을 두었지만, '초국가주의의 **매개하는** 형식'에 대한 탐구의 요청으로 뒤이어 갭이어gap year[1]와 유학과 같은 경험들을 연구했다(Conradson and Latham 2005, 229). 이주 연구 내에서 초국가주의 논의들은 사회현상을 연구하는 맥락으로서 국민국가의 자연화뿐만 아니라, 이 틀을 상정하고 강화하는 일련의 개념들을 문제 삼았다.

또한 국민국가와 사회들이 그들의 경계 안에 뿌리를 두고 있다는 전제를 문제 삼는 것은 모빌리티 연구 내의 관심사이기도 했다(보기: Urry 2000). 그러나 이 관심은 초국가주의를 중심으로 한 참여와 동기화되지 않았다. 초국가적 전환은 여러 해 빨리 이주 학자들의 '초국가적으로 전환하기'(Bailey 2001) 논의와 2003년 "이주 학자들 가운데 초국가적 관점의 수용 확산"을 강조한 특집호(Levitt et al. 2003, 565)와 함께 시작되었다. '새로운 모빌리티 패러다임'(Sheller and Urry 2006)의 예고와

---

1 [역주] 주로 고교 졸업 후 대학 생활을 하기 전에 일을 하거나 여행을 하면서 보내는 1년.

2006년에 저널 《모빌리티스》의 창간 이후에야 비로소 비슷한 논의가 명백한 모빌리티 전환의 한 부분으로서 일어난다.

이 논의들, 곧 한편으로는 초국가주의, 다른 한편으로는 국가-이상의more-than-national 모빌리티에 대한 논의들의 시간성은 이주 학자들이 보이는 모빌리티 연구를 위한 다소 조용한 열정을 이해하는데 중요하다. "이주 연구가 모빌리티 장에 중요하다"(Hannam, Sheller, and Urry 2006, 10)는 명백한 인식에도 불구하고, 지난 10년은 모빌리티 전환에 참여하는 것이 이주 학자들에게 동일하게 '중요하지' 않음을 시사했다. 킹(King 2012, 143)은 이러한 모호성을 언급한다. "전체적으로 지리학자들은 그들이 이주 초국가주의에 대한 연구를 수행했던 것과 같은 방식으로 모빌리티 패러다임과 '보조를 맞추'지 않는 것으로 보인다." 그 이유가 킹(2012, 143)에게는 여전히 '뭔가 신비스런 것'으로 남아 있지만, 나는 그것이 부분적으로 동일한 관심사에 대한 비동시적인 관심과 관계된다고 주장한다. 초국가주의와 모빌리티에 대한 논의들을 동시적이라기보다는, 차례로 접하게 되면, (다음 절에서 자세히 설명될) 후자의 다른 존재론적 위상에도 불구하고, 후자를 '동일한 것more of the same'으로 보이게 할 수 있다. 새로운 기여가 칭송되고 자신의 작업을 독특한 것으로 나타내는 것이 중요한 학술문화에서는, 반복적인 대화에 시간을 보낼 이유가 별로 없다. 이주 연구가 모빌리티 작업에 중요한 이유들 가운데 하나는, 초국가주의 논의가 글로벌 모빌리티 세계를 연구하는 데 대단히 적절하다는 것이다. 그러나 이러한 영향의 시퀀싱은 애초의 모빌리티 논의가 이주 연구자들에게 전적으로 새로운 것은 아니었다는 것을 의미했다.

이것이 강조하는 것은, 아이디어가 흐르는 타이밍과 방향이 학제 간 참여가 등장하는 방식에 중요하다는 것이다. 모빌리티와 이주 연구는 사회관계들이 어떻게 사회들에 걸쳐 있는지, 그리고 국경 넘기와 글로벌 여행이 어떻게 초국가적 연결을 부채질하는지에 대해 공통된 관심을 가지고 있지만, 이 관심사들에 대한 그들의 비동시적인 참여는 그들이 함께 참여하는 학제간 대화의 한 부분으로서 연구되었던 정도를 제한했다.

모빌리티에 대한 관심사들의 시퀀싱

앞 절에서 강조되었듯이, 학제적 공동체들 사이에 아이디어들의 비동시적 순환은, 아이디어들의 시퀀싱이 그들의 기여에 대한 평가에 영향을 미치는 방식으로 인해 대화에 영향을 미친다. 이 경우에 결과는 대개 모호성이었으나, 다른 경우에 아이디어들의 시퀀싱은 공개적인 논쟁으로 이끌 수 있다. 이것은 시퀀싱을 (a) 뒤이어 나타나는 시간상의 간격 또는 (b) 전략적 순서배치ordering와 우선순위 매기기로 달리 이해할 수 있는 것과 부합한다. 전자의 경우, 개념들은 특별히 수년 또는 수십 년처럼 긴 기간 동안 시간적 연속의 관계를 가진 것으로 보일 수 있으나, 오래 지속되는 개념들이 믿을 수 없을 만큼 계속 적절할 수 있기 때문에 이것이 그것들의 상대적 중요성을 나타내는 것으로 받아들여져서는 안 된다. 저자들이 어떻게 기존 용어 안에서 개념들의 우선순위를 매기는지로 초점을 옮길 때, 다른 개념에 앞서 나오는 개념이 전략적 중요성과 순서 배치 정치의 표시가 될 수 있다. 후자에 부연하여, 각 장들에서의 '모빌리티'와 '이주'에 대한 이해를 고찰하겠다.

이주와 모빌리티 연구 안에서 '모빌리티'의 이해를 살펴보면, 중요한 존재론적 차이들이 강조된다.《국제 이주 리뷰International Migration Review》또는《인종과 이주 연구 저널Journal of Ethnic and Migration Studies》같은 저널들에는 계급과 경제적 계층economic brackets 사이의 '사회적 모빌리티' 또는 이주민들의 도시 내부 이동과 같은 '공간적 모빌리티'에 대한 논의가 있다. 이 경우들에서 개념은, 공간적 탈구 displacement와 사회적 지위 변화 사이의 연결에 대한 특별한 관심을 가지고, 주로 사람들(곧, 이주민들)에 초점이 맞추어져 있다(보기: Faist 2013). 모빌리티는 사람의 특성이며, 객관적 공간이나 사회적 위계와의 관계에서 일어날 수 있다.

그러나 모빌리티 연구는 "사람들, 객체들, 자본과 정보의 세계적인 대규모 이동뿐만 아니라, 일상적 교통, 공적 공간을 통과하는 이동, 일상적 삶 가운데 물질적인 것들의 이동 등 지역적인 과정들을"(Hannam, Sheller, and Urry 2006, 1) 포함하여, 다수의 모빌리티가 사회적 과정들과 구조들에 얽혀 있다는 것을 강조한다. 이것은 그 존재론적 초점에 명백한 차이가 있음을 보여 준다. 모빌리티 연구는 다양한 상호 관련된 행위자들, 곧 인간(배낭 도보 이동자, 자동차 운전자, 열혈 팬)과 비인간(배낭, 자동차, 망원경)을 고려한다(Dant 2004; Hui 2012; Walsh and Tucker

2009). 인간 이외의 것들의 이동에 대한 강조는 사회 조사에 대한 모빌리티 장의 기여 가운데 하나로 언급되어 왔으며(Cresswell 2011, 552), 정체停滯를 정상화하거나 이에 우선순위를 부여하는 정주주의적 해명에 대응하는 목적을 위해 중요하다(Sheller and Urry 2006; Urry 2007). 더 넓은 모빌리티 체계의 한 부분으로서 인간과 객체 모두에 관심 갖는 것은 어리(Urry 2007, 48)에게는 중요한 일인데, 왜냐하면 모빌리티의 아상블라주가 공간을 가로질러 "우연적으로 사회적 연결들을 유지하고," "시간-공간을 통해 사람들, 활동들, 객체들을 분배하는 체계들의 중요성을"(2007, 51) 암시하기 때문이다. 모빌리티 전환 안의 모든 연구들이 비인간 행위자들이나 아상블라주 논의를 포함하는 것은 아니지만, 모빌리티 유형과 연구 단위들의 복수성은 장의 전략적 다양성에 중요한 부분이다. 그에 비해, 이주 연구는 모빌리티 학자들이 각기 다른 모빌리티로 볼 것들, 곧 화폐나 물건의 송금, 커뮤니케이션, 아이디어와 가상의 것들 등의 모빌리티를 포함하기는 하지만, 이것들이 흔히 동등한 중요성을 가진 단위나 행위자로 다루어지지는 않는다.

모빌리티 연구자들에게 (비)인간 행위자들에 대한 관심과 다양한 모빌리티의 인식은 이주를 복합적인 현상의 하나로 그리고 모빌리티의 이해에 기여하는 많은 문헌들 가운데 하나로 보게 한다. 곧, 모빌리티는 하나의 개념으로서 우선순위가 부여되는데, 이주는 그 개념의 한 하위 유형이다.

그러나 이주 연구 내에서 '이주'와 '모빌리티'의 범주는 이러한 순서를 가지는 것은 차치하고, 반드시 서로 겹치는 것도 아니다. 파이스트(2013, 1642)는 공적 토론과 학술 연구에서 고도로 기술력 있는 전문가들은 이주민이 아니라 '모바일들mobiles'이지만, '이주하는' 것으로 여겨지는 이들은 국민국가들에 의해 반드시 환영받지는 않는 이주노동자들이다. 카슬스(Castles 2010, 1567)는 동일한 담론 현상을 언급한다. "모빌리티는 열린 현대사회의 표시이기 때문에 좋은 것으로 여겨지지만, 이주는 침입과 탈구의 낡은 기억을 되살리기 때문에 나쁜 것으로 여겨진다." 공적 담론에서 이러한 '모바일'인들의 미화美化는 문제적으로 보이며, 학계에서 '모바일'인들에 대한 논의에 질문을 던지는 이유이다(Glick Schiller and Salazar 2013, 184).

공적 담론과 학술 담론의 얽힘에 대한 이러한 관심은 그것이 문제가 되는 특정 개념들의 순서 배치뿐만 아니라 청중들의 순서 배치라는 것을 시사한다. 공적 담론에 대한 관심은 학술적 연구의 많은 영역에 존재하지만, 이주 연구는 이민의 정치화에 대한 정부의 관심으로 인해 정책 관련 연구에 강하게 관여해 왔다(Castles 2010, 1570-1571). 게다가, 정책 중심 컨설팅은 이주 연구 센터들의 주요 자금원이었다(Castles 2010, 1572). 일부 이주 연구자들에 따르면, 비학술 청중들과의 만남의 중요성은 이주와 모빌리티 사이의 이러한 구별이 그들이 재생산해야 하는 것이거나 또는 그들이 대응해야 하는 것이라는 것을 의미한다. 곧, 비학술 청중들과의 만남이 먼저 이루어지면, 적절한 용어는 그에 대한 반응으로 협상된다.

그러나 '이주' 대 '모빌리티' 논쟁이 지닌 또 하나의 측면은 후자에 우선순위를 부여하는 것이 사회 불평등과 권력을 고려하는 데 문제적인 것으로 보였다는 것이다. 연구자들이 처음으로 초국가주의 논의에 참여했을 때, 일부 비판은 "소수 엘리트의 초hyper 모빌리티를 지나치게 강조하는" 경향에 초점을 두었다(Collins 2009, 4). "종속변수의 표본 추출"이 초국가주의의 부재를 숨길 수 있다는 경고는 "모든 이민자들이 초국적자들이 아니라는" 사실의 이해를 중심으로 수렴하도록 이끌었다(Portes 2003, 876). 이런 맥락에서, 모든 이주민이 모빌리티에 의해서 논의될 수 있다는 제안은, 이것이 글로벌 이주의 불평등을 경시하거나 지우려 한다는 염려로 인해 논쟁적이다(Faist 2013; Glick Schiller and Salazar 2013). 모빌리티 연구에 대한 초기 비판에서 스켁스(Skeggs 2004, 48)는 모빌리티를 "수직적 의미 대신에 수평적 의미에서" 규정하는 것은 "교차되어야 할 차이들을 평평하게 만들어서," 계급, 권력, 개인주의의 문제적 영향을 모호하게 만드는 결과를 낳는다고 시사한다. 모빌리티 전환에서 불평등의 차원들이 언급되었고(Ohnmacht, Maksim, and Bergman 2009), 모빌리티 연구가 불평등 또는 특권의 교차적 그리고 체계적 측면들을 고려할 수 있는 공간을 만들긴 했지만, 일부 학자들에 따르면 불평등과 권력관계가 더 중심적이어야 하며 모빌리티에 대한 더 구체적인 틀짓기가 요구된다(보기: Glick Schiller and Salazar 2013). 모빌리티의 일반 틀에 우선순위를 부여함에 따라 상실되는 것의 정치는 장들 사이의 긴장 지점으로 남아 있다.

이것이 보여 주듯이, '모빌리티' 개념과 모빌리티가 어떻게 '이주'와 관련되는지에 대한 논의들은 정치적 관심사와 학술적 실천 맥락에 긴밀하게 연결되어 있다. 개념들이 배치되는 순서는 특정한 청중, 행위자 또는 정치에 우선순위를 부여한다는—그러한 순서배치가 의도되었든 그렇지 않든—표시로 받아들여질 수 있다. 이 장들 사이에 때때로 '모빌리티'에 대한 관심이 불평등에 대한 관심의 부재로 잘못 읽히는 오해가 발생했다.

더 나아가 이 사례가 강조하는 것은, 이주 연구 내 일부 집단들에게는 허용할 수 없는 개념들이 있다는 것이다. 곧, 일부 경계는 넘어서는 것이 적절하지 않으며, 일부 구별은 모호해져서는 안 된다. 결과적으로, 모빌리티 연구자들과의 학제간 대화는 부적절해진다. 일부 이주 연구자들은 '모빌리티'를 활용해 왔지만, 다른 이들에게 그렇게 하는 가능성은 차별을 강화하고, 알려지지 (않아야) 할 것을 규제하는 시도를 유발했다.

그러나 중요한 것은 이주와 모빌리티에 귀속되는 상대적 위치 지정만이 아니라 각 개념이 사회 세계에 대해 가능한 이해를 한정하는 정도이다. 애봇(2001)의 논의는 심지어 각 분과학문들이 시간 흐름에 따라 어떻게 개념들 사이의 관계를 재작업하는 프랙탈 분화에 의해 특징지어지는지를 강조한다. 그러므로 특정 개념들에 대한 지속된 관심이 결국 어떻게 특정한 한계와 미래의 대화를 위한 함의를 가진 다양한 효과들을 축적할 수 있는지 고려하는 것이 중요하다.

제한된 개념들의 활용으로 인한 장기간의 결과

개념들이 상대와 부딪치게 되거나 배치되는 순서sequence는 우연한 학제간 만남의 등장에 중요한 것으로서, 그리고 그들 사이의 마찰을 감당하는 것으로서 강조되어 왔다. 그러나 애봇(2001)이 강조하듯이, 상호작용의 순서는 또한 시간에 따른 사회과학적 지식의 발달을 이해하는 데 중요한 결과를 낳는다. 그는 사회 세계에 대한 이해의 축적을 도시 거리들을 탐구하는 것에 비교하는데, 이 비교는 새로운 지역을 탐색하고 새로운 것들을 알기 위해 집단들이 갈라져서 다른 거리들은 탐색하지 않는 특수한 과정들을 거친다면 도시에서 얼마나 많은 것들을 발견할 수 있을까 하는 함의를 시사한다. 오랜 기간 동안, 많은 보행자들의 경로는 "체계적으로 장소들을 무시하는"(2001. 31) 연구조사 유형을 낳을 수 있다. 곧, 탐구가 특정한 지역에 집중되어 있는 정도에 따라, 도시에 대해 많이 알 수도 있고 적게 알 수도 있다. 애봇은 이 사례를 학문들과 하위 학문들의 발전을 논의하기 위해 사용하지만, 나는 그것이 지식이 학제간 공동체들 내에서 어떻게 축적되는지를 생각하는 데 적절하다고 주장한다. 학제간 교환이 항상 집중된 문제는 아니었지만, 공유되고 경합되는 개념들에 의해 형성된다면, 이것들이 사회적 탐구에 어떠한 영향을 끼치는가는 중요하다.

그러므로 이 절은 한 개념에 의해 강제된 제한된 탐구의 경로에 맞대응하기 위해 다른 개념의 순환이 촉발됨으로써 생성되는 개념 쌍 두 가지를 살펴본다. 그러한 개념들 사이의 동학은 중요한데, 왜냐하면 그 개념들이 알도록 허용되는 것과 몰라도 무방한 것과의 관계에서 시간의 흐름에 따라 쌓일 수 있는 편견들을 약화시키려고 하기 때문이다. 이 개념들은 또한 학제간 장들 내부에도 핵심 개념들의 고착화가 사회 세계에 대한 이해에 중요한 공백을 만들 위험이 있음을 시사한다. 이 동학들에 대한 개요를 보여 주기 위해서, 먼저 '국가'와 '방법론적 국가주의' 개념쌍으로 관심을 돌려 보겠다.

국가들과 방법론적 국가주의

위에서 논의된 바대로, '국가' 개념은 초국가주의와 모빌리티 논의에서 도전받아 왔다. 어리(2000)는 사회 변화는 국가의 역할에 대한 재고를 필요하게 한다는 점을 강조하면서, 국가는 자연스런 '사회'의 용기容器라는 오랜 가정에 물음을 던졌다. 비머와 글릭 쉴러(Wimmer and Glick Schiller 2002, 302)는 그들이 '방법론적 국가주의'—"국가/나라/사회는 근대 세계의 자연적인 사회 · 정치 형식이라는 가정"—라고 불렀던 것을 유사하게 비판했다. 그들의 분석에서, 중심적인 틀로서 국가의 지속적 관련성과 영속성은 학술 실천 및 연구 과정들과 밀접하게 관련된다. 예를 들어, 국가적 정치 어젠다와 연구 기금은—다른 나라들에 기반하거나 국경을 넘어서 확장하는 프로젝트는 더 어렵게 만드는 반면, 국민국가에 초점을 두는 연구들은 지원하면서—연구자들을 고무하고 제약한다. 비머와 글릭 쉴러는 이주에 대하여 불연속성과 국가적 입장의 변화가 있으나, 방법론적 국가주의가 이주 연구에 만연한 특징이었음을 인정한다.

초국가적 공동체들과 이주에 대한 연구 가치는 '무언가 새로운 것'

을 발견하는 것이 아니라,─이것이 현재 우리의 지적 환경에서 가장 많은 성과를 내는 연구 전략이지만─방법론적 국가주의로부터 멀어지도록 관점의 전환을 이루는 데 기여해 왔다는 것이다(Wimmer and Glick Schiller 2002, 302).

'방법론적 국가주의' 개념을 들여옴으로써, 비머와 글릭 쉴러는─이들의 주장은 전체적으로 읽어 볼 가치가 있다─국가에 대한 지속적 관심을 통해 축적된 지식의 한계를 지적하고 있다. 그 개념은 국가의 중요성에 깊이 배태되어 있는 전제들이 초국가적 과정들과 경험들을 포함하여 사회적 삶의 일부 측면들을 얼마나 무시하는지에 대해 관심을 불러일으킨다.

국가와 국가주의의 관련성에 도전하는 것은 그것들이 영향력을 갖고 있다는 것을 부인하는 것이 아니다. 그것은 그것들이 사회 세계를 연구하는 주요 틀로서 언제나 의의가 있는지 아닌지를 질문하는 것이다. 비머와 글릭 쉴러(2002, 326)가 언급하듯이, "모든 명확한 개념 구조는 필수적으로 가능한 해석 범위뿐만 아니라 의미 있게 해석될 수 있는 경험 영역들을 제한한다." 방법론적 국가주의 개념과 이 개념이 요청하는 불연속적이고 간헐적인 국가의 관련성에 대한 인식은 글로벌 사회들을 이해하는 데 다양한 해석이 중요하다는 것을 인정한다. 이 개념은 이전 연구의 편견들을 성찰적으로 틀지움으로써, 이전에 무시되었던 영역들을 연구하는 것이 중요하다고 지적한다.

이주와 이주자 예외주의

이주 연구 내에서, '방법론적 국가주의' 개념은 부분적으로 초국가주의가 현재 연구에 인기 있는 틀로 구축되는 데 기여하면서 널리 이용되고 있다. 그러나 이주와 모빌리티 학자들 사이의 학제간 교환을 고려할 때, '국가'만이 사회적 삶의 이해를 제한하는 개념이 아니라는 것이 분명해진다. '이주자'도 유사하게 문제적이다. 배일리(Bailey 2001, 415)는 초국가적 연구틀은 특히 국민국가와의 관계에서 "이주자 유형이 정의되고 분류되는" 방식과 "위의 분류로 생산된 이주자 유형의 개념적·정치적 유용성"에 대한 의혹 제기로 특징지어진다고 제시한다. 그러나 모빌리티 틀은 여기서 멈추지 않는다. 그것은 또한 모바일인들의 유형(그리고 일반적으로는 모바일 흐름)이 어떻게 정의되고 분류되는지에 대해서도 의혹을 제기한다. '이주자들'은 선험적으로 존재하는 것이 아니라, 규제·비자·국경 과정들을 통해서 '이주자'로 만드는 국가와 나라들에 관련되어 있다. 게다가, '이주자'는 관광객, 군인, 운전자, 배회하는 사람, 장애인들을 포함해서, 모빌리티를 연구하는 데 관련되는 다양한 주체-위치들 가운데 하나에 불과하다(Adey et al. 2014). '이주자들'의 중요성 또는 시간을 초월한 관련성이 사회현상의 복잡성을 이해하는 데 개념적으로 또는 정치적으로 유용하지 않을 수도 있다고 전제될 수는 없다.

그러므로 나는 '이주자' 개념이 '이주자 예외주의'—이주자들은 방법론 내에 다른 (공존하는) 주체 위치들과 핵심 단위들과 구별되는 예외적인 모바일 주체라는 가정—의 이해와 짝 지어져야 할 필요가 있다고 주장한다. 이주자들에 초점을 두는 것은 구체적인 경험 연구에 중요할 수 있지만, 이러한 초점의 누적된 결과는 한계를 가지며 불합리함을 낳는다. 예를 들어, 하파크리(Halfacree 2012, 213)는 많은 이주 연구들이 이동에 대한 관심에도 불구하고 장소에 정착하는 것에 특권을 부여했다고 시사한다. "어떠한 이주이든 한 사람의 삶의 기간으로 보면 '임시적'일 것이기 때문에, 점차로 '영구적' 이주의 개념 자체가 규범적 정주주의자의 정착이라는 내재적 가정의 산물로 보인다." 그럼에도 불구하고, 전후戰後 연구에서 방법론적 국가주의의 지배는 국경을 넘는 분리된 순간에 특권을 부여하는 영구적인 이주민과 임시적인 이주민의 범주를 강화했다(Meeus 2012, 1777). 나중에는 이주 연구를 위한 임시적인 틀이 초국가주의와 어떻게 "이주 과정이 다른 나라로의 신체적 이동 이후에 멈추지 않는지"를 고려할 수 있도록 넓어졌다(Meeus 2012, 1779). 그러나 이주가 다른 나라로의 이동 이후에 멈추지 않는다면, 언제 멈추는가? 또는 더 정확하게, 언제 '이주' 실천이 다른 유형의 실천으로 대체되어서, 연구 방향을 정할 때 이주가 더 이상 주된 관련성을 갖지 않게 되는가?

너무나 자주 이 질문은 주목을 끌지 못한다. 부분적으로 이것은 이주와 이주자를 최전면에 내세우는 전문 기관, 저널, 정책 틀 그리고 학술 대회에 기인한다. 이주 연구 센터의 이름, 이주자 이슈를 둘러싼 정책 틀짓기 또는 특정 저널의 스타일과 용어 관례, 다양한 수준과 다양한 조직에서 이주자 예외주의의 배태embedding는 그것의 작동을 문제 삼는 것을 정치적으로 민감하게 만들며, 그것의 중요성과 싸우는 것을 중요한 도전으로 만든다. 이주자 예외주의는 사회 기관들보다는 방법론적 국가주의에 배태되어 있다. 사실상 그것은 국가에 의해 규제되고 규정되는 지위의 특권 부여에 의존하기 때문에, 방법론적 국가주의의 부산물이다. 그러므로 이주자 예외주의라 이름짓는 것은 이 가정의 결과와 한계를 인식하고, 중요한 사회동학이 그것의 재생산을 통해 모호해지지 않고 있다는 것을 확인하는 데 중요하다.

국가의 경우와 마찬가지로, 이주자들의 관련성에 도전하는 것은 그들의 존재나 중요성을 부인하는 것이 아니다. 그것은 그들이 어느 정도 정상적인지 또는 연구에 적절한 주제인지를 질문하는 것이다. 하파크리(2012)가 강조하듯이, 어떤 맥락에서는 그리고 구체적인 사회적 또는 정치적 이유로, 이주와 다른 현상들 사이의 구분을 유지하는 것이 중요하다. 그러나 이주 사건이 있기 전과 후에, 이주자들은 복잡한 실천과 역할을 가진 사람들이다. 이것을 인식하는 것은 '이주자'의 당위성을 당연하게 여기지 않을 것을 요구한다. '이주자들'이 '모바일들'에 의해 대체될 필요가 있는 것이 아니라, 내재적으로 제한된 '이주자들'에 대한 전제들을 넘어서 바라보는 작업이 필요하다는 것이다.

이주자 예외주의가 이주 연구자들에게만 문제인 것으로 보이지만, 그렇지가 않다. 이 개념을 이름 짓고 순환시키는 것은 모빌리티 연구자들에게도 중요하다. 결국, (비)모바일인들이 취하는 다양한 주체 지위와 다양한 구조들에 대한 인식이 있기는 하지만, 경험 연구는 오로지 하나의 지위나 활동 영역에 지나치게 자주 초점을 맞추어 왔다. 사이클리스트와 항공 여행객들에 대한 연구도 각기 다른 시간에 한 사람이 어떻게 둘 다일 수 있는지를 잘 고려하지 않았다. 마찬가지로, 이주자들과 이주 경험에 대한 문헌도 다른 모빌리티에 대한 논의에서는 거의 인용되지 않는다.

그래서 정상적으로 서로 별개의 것으로 보이는 사이클링, 비행, 이주에 대한 논의들은 심지어 모빌리티 연구 내에서도 이주자들(과 다른 유형의 모바일 주체들)이 예외로 취급될 수 있다는 지표이다. 그러므로 콜린스(Collins 2009. 18. 2011)가 제안하듯이, '비이주자들'과 '이주자들'은 서로와의 관계에서 그리고 관계적 모빌리티와 비모빌리티에 대한 관심을 가지고 연구되어야 한다고 제안하는 것으로는 충분치 않다. 이것은 여전히 특권이며, 국민국가의 입장에서 틀지워진 범주들을 재생산하는 것이다. 개인들의 전기傳記 안에서, '비이주자'와 '이주자'의 역할은 놀랄 만한 방식으로 서로 엮여 있거나, 심지어 일상의 실천들과 거의 무관할 수도 있다. 일부 이주자들이 이주 지위가 일상적 삶에 끊임없는 장애물이 되는 '영원한 임시성'의 상태에 살고 있는 것과 동시에, 다른 이주자들은 이주를 했다는 것이 제한된 관련성을 갖는 기간을 지난다(Bailey et al. 2002: Collins 2011). 그러므로 다양하고 불균등하게 특권을 가진 사람들의 다수의 역할과 경험은 더 적절한 출발점을 제공한다.

때때로 이주는 다른 모빌리티를 연구하는 것과 무관해 보이지만, 그 이상의 학제간 교환으로부터 얻을 수 있는 것이 많다. 예를 들어,

164

여권은 신체적인 국경 넘기를 통해 입국하는 것을 수월하게 하지만, 금융과 관료 제도에 대한 접근과 소통을 수월케 하는 신원의 증거로서도 역할을 한다. 그러므로 이주, 금융, 디지털 소통 체계가 서로 얽혀 있는 실천과 정치는 더 자세히 조사될 수 있다. 이주자 예외주의에 대해 성찰하는 것은 또한 모빌리티 연구에서 중요한 문제인 경험의 임시성에 대한 추가적인 고려를 독려한다. 이주 연구는 이주자들에 대한 초점을 유지함으로써 이주 과정이 사람들의 삶에 미치는 장기간의 효과, 곧 모빌리티 연구 내에서 제한된 관심만 기울여져 온 시간성에 대한 생생한 이해를 제공해 왔다.[2] 다른 경험들 이전에 이주 사건의 시퀀싱은 심지어 수년 후에도 상호작용과 모빌리티에 영향을 미치는 것으로 보여졌다. 그러므로 자동차 운전자들, 이주자들, 사이클리스트들, 스마트폰 사용자들과 같은 사람들의 다양한 일련의 경력에 대한 이 접근의 함의를 확장하는 데서 유용한 통찰들이 나올 수 있다. 게다가 이주 사건의 장기적 결과들은 긴 기간의 과정과 데이터에 관심을 두는 이동적 방법을 발전시키는 것이 중요하다고 제안한다(Büscher and Urry 2009).

그래서 이주자 예외주의 개념은 이주와 모빌리티 연구자들이 '이주자들' 범주를 언급해 온 방식의 한계를 지적하기 때문에 새로운 학제간 교환을 고무하는 잠재력이 있다. 그것은 이주자들이 다른 모바일 주체 범주들에 부차적이어야 한다는 것을 시사하지 않으나,

---

2 이 점에 관심 갖게 해 준 케이시 버렐Kathy Burrell에게 매우 감사한다.

예외적 집단으로서 그들의 정상화에 대해 성찰하도록 고무한다. 이주자 예외주의의 한계에 맞대응하기 위해서는, 시간에 따라 두드러짐이 달리 나타나는 다양한 주체 위치들과 모빌리티 체계를 포함하는 사례들을 추가적으로 포용하는 것이 중요할 것이다. 다음 절은 경유經由 이주자들sometimes-migrants[3]에 관심을 기울이는 그러한 두 사례를 서술한다.

경유 이주자 사례들 탐구하기

첫 번째 사례는 출산을 위해서 홍콩으로 여행하는 중국인 임산부의 복잡성과 관계된다. 2001년 이래로 홍콩에서는 출산을 위해서 임시 비자로 여행을 온 중국 본토 여성들 수가 상당히 증가했다. 2001년에는 도시의 정상 출산의 1.3퍼센트만이 홍콩 영주권을 갖지 않은 부모들에 의한 것이었지만, 2011년까지 이 숫자는 9만 5천 명 이상의 출산에 37.4퍼센트까지 증가했다(Lam and Chan 2013).[4] 어머니들의 입국을 돕고 그 도시에서 '비상emergency' 출산 이전에 살 곳을 찾아 주는 틈새 사업으로 뒷받침되어 온 출산여행의 급증은 중요한 두 사건 덕분에 수월해졌다. 첫째 2001년에 법원은 그 도시에서 태어난 아이

---

3 [역주] 최종 목적지에 이르기 전에 전략적으로 중간 체류지로 이주하는 이들. 예를 들어, 최종적으로 진정한 목적지인 미국이나 유럽으로 가기 위해 그전에 홍콩이나 싱가포르에서 공부하고 일하는 중국 학생들을 '경유 이주자'라 할 수 있다. 초국가주의는 단지 이주의 결과가 아니라 전략이 될 수 있다.

4 이 숫자들은 단기 취업 비자를 가진 홍콩 거주민들의 아이들을 포함하지만, 임시 여행 비자를 가진 방문객들이 그 증가분의 주된 비중을 차지했다.

들에게 부모의 거주 여부와 관계없이 홍콩 영주권을 부여했다. 그리고 2003년에 사스SARS 발발 이후 관광 진흥을 위한 개인 방문 프로그램Individual Visit Scheme의 도입은 본토 주민들이 공식적 관광그룹 없이도 홍콩을 방문할 수 있게 해 주었다(Tsoi 2012). 이러한 진전 이후에 출산관광은 중국의 '한 자녀 정책'을 피하려는 부모들과 교육과 건강관리 제공을 포함하여 홍콩 시민권의 혜택에 끌린 이들에게 하나의 선택지가 되었다(Basten and Verropoulou 2013, 332). 출산 이후, 가족들은 중국의 다른 지역으로 돌아간다. 그러나 많은 이들은 그들의 아이가 홍콩 신분증[5]과 의료보험 또는 교육 같은 것들을 신청하기 위해 돌아올 거라는 기대를 가지고 그 도시를 떠난다. 그러한 귀환 모빌리티는 특별히 학교에 가기 위해 매일 홍콩-중국 국경을 넘어 통학하는 아이들의 형태로 물질화하기 시작했다(Yuen 2011). 리(Li 2013)의 연구가 보여 주듯이, 초등교육을 위해 홍콩에서 태어난 아이들을 그 도시로 보내지 않는 가족들조차도 여전히 그들이 나중에 중등교육 또는 그 후의 교육을 위해 거기로 갈 것이라는 기대를 갖고 있다.

이 사례는 관광, 이주 그리고 다양한 수준의 일상적 이동이 복잡하게 얽혀 있는 특징을 보여 준다. '출산관광' 현상은 홍콩에서 법적 판단과 관광 정책의 의도하지 않은 결과였으며, 이를 막으려는 후속 시도들은 건강과 이민 부문 내에서의 실천들을 제한하는 데 초점을

---

5 11세 이상의 아이들은 이 카드를 신청할 수 있다. 이 카드는 생체측정 정보를 포함한 칩을 담고 있으며, 공공서비스에 대한 접근뿐만 아니라 입국심사대에서의 급행 통로를 허용한다.

두어 왔다(Cheng 2007: Deng 2012). 그 가족들의 경험을 구체적으로 생각해 보면, 출산관광은 복잡한 일련의 모빌리티를 구성하고 있다는 것이 명백하다. 그러나 이것이 가족 구성원들이 이주 여정에서 서로를 따르는 연쇄 이주chain migration의 이해에 깔끔하게 들어맞는 것은 아니다(MacDonald and MacDonald 1964). 어머니의 '관광'은 아이의 '이주'로 이끈다. 그 후에 가족 여행은 '관광'과 시민인 아이를 위한 '재방문return visits'의 혼란스러운 병렬이 될 수 있다. 일부 사례에서 아이들은 '학생 이주자들'이라기보다는 매일, 매주 또는 매학기 '이주'하는 '교육적인 귀환 이주자들'이다. 이런 사례가 풍부하다는 것은 분명하지만, '관광' 또는 '이주'의 틀 안에서 그것을 연구하는 것은 다양한 구조적 · 개인적 함의를 가진 폭넓은 모빌리티들 가운데 선택적인 강조를 하는 것일 것이다.

두 번째 사례는 귀환 이주자들의 삶 안에서 물질성의 역할을 조사한 나의 연구에서 가져왔다(Hui 2015). 몇몇 탁월한 연구들이 이주 가정들과 여행의 구성에서 물체의 중요성을 논의해 왔지만(Burrell 2008. 2011: Nowicka 2007: Tolia-Kelly 2004: Walsh 2006), 나의 프로젝트는 모바일 사물들과 사람들이 귀환 이주의 과정에서 어떻게 서로 얽혀 있는지 연구하기 위해 시간 범위를 넓혔다. 각기 다른 이주 에피소드들 가운데 취해지고 사용된 물체들을 언급하는 두 반半구조화된 인터뷰에 더하여, 홍콩 기반 참여자들은 '탐색' 과정에서의 다양한 창조적 실행으로 영감을 받은 '물체 실험서object experiment books'를 완성시켰다(Boehner, Gaver, and Boucher 2012). 이 책들은 다큐멘터리 방식과 창조적 방식으로 과거 현재 모빌리티를 논의하면서, 참여자들이 일상의 삶에서 중요한 하나의 물체를 '따르도록' 요청했다.

  방법론적으로, 이 실험은 상당한 위험을 감수하는 것으로 보일 수 있다. 어떤 이들은 1970년대에, 어떤 이들은 2000년대에 처음으로 홍콩을 떠났고, 뿐만 아니라 각기 다른 귀환 사이클 숫자를 가지는 등 참여자들이 다양한 이주 경험들을 가지고 있기 때문에, 그들의 가장 최근 이주 이후의 시간은 매우 달랐다. 현재의 물체 모빌리티는 그들의 이주에 대한 이해에 어느 정도로 관련 있을 것인가? 또는 어떤 시간과 맥락에서 물체의 모빌리티는 사회적 삶의 다른 동학들과 대조적으로 이주 자체를 밝혀 줄 것인가? 다른 나라로 배송하기 위해 물건들을 모아서 싸는 것은 명백하게 다른 모빌리티들을 이주와 연결시킨다. 외국 생활 경험은 또한 대니얼과 제이슨과 같은 귀환 이주자들이 이전 집에서는 표준이었지만 그들의 현재 도시에서는 보기 드문 용품들을 사용하여 부엌을 새로 장식했을 때 물질화된다. 그러나 다른 때에는 물체들이 모호한 역할을 하고 있다. 아이폰 iPhone은 교육을 위해서 이전 거주국에서 재이주한 딸과 연결하는 수단이지만, 그것은 또한 다른 사람과 다르지 않게 귀환 이주자의 손 안에서 모바일 라디오일 수 있다. 그 순간에는 내가 이야기하고 있는 사람이 귀환 이주자라는 것은 중요해 보이지 않는다. 모바일인 들과 모바일 물체에 대한 관심을 추구함으로써, 이 프로젝트는 일부 통찰이 이주에 대한 것이 아닐 수 있다는 위험을 감수했다. 물체들은 나라들 사이에서 이동되고, 휴가에 가져가고, 일상의 삶의 특별할 것 없는 부분에서 사용될 수 있지만, 그 물체들은 이주자나 관광객이나 비이주자가 아니다. 이것을 인식하는 것은 사람들이 어떻게 각기 다른 역할들, 공동체들 그리고 관련 제도들 사이에서 표현하고 있는지에 대한 고려를 촉구한다.

이러한 사례들이 분명히 보여 주듯이, 사람들의 전체 삶의 맥락에서 이주가 변화, 적응, 사회적 역할, 권력 또는 불평등을 이해하도록 돕는 유일한 틀이 아니기 때문에, 이주자 예외주의를 넘어서 이동하는 것은 중요하다. 사회 체계와 다양한 모빌리티가 '이주'에만 지향된 이 과정들에 영향을 주는 것은 아니다. 관광, 건강, 교육 정책은 이주의 규제에 복잡한 함의를 가질 수 있다. 그러므로 서로 얽혀 있지만 이주라고 이름 붙여진 영역을 넘어서 이주와 동학을 인식하도록 관심을 확대하는 것은 이주자 예외주의를 인식하고 맞대응하는 중요한 추동력이다.

이주자 예외주의를 넘어서 이동하는 것을 지지하는 일부 지표가 존재한다. 카슬스(2010. 1582-1583)는 이주 이론들을 사회 변동 연구 내에 재위치시킬 가능성을 시사했다. "이 개념 틀의 주요 측면은 그것을 이주에만 한정짓지 않고 대신에 이주 과정의 분석을 광범위한 사회 이론과 이를 통해 사회 변동 일반에 대한 분석으로 연결시켜야 한다는 것이다." 로저스Rogers는 유사하게 '이주'의 한계에 관심을 갖고 있으며, 이주자들이 어떻게 해서 초국가적 상호작용에 연관된 유일한 집단이 아닌지 지적한다. 그래서 그는 "초국가주의가 존어리의 '사회를 넘어선 사회'(Urry 2000)와 함께 모빌리티와 비모빌리티에 대한 일반화된 연구 안으로 접힐folding" 가능성을 시사한다(Rogers 2005, 404). 그러나 그러한 학제간 공간으로의 어떠한 이동에도 기존의 존재론적 · 정치적 차이들에 대한 주의 깊은 관심이 요구된다. 예를 들어, 페이블(Favell 2007, 271-272)은 위의 이주 연구를 재위치시키라는 요청에 공감하지만, 이주가 "가상이나 비인간 모빌리티 형태가 아닌, 실제 공간에서 이동하는 실제 사람들에" 대한 초점을 유지할 수 있으려면, "(공간적) 모빌리티 연구의 하위 그룹"이 되어야 한다고 제안한다. 페이블에 따르면, 에이전트들의 시퀀싱은 협상 가능하지 않으며, 사람들은 존재론적으로 우위를 유지해야 한다. 이 장 내의 모든 작업이 비인간 모빌리티나 가상 모빌리티를 다루지 않기 때문에, 이것은 모빌리티 연구와의 상호작용에 반드시 장애물이 되지 않는다. 그러나 그것은 또한, 한편으로는 이주자 예외주의의 결과에 맞대응하는, 다른 한편으로는 존재론적 지위의 특정한 위계를 유지하는, 개념들과 관심사의 시퀀싱에 대한 새로운 논쟁을 촉발할 수 있다.

이와 상관없이, 이주자 예외주의에 맞대응하려는 시도로부터 비롯되는 추가적인 학제간 참여 공간이 있다. 개념들의 동시성이나 경합된 시퀀스들의 부재가 후속 대화에 장애가 되겠지만, 또한 지금이 이 장들 사이에서 드러나고 있는 이미 인상적인 작업을 확대하는 협업을 위한 적기일 수 있다. 경로 이주자들의 사례를 중심으로 협력적으로 참여하는 것은 놀랄 만큼 유익할 수 있다. 그러한 기여를 촉발하든지 그렇지 못하든지, 이주자 예외주의에 저항하는 것은 탐구하지 않아도 무방했던 사회적 삶의 측면들에 관심을 기울이기 위해 중요하다.

결론

학제간 장들이 창안과 탐구에 유익한 기회를 제공하지만, 이 논문은 그 장들의 역사가 훨씬 더 많은 것을 포함하고 있다는 것을 보여 주었다. 공유된 문제나 개념에 참여하는 것은 새로운 기여를 생성할 수 있는 동시에, 또한 침묵과 투쟁, 그리고 특정한 발전 궤도의 순간들을 제한하려는 시도들로 이끈다. 그러므로 학제간 장들을 경계 넘기를 위한 열린 공간으로 상상하는 것은 불완전하다. 이 장들은 그것들을 정의하는 데 도움이 되는 다양한 경계들을 가질 뿐만 아니라, 몰라도 무방한 것들을 정의하려는 시도들을 포함한다. 학제간 상호작용의 가능성은 협력과 비학(제)적인 개념들을 제외하려는 시도들을 유발한다. 그러한 사례들에 대한 논의는 무시되거나, 경합되거나, 내재적으로 제한된 개념들의 순환에 대한 세심한 주의를 통해 수월해졌다.

한 잠재적인 미래의 궤도는, 이러한 학제간 장들이 수용 가능한 지식과 개념들의 관리에서 점차 '학문적인' 것이 되는 것이지만, 이 논문은 경계들이 변화하고 한계들이 도전되는 상당한 공간이 어떻게 존재하는지를 강조했다. 오랜 학제간 장들 내에 경계들이 나타나지만, 그 경계들은 또한 잠재적 가정들의 장기간의 결과를 강조하는 새로운 개념들의 순환을 통해 경합된다. 이주자 예외주의 개념을 도입하는 것은 '이주자들'의 시간을 초월한 관련성과 예외적인 지위에 대한 가정들을 성찰하고 경합할 필요를 강조한다. 이주자들의 현재 관련성을 가정하는 것이 쉽겠지만, 이 개념의 한계를 질문하는 것은 학문적 실천과 사회적 삶 사이의 구분을 인식하는 중요한 부분이다. 연구 전통들은 특정 개념들에 대한 관심을 영구화할 수 있으나, 그 개념들이 지속적으로 사회 세계를 이해하는 데 가장 유용한 개념들이라는 뜻은 아니다. 그러므로 이주자 예외주의를 인정하는 것은 '이주자들'의 제한된 관련성을 위치시키고, 경로 이주자들과 그들의 모빌리티를 형성하는 다수의 체계들을 고려할 공간을 창조하는 데 중요하다.

이 논문은 시간성이 학제간 교환의 특징일 뿐만 아니라, 어떻게 학제간 교환을 구성하는지를 이해하는 데 중요하게 기여한다. 학제간 상호작용에 대한 피상적인 특징 묘사는 수사修辭적으로 편리하겠지만, 공유된 관심사와 공통 개념들, 또는 진행 중인 대화들이 협상되고 창발적이며 우연적이기보다는 시간을 초월하고 불가피하다는 함의를 가질 수 있다. 그러므로 이 논의는 시간적으로 위치지어지고 시간적으로 민감한 학제간 장들에 대한 해명, 곧 개념들의 비/동시적인 흐름과 개념들의 포용, 개념들의 순서 배치의 성패가 달려 있는 것, 그리고 심지어 지배적인 틀들의 누적된 한계들에 민감한 해명을 위한 필요를 지적한다.

마지막으로, 이 논문은 이주 연구와 모빌리티 연구가 서로 얽혀 있는 역사의 특징 묘사를 추가했다. 이미 이 장들의 연구자들 사이에 중요한 협업체가 있었지만, 경계와 장애들이 때때로 참여를 제한했다. 그 논의는 공유된 아이디어가 항상 상호적으로 유익한 대화를 유발하기에는 충분치 않음을 명백히 했다. 그러므로 두 장들의 연구자들을 참여하게 하는 새로운 질문이나 물음을 찾는 것은 이 장들 사이의 미래 학제간 참여를 위해 중요하다. 이 논문은 이주자 예외주의에 맞대응하고 상호연결된 사회 체계들 내의 경로 이주자들을 연구하는 공유된 시도들이, 우리의 복잡하고 변화하는 사회 세계에 대한 새로운 학제간 이해에 기여할 수 있는 하나의 프로젝트가 될 수 있다고 제안했다.

이 논문의 이전 버전에 유용한 논평을 해 준 제임스 폴콘브리지, 젠 서던, 케이시 버렐과 심사자들에게 감사한다. 초기 원고는 2013년 9월 6일 랭카스터대학교에서 열린 Global Mobility Futures conference에서 발표되었다.

6장

모빌리티 인프라

근대적 비전, 정동적 환경 그리고
자동차 주차 문제

피터 메리만Peter Merriman

이 논문은 모빌리티/정박 이분법의 유용성을 질문하기 위해 모빌리티 인프라에 대한 최근 연구를 기반으로 하여, 학자들이 모바일 주체들, 정동, 그리고 환경을 창발시키는 인프라 구축 실천을 연구해야 한다고 제안한다. 지난 50년 동안 초라한 영국의 주차장을 중심으로 축적된 일부 다양한 담론, 감정 그리고 분위기들을 연구하기 전에 모빌리티 인프라의 정동적 특질에 대한 최근 작업의 개요를 서술한다. 낭비적인 '공간 찾기'를 방지하고, 안전하고, 보안이 되고, 쾌적하고, 미적으로 만족스러운 공간을 디자인하기 위해 새로운 기술과 공학이 채택되면서 주차장과 주차의 정동적 · 경험적 특질이 어떻게 주차장 설계자들과 도시 재개발자, 조경가造景家들에 의해 상업화되었는지 탐구한다. 마지막으로 주차장 공급과 주차 정책의 직접적 · 간접적인 환경적 영향을 중심으로 축적된 담론들과 규제적 실천을, 그것들이 지역 생태학과 수문학水文學에 끼친 영향으로부터 사람들의 모빌리티 습관을 재형성하고 환경적 발자국을 줄이려는 노력의 일환으로 주차 규제와 요금 실행에 이르기까지 미친 영향을 탐구한다.

서론

… 부동不動은 일탈로서, 그렇기에 다루어져야 할 문제로서 다소간
그렇게 자주 예견된다. 적극적인 행위성이 없는 절뚝거리는 주체성
을 낳는 비움emptiness의 순간 또는 손실된 생산성. 모빌리티의 동원
에 특권을 부여하는 시대에 정적은 억압되고, 그저 다시 가기 위해
기다리고 있는 정거장으로 변한다. 다시 움직이기 위해 기다림(Bissell
and Fuller 2011, 3).

근대적인 모빌리티 양식은 흔히 자유, 독립, 민주주의, 속도 그리
고 진보의 질성들qualities과 결부되어 있었다(Sachs 1992; Wollen and Kerr 2002;
Thacker 2003; Hagman 2006; Paterson 2007; Tomlinson 2007; Packer 2008; Seiler 2008; Duffy
2009; Merriman 2009; Rosa and Scheuerman 2009). 사실상 속도와 가속은 근대사
회의 중심 사상leitmotifs으로 간주되어 왔으며, 많은 학자들은 정지해
있거나 천천히 움직이는 차량, 고정된 것으로 보이는 인프라나 모바
일 환경보다는 **빨리 움직이는** 차량과 주체에 더 이끌려 왔다. 다른 다
양한 학자들은 이 움직임에 대한 강박을 끊어 내면서 현재의 모빌리
티의 기초를 보강하고 엮고, 동시에 근대사회와 경제의 구성에서 모
빌리티 인프라와 정박moorings의 역할과 느림, 물질성, 내구성 그리고
부동의 특징들을 탐구해 왔다(Honoré 2004; Bissell 2007; Urry 2007; Bissell and Fuller
2011). 인프라는 운동과 부동을 모두 가능하게 하지만, 그 자체로 역

동적이고, 우연적이며, 과정과 운동 중에 있다(Adey 2006: Merriman 2012).
이 논문은 인프라 공간과 주체 그리고 실천들을 등장시키는 관계적
'인프라 구축' 과정들에 대한 상세한 이해를 발전시키기 위해 '인프
라'에 대한 고정되고 제한된 해명에서 벗어난 관심의 전환을 촉구하
면서, 인프라의 존재론적 지위와 모빌리티/정박 이분법에 대해 질
문하고자 한다.

 논문의 1절에서는 생기 있는 물질성, 모바일 정동 그리고 이동적
방법에 대한 글들을 포함하여 인프라 구축 과정과 정동에 대한 최
근 작업을 개관하면서, 왜 모빌리티 학자들이 그러한 포스트구조주
의적 · 포스트휴머니즘적 · 과정적 전환을 수행해야 하는지 개관한
다. 2절에서는 새로운 주차장이 어떻게 전후 많은 타운과 도시의 재
개발에서 중요한 부분을 형성하면서 새로이 떠오르는 '주차 문제'에
대한 해결책으로 여겨졌는지 밝히면서, 영국의 근대적이고 근대주
의적인 주차장의 탄생을 추적한다. 환경보호 활동가들이 어떻게 대
형 주차창이 1970년대 도시 풍경에 끼친 영향을 비판하기 시작했는
지 탐구한 후, 영국의 삭막한 근대주의적 다층 주차장들이 영화 속
살인 사건부터 무대 위 공연에 이르기까지 다양한 예술적 · 허구적
사건들의 무대로 등장했는지 추적한다. 3절에서는 낭비적인 '공간
찾기'를 방지하고, 이 공간들의 이미지를 새롭게 하고, 안전하고 보
안이 되고 쾌적하고 미적으로 만족스러운 공간을 설계하기 위해 새
로운 기술과 공학이 채택되면서, 주차 인프라들의 정동적 · 경험적
특질이 주차장 설계가들, 도시 재개발자 및 조경가들에 의해서 상업

화되었는지 탐구한다. 마지막으로, 주차 인프라와 주차 정책의 직접적·간접적인 환경적 영향을 중심으로 축적된 일부 담론과 규제적 실천을, 그것들이 지역 생태학과 수문학에 끼친 영향으로부터 사람들의 모빌리티 습관을 재형성하고 환경적 발자국을 줄이려는 노력의 일환으로 점진적인 주차 규제의 실행에 이르기까지 미친 영향을 탐구한다.

모빌리티 인프라 또는 이동적 인프라 구축?

지난 10년 동안 계속 발간된《모빌리티스》에서 볼 수 있듯이, 모빌리티 학자들은 모빌리티 인프라에 대해 폭넓게 집필해 왔다. 1권 1호의 편집자 서문에서 한남·셸러·어리(Hannam, Sheller, and Urry 2006)는 모빌리티와 "모빌리티를 설정하고 가능하게 하는 필수적인 공간적·인프라적·제도적 정박"으로서 인식되는 르페브르의 '정박'(Lefebvre 1991) 개념을 구분지었다(Urry 2003; Hannam, Sheller, and Urry 2006, 3).

모빌리티는 온갖 종류의 고정성에 의존한다고 주장되었으며, 다수의 학술 작업은 도로, 철도, 공항, 항구, 도시 인프라처럼 움직임이 없는 것으로 보이는 모빌리티 인프라뿐만 아니라 선적 컨테이너와 다양한 종류의 차량과 같은 이동적인 아상블라주들에 초점을 두어 왔다(보기: Graham and Marvin 2001; Merriman 2007; Lipset and Handler 2014). 모빌리티 인프라는 흔히 모빌리티와 연관된 공간, 사회성sociabilities, 실천, 특질, 정치에 의해서 논의되고 있다. 그러나 이 논문에서는 인프라적 물질, 물질성, 실천들에 대한 다른 접근의 함의를 논의하고자 한다. 인프라의 구체적 실재를 자연화하는 실재론적 접근은 그러한 공간들의 정동적이고 분위기적인 특징들을 간과하며, 특징과 실천이 사람과 사물, 공간과 주체, 물질과 사고, 모빌리티와 정박으로 칭해진 것들과 서로 공명하고 영향을 미치는 방식을 지나치게 단순화할 수 있다고 주장한다.

　교통 역사가, 문화 지리학자, 사회학자, 인류학자, 건축 이론가, 커뮤니케이션 학자, 도시 이론가, 행위자-네트워크이론ANT/과학기술연구STS 학자들을 포함하여, 매우 다양한 학자들이 상당히 오랫동안 물질적 인프라와 모빌리티 및 교통 네트워크의 물질성에 관심을 보였다. 일부 학자들이 사회-공간적 관계와 실천을 구조적으로 결정하는 물질적 기술로서 인프라에 접근해 온 반면, 최근에는 인프라와 모빌리티 공간의 비선형의non-linear, 네트워크화된, 관계적인, 분배된 특징과 실천이 더 자주 강조된다. 특히 지리학자들과 몇몇 인류학자들은 수송 통로가 지형에 선을 그어 구분하는 방식뿐만 아니라 연결과 단절, 모빌리티와 비모빌리티의 불균등한 지형을 생성하는 모빌리티와 커뮤니케이션, 수송 인프라의 유클리드적이고 지형학적인 공간 감각을 재고려하는 방식에 집중해 왔다(Harvey 1989; Massey 1991; Harvey 2012; Merriman 2012). 예를 들어, 문화 지리학자와 인류학자 및 모빌리티 학자들은 고속도로, 철도선, 항공로처럼 접근이 제한된 경로들이 어떻게 지형에 '통로화corridoring'또는 '터널화tunnelling' 효과를 생성하는지 연구하였다(Andreu 1998; Graham and Marvin 2001; Bishop

2002; Merriman 2011; Dalakoglou and Harvey 2012). 도린 마세이(Doreen Massey 2000, 225)는 "궤도의 복수성의 배열로서" 공간에 관계적·역동적으로 접근하면서, 유사하게 사람과 사물의 무수한 궤도들이 어떻게 변화무쌍한 우리의 역동적 세계를 차지하고 재표상하는지 강조했다. 반면, 점점 더 많은 학자들은 안정적이고, 고정되고, 말끔하게 경계 지어진 인프라를 표방하는 어떠한 아이디어도 문제시하는 사회-물질적 아상블라주, 혼합물, 결합체 또는 하이브리드의 등장을 드러내려고 시도하면서 물질성, 자연, 지형, 기술에 대한 관계적이고 포스트휴머니즘적인 접근에 기대고 있다(cf. Latour 1993; De Landa 2006).

여러 가지 면에서, 인프라에 대한 이러한 새로운 접근들은 선도적인 모빌리티 학자들이 제기한 주장들과는 매우 다른 주장을 제시한다. 존 어리John Urry는 저작《모빌리티》에서 "모빌리티 경험을 구조화하는" 모빌리티 체계의 "복잡한 성격"과 "강력한 공간적 고정성"을 강조했으며(Urry 2007, 54, 52, 54),《모빌리티》와 이전에 나온《글로벌 복잡성Global Complexity》에서는 "정박과 모빌리티의 변증법"을 언급한다(Urry 2003, 138). 이동과 고정성은 어떻게 "새로운 모빌리티 패러다임이 … 현대 사회과학을 위한 실재주의적인 관계 존재론을 옹호하는지"(Sheller 2014, 790) 예증하는, 상식적이고 인식 가능한 실제-세계의 '상태' 또는 '조건'으로 보인다. 크레스웰(Cresswell 2014a, 719)은 "비모빌리티(와 사실상 시간-공간)가 … 이론적 요술지팡이로 없어지도록 할 수는 없는 것"이라고 주장하면서 실재론적 존재론에 호소하는 것으로 보인다.

그러나 다른 이들은 단순한 이분법과 암시된 '실재론'의 구성을 의문시해 왔다. 피터 애디Peter Adey는 과거 2006년에 《모빌리티스》 저널에서 "절대적인 비모빌리티는 결코 없으며, 단지 비모빌리티라고 오해하는 모빌리티, 곧 상대적인 비모빌리티라고 불릴 수 있는 것만 있으며," 그와 같이 "정박도 사실상 이동적이다"(Adey 2006, 83, 86)라고 제안했다. 나는 애디(Adey 2006)의 말에 공감하지만, 더 나아가서 바로 모빌리티/정박의 이분법이나 변증법이 문제적이며, 모빌리티의 실재론적 구성이—인간의 체화된 이동의 특정한 현시manifestations와 이해, 그리고 대개 가시적인 '어금니의' 이동에 대한 '상식적' 관찰에 초점을 두면서—수많은 눈에 잘 띄지 않는, 확실한, 환원 불가능한 또는 곧 일어날 듯한 '분자의molecular 모빌리티'(Merriman 2012, 3-7)뿐만 아니라 우리 세계를 가득 채우고 구성한다고 말할 수 있는 활동적인 물질성과 모빌리티(Bennett 2010: Bissell 2010a)는 간과한다고 제안한다. '상식적인' 실재론적 상상력은 (중요한 정치적 필요로 추동된다 할지라도) 단지 서구의 인식론과 존재론, 이분법을 강화할 뿐만 아니라 사건들의 펼침unfolding[1]으로부터 나타나는 모빌리티, 시간성, 공간성의 복수성을 간과할 위험이 있다. 반대로 모빌리티 인프라와 실천의 정동적 공명, 분위기, 진동 그리고 매혹적인 특징들을 이해하려고 하는 모빌리티 연구 내에서 그리고 이를 넘어서 중요한 작업이 등장

---

1 [역주] 들뢰즈는 '주름fold'이라는 개념을 통해 사물의 존재에 정초하지 않는 '생성'으로 사물의 존재 방식을 재정의하는데, 이 개념은 하나인 존재가 접고folding 펼치는unfolding 주름운동으로서 수많은 양태mode로 나타날 수 있다.

했다.

첫째, 상대적인 부동, 조용하고 분명한 비활동성의 상황과 경험, 분위기에 대한 새로운 문헌들이 있다. 이 문헌들에서 부동은 운동의 반대가 아니라, "반드시 모빌리티와 비모빌리티의 변증법으로 환원되지 않는 다른 물질의 배열들을 통해서 등장할(하는 것으로 보일) 수 있다"(Bissell and Fuller 2011, 6). 여기서 단순한 모빌리티와 고정성의 이분법에 의존하지 않는 운동, 부동, 리듬의 문제를 둘러싼 관계적인 주장을 제기하려는 시도가 있다. 운동은 단지 신체적 전치displacement, 속도 또는 가속으로서만 인식되거나 측정되지 않는다. 오히려 운동은 우리가 인프라, 환경, 차량과 신체로서 알고 있고 별개로 식별하는 것들을 통해 영향을 미치고 반향을 일으키는 매우 다른 특징들, 시간성, 리듬, 물질성, 그리고 정동적 공명을 가질 수 있다. 이동은 진동하고, 공명하며, 순환하나, 이 운동들이 정치나 정치적 조종이 없는 것은 아니다. 그리고 노마드적이거나 부드럽거나 혼돈스럽지도 않다. 모빌리티 체계는 마찰과 격동의 정도에 의해서 특징 지어진다(Cresswell and Martin 2012; Cresswell 2014b). 모빌리티 인프라와 실천이 어떻게 정동적 관계와 분위기에 사로잡혀 있는지 인식하는 것은 모바일 주체뿐만 아니라 (강력한 정치적·경제적 행위자들)이지만, 모빌리티 인프라의 본질적인 물질성은 상당히 예측 가능하다. 도로와 같은 일상적 인프라는 "신체, 리듬, 지향, 분위기들"로 "가득 찬 작품"이다 (Steward 2014, 552, 549). 도로는 정동적 분위기로 진동震動하며(cf. Bissell 2010a, 2010b), "매혹할 능력"을 가지고 있다(Harvey and Knox 2012, 521).

둘째, 복잡한 존재론적 아상블라주가 **특별한** 운동들의 펼침 가운데 등장하고, 독특한 리듬과 아우라, 분위기, 정동, 긴장이 특정한 인프라적 환경에서 차량–안에서–움직이는–신체들을 사로잡게 되면서, 이동적 방법은 모빌리티 인프라와 환경, 주체들이 어떻게 복잡한 방식으로 얽히고설키는지 탐구하는 중요한 수단을 제공한다. 비디오 민속지, 동반go-along 인터뷰, 참여적인 실천 기반practice-based 연구와 같은 기법들을 사용하고 옹호하는 다양한 연구에서, 학자들은 특정한 실천과 경험, 결정, 상호작용, 느낌, 정동들이 어떻게 모바일 주체와 차량, 인프라, 경관들 사이에서 진동하는지 보여 주었다(Bissell 2010a, 2010b; Fincham, McGuiness, and Murry 2010; Büscher, Urry, and Witchger 2011). 사람들이 이동하는 몰입형 인프라와 환경은 기차 여행(Watts 2008; Bussell 2010b), 사이클링(Spinney 2006) 또는 운전과 승객(Laurier et al. 2008)에 핵심적이며, 그것들은 단순히 행위를 위한 정적인 맥락적 무대가 아니라 체화된 이동, 상호작용, 거주 기술들을 통해 활발하게 생산되고 형성된다(Massey 2005; Merriman 2012). 물론, 이동적 방법이 이러한 역동적이고 체화된 모바일 실천(Merriamn 2014)을 이해하는 유일한 길은 아니지만, 혼란스런 모빌리티의 펼침에 대한 중요한 해명을 제공할 수 있다. 거기서 이동과 정박의 역동적 실천은, 모바일 세계가 이러한 과정적 펼침으로부터 등장함에 따라, 인프라 구축과 환경 형성의 복잡한 과정을 포함하는데, 이는 현상학, 과정철학, 비표상non-representational 이론 전통으로 거슬러 올라갈 수 있는 통찰이다(Merriman 2012).

내가 제시하는 것은 인프라의 정동적 힘이 인프라의 즉각적인 물리적 경계를 넘어서 확장하며, 그 인프라들이 사회적·물질적으로 물리적 유지를 요구하고, 의미를 모으고, 분위기를 생성하는 끊임없는 과정 가운데 있다는 것이다(Graham and Thrift 2007; Harvey 2012; Harvey and Knox 2012). 우리의 초점은 단순한 인프라의 지리학이 아니라 각기 다른 '인프라 구축'의 실천에 있어야 하며, 이 논문에서는 영국에서 복수의 시간성, 간헐적인 실천 그리고 주차 실천 및 공간과 관련되어 있는 지속된 정박의 기간과 고요함을 강조하고자 한다.

사실상, 주차는 정책 입안자들과 교통 정책, 계획, 토지 이용, 건축 그리고 경제학 학문의 오랜 관심사였지만(Baker and Funaro 1958; McCluskey 1987; Jakle and Sculle 2004; Henley 2007; Shoup 2011; Ben-Joseph 2012; Marusek 2012), 이 실천들과 공간들은 모바일 학자들의 관심을 거의 끌지 못했다(하지만 Hagman 2006; Henderson 2009; Larsen 2015 볼 것). 많은 연구들이 강조하는 것은, 특히 미국 일부 도시들의 거대한 규모의 주차장들과 중국과 같은 나라들에서 자동차 소유의 확대로 제기된 미래 주차의 문제와 함께(Ben-Joseph 2012), 바로 여러 사회들에서 나타났던 다른 주차 정책들과 공급, 토지 이용 압력들이다. 그러나 이 논문에서 내 초점은 주차 공간들이 문화적·경제적·정치적·환경적 실천과 관계에 엮이게 되는 여러 다른 방식들에 있다.

주차 실천은 다양한 길찾기 기법과 기술뿐만 아니라 어디가 주차하기에 가장 싸고 안전하고 편리한 곳인지에 대한 지식과 판단에 의존한다. 우리는 너무 비싸거나, 붐비거나, 공간이 좁아서 또는 안전하지 못하거나 불안해서 특정한 주차장은 피할 수 있다. 우리는 접근 가능하고 주차가 간단하고 공짜이기 때문에 도심 외곽의 쇼핑센터에서 쇼핑을 할 수 있다. 우리는 차고, 진입로 또는 자유로운 주차 때문에 집을 임차하거나 살 수 있다. 우리는 주차 인프라의 부재나 비용 때문에 자가용을 사용하지 않도록 설득될 수 있다. 우리는 주차 규제 또는 다른 이들의 주차 습관 때문에 화가 날 수 있다(Marusek 2012). 이러한 모든 다양한 관계들이 (더) 강조하는 것은 주차 인프라가 실천과 주체, 분위기, 환경을 다양한 방식으로 '인프라화'하면서, 어떻게 복잡한 정동과 경험, 분위기를 생성하는가 하는 것이다. 게다가, 대부분의 공공장소와 마찬가지로, 주차장은 독특한 시간성을 가진 다기능 공간이기 때문에, 단순히 설계자나 운영자에 의해 의도된 방식으로 사용되거나 소비되는 것이 아니다. 여기에는 '난폭 운전자들'(Lumsden 2013), 스케이트보더들(Borden 2001), 자동차 트렁크 세일 하는 이들(Gregson and Crewe 1994), 또는 흔히 차 안에서 주로 밤에 공공연한 성행위를 보거나 보이거나 하려는 '도거들doggers'[2] (Bell 2006)에 의한 사용도 포함할 수 있다. 그러나 왜 애초에 이러한 인프라 구축 실천이 나타났는가?

주차의 탄생? 근대주의자의 꿈과 도시의 악몽

1890년대와 1900년대 초에 초기 자동차들은 일반적으로 지붕

---

2 [역주] 공공장소에서 성행위를 하기를 좋아하는 사람들.

이 없었고, 특별 잠금 장치나 시동키가 드물었기 때문에, 초기 근대주의자들은 차를 어디에 세워야 할지를 주의 깊게 생각해야 했다(O'Connell 1998; Merriman 2012). 이것은 도로 방해에 대한 법률과 결부되어, 영국의 많은 도시 운전자들이 차를 길가에 주차하지 않고 전문적인 차고에 '넣어 두는' 것을 선택했음을 뜻했다(Morrison and Minnis 2012, 172). 1910년대와 1920년대에 지붕이 있는 차들이 인기를 끌게 되면서, 그리고 차량절도 폭주족들이 증가한 결과로서(O'Connell 1998) 안전 장치들이 향상됨에 따라, 차를 공공 도로에 긴 시간 동안 주차하는 운전자들의 수가 증가하였다. 그러나 이와 함께 주차된 차량들에 의한 불쾌함, 방해, 시각적 혼란 등의 비판이 나왔다. 1940년대까지 런던의 거리들은 수용할 수 없을 정도로 주차된 차들로 붐빈다고 여겨졌으며, 교통 민간항공부Ministry of Transport and Civil Aviation와 도로 연구소 Road Research Laboratory는 사람들의 주차 습관에 대한 이해를 발전시키고 '주차 문제'의 원인과 해결책을 규명하기 위해 일련의 실험적 조사를 실행하였다(Ministry of Transport and Aviation 1956, 1958; Buchanan 1958).

이 연구들의 핵심에는 매우 기본적인 수요공급 경제학 아이디어와 사람들의 주차 습관에 대한 지나치게 단순화된 가정이 있었다. 정부 과학자들과 공무원들이 예견한 주요 문제는 점증하는 운전자들을 위한 인프라를 어떻게 제공하는가, 단기간 방문자들을 위한 거리 주차 공간을 어떻게 풀어 줄 것인가, 그리고 수용 능력을 늘릴 공공 도로 밖 주차장을 건설하기 위해 지역 당국들과 민간 기업들을 어떻게 장려할 것인가 하는 것들이었다(Ministy of Transport 1963). 그들의 접근 방법의 핵심에는 인프라란 구조 환경일 뿐만 아니라 사람들의 결정과 습관에 영향을 줄 수도 있다는 가정이었다. 1958년에 설치된 주요 해결책은 기계적이고, 동전으로 작동하는 주차 요금 징수기로, 교통부 장관 어네스트 마플스Ernest Marples는 이것이 "교통을 원활하게 하는 데 필요했던 규율과 통제를" 부과했다고 믿었다(Marples 1963, 4).

정부는 다양한 정책들, 규제, 새로운 인프라 등을 통해서 주차를 가능하게 하고 속도를 높이려 한 반면에, 일부 도시 사상가들은 더 많은 도로와 주차 공간의 제공을 문제시했다. 1958년《건축 리뷰The Architectural Review》의 편집자이자 잘 알려진 비평가였던 리처즈J. M. Richards는 "대안 정책"은 자동차 사용을 저하시키고, "대중교통에 대한 대중들의 열망"을 생성시킬 것이라고 했으며(Richards 1958, 299), 미국의 도시학자 루이스 멈포드Lewis Mumford도 1961년 런던에 대해 비슷한 관심을 표명했다.

… 번영의 길 위를 떠도는 자동차는 도시의 큰 길과 작은 길들을 막히게 한다. 이러한 혼잡은 주차 요금 징수기로부터 광장과 공원들, 무엇보다 하이드파크에 있는 공간들을 서서히 점유하는 것까지, 일련의 관습적인 전문가 유사-치료책들을 야기했다. 결합된 치료책들이 도시 중심을 완전히 소개疎開시키지 않는다면, 소중한 여가 시설 지역의 면적을 줄이고, 건물 부지를 주차장 부지로 전환하고, 더 많은 차량들을 유인하는 것 외에 모든 것은 이동이 결국에는 멈추게 될 것이라는 것을 확인해 줄 뿐이다(Mumford 1964, 118).

정부, 지역 당국, 그리고 점증하는 자동차 인구는 자동차와 새로운 도로들을 영국의 혼잡 문제에 대한 편리한 해결책으로 보았으나, 도로 시설물, 신호등 그리고 새로운 주차장들은 또한 도시 경관과 농촌 경관에 부정적인 효과를 미치는 것으로 여겨졌다(Nairn 1955; Cullen 1961; Middleton 962; Merriman 2007). 영국의 타운과 도시 중심 재건에 지역 당국의 관심이 증가하면서, 다층 주차장들이 근대적인 쇼핑센터, 학교, 사무실 건물들과 함께 도시 경관에 독특하고 새롭고 근대적인 건축양식으로 등장하기 시작했다(Morrison and Minnis 2012). 중앙정부에 의해 고무된 지역 당국과 민간 개발자들은 많은 영국 타운과 도시 중심 재개발 계획의 일부로서 수백 개의 지상과 다층 주차장들을 건설했으나, 1970년대 초 이러한 도시환경의 변화는 새로이 등장한 보존운동 측으로부터 광범위한 비판을 불러일으켰다. 콜린 애머리와 단 크룩솅크Colin Amery and Dan Cruickshank가《영국의 강간The Rape of Britain》에서 묘사한 어느 타운 비판을 예로 들어 보면,

그레이브센드Gravesend 중심부에 작은 규모의 자갈길은 이제 타맥tarmac[3] 영역들 사이의 경계로서만 남아 있다. 방문 운전자들이 차를 주차할 충분한 면적을 제공하기 위해 모든 자갈길이 평평해졌다 (Amery and Cruickshank 1975, 86).

---

3 [역주] 포장용 아스팔트 응고제.

쇼핑객과 관광객들을 위한 주차와 음식 서비스를 극대화하려는 노력 가운데, 많은 지역 당국이 야심찬 주차 계획 때문에 비판받았다. 캔터베리 시의회는 성당으로부터 겨우 400야드 떨어진 곳에 신개발의 일부로서 7층짜리 주차장을 제안한 후, 보존주의자들과 건축설계사들의 반대에 부딪혔다(The Times 1968a, 1968b). 삭막하고, 브루탈리스트brutalist[4]적인 콘크리트 다층 주차장들은, 흥미진진한 미래주의적 실험으로 여겨졌다가 부정적인 정동, 느낌, 분위기를 만들어 내는 차라리 거슬리고, 추하고, 디스토피아적인 부담으로 받아들여지는 빠른 인식 변화가 있었다. 발라드JG Ballard와 같은 공상과학소설 작가들은 그들의 디스토피아 세계를 불법 성행위를 위해 선호하는 장소가 되어 가던 다층 주차장 같은 공간들로 가득 채웠다(Ballard 1973).

영국에서 가장 삭막한 상징적인 다층 건물들 가운데 하나는 1967년에 로드니 고든Rodney Gordon이 오웬 루더 파트너십Owen Luder Partnership을 위해 설계한 게이츠헤드Gateshead에 있던 트리니티 스퀘어Trinity Square 주차장이었다. 이 기념비적인 주차장은 마이클 케인이 주역을 맡았던 1971년 영화 〈겟 카터Get Carter〉에서 살인적인 만남이 이루어지는 장소로서뿐 아니라, 이후 2010년 철거될 때까지 예술가들과 영화제작자들의 관심을 끈 장소로 유명해졌다. 1983년 트리니티 스퀘어는 베이스먼트 그룹Basement Group을 위한 찰리 후커Charlie

---

4 [역주] 20세기 초 모더니즘 건축운동의 뒤를 이어, 1950년대에서 1970년대 초반까지 유행했던 건축양식으로, 브루탈리스트 건물은 주로 콘크리트를 사용하여 거친 표면을 그대로 드러냈다.

Hooker의 공연 시설 마인빔MAINBEAM; A Ballet for Vehicle이 있는 장소였는데, 그 안에서 자동차들과 보행자들이 "관객들을 향하거나 그들로부터 멀어지도록 그리고 점차로 위협적으로 관객들을 에워싸면서"(Hooker 2007, 48) 이동하도록 연출되었다. 이 인기 없고 황폐해진 주차장의 위치, 인프라적 정동, 분위기는 후커가 후에 회고하듯이 공연에 핵심이었다.

마인빔의 아이디어는 관객을 극도로 위협적이고 엄숙한 위치로 데려가서, 공연을 창작하고, 관객으로서 각 사람이 공연이 어느 지점에서 끝나고 실재가 시작되는지 질문하기 시작하는 수준으로까지 이것을 밀고 가는 것이었다(Hooker 2007, 48).

모던 브루탈리스트 다층 주차장은 억압적이고 암울한 정동으로부터 향수의 느낌까지 정동과 분위기의 복잡한 배열로 진동하고 공명하며, 이 분위기들은 이어서 예술가들, 영화제작자들, 공연예술가들에 의해 재설계되었다. 물론 작업에 차량을 사용하는 공연과 시각예술가들의 풍부한 전통이 있으나(Pearson and Shank 2013), 초라한 '주차장'의 심미감, 음감音感 그리고 시간성은, 사진작가 마틴 파Martin Parr의 주차장 사진 연구로부터(Parr 2007) 2011년 이래로 매 여름마다 페캄Peckham 다층 주차장에서 런던 그룹 '멀리–스토리'가 무대에 올린 클래식 콘서트까지 사람들의 상상력을 사로잡았고, 다양한 예술적 노력을 선보이는 무대로서 기능했다(Whitley and Stark 2014).

정동적 환경과 경제

주차 인프라들은 그 설계자나 운영자 또는 운전자나 그들에 의한 복잡한 정동적 경제, 의사결정 과정 그리고 미학적 판단과 밀접한 관련이 있다. 주차 공간은 흔히 편리하고, 접근 가능하고, 안전하고, 잘 설계되고 경제적일 때 운전자들에 의해 가치 있게 여겨지지만, 가용한 공간, 땅 또는 영토 이상의 실체적 특징은 거의 갖지 않는 드물고 미묘하게 가변적인 글로벌 상품이다. 영국의 사진작가이자 일상 기록자인 마틴 파가 2002년과 2007년 사이에 전세계의 수많은 곳에서 '마지막 주차 공간'을 촬영하는 여행에 나서도록 영감을 준 것이 바로 이러한 특징들이다. 그는 개념적 수준에서 파는 매우 인기 있는 그러나 규정하기 힘든 세계화된 상품에 매료되었다. "우리 모두가 삶에서 찾는 한 가지는 차를 주차할 어딘가이다"(Parr 2003). 파는 아르헨티나와 인도로부터 시리아와 싱가포르에 이르기까지 41개 나라의 각기 다른 장소에서 '마지막 주차 공간'을 촬영하였는데, "규정하기 힘든 주차 공간의 소중한 본질을 시사하면서" 호화로운 결혼 앨범을 닮은 대형 상자로 포장된 모조 스웨이드 앨범에 이 사진들을 담았다(Parr 2014).

운전자들과 다양한 문화 논평가들은 분명하게 주차 공간을 가치 있게 여기고 있으며, 혼잡한 지역에서 운전자들은 흔히 공간을 찾기 위해 우연과 행운의 요소들이 결부된 다양한 지역 지식과 공간 찾기 기술을 사용한다. 모바일폰 앱, 위성 네비게이션 시스템, 웹사이트, 도로변 디지털 정보 스크린과 같은 근대 기술들은 시간과 관련된 혼잡, 그리고 '공간 찾기'의 공해를 감소시키면서 주차 공간을 찾고 운전자들을 인도하는 방법으로서 도로 표지판, 안내, 종이 지도를 점차 대체하고 있다(Shoup 2006, 2011). 영국의 여러 타운들과 도시들에서는 점유 센서가 각기 다른 주차장에 있는 가용 주차 공간의 수를 주요 진입로에 있는 안내표지로 전달하는데, 미국 샌프란시스코에서는 시 당국이 점유율을 조종하여 약 85퍼센트의 최적율을 달성하도록 입력된 주차 센서와 가격 가변제variable pricing와 함께 '성과가격제'를 도입했다(Shoup 2011, xx-xxv). 사유지 소유자들은, 온라인 마케팅을 하고 좋은 입지에 있는 가정과 사무실들에서 사용하지 않는 공간을 파는 방식으로 Parkatmine.com, Parklet.co.uk 그리고 Parkatmyhouse.com과 같은 웹사이트들을 통해 사용하지 않는 주차 공간을 임대하고 있다. 주차 공간은 오랜 상업화와 가치 평가의 역사를 가지고 있으나, 점증하는 안전하고 보안이 되는 주차에 대한 요구는 공간 찾기, 임대, 점유 모니터링, 감시 또는 지불 과정 등에 쓰이는 새로운 기술의 등장과 함께, 최근 수년 동안 주차의 지형과 경제의 변화를 야기했다.

안전과 보안은 자신의 차를 주차하는 운전자들이 아마도 항상 가치 있게 여겨 온 주요 특징들이다. 실제로, 주차장은 특히 밤에 그리고 주로 여성들에 의해서 주변적이고, 위협적이고, 위험한 장소로 경험되어 왔다(Valentine 1989). 좋은 주차장 설계는 이용자들과 그 차량들의 안전과 보안을 보장하는 데 중요한 것으로 보이며, 주차장 설계가들은, 쉽게 주차장 설계에 적용 가능할 것으로 보이는 오스카 뉴먼Oscar Newman의 '방어 공간'에 대한 개척적 연구를 이용해서 (Newman 1973: McCluskey 1987) 오랫동안 자연적인 감시뿐만 아니라 인공적인 감시를 증가시키는 설계 원칙을 옹호해 왔다. 1988년 이래로 영국 전국경찰지휘관협회Association of Chief Police Officers는 (영국 주차협회가 운영하는) 'Park Mark® Safer Parking' 상표를 포함하여 '디자인에 의해 보안된다'는 브랜드 개념을 중심으로 여러 상표들을 홍보해 왔다. 그것은 운영자들이 그들의 "고객들에게 안전하게 느끼고 범죄 수준을 감소시킬 대책들이 가동되는 고급 주차 시설을 만드는 데 전력을 기울이고 있음을" 보여 주는 도구로서 광고된다(BPA 2013). 안전과 보안은 새로운 주차장**으로 설계**하는 데 필수적인 특징으로 보이며, 안전과 보안의 느낌과 분위기를 생성하는 정동적 환경을 설계한다(cf. Adey 2008: Anderson 2014). 전문가 현장 조사가 지역적 조건들을 고려하면서 인가 과정의 핵심을 이루지만, 'Park Mark®' 상표는 새로운 주차장들이 명확히 경계지어진 영토들이어야 하며, 조명은 밝아야 하고, 좋은 시야와 좋은 신호 체계, CCTV 시스템을 갖추고 있어야 한다는 것을 분명하게 드러낸다(BPA 2010). 주차 인프라들은 또한 폭탄 위협을 잠재적인 보안 위험 요소로 안고 있다. 2012년 영국 내무부Home Office는 국가 인프라 방호센터Centre for the Protection of National Infrastructure와 국가대테러안전사무국National Counter Terrorism Security Office과 함께 주차장의 설계와 보안에 대한 권고를 포함하여 '밀집 지역'을 보호할 방법을 담은 상세한 설계 안내를 발행했다(Home Office 2012).

주차장은 테러리스트나 도둑 또는 공공기물 파손자나 그 누구로부터도 안전하게 유지되어야 한다.

주차 공급과 관련된 결정들은 적어도 1950년대 이래로 안전하고, 쾌적하고, 바람직한 도시와 농촌 개발을 추구하는 설계사들, 계획자들, 엔지니어들에게 필수적이었다. "집에서 멀리 떨어진 개방되고, 무리 지어지고, 포장 주차장에 주차된 차들은 자주 반달리즘의 영향을 받기"(McCluskey 1987, 34) 때문에 "낮은 임대료와 보안과 근접성을 갖추고 집주인 거주지의 시야 안에 노출된 주차 공간"을 선호하는 사람들의 주차에 대한 강한 견해들을 드러내는 1970년대 초 영국 환경부UK Department of the Environment가 실시한 공공 주택 계획에 대한 세입자 만족도 조사와 같은 맥락에서, 주차 공급과 주차 위치의 수준, 설계 그리고 조경에 대한 결정은 계획의 성공에 필수적이었다. 다양한 조경과 도시계획 기술들이 "주차 구역을 세련되게 하고," "주차된 차들로 가득 찬 지역의 분위기를 부드럽게 하는"(McCluskey 1987, 16, 17) 방법으로서 발전되어 왔지만, 최근에 교통부(2007)의 거리 매뉴얼 Manual for Streets은 보안과 시각적으로 좋은 디자인을 위해 건물에 둘러싸인 작은 뜰을 추천한다. 많은 계획자들과 엔지니어들은 균일한 평면 표면을 가진 대규모 타맥 주차장의 건설에서, 친밀한 공간과 긍정적인 분위기를 창조하고, 탁 트이고 사람이 지나다니지 않는 지면의 시각적 독점을 깨뜨리려는 대안적 디자인과 조경 전략을 옹호하는 쪽으로 입장을 바꾸었다(Ben-Joseph 2012). 1980년대 후반 짐 맥클러스키와 같은 설계가들은 도시계획가들, 건축가들 그리고 엔지니어들이 주차장을 삼차원 안에 설계하고, 예를 들어 나무가 제공하는 '지붕 효과'를 이용하는 '바깥 방outside room' 또는 '공간 밖에 둘러싸인' 곳으로 주차장에 접근하도록 고무했다(McCluskey 1987. 4. 15).

1990년대 이래로 주차 구역들은 거리를 공유된 인프라 또는 '공유된 공간'(Ben-Joseph 1995)으로 발전시키려는 폭넓은 시도의 부분으로서 재설계되었다. 보행자 지역과 차량 지역 사이 명확한 구분의 제거는, 도시에서 교통 분리 기술의 도입 이전에 수세기 동안 존재했던 혼합 교통mixed traffic의 문제와 예측 불가능한 이동을 재도입하면서 '비공식적인 사회적 프로토콜과의 협상'을 강조하는 것이다(Hamilton-Baillie 2008. 166). 연석緣石, 채색 경계선, 신호, 사유지를 관통하는 통행로의 제거는 이러한 공간들의 심미감을 향상시키고, 주의력과 책임감을 증진시키며, 운전자들과 다른 도로 사용자들 사이에 긍정적인 행동 변화를 일으키도록 의도되었지만, 운전자들은 여전히 어디에 얼마나 오래 주차할 수 있을지에 대한 확실한 정보를 필요로 한다(DfT 2011a). 이런 것들을 하지 않은 결과는 일부 공유된 공간 제도에서 관찰되어 온 바대로 운전자들은 혼란스럽고, 불법 주차는 늘어나는 것이다(Cornwell 2013을 볼 것). 주차 구역들은 운전자들에게 일관되고 '알아볼 수' 있는 것이어야 한다. '공유된 공간' 설계가와 주차 운영자 그리고 경관 설계가들이 동의하는 것으로 보이는 것은, 주차 구역이 긍정적인 정동과 분위기를 생성하는 시각적으로 쾌적한 환경이어야 한다는 것이지만, 많은 비평가들이 관심을 갖는 것은 단지 심미적 측면만은 아니다. 주차 인프라는 또한 자연환경에 중요한 영향을 미칠 수 있다.

주차 인프라와 '바로 그 환경'

주차 인프라와 실천은 환경에 직접 · 간접의 광범위한 영향을 미친다. 주차가 갖는 직접적인 환경적 영향은, 수십년 동안 자연과학자와 환경주의자, 건축가들에 의해 알려져 온 "수질 저하, 폭우 관리 문제, 열도효과熱島效果[5] 악화, 그리고 과도한 토지 소비"(EPA 2006, 11)이다. **대규모** 공공 · 개인 주차장의 직접적인 환경적 영향에 대해서는 시각적으로든지 또는 주차장들의 수문학적 · 지리학적 영향과 관련해서든지 자주 관심을 기울여 왔지만, 도시계획가와 환경주의자 그리고 학자들은 도로에서 벗어난 개인 주차 구역들이 환경에 미치는 누적적 영향에도 관심을 표명해 왔다. 영국에서, 이것은 리모델링되고 포장된 집 정원들의 수가 늘어남으로써 배수, 범람, 그리고 도시 녹지에 영향을 미칠 수 있는 잠재성에 대한 관심을 포함했다(Smith 2010: Warhurst et al. 2014). 1970, 80년대에 주차장 설계가들과 건축가들, 조경 설계자들 사이에 인기 있었던 기술적 해결책은 잘 사용되지 않는 농촌의 계절 공공 주차장에 대안적인 표면 마감alternative surfacing과 '녹지화greening' 기술을 사용하는 것이었다. 불침투성 타맥과 콘크리

---

5 [역주] 도시 중심부가 변두리 지역보다 기온이 높게 나타나서 마치 섬처럼 고온 지역이 형성되는 것.

트 표면과 달리, 설계가들은 강화된 잔디 표면으로부터 잔디의 성장과 물 배수가 특허 받은 콘크리트나 플라스틱 구조로 가능해지고 유지되는 Grasscrete®, Hexpot®, Bodpave®와 같은 특허된 하이브리드 표면 시스템에 이르기까지, 가지각색의 외양과 내구성 및 배수성을 가진 다양한 침투성·반침투성 표면을 실험해 왔다(보기: McCluskey 1987, 170-171).

주차 제공과 주차장 설계에 들어가는 직접적인 환경 비용은 분명히 중요하지만, 주차 정책의 간접적 환경 비용은 환경과 글로벌 기후에 광범위하고 누적적인 재앙적 영향을 끼칠 잠재성을 가지고 있다. '주차 공간들/공동체 장소들Parking Spaces/Community Places'이라는 제목의 2006년 보고서에서 미국 환경보호국US Environmental Protection Agency은 "주로 주차가 사람들이 어떻게 그리고 어디로 여행할지를 선택하는 데 영향을 주기 때문에, 주차가 어떻게 환경에 간접적으로 영향을 주는지"를 설명(EPA 2006. 11)한 반면, 영국 교통부의 거리 매뉴얼은 "주차 제공과 그 위치 수준은 발전의 형식과 질, 그리고 사람들이 여행하는 방식의 선택에 주요한 영향을 미친다"(DfT 2007. 99)고 강조했다. 주차 정책은 지역과 국가 환경 및 기후변화 완화 정책들에 주요한 구성 요소를 이룰 수 있으며, 교통 연구가들은 사람들의 모빌리티 결정과 통행 수단 선택에서 주차 정책과 제한 그리고 공급의 역할을 시험하고 평가하는 광범위한 조사를 수행해 왔다(보기: Tsamboulas 2001: Kodransky and Hermann 2011). 영국과 다른 선진국들에서 정책 입안자들과 정치인들이 점점 시민들을 통치하고 그들의 습관을 형상하는 방법으로서 '행동 변화' 기술들을 옹호하고 채택하고 있을 때(Jones, Pykett, and Whitehead 2013 볼 것), 지역 정부 당국들, 교통 계획자들 그리고 고용주들이 사람들의 모빌리티 습관을 재형성하고, 행동의 변화를 야기하고, 우리의 삶을 새로운 방식으로 '(하부)구조화'하는 주요 기술로서 수정된 주차 정책들이 등장했다. 이 담론들 안에는 심리학적 심지어 신경학적 접근법을 통해 행동을 접근하려는 경향이 있다. 그러한 접근들에서는 습관이 "밖으로부터의 혼란에 좌우되는 개인 신체 안에 위치한 자원으로서 이해되며," 좀 더 광범위한 접근들은 "습관을 신체 안에 존재하는 것이 아니라, 신체와 환경이 상호적으로 진화하며, 형식을 취하고 소멸시키는 이중적 과정을 통해 구체화되는 더 창조적이고 예측 불가능한 과정으로 보는, 습관에 대한 훨씬 더 '탈장소화된displaced' 이해를 이루어 냈다"(Bissell 2013, 121). 후자의 접근에서, 습관은 특정 인프라와 환경을 통해 이동하고 존재하는 차량-안-신체들을 통해 생산되고 구성되는enacted 것으로 보인다. 습관과 환경은 실제로 환경과 신체를 그리고 환경 안에서 신체를 구성하고 리모델링하는 것을 목표로 하는 다수의 '인프라 구축' 실천을 통해 형성된다.

정책 입안자들과 지역 당국은 점점, 변경된 주차 공급과 대중교통 인프라로부터 수정된 주차 비용 전략에 이르기까지, 사람들의 주차와 모빌리티 그리고 환경적 습관에 변화를 야기할 수 있다고 믿는 각기 다른 접근들을 실험하고 있다. 물론 환경적 주차 정책들이 완전히 새로운 것은 아니다. 1990년대까지 주류를 이룬 것은 아니지만(Manns 2010), 역주차 통근방식park-and-ride 도식은 영국에서 1960년대에 처음 등장했다. 이는 역주차 통근이 자동차 여행에 미치는 효과를 보여 주는 제한된 증거와 그것이 오히려 교통량 증가로 이끌 수 있다는 지적에도 불구하고, 도시 혼잡을 풀 하나의 해결책으로서 그리고 도시 공해를 줄이고 전환 교통modal shift[6]을 유발할 수 있는 방법으로서 틀지어졌다(Parkhurst 1995).

최근 대체로 유럽의 정책 입안자들은 여행객들이 교통 방식을 전환하고 유럽연합의 공기 질과 탄소 배출 목표에 따르도록 고무하는 주차 정책들을 발전시키고 있다(Kodransky and Hermann 2011). 이것들은 영국의 일부 지역에서 채택된 한 전략으로 등장했던 이른바 환경적 또는 탄소 배출에 기반한 주차 요금제를 포함한다(Wall 2011). 런던의 웨스트민스터와 햄프셔의 윈체스터 같은 지방의회들은 (영국 정부가 부과한 그룹별 차등 자동차세와 연결되는) 차량의 이산화탄소 배출에 근거하여 변동 연간 주차 허가 요금제를 도입했다. 웨스트민스터에서는 '에코'/전기 차량 소유자들과 카풀 클럽들이 무료 주차증을 신청할 수 있으며, 윈체스터와 같은 지역 당국에서는 상당한 할인을 받는다(Wall 2011). 이와 같은 환경적 주차 정책들은 대중교통을 이용하거나, 탄소 배출량이 적은 차량을 구입하거나, 카풀 클럽에 가입하는 운전자들에게 인센티브를 제공하기 위한 것이다. 비슷하게 영

---

6 [역주] '전환 교통'은 교통 · 운송수단을 바꾸는 것을 뜻하며, 전환 교통 제도란 물류 분야에서 온실가스를 획기적으로 감축하기 위해 도로보다 탄소 배출량이 적은 친환경 운송수단인 철도 운송 또는 연안 해운으로 운송수단을 전환할 경우 보조금을 지급하는 제도이다.

국 정부의 '플러그인 자동차 전략Plug-in Vehicle Strategy'은 더 환경친화적인 차량을 장려하면서, 전기자동차 주차 공급과 충전 인프라 향상을 고무하기 위해 고안된 다양한 대책들을 포함한다(DfT 2011b). 노팅엄 시의회가 도입한, 영국의 다른 곳에서는 채택되지 않은 사업소주차장부과금Workplace parking levies[7]은 도시 혼잡을 줄이고, 자금을 대중교통 제도로 돌리고, 통근자들이 환경친화적인 개인/대중교통수단으로 전환하도록 고무하기 위해 고안된 또 하나의 정책이다 (Nottingham City Council 2011). 부과금은 주차 공간이 10개가 넘을 때 매 주차 공간마다 고용인에게 부과된다. 2015년 4월 기준 노팅엄에서는 주차 공간당 연간 379파운드의 요금이 부과되며, 고용주들은 연간 주차 요금의 일부를 고용인들에게 넘길 수 있다. 노팅엄대학의 경우, "대학의 환경 어젠다를 지지하고 … 시의회의 사업소주차장부과금의 비용을 맞추기 위해," 직원의 봉급 수준뿐 아니라 차량의 탄소 배출 비율에 따라 차등 조정되는 직원 주차 제도가 도입되었다 (University of Nottingham 2013). 이 대학의 주차증 제도를 통제하는 위원회는 주차 요금이 저임금 고용인들과 비정규직 고용인들에게 미칠 수 있는 차등적 영향에 관심을 표명해 왔다. 여타 사업소주차장부과금 제도들처럼, 그들은 공공 주차 제도에서 쉽게 해명되거나 강제될 수 없는 경제적이고 사회적인 요소들을 고려하려고 해 왔다. 여기서는 (신체장애를 가진 사람들과 아이를 동반한 부모들을 위해 지정된 주차 공

---

7 [역주] 작업장에 주차 공간을 제공하는 고용주에게 부과하는 교통혼잡세.

간처럼) 모빌리티와 접근성 이슈를 가진 운전자들을 위한 특별 조치가 실행되고 있다.

결론

　… 성공적인 주차장은 장소의 조건과 맥락을 통합시키고, 환경에 미치는 영향을 완화할 조치를 취하고, 심미적인 문제뿐 아니라 운전자-주차자 경험을 고려하는 주차장이다. 세밀하게 설계된 주차장은 실제로 번화가, 공원 또는 광장만큼이나 그 공동체에 기여하면서 중요한 공공장소가 될 수 있다(Ben-Joseph 2012, 136).

초기의 주차장들은 상당히 기본적이고 기능적인 근대주의적 인프라였으나, 현재의 주차장 설계자들과 도시 이론가들은 중층적이고 흔히 복잡한 인프라 구축 과정과 이 공간들이 생성할 수 있는 정동을 인식하고 있는 것으로 보인다. 주차장을 교통 및 도시 정책과 나란히 다시 생각해 보면, 다양한 전문가들과 당국들은 점점 새로운 방식으로 세계를 인프라화하면서 모빌리티 습관과 환경(또는 환경-안의-습관)을 재설계하고 재구조화하는 데 관심을 가지고 있다. 이란 벤-조셉Eran Ben-Joseph과 같은 도시계획가들과 도시 설계가들에 따르면, 우리는 주차장들이 기껏해야 우리가 참거나 무시하는, 최악의 경우에는 경멸하는 기능적 건물로서—또는 '중간적in-between' 공간 또는 '비장소non-places'로서—의 낮은 지위보다 향상될 수 있도록,

주차장 인프라의 설계와 기능을 다시 생각해야 한다(cf. Henley 2007).

핵심은 주차 시설들을 종합적인 건축적 설계와 조경 설계 안으로 포용하는 것이다. 이는 주차 실천과 주차 공간들을 주변으로 사라지게 하는 대신, 속도와 규모를 줄이고, 다시 중심이 되고 다시 인간화되는 일관되고 의미 있는 공유 공간을 발전시키는 것을 뜻한다. 실제로, 경제적 이유든 정치적 이유든, 환경적 또는 혼잡의 이유든지 간에, 민간 기업과 지역정부들에게 중요한 실천이 되어 가고 있는 주차의 규제와 통제 및 상업화와 함께, 주차 실천과 공간은 현재 자동차 이동에 기반한 경제와 사회의 기능에 중요하다는 점이 널리 받아들여지고 있다. 중앙정부와 지역정부들이 고탄소 배출 가솔린 차량의 사용을 통제하는 혁신적이고 '수용 가능한' 방식들을 찾고 있는 상황에서, 주차 규제는 유류세 같은 전략들보다도 자동차 사용을 제한하고 재구조화하며, 행동 변화를 수행하려는 더 정치적으로 수용 가능한 방식으로 보인다. 다양한 범위의 정책 규제는, 주차장의 물리적 구조와 정동적 특질을 변화시키든지 또는 이러한 상업화된 공간들의 경제적 실적을 변화시키려는 방법을 통해 대중교통과 저탄소 개인 차량에게 유리한 '국면 전환'을 시도하는 전략들을 제공해 왔다. 명백한 것은 다양한 인프라적 정동을 생성하는 주차가 '중요하다'는 것이다. 주차 인프라와 정책은 통례적으로, 지역 당국의 요금 부과 제도에 대한 불만이든, 평범한 균일화된 주차 공간을 찾는 사람들에 대한 성찰이든(Parr 2007), 또는 어두운 이야기들이나 (Bellard 1973) 분위기 있는 공연(Hooker 2007; Whitley and Stark 2014)을 위한 무대로서 주차장을 사용하든, 운전자·환경주의자·설계가·교통 전문가들뿐만 아니라 지역 주민·문화 비평가·예술가·공연자들의 코멘트와 관찰의 주제이다. 주차는 들뜨게 만들기도 하고 극도로 화나게 하기도 하며, 지역정부와 중앙정부는 모빌리티 습관과 욕구를 형성하고, 전환 교통을 실행하는 훨씬 더 광범위한 시도들의 부분으로서 주차 정책을 통한 모빌리티 결정과 습관의 형성을 추구할 때 주요한 도전들에 직면한다. 주차 공간은 정적이고 멈추어 있는 인프라가 아니라, 오히려 다양한 방식으로 주체와 환경 그리고 공동체들을 '인프라화'하는 중층적인 정동과 분위기를 모으고 함께 공명하는 복잡한 환경이다.

7 장

위치기반 미디어 시대
공공장소에서의 모빌리티와
도시적 조우

결절, 주름, '가명의 이방인들과의 만남'

크리스티앙 리코페Christian Licoppe

디지털 모빌리티의 상세한 내용, 곧 이동 중에 연결된 신체들을 인식하는 근접성 또는 위치의 경험과 행동을 이해할 분석적 틀을 제시한다. 나는 그러한 인식의 형식들을 촉진시키는 위치기반 미디어가 동일한 '지금 여기'와 이어지는 두 가지 버전의 주위 세계, 곧 하나는 체화된 세계, 다른 하나는 스크린상의 세계를 가능하게 하며, 그래서 사용자 경험의 주요 특징은 두 가지 버전 모두에 나타나는 실체들을 인식하고 연결시키는 것이라고 주장한다. 조응하는 실천들은 상황지어진 '펼침unfolding'으로 해석될 수 있다. 마지막으로 도시 공공장소에서의 미래 모빌리티를 논의하고, 위치기반 미디어의 확산이 어떻게 상호작용론적 도시 연구가 21세기 서구 메트로폴리탄 경험에서 중요하다고 여겼던 '익명의 이방인들' 사이의 조우를 증진시키는지 보여 주기 위해 이러한 이해를 적용할 것이다.

거리는 내 주위에서 귀가 멍멍하게 아우성치고 있었다.
갖춘 상복, 장중한 고통에 싸여, 후리후리하고 날씬한
여인이 지나갔다, 화사한 한쪽 손으로
꽃무늬 주름장식 치맛자락을 살포시 들어 흔들며,

날렵하고 의젓하게, 조각 같은 그 다리로,
나는 마셨다, 얼빠진 사람처럼 경련하며,
태풍이 싹트는 창백한 하늘, 그녀의 눈에서,
얼을 빼는 감미로움과 애를 태우는 쾌락을.

한 줄기 번갯불 … 그러고는 어둠! 그 눈길로 홀연
나를 되살렸던, 종적 없는 미인이여,
영원에서밖에는 나는 그대를 다시 보지 못하련가?

저 세사에서, 아득히 먼! 너무 늦게! 아마도 영영!
그대 사라진 곳 내 모르고, 내 가는 곳 그대 알지 못하기에,
오 내가 사랑했을 그대, 오 그것을 알고 있던 그대여!

— 샤를 보들레르, 〈지나가는 여인에게〉, 《악의 꽃》(황현산 옮김) (서울: 민음사, 2016).

서론

'모빌리티 전환'은 우리로 하여금 모빌리티를 단지 교통transportation
(목적에 이르는 수단) 이상의 것, 곧 활동activity 자체로서 재고려하도
록 했다(Sheller and Urry 2006; Urry 2000). 교통에서는, 사람들이 환경의 변화
에 영향받지 않고 한 장소에서 다른 장소로 이동하는 모바일 신체로
여겨지는 반면, 모빌리티에서는 완성되지 않은 '지금까지의 이야기
stories-so-far'(Massey 2005)로서 이해되는 사람들이 자신들이 만든 길과 그
길을 따라 부딪치는 생태 환경에 끊임없이 변화되는 나그네로서 행
동한다(Ingold 2000, 2011). 그러나 애초부터 모빌리티 전환은 두 가지 입

장, 곧 (모빌리티를 의미 있는 활동 자체로 다시 틀짓는) 개념적인 입장과 남선북마南船北馬의 경험이 실제로 동일한 선을 따라 변화하고 있다는 것을 제안하는 역사적인 입장을 아울렀다. 나는 여기서 우리가 '디지털 모빌리티'라고 묘사할 수 있는 이 변화의 한 부분에 초점을 맞추고자 한다. 디지털 모빌리티는 모바일 신체들이 점점 연결된 신체들이 될 것이라는 사실을 설명한다. 모바일 디지털 연결성은 움직이는 어떠한 종류의 정보에도 접근을 허용하지만, 나는 여기서 위치기반 미디어에 전형적인 특별한 사례에 초점을 둘 것이다. 그것은 모바일 신체들이 주위의 사람들과 장소들, 사물들에 디지털 방식으로 그리고 그들의 모빌리티 과정에서 역동적으로 변화하는 방식으로 연결할 수 있는 상황이다.

미래의 디지털 모빌리티에 대한 위치기반 미디어의 잠재적 기여를 인정하는 것은 두 가지 이유로 어려웠다. 첫째로, 오늘날 위치기반 미디어 애플리케이션은 매우 다양하다. 그것들이 제공하는 위치 인식 또는 근접 인식의 종류는 모바일 게임에서 위치에 민감한 추천 애플리케이션, 위치에 민감한 소셜 네트워크, 모바일 데이팅 또는 동적인 차량 공유 애플리케이션에 이르기까지 애플리케이션마다 그 명백성 면에서 매우 다양하다. 둘째로, 기존의 위치기반 미디어는 실패했거나 대개 틈새시장에서만 성공했는데, 이로 인해 이것들의 사용이 광범위했다면 어떤 일이 일어났을지 이해하기 어렵다. 모바일 위치기반 미디어는 커뮤니케이션 조사연구(De Souza e Silva and

Sheller 2014; De Souza e Silva and Sutko 2009; Farman 2013; Hjorth and Richardson 2014; Wilken and Goggin 2012)와 인간-컴퓨터-상호작용HCI, Human-Computer-Interaction 연구(Benford et al. 2003; Brown and Laurier 2012)에서 나타나듯이, 우리 일상의 실천을 느리고 불규칙하게 진행되게 하고 있다.

나는 다층적인 모바일 경험을 제공하는 위치기반 미디어의 공통된 특징을 구분하는 풍부한 경험 연구의 기초에 의지하여 이러한 어려움들을 극복하고자 한다. 서로 연결된 모바일 개인은 자신의 감각기관을 가지고 있지만, 또한 스크린 기반의 연결된 모바일 기기들과 애플리케이션들의 매개를 통해서 사람들과 장소들, 사물들을 경험한다. 사용자 중심 관점에서 볼 때, 모바일 위치기반 미디어는 모바일 터미널 위에 사용자들에게 가용하도록 만들어진 그리고 일종의 실시간 디지털 지도를 통하거나 가까이에 있는 사람이나 사물을 직접 알려 줌으로써 그들 주변에 대한 디지털 인식을 제공하는 콘텐츠와 애플리케이션으로 묘사될 수 있다. 그러므로 모바일 위치기반 미디어의 기술적 또는 기능적 차이와 관계없이, 그들의 공통된 구성적 특징은 사용자들이 '여기와 저기' 있는 것에 대해 두 가지 다른 접근 방식을 가지는 상황을 가능하게 한다는 것이다. 주변 환경은 자아중심적인 '지금 여기'로 일컬어지는 버전들과 함께 체화된 감각기관과 모바일 터미널을 통해서 동시에 접근 가능하다. 그래서 주위 세계 경험들 사이의 일치의 이슈가 두드러지게 된다. '결절結節된

seamful^{'1} 것으로서(Bell and Dourish 2007: Chalmers and MacColl 2003) 그리고 '하이브리드 생태계'를 구성하는enacting 것으로서(Crabtree and Rodden 2008)의 모바일 미디어 경험에 대한 현재의 접근들은 연결된 스마트폰 사용자가 주어진 상황에서 다중적으로 참여하게 되는 방식을 오히려 잘 포착한다. 그러나 이러한 참여는 위치기반 미디어 경험 가운데 동일한 '지금 여기'에 접근하는 각기 다른 방식들에 의존하는데, 그 다중적 참여 방식은 위치기반 미디어 경험의 상세한 것들을 설명하는 데 실패한다. 그 점에서 자신이 어디에 있는지 알기 위해 지도를 펼치는 unfolding 길 잃은 사람의 상황은(Brown and Laurier 2005) 아무것도 디지털적이지 않지만, 모바일 위치기반 미디어의 사용을 예시한다. 관련된 실천들의 세부 사항은 기술의 세부 사항과 사용 배경에 따라 변화하지만, 나는 이 논문의 첫 부분에서 모든 경우에 그것들은 '펼침 실천 unfolding practices'으로 이해될 수 있다고 주장할 것이다. 그것은 다른 버전의 환경을 관련되게 만들고, 실제 삶과 스크린상의 경험을 가로질러 실체들을 인식하고 그것들을 연결시키며, 잘못 연결된 것을 처리하고 관련된 정렬 작업을 수행하는 것을 말한다.

---

1 [역주] 예를 들어, 집에서 보던 드라마를 밖에서 모바일 폰을 통해 볼 때, 이와 같은 끊김이 없는 미디어 서비스를 '무결절성seamless'라고 표현한다. 결절성은 미디어는 결절이 없어야 한다는 생각을 뒤집어서 오히려 결절을 이용한 미디어 사용을 강조한다. 곧, '결절성'은 유비쿼터스 컴퓨팅 기술에서 불가피한 기술적 한계들을 감추는 대신 오히려 그 한계를 드러내고 이용하는 새로운 접근 방식을 표현할 때 사용한다. 예를 들어, GPS와 WiFi를 사용하는 위치기반 모바일 게임에서는 플랫폼에 있는 'seam'을 게임 디자인에 통합시켜서, 플레이어들이 네트워크 범위와 신호 강도 등을 고려하여 게임을 하도록 한다. 곧, 대개 문제로 여겨졌던 것이 오히려 게임의 중요한 특징이 된다.

위치기반 미디어는 모빌리티와 관련하여 심대한 결과를 낳는다. 나는 여기서 한 가지 측면, 곧 우리가 모빌리티의 과정에서 도시 공공장소에서 이방인들을 만나는 방식에 초점을 둘 것이다. 이것은 도시 사회학의 주춧돌로서 우리가 근대 메트로폴리스에서 모바일 삶을 이해하는 방식에 중요하다. 도시 연구는 메트로폴리스를 이동하는 이방인들의 대규모 유동流動을 위한 결합nexus으로서 특징지어 왔다. 그러한 관점은 지나가는 이방인들과의 스치는 만남을 20세기 메트로폴리탄 경험의 특징이자 그 경험을 구성하는 것으로 강조한다(Goffman 1963: Lofland 1998: Whyte 1980). 이동하면서 익숙한 얼굴을 만나게 될 거라는 디폴트default 기대가 있으며, 이방인들과의 만남은 눈에 잘 띌 뿐 아니라 어쩌면 특이함alterity으로 가득 차 있는 마을들과는 달리, 근대 도시에서의 디폴트 기대는 우리가 공공장소에서 이동하면서 대개는 우리와 비슷한 모르는 익명적 이방인들과 만날 것이라는 것이다. 이것은 공적인 곳에서 이방인들과의 초점 없는 만남의 관리에 적응된 특징적인 행동 형식, 곧 시선을 주된 자원으로 하는 '예의 바른 무관심civil inattention'(Goffman 1972), 이방인들의 '부정적 얼굴'을 보호하는 방향으로의 도덕적 지향(Brown and Levinson 1987), 그리고 만남의 비인격성으로 이끈다.

나는 모바일 위치기반 미디어가 사용자들이 대개는 알지 못하고 보더라도 알아볼 수 없을 근처에 있는 다른 사람들의 근접성이나 위치를 인식하게 되는 각기 다른 유형의 만남을 어떻게 촉진하는지 논의할 것이다. 그러나 고프먼의 메트로폴리스에서 이들은 완전한 이방인은 아니다. 모바일 애플리케이션들은 스크린 접속으로 제공하는 근처에 있는 이 이방인들의 사진이나 프로필뿐 아니라 그들과 상호작용할 수 있게 하는 전자적인 채팅 자원에 접근하게 해 준다. 우리는 그러한 만남을 '가명假名의 이방인들pseudonymous strangers'과의 만남이라고 부를 것이다. 근처의 사람들은 두 가지 다른 위장 아래, 곧 우리가 언뜻 볼 수 있는 익명적 이방인으로서, 그리고 근접성을 인식하는 위치기반 모바일 앱을 통해 접근할 수 있는 디지털 페르소나persona로서, 우리에게 다가온다. 그래서 실제 신원 확인("여기 이 사람이 내가 스크린에서 본, 내가 이미 채팅했을 수 있는 그 사람인가?")과 매칭matching("그/그녀는 그/그녀의 온라인 프로필과 얼마나 일치하는가 아니면 그 온라인 프로필이나 이전에 디지털 대화들로 쌓은 인상과 얼마나 다른가?")이 밀접하고 두드러진 관심사가 된다. 이러한 이중성과 그것이 포함하는 내재적인 주름짐foldedness[2] 때문에, 가명의 이방인들과의 만남은 내가 아래에서 분석하는 '소심한 만남timid encounter'과 같은 원래의 행동으로 이끌 수 있다. 가명의 이방인들과의 만남은 시간적으로 모바일 위치기반 미디어의 사용 이전에도 있었지만 —예를 들어, 모바일 위치기반 미디어의 발전 이전에 신문에서 개인

---

2 [역주] '주름fold'은 질 들뢰즈가 라이프니츠 철학을 재해석하여 도출한 개념으로, 사물의 존재에 정초하지 않은 '생성'으로 사물의 존재 방식을 새롭게 정의한다. 주름은 입자와 같은 실체가 아니라, 끊임없이 분화하는 잠재성을 말한다. 들뢰즈에 따르면, 주름은 바로 세계를 창조하는 가능성으로, 지금 존재하는 것은 특정한 주름 잡기의 효과, 자극과 반응의 상호작용이다.

광고를 보고 난 후 처음으로 만나는 사람을 생각해 볼 수 있다(Cocks 2009)—그러한 만남은 계획되어야 했다. 위치기반 미디어 애플리케이션은 무작위로 가명의 이방인들을 만날 일을 크게 증대시키는 극히 강력한 자원이다. 대부분의 도시 주민들은 모바일 위치기반 미디어로 연결된 사용자들일 것이라는 미래를 추정해 보면, 증강된 도시는 가명의 이방인들과의 끊임없는 만남의 장소가 된다. 그러면 도시 사회성의 디폴트 기대는, 이전과 같은 그저 익명의 이방인이 아니라 가명의 그리고 '클릭하면 되는' 이방인들과 만날 것이라는 것이다.

경험적 기반과 방법들

이 문제들을 다루기 위해서, 나는 세 유형의 모바일 위치기반 미디어를 상세하게 고려하면서, 이 영역에서 빠르게 성장하고 있는 최첨단 기술과 내가 수행했던 광범위한 현장연구로부터 취한 사례들에 분석의 기반을 두고자 한다. 우리가 논의할 첫 번째 애플리케이션 묶음은, 일본의 개척적인 모기Mogi 게임에 특별히 초점을 두면서(Licoppe and Inada 2006, 2010), 초기 실험들로부터(Benford et al. 2003) 현재의 그리고 떠오르고 있는 구글-기반의 인그레스Ingress(Morel 2014)와 같은 위치기반 게임의 대규모 플랫폼들에 이르기까지 위치-인식 게임들이다(Hjorth and Richardson 2014). 나는 또한 현재 게임플레이의 동적인 스크린 맵을 제공하는 완전한 위치-인식 게임들과는 달리 플레이어들이 드래곤퀘스트Dragonquest 9 게임처럼 와이파이나 블루투스로 감지하는 터미널의 알림을 통해서만 서로의 근접성을 인식하게 되는 (Licoppe and Inada 2015) 근접성에 기반한 게임플레이도 고려할 것이다. 둘째로, 우리는 독창적인 다지볼Dodgeball에 의해 제공된 통찰로부터 (Humphreys 2007) 현재 모바일 소셜 네트워킹 플랫폼들, 특히 포스퀘어 Foursquare(Frith 2013; Frith 2014; Licoppe and Legout 2014)에 이르기까지, 위치 검증과 다양한 형식의 공간적 추천을 결합하는 소셜 네트워킹 애플리케이션들의 사례를 들어 볼 것이다. 마지막 셋째로는, 게이 커뮤니티의 그라인더Grindr와(Blackwell, Birnholtz, and Abbott 2014; Brubaker, Anani, and Campbell 2014) 떠오르고 있는 틴더Tindr와 모모Momo와 같은 근접성에 민감한 데이팅 애플리케이션의 최근 형식들을 논의할 것이다. 그라인더의 경우, 근접 인식은 가벼운 연결casual hook-ups(Race 2014)을 활성화시키는 방식으로 사용되는 것으로 보이며, 그래서 가명의 이방인들과 성적으로 지향된 만남들을 야기할 수 있다(Licoppe, Rivière, and Morel 2015). 우리는 지면 부족으로 일부 예술-지향적 실험 사례와(Southern 2012) 같은 것은 생략하면서 모든 위치기반 미디어 경험들을 논의하지는 않겠지만, 이 광범위한 경험적 스펙트럼은 이 논문의 목적인 모바일 위치기반 미디어 장을 아울러서 일반화할 수 있는 결론을 이끌어 내기에 충분히 넓은 기반을 제공할 수 있다.

디지털 모빌리티의 현저한 특징들에 대한 이러한 이해는 이에 대한 연구가 불가피하게 모빌리티 연구에 관한 현재의 일부 관심사들과 함께 매우 세밀한 조사 방법의 발전을 포함한다는 것을 보여 준다(Büscher, Urry, and Witschger 2010). 많은 디지털 모빌리티 경험은 자신의 주위 환경에 대한 온스크린 경험과 오프스크린 경험의 조정을 포함하기 때문에, 이 기호학적 장에서 벌어지는 사건들을 기술하거나 보고할 필요가 있다(예를 들어 Licoppe and Figeac 2014을 볼 것). 디지털 모빌리티의 도래는 모빌리티 연구에 더 단호한 민속지적인 전환ethnographic turn을 요청한다.

이동 중에 모바일 기기와 위치기반 미디어 사용하기: 결절과 주름

스마트폰과 더 일반적으로 휴대용/착용형 커뮤니케이션의 발전은 모빌리티와 커뮤니케이션 실천을 점점 더 서로 얽히게 만들었다. 모바일폰 기기가 나타나자마자 주목받았던 이것의 즉각적인 결과는 연결된 모바일 사용자들이 어떠한 행위 과정이 그들의 모바일 터미널과 스크린에 활성화되어 있든지 간에 그들의 도시환경과의 체화된 관계맺음을 분명히 표현해야 한다는 것이다. 이 현상들의 첫 번째 개념화는 HCIHuman-Computer Interaction 장에 도입된 두 개념, 곧 '결절seam'과 '하이브리드 생태계'에 의존한다.

'결절'은 애초에 유비쿼터스 컴퓨팅의 근본적인 원리를 수정하기 위해 도입되었는데, 설계 원칙, 곧 잘 설계된 기술 기기는 '비가시적'이어야 하며 그래서 사용자들이 일상적 일을 시작하는 각기 다른 방식들 속으로 유연하게 그리고 부드럽게 섞여야 한다는 아이디어가 되었다(Weiser 1991). 영향력 있는 연구자들은 이후에, 유비쿼터스 컴퓨팅의 주민들이 꿈꿨던 부드럽고 투명한 생태계 대신에, 사용자들의 환경과 경험은 불가피하게 혼란스럽고 다양한 이질적인 인프라와 다소 (부)조화된 자원의 배열과 교차되어 있으며, 그러한 혼란스러움은 설계에 의해 바로잡아져야 한다(Bell and Dourish 2007)고 주장했다. 결절은 정확하게 그러한 이질적인 접합 지점들에서 일어나는 것으로 여겨졌다. 결절성結節性은 사용자 경험의 필수 요소로서 그리고 사용자와 설계자 모두에게 긍정적인 자원으로서 취급되어야 한다(Chalmers and Galani 2004). 이음새를 실용적 용어로 더 정확하게 묘사하려고 한다면, 결절된 경험에서 지역 생태계는 각기 다른 활동 영역들과 관련되고, 지역적으로 연관된 각기 다른 사회-기술적 인프라로 지지되는 여러 다른 행위의 가능성을 제공하는 것으로 경험된다고 말할 수 있다. 결절은 그 점에서 활동 영역으로부터 사람들의 범주를 '날카롭게' 구분하기 위해 고안되고 의도된 경계와 틀에 대비될 수 있다. 결절된 경험은 여러 다른 유형의 활동들의 '동시적인' 관련성을 포함한다.

스크린은 특정한 인지 영역을 사용자들에게 관련된 것으로 틀짓고 강조하기 때문에(Introna and Ilharco 2006), 일반적으로 스크린과 커뮤니케이션 기술로 가득 찬 거주 생태계는 온스크린과 오프스크린에서 다중적인 활동의 흐름들을 관리하는, 내재적으로 결절된 사용자 경험을 제공한다. 결절성이 연결된 홈 컴퓨터 사용자와 이동하는 스마트폰 사용자의 경험을 묘사해 주지만, 연결된 모빌리티 경험은 결절성을 특별히 두드러지게 만든다. 왜냐하면 사용자들은 모빌리티의 과정에서 만나게 되는 사람들과 사물들을 동시에 (고프먼의 작업이 광범위하게 보여 주었듯이, 그러한 만남들에 관련된 특별한 규범적인 기준들 때문에 실천적으로뿐만 아니라 도덕적으로)(Goffman 1963, 1972) 관리해야 한다. 어떠한 종류의 흡수 활동도 그때 관련될 수 있기 때문이다. 그러므로 연결된 모바일 사용자들은 그들의 환경을 내재적으로 결절된 것으로 경험한다. 휴대용 터미널에 모바일 서비스의 가용성은 '실제 삶에서' 그들의 주위 환경과의 체화된 관계맺음과 모바일 폰을 통해 가능해진 원거리 사람들 및 사건들과의 관계맺음에 동시에 관련되게 만든다. '하이브리드 생태계'라는 용어는 연결된 모바일 사용자 경험의 결정성을 포착하기 위해 고안되었다. 이 개념은 애초에 선구자이자 실험적인 위치-인식 게임 플레이어들이 "물리적-디지털 구분을 넘어서 협력적인 상호작용을 성취하기 위해 하이브리드 생태계적 배열을 이용하는" 방식을 묘사하기 위해 HCI 영역에서 사용되었다. "하이브리드 생태계는 물리적이고 디지털적인 다중적 환경을 함께 융합하는 디지털 생태계의 새로운 범주이다"(Crabtree and Rodden 2008).

결절성과 하이브리드 생태계는 상황지어진 사용자 경험과 기술 설계 모두의 재개념화를 가능케 한다. 사용자 경험은 온스크린과 오프스크린 관계를 부드럽게 관리할 필요로 특징지어지며, 설계는 사용자들로 하여금 모든 종류의 상황, 특히 모바일 상황에서 다중적인 활동의 흐름을 부드럽게 관리할 수 있게 해 준다. 이 개념들은 '앰비언트 플레이ambient play'와 같은 경험으로 분화해 가는 게이밍 gaming과 같은 모바일 미디어의 사용을 묘사하는 데 유용하다는 것을 증명해 왔다(Hjorth and Richardson 2014). 이런 종류의 상황은 또한 결절들이 단지 (예를 들어 의복의 결절과 같이) 물질적 환경 구조 안의 특징인 것만이 아니라, 어떻게 상황 가운데 엮여 있는지 보여 준다. 폰을 가진 도시 보행자의 기기를 끄게 해 보라. 그러면 상황의 결절성은 사라진다.

결절성과 하이브리드 생태계는 행위의 대안적 가능성의 존재를 지향하는, 그리고 그 가능성의 일부는 기술로 매개되는 개념들이다. 그러므로 특별히 타자의 관점에서 볼 때, 결절된 상황은 항상 일정한 정도의 모호성을 포함한다. 보도에 있는 이 낯선 이는 전화 통화를 하고 있으니 통화자로 취급되는가, 아니면 보행자의 왕래에 주의를 기울이고 있으니 능숙한 보행자로 취급될 수 있는가? 이것은 또한 그러한 결절된 경험에 참여하고 있는 사용자들이 그들의 행동을 이해 가능하고, 목격할 수 있고, 해명 가능한 것으로서 보여 주기 위해서 그 모호성을 관리해야 한다는 것을 의미한다. 결절된 상황은 또한 여러 다른 형태의 관계맺음의 요구를 관리하기 위해 특별한 기술을 요구한다. 다양한 환경에서 휴대용 디지털 기기의 사용은 적절성, 특히 적절한 참여에 대한 규범적인 기대와 관련해서, 뿐만 아니라 도시 공공장소와 대중교통에서 위험과 안전성과 관련해서 많은 관심을 불러일으켰다.

결절된 상황은 사용자 경험에서 어느 정도의 창조성을 허용하며,

이것이 설계자들이 그 상황들을 아직 거의 사용하지 않은 결절의 혁신적 잠재력으로 인식하면서 관심을 갖게 된 이유이다. 사용자들은 그 상황들이 제공하는 기회를 창조적으로 탐색할 수 있는 반면, 설계자들은 이 기회들을 창조하고 강조할 수 있다. 그러므로 결절은 설계의 초점이 된다(Chalmers and MacColl). 당연하게도 스마트폰 사용자들은 결절된 설계를 할, 특히 기대되는 장소로서 여겨져 왔다(Barkhuus and Polichar 2010). 이제 나는 연결된 모바일 기술의 특정한 하위 부분에 초점을 두고자 하는데, 그 기술이 제공하는 서비스는, 그것이 GPS 기반의 맵핑 애플리케이션이든, 옐프Yelp와 같은 위치감지적인 추천 서비스이든, 또는 사용자가 자신의 주변에 있는 다른 사용자들을 볼 수 있게 해 주는 게임이나 소셜 네트워킹 애플리케이션이든, 사용자의 위치에 민감하며, 그 위치에 의해 형성된다. 나는 여기서 결절성과 하이브리드 생태계 개념이 넓은 의미에서 여전히 관련성이 있지만, 위치감지적인 모바일 기술의 경우에 사용자 경험의 더 세밀하고 핵심적인 특징들을 포착하지 못하며, 그래서 개선되어야 한다고 주장하고자 한다.

그러나 결절성과 하이브리드 생태계 개념은 모바일 미디어 일반보다 특별히 위치기반 미디어와의 관련이 적다. 우리는 모바일 위치기반 미디어 경험의 상세한 내용을 이해하기 위해 이러한 아이디어들을 개선할 필요가 있다. 예를 들어, 사용자들의 위치가 실시간으로 전개되고 주위 사람들과 사물들 및 장소들의 온스크린 재현으로 가득 차 있는 디지털 지도에 나타나는 것과 같이, 전화나 스크린에 나타나는 상황은 위치기반 미디어와 함께 사용자의 '지금 여기'에 성찰적으로 그리고 거의 체계적으로 연결되어 있다. 그러므로 우리는 여기서 디지털 경험과 생생한 체화된 장소의 경험이 근접 또는 위치 인식을 통해 성찰적으로 연결되는 더 구체적인 상황을 포함시키기 위해 '성찰적 하이브리드 생태계'에 대해 말하고자 한다. 사용의 상황은 두 가지 장소감senses of place, 곧 다른 실체들의 위치나 근접을 인식하는 두 가지 방법을 수반하는데, 하나는 (어떠한 기술적 인공기관에 의해 매개되지 않는) 통상의 감각을 통한 '직접적인' 인식의 방법이며, 다른 하나는 (위치-인식 애플리케이션의 경우에) 스크린 기반의 역동적인 환경 재현 설계에 의한 방법이다. 환경의 시-공간적인 조직에 민감한 이 두 방식은 지시적으로deictically³ 표현된다. 그 방식들은 모두 동일한 원지점, 곧 사용자의 '지금 여기'와 관련하여 이해 가능하다. 이것은 사용자 경험의 관점으로부터 틀지어지는 위치기반 미디어 일반의 구성 요소이다.

예를 들어, 이동 중에 원거리의 상대와 통화하기 위해 모바일 폰을 사용하는 도시 통근자와 같이, 이것은 때때로 이미 체계적인 방식으로 어떠한 위치 인식 형태에는 의존하지 않는 모바일 기술 사용의 창발적 특징으로서 나타날 수 있다. 대부분의 시간 동안 그녀의 대화는 그녀가 움직이고 있는 도시환경과는 관계가 없겠지만, 특

---

3 [역주] you, me, here, next week처럼 화자나 청자, 발화 위치에 따라 뜻이 달라지는 어구와 관련된, 곧 맥락과 관련되어 있다는 뜻이다.

별한 경우에는 예를 들어 전화 통화가 그녀를 특정한 장소로 안내하는 상황에서는, 통화가 환경과 관계 있을 수 있다. 그러면 그 대화는 지역적 특징들에 대한 묘사를 포함할 것이며, 그녀의 모바일 폰에서 사람의 활동은 어떠한 일치의 정도를 다루기 위해 환경을 그녀의 체화된 모빌리티를 통해 경험하는 것으로서 그리고 전화에 언급된 것으로서 고려하는 것일 것이다. 그러면 이러한 특별한 환경에서 모바일 폰은 모바일 위치기반 매체로서 사용되는 셈이다.

위치기반 미디어는 모바일 폰 사용의 우발적 특징으로서 일어날 수 있는 일을 사용자 경험의 체계적 특징으로 전환시킨다. 위치기반 미디어는, 기술적으로 매개된 사용자 위치의 공간적 지식에 의해 다소 명확하지만 체계적으로 그리고 역동적으로 형성된 방식으로, 또는 (근접 인식의 경우와 같이) 절대적이거나 관계적인 방식으로, 주위 사람들과 장소들 및 정보에 대한 어느 정도의 접근권을 제공한다. 그러므로 위치기반 미디어 사용자 경험은 내재적으로 결절적이지만(이 점에서 그것은 이동 중 스마트 폰 사용의 또 하나의 사례에 불과하다), 독특하고 근본적인 반전twist을 갖고 있다. 위치기반 미디어와 함께, 동일한 '지금 여기'와 관련된 두 가지 다른 장소 경험 방식은, 그것들이 동시에 관련될 때 함께 '주름지고' 펼쳐지는 것과 같다.

사용자들이 자신들의 환경에 접근하는 두 가지 방식이 있다. 하나는 체화된 방식으로 장비 없이 지각기관을 통하는 것이고, 다른 하나는 스마트폰 스크린과 그것이 제공하는 디지털적으로 매개된 세계의 모습을 통하는 것이다. 관련된 서비스가 지도상에 자신의 위치를 인식하게 하든지, 근처의 장소들을 추천하든지, 또는 주변에 '관심 있는' 사람들을 인식하게 하든지, 후자는 또한 사용자의 '지금 여기'와 지시적으로 관련되어 있다. 위치기반 미디어의 사용은 지시적으로 표현된 주변 세계의 두 가지 모습을 잠재적으로 동시에 가용하게 만든다. 그러므로 그와 같은 모바일 위치기반 미디어의 경험은 우리가 일반적으로 (길을 잃은 여행객이 자신이 어디쯤 있는지 알기 위해 종이 지도를 '펼치는' 옛 상황을 정확하게 다시 참고해 볼 수 있는) 자신의 주변에 대한 자기-중심적 이해 방식들이 동시에 지향되고 적절해지는 '펼침'으로서 해석할 수 있는 일단의 상황지어진 실천을 포함한다. 그러한 '펼침들'은 잠재적 불일치로서 인식할 수 있는 사건들을 두드러지게 만든다. 그러면 사용자 참여는 대개 자신들의 즉각적인 주위 환경에 거주하고, 이를 인식하고, 재현하고, 범주화하는 이 두 가지 방식이 모든 실천적 목적에 충분히 일치하는지 확인하고, 결과적으로 불일치로 인식될 수 있는 것을 치료하는, 일부 구체적인 배열 작업을 포함한다.

'펼침' 개념은 우리로 하여금, 활동 중에 다양한 위치기반 미디어를 사용하는 과정에서 명백해지는, 여러 가지 상황지어진 관련 실천들을 결합할 수 있게 해 준다. 그것은 또한 위치기반 미디어 사용자 경험의 구성적 특징, 곧 지각기관을 통해 경험되는 것으로서 그리고 기술의 매개를 통해 경험되는 것으로서 '지금-과-여기' 사이의 어떤 불일치를 인식 가능하게 하고 주목할 만하게 만드는 특징을 강조한다. 그러한 시-공간적 일치의 문제점을 처리하는 것은 위치기반

222

미디어로 보조되는 모빌리티의 반복적인 특징이다. 일단 의미 있는 것으로 이해되고 나면, 그러한 실천들은 그 모든 세부 사항에서도 경험적으로 의미 있게 분석될 수 있다. 그래서 배리 브라운Barry Brown과 에릭 로리어Eric Laurier는 "GPS를 가지고 운전할 때 생기는 정상적이고 자연적인 문제점들"과 그러한 정렬 문제alignment issues를 처리하는 매우 섬세하게 논의된 보기를 제공한다(Brown and Laurier 2012). 그와 같은 GPS는 여기서 우리의 관심사가 아니다. 왜냐하면 GPS는 역동적이기는 하지만 다른 사람들이나 가상 객체들에 대한 장소감을 (아직) 주지는 않기 때문이다. 우리는 여기서 오히려 도시 모빌리티 이슈와 구체적으로 위치기반 미디어의 광범위한 사용이 어떻게 공공장소에서의 만남들을 재형성할 수 있는지에 초점을 두는 일부 위치기반 미디어를 살펴볼 것이다. 이에 대한 연구는 도시 사회학과 도시 연구의 주춧돌이 되어 왔다.

　나는 세 단계로 진행하려고 한다. 첫째, 그러한 만남들이 위치기반 미디어 사용자들과 위에서 묘사한 대로 '주름진' 상황들을 포함할 때 취할 수 있는 특정한 형식들을 묘사하려고 할 것이다. 둘째, 이러한 이해를 그러한 '증강된 만남들'의 성취 이면에 있는 규범적 기대들을 묘사하는 데 사용할 것이다. 마지막으로, 이러한 이해를, 이 특집호의 정신 안에서, 위치기반 미디어 사용이 스마트 도시에서 도시 모빌리티의 일반적 특징이 된다면, 미래의 도시 모빌리티는 무엇을 느끼게 될 것인가를 추론하는 데 사용할 것이다.

위치기반 미디어와 미래 도시 사회성의 구성 형식으로서 '가명의' 이방인들과의 만남의 발전

20세기의 근대 산업화된 메트로폴리스는 서로 모르는 모바일 신체들의 대규모 흐름 통로들이 그들의 매일의 모빌리티 과정에서 혼합되는 '이방인들의 도시'(Lofland 1998)로 묘사되어 왔다(Whyte 1980). 20세기 사회학에 따르면, 메트로폴리탄 공공장소에서의 도시 모빌리티에 특유하고 구성적인 한 특징은, 공공장소에서의 만남은 대개 잘 모르는 익명의 이방인들을 포함할 것이라는 (지나가는 아는 사람과의 계획되지 않은 만남은 통상적이지 않고 눈에 띨 만한 사건이 되게 하는) 기대였다.

'이방인'은 여기서 짐멜Simmel이 일찍이 그 개념을 사용했을 때 함축되어 있는 종류의 타자성을 포함하는 것이 아니라, 함께 길을 지나게 되는 사람들과 익숙치 않다는 사실을 강조한다. 이것은 디폴트 기대가 정반대인, 곧 주로 친숙한 얼굴들과 만나게 되는 (외부인과의 만남은 매우 눈에 띄게 만드는) 마을이나 작은 공동체로부터의 변화였다. 고프먼은 공공장소에서 서로 모르는 이방인들 사이의 초점 있는 만남과 초점 없는 만남의 조직을 체계적으로 분석했으며, 얼굴[4]의 유지를

중시하고 다른 이들을 방해하지 않고 놔두는 규범적 기대의 중요성을 강조했다. 그 점에서, 고프먼의 예의 바른 무관심civil inattention은 도시 공공장소에서 이방인들과의 만남을 관리하는 데 도덕적 기대와 중요한 실천적 자원으로 보인다. 나는 여기서 공공장소에서 그러한 이방인들 사이의 뒤섞임의 결과와 문제의 이방인들이—전부 또는 그들의 상당 수가—모바일 위치기반 사용자들일 때 그러한 아주 적은 근접-기반 만남들이 관리되는 방식들을 조사할 것이다.

가상의 지인들과의 계획된 연계된collocated 만남

그러한 만남들을 분석하기 위해서는 먼저 서로 모르는 당사자들 사이의 특별한 종류의 만남, 곧 이전에 한 번도 만난 적이 없고 (그래서 대개 서로를 알아볼 수 없는) 하지만 서로에 대해 어느 정도는 알고 있는 두 사람이 실제로 만나는 연계된 만남을 고려하는 것이 유용하다. 그러한 만남은 이방인과 대충 아는 사람인 타인들을 포함한다. 그(녀)는 우리가 직접 만난 적이 없기 때문에 이방인이며, 얼굴을 보고도 서로 알아보지 못할 것이다. 우리가 직접 만나지는 못했을지라도 멀리 있는 우리 사이에 자주 일정한 형식의 커뮤니케이

___

된 긍정적인 자아 이미지"이고 "조우 중에 있는 행위자들은 서로의 face를 보호해야 할, 최소한 위협하지 말아야 할 도덕적 의무가 있다"는 뜻에서, 곧 사회적으로 승인된 공적인 얼굴이란 뜻에서 '공안公顔'이라고 옮긴다. 최종렬. 2011. "대면적 상호작용에서 여성의 '성스러운 게임' − 고프만의 시각에서." 《사회이론》 39. 14쪽 각주 4. 그러나 나는 고프먼이 'face'를 은유로 사용하고 있으므로, 굳이 '공안'이라는 사용하지 않는 낱말로 옮길 필요는 없다고 본다. 그래서 그대로 '얼굴'이라고 옮긴다.

선이 있었기 때문에 그(녀)는 아는 사람이다. 예전에는 그러한 원거리 상호작용이 서신을 통해 이루어질 수 있었지만, 오늘날에는 전화나 전자 커뮤니케이션에 의존할 것이다. 시각적 친숙함과 친분이라는 뚜렷한 범주와 관련하여, 그러한 (전에 본 적은 없지만, 듣거나 말해보았던) 가상의 지인은 '친숙한 이방인'(Milgram 1992)에 대조될 수 있다. 친숙한 이방인은 반복된 모빌리티와 만남의 과정에서 얼굴은 친숙해졌지만, 상호작용은 없거나 최소한이어서 개인 정보의 공유는 불가능한 모르는 사람이다. 가상의 지인은 시각적으로 친숙하지 않지만, 이전의 상호작용이나 다른 상대들의 언급에서 그(녀)에 대한 어느 정도의 개인적 지식은 갖고 있다. 이것은 선의를 가진 친구가 당신을 직업이나 어떠한 개인 서비스를 위해 만나도록 추천한 어떤 모르는 사람일 수도 있고, 어떤 물건을 교환하자는 광고에 응답한 사람일 수도 있고, 온라인으로 만나서 결국 면대면 만남을 마련한 가상 관계일 수도 있다.

그렇게 가상의 친분이 있는 이를 면대면으로 만나는 경험은 오히려 드문 일이었다. 그러한 만남은 거의 항상 주의 깊은 계획(과 만나기 위한 프로젝트)을 수반한다. 그 주인공들은 전에 직접 만난 적은 없기 때문에, 만남을 계획하지 않고 우연히 같은 자리에 있게 되었다고 알아차릴 수 있게 하기 위해 매우 특별한 상황이 필요할 것이다. 초기의 전형적인 사례는 신문 개인 광고를 통해 만나 어떤 공공장소에서 첫 번째 데이트를 계획하는 사람들일 것이다. 이 사례는 가상 지인들 사이의 첫 번째 면대면 만남에 대해 양쪽이 가지는 전형적이고 핵심적인 관심사, 곧 잠재적으로 잘못 알아차릴 요소가 있지만 이방인들의 무리 가운데서 전에 만난 적은 없으나 이미 상호작용은 했던 누군가를 알아차려야 하는 문제를 강조한다. 아래 인터뷰 발췌문에서, 웹기반 데이팅 사이트를 사용해 온 한 여성이 모르는 파트너를 확인하고 알아차리기 위해 어떻게 상황적 단서들에 의존했는지 그리고 그녀의 기대와 그의 외모 사이의 불일치가 어떻게 중요한 이슈가 되었는지를 포함하여, 그러한 만남을 묘사한다.

한 인터뷰에서 발췌(A는 인터뷰 대상자이고 Q는 인터뷰 진행자이다.)

A: 그래서 어, 그 사람(그녀는 웃는다), 그 사람을 일 끝나고 레알 Halles에서 만났어요. 만나기로 하고, 약속을 했죠. … 우린 서로 몰랐기 때문에 우리가 거기서 기다리고 있는 유일한 사람들일 거라는 사실을 확신했죠. 그리고…

Q: 카페 밖이었나요, 아님 안이었나요?

A: 바깥의 모퉁이였어요. … 샤틀레 광장 모퉁이에 있는 레알에서였어요. … 그리고 아 제가 그 남자에 대한 환상을 가지고 있었기 때문에 실망했어요. … 저 스스로에게 말했죠. … 음 저는 그의 이름에 대해 환상을 가지고 있었고, 그의 이름을 사랑했고, 그의 목소리를 사랑했어요. 그 사람은 우리가 전화로 나누었던 세상 이야기들에 관심이 있는 듯 보였어요. 그리고 어 음 그 사람은 제가 신체적으로 기대했던 것과 일치하지 않았어요.

흔히 옷의 세부 사항과 같은 시각적 단서를 미리 정하는 실천은 신원 확인 문제의 적절성과 그러한 신원 확인을 실천적으로 관리하는 어려움의 증거이다. 앞 절과 관련하여, 그러한 특별한 상황은 설계에 의해서 '주름진' 것이라고 말할 수 있다. 연계된 만남은 미지의 지인과 계획을 잡아야 하기 때문에, 어떤 만족스럽지 못한 상대가 나올 수 있다는 것을 '알고 있다.' 그래서 이전 원거리 상호작용의 사전 역사로부터 그 만족스럽지 못한 상대의 재현과 그에 대한 기대가 있을 수 있겠지만, 그녀의 주위 상황, 곧 지금 여기는 그녀의 시각적 발견에 의해 점검될 수 있다. 접근성과, 직접적 타자 인식과 이전의 원거리 대화로부터 알게 된 것의 공동 관련성의 이중성은 주름진 상황의 특징이다. 그 결과는 신원 확인 과정에서 인지 가능한 것을 이전 원거리 상호작용이나 부재 중 언급들에서 생겨난 기대들과 일치시키려는 끊임없는 지향이다. 그것은 잠재적 불일치와 어긋남을 강조하고 매우 눈에 띄게 만들며, 그래서 상황의 잠재적 통일성을 위협하고, 어떤 조정 작업과 관계된 사람들에 대한 기대를 재정립하는 것을 타당하게 만들 수 있다.

위치기반 미디어: 가상의 지인과 '가명의 이방인' 사이의 우연적 만남을 가능하게 하기

신원을 확인하고 서로 알아보는 과정에 관련된 실천적 문제들 때문에, 가상의 지인virtual acquaintances과의 만남은 우연히 예외적으로만 일어날 수 있다. 우리는 일반적으로 그러한 가상 지인이 그녀를 알아볼 수 있게 주변에 있다는 것을 사전에 알아야 한다. 그러나 많은 종류의 위치기반 미디어에 의해, 사용자들은 다른 사용자들의 근접성과 위치에 대한 감각을 제공받는다. 내가 위치기반 미디어 사용자라면, 이 기기들의 핵심 특징은 내 주위의 다른 사용자들의 존재나 근접성을 '발견할' 수 있도록, 그래서 그들과 우연한 만남을 가능하게 해 준다는 것이다. 이 만남들은 가상의 지인을 포함할 수 있지만, 그들 대부분은 우리가 '가명의 이방인'이라고 부른 존재들과 관련될 것이다. 이들은 이전에 한 번도 상호작용해 보지 못했거나 (가상 지인과는 달리) 전에 말해 본 적이 없는, 그러나 완전한 이방인은 아니다. 왜냐하면 위치기반 애플리케이션이 대개 (프라이버시 설정이 허용한다면) 사용자의 프로필과 이전 이력 요소들과 함께, (실제 이름일 수도 있고 가명일 수도 있는) 전자 이름과 같은 그들에 대한 정보를 사용할 수 있게 해 주기 때문이다. 이런 일은 드래곤퀘스트 9 또는 인그레스와 같은 근접성에 민감한 모바일 게임들, 일반적 목적의 포스퀘어와 같은 위치에 민감한 모바일 소셜 네트워킹 애플리케이션, 또는 데이팅 지향적인 그라인더와 틴더를 통해서도 있을 수 있다.

 그러한 기기들과 함께 그리고 그러한 기기들이 더 광범위해지면서 가상의 지인과 가명의 이방인들과의 우연한 만남은 더욱더 가능해질 뿐만 아니라 흔한 일이 되어 간다. 근접-인식 또는 위치-인식 위치기반 미디어의 사용으로, 동일한 모바일 플랫폼을 사용하는 두 사람이 서로 가까워질 때, 그들의 모바일 기기는 서로 '알아볼' 수 있으며, 그래서 모바일 애플리케이션은 알림이나 디지털 지도를 통해서 디지털 페르소나의 위장(그들이 모바일 애플리케이션 안에서 나타나는 모습) 아래 서로의 존재를 인식할 수 있게 해 준다. 만약 그들이 타자의 존재에 대한 상호 인식을 무시하지 않고 만남을 시작하기로 선택한다면, 그들이 물리적으로 만난 적은 없으나 (모바일 애플리케이션에 있는 프로필 그리고/또는 이전의 커뮤니케이션을 통해) 디지털 개념만 갖고 있는 누군가를 시각적으로 인지하는 상황에 있는 자신을 발견한다.

예를 들어, 그라인더는 근접 인식을 중심으로 조직된다. 애플리케이션에 연결하면, 게이 연락처들과 그들의 프로필이 스크린에 뜨게 되며, 가장 가까운 것부터 공간적 거리에 따라 정렬된다. 위의 온라인 데이팅 사례와 달리, 잠재적인 새 파트너와의 만남(또는 '가벼운 접촉')은 우연히 일어날 수 있다. 아래 발췌문에서 한 사용자는 그러한 만남을 묘사하고 있는데, 그는 게이 바에서 애플리케이션에 연결하여 같은 장소에서 전에는 알지 못했던 다른 그라인더 사용자를 '발견한다'.

바에서 저와 가까이에 있는 한 남자를 우연히 보게 되었을 때, 그가 발산하는 것과 그가 그의 프로필에 올린 것 사이에서 완전히 역설적인 것을 발견하고는 그에게 말했어요. 그는 실제 보이는 것보다 프로필에서 훨씬 더 좋아 보였어요. 근데 그건 그의 신체적 외모 문제가 아니라, 그가 발산하고 있는 것의 문제였어요. (프로필에는) '열린,

친절하고 긍정적인 남자' 같았는데, 여기서는 찡그리고 있었고, 전혀 느긋해 보이지 않았어요. 전 그에게 메시지를 보냈고, 그는 내려다보더니 응답을 하지 않았어요. 저는 거의 그 남자 앞에 있었고요. 그는 제대로 보았는데도, 심지어 그라인더에서도 응답할 배짱이 없었어요(C. 40세).

이 사례와 온라인 데이팅 인터뷰에서 취한 이전 사례와의 주된 차이점은, 후자의 경우에는 가명의 이방인들 사이의 면대면 만남이 (미리 마련된) 계획의 산물인 반면, 여기서는 우연히 일어난다는 것이다. 여기서 가상의 지인과 가명의 이방인 사이의 만남에 특유한 특징들을 발견할 수 있다. '발견된' 잠재적 파트너는 그의 모바일 애플리케이션 식별기와 프로필을 통해 스크린에 접근할 수 있고 '알려지며,' 그래서 모바일 애플리케이션을 통해 만들어진 디지털 인상impression과 그의 신체적 외모 사이의 일치는 명확하게 언급되어야 하는 관심사가 되기에 충분하다. 그 상황은 온라인 프로필과 공현전하는co-present 사람의 관리를 수반한다. 그러나 그라인더 사용자는 또한 그 상황이 결절성을 자원으로 사용함으로써 어떻게 관리되는지 묘사한다. 면대면 대화는 (그들이 서로 인지하였기 때문에) 하나의 가능성이지만, 접촉은 문자메시지로 이루어지며, 그래서 면대면 상호작용은 간과하거나 '회피된' 것으로 보인다. 여기서 상호근접성의 상호 인식은 명백한 인식과 인사를 통한 상호작용 가운데 인정되어야 한다(Licoppe and Inada 2010).

그러므로 위치기반 미디어는 일종의 온라인 연결은 갖고 있지만 직접 만나지는 못했던, 그리고 심지어 온라인으로도 이전에 상호 작용을 하지 않았을 수도 있는 가명의 이방인의 발견을 (가상 지인 의 사례에서처럼) 계획되지 않고 우연히 발견한 일로서 가능하게 한 다. 이것은 데이팅 애플리케이션에 한정되지 않는 일반적인 특징이 다. 다음 발췌문은 파리의 포스퀘어 사용자들에 대한 현장연구에서 취한 것이다(Licoppe and Legout 2014). 사용자들이 (지리 위치와 온라인 설 명자에 의해 정의된) 특정한 '장소들'을 확인하는 이 위치-인식 모바 일 소셜 네트워킹 애플리케이션에서, 같은 호텔에 체크인해서 '시장 mayorship'[5]을 놓고 경쟁하는 두 포스퀘어 사용자들은 그들의 만남을 이렇게 묘사한다.

올여름 레위니옹에서 휴일을 보내고 있었어요. 그리고 에어 프랑 스 여승무원과 오후를 보냈는데, 그녀가 포스퀘어에 체크인하고 호 텔 프론트에서 나를 찾아와서, "당신이 방금 이 호텔에서 내 시장 지 위를 뺏어간 그 샌드린인가요?"라고 말했기 때문이죠. 나는 그렇다 고 하고, 우린 그녀의 직업과 많은 다른 것들에 대해 이야기하면서

---

5 [역주] 포스퀘어 같은 위치기반 서비스는 사용자들을 경쟁자로 만드는 게임의 측면을 가지 고 있다. 참가자들은 더 많이 참여함으로써 격려와 보상을 제공받는데, 체크인을 하게 되면 점수가 올라가고 점수가 가장 많은 사람이 그 지역의 '시장'이 된다. 그리고 필요한 정보를 가공하여 제공하는 무시 기술은 다른 사용자가 '시장'을 뺏어갈 수 있는 근거리에 와 있음을 알려 줄 수 있다.

오후를 보냈어요. 이런 만남은 가져 보지 못했던 진짜 만남이었죠. 제가 포스퀘어에 있지 않았다면 그녀는 제게 말을 걸지 않았을 거예요(Sandrine, 45세).

이것은 가명의 이방인들 사이의 우연적 만남의 또 다른 사례이다. 그들은 전에 만난 적이 없고, 같은 포스퀘어 '장소'에서 체크인을 했다는 사실을 통해서만 서로를 알았다. 이것은 간접적인 상호작용 형식이다. 상호인식은 만남을 야기한다. 신체적 공현전 그리고 온라인 공현전 사이의 접합을 펼치는 것은 (직접적인 문의를 통한) 인식과 대화 시작에 한정되지 않는다. 온라인 프로필과 신체적 외모를 일치시키는 것은 데이팅 애플리케이션에서보다 훨씬 덜 중요한 이슈이다. 위 사건이 말해지는 방식에서, 상황의 결절성은 데이팅 사례에서보다 덜 활발하게 이용된다. 그것은 대화를 개시할 때 촉발되는데, 왜냐하면 (체크인하고 시장 자리를 차지하기 위해 경쟁함으로써 수행되는) 디지털 인식에 대한 언급에 도움받아 대화의 문을 열기 때문이다.

가명의 이방인들과의 만남을 펼치는 데 특징적인 궤적: '소심한 만남'

가명의 이방인들 사이의 이러한 우연적 만남들은 면대면 상호작용에서는 상대적으로 단도직입적으로 펼칠 수 있지만, 참여자들은 이미 위의 그라인더 사례와 마찬가지로 성찰적인 하이브리드 생태계에서 펼쳐지는 만남의 결정성에 의해 제공되는 상호작용적 가능성에 매우 열려 있다.

예를 들어, 근접성 게임 드래곤퀘스트 9(플레이어들이 서로의 몇 미터 안에 있게 될 때 알림이 발생하고 게임 액션이 가능해지는 모바일 기기에서 플레이되는 게임)의 플레이어들은 '용감한 만남'과 '소심한 만남'을 구분한다. '용감한 만남'에서는 비행기 여승무원이 호텔 시장 타이틀을 놓고 경쟁하는 다른 포스퀘어 사용자에게 자신을 알리는 포스퀘어 사례와 약간 비슷하게, 그들이 만난 적이 없는 (그리고 단지 게임 캐릭터로서만 '아는') 상대 플레이어에 가까이 있다는 것을 인식하게 된 플레이어들은 그들에게 자신을 알리고 면대면 대화를 개시한다(Licoppe and Inada 2015). '소심한 만남'에서는 동일한 플레이어가 근처에 머무르지만 직접 자신을 알리지는 않을 것이다. 그(녀)는 게임플레이를 통해서만 그녀 근처에 있는 다른 플레이어들과 상호작용하면서 지나가는 행인으로 인식 가능하도록 행동하려고 할 것이다. '소심한 만남'은 '결절성,' '주름짐,' 그리고 상황의 '증거적 경계'(evidential boundaries, Goffman 1974)[6](신체는 주위 사람들에게 시각적으로 유효하지만, 온스크린 행위는 그렇지 않다)를 이용한다. 위에 묘사된 그라인더 만남은 소심한 만남의 종류이다. 두 그라인더 사용자는 서로를 알아보았을 것이나, 그에 따라 행동함으로써 그 만남을 인정하지 않기로 선택했으며, 그들의 상호작용을 모바일 스크린 안에 한정

---

6 [역주] 상호작용 참여자가 근처에서 어떤 일이 일어나고 있는지 인식할 수 있는 범위를 말한다. 곧, 그 범위를 넘어서면 인식이 어려워지는 경계이다.

지었다. '소심한 만남'에서 소심한 당사자는 의도적으로 스크린상의 다른 상대와 상호작용하면서 시각적 인식을 회피하거나 명시적으로 인정하지 않으려고 한다.

'소심한 만남'은 주로 수많은 보행자들과 동일한 위치-인식 애플리케이션을 사용하는 (그래서 '동일한' 성찰적 하이브리드 생태계에 거주하는) 여러 다른 사람들로 가득 차 있는 공공장소에서 이방인들과의 가명의 만남이 갖는 근본적인 범주적 모호함에 대한 증거를 제공한다. 경로가 교차할 때 위치를 인식하고 연결된 이 도시 거주민들에게는 두 종류의 범주가 항상 유효하다. 하나는 고프먼의 의미에서 예의 바른 무관심을 관련되게 만드는 일상적인 모바일 이방인들의 범주이며, 다른 하나는 연결된 동일한 모바일 애플리케이션 사용자들의 범주이다. 후자는 그들로 하여금 디지털 위장 아래 서로의 근접성을 인식하게 해 주며 더 초점 있는 만남과 말이나 디지털 자원을 통한 대화의 가능성을 보여 준다. '소심한 만남'은 그러한 모호성을 이용하며, 그 모호성은 또한 가명의 만남들에서 다른 형식의 행동을 구성한다.

이것은 또한 잠재적으로 다양한 위반 행동 유형들로 이끈다. 가벼운 것은 일종의 모바일 디지털 관음증, 곧 주위의 다른 사람들이 알아차리지 못하게 하면서 그들의 온라인 프로필을 살펴보는 것일 것이다. 미래의 연결된 시인은 그의 시선을 끈 아름다운 낯선 행인의 프로필을 살펴보려는 유혹이 생길 수 있으며, 아마도 그러한 만남을 보들레르와 같은 방식으로는 묘사하지 않을 것이다. 같은 이

유로 가명의 이방인들과의 만남은 특정한 형태의 취약성을 갖고 있다. 플레이어들이 그들의 위치와 도시에서 수집해야 하는 가상 물체들의 위치를 보여 주는 지오로케이션 지도geo-located maps[7]를 가지고 있는 위치-인식 게임 모기에 대한 이전 연구에서 취한 다음 사례에서(Licoppe and Inada 2006), 한 여성 플레이어 C는 스크린에 인식된(메시지 1) 상호 근접성에 기초하여 다른 플레이어와 접촉을 시작한다.

1. C : (19:18:20) : 今、近くに居るんだね。☺
   Now we are close aren't we? ☺ ((smiling smiley))

2. D (19:22:36) : 近いね☺ もしかして...!見えたかも?
   yes, very close ☺ ((surprised smiley)) I may ...have seen you ?|

3. C (19:24:54) : 見えてた?
   You saw me?

4. D (19:26:17) : ふふふ ☺|♥|
   He He He ☺| ((smiling smiley)) ♥ | ((big heart and small one))

5. C (19:27:54) : 何なに?
   What? what?

그의 응답(메시지 2)에서, 두 번째 플레이어 D는 그들의 근접성을 인식하고, 그가 첫 번째 플레이어를 보고 있을 수 있다는 힌트를 준다. C의 다음 메시지는 그녀가 그를 보지 못했다는 것을 확인시켜준다. 이것은 그 상황에서 시각적 비대칭을 두드러지게 해 준다. 그것을 알아차리고 처리하는 것은 그 상황의 결절성에(그들은 면대면 상

---

7 [역주] 지오로케이션은 특정 디바이스의 지리적 위치 정보를 통해 사물이나 사람의 실제 위치를 확인하는 기술로, GPS는 지오로케이션의 대표적인 예이다. 지오로케이션 지도는 GPS와 같은 기술을 사용하여 사람이나 사물의 위치 좌표를 표시해 주는 지도를 뜻한다.

호작용과 무관하게 문자메시지를 교환할 수 있다.) 기초하며, 그녀의 상황의 통일성 및 일관성과 관련하여 그녀의 관점으로부터 잠재적인 이슈를 제기한다. 그녀는 스크린에서 D를 보고, 그들은 서로의 근접성을 인식했으나, 그녀는 이 매개된 재현을 그를 인식할 수 없는 그녀의 공현전 경험과 조화시킬 수 없다. 이것은 '주름진' 상황에서 흔히 일어날 수 있는 특유의 이슈이며, 이는 '지금 여기'를 인식하는 두 가지 다른 인식 양태에 대한 병행적 지향과 온스크린 경험과 공현전 경험 사이의 있을 수 있는 괴리를 포함한다. 그러한 관심사들은 D가 먼저 그러한 비대칭이 공공장소에서 이방인들 사이의 만남에는 동등한 권리가 있다는 규범적 기대를 깨뜨리면서 그에게 줄 수 있는 (메시지 4의 '우월한' 웃음) 권력을 암시하는 다음 메시지에서 표면화되며, 그러한 상황이 그녀로부터 끌어낼 수 있는 잠재적인 불만과 감정들을 일으킨다.

6. D (19:29:00) : おっ☺

    Oh ☺ ((astonished smiley))

7. C (19:32:30) : どうしたの？

    What is happening to you?

8. D (19:34:23) : ドキドキしてる……?

    Is your heart beating?

9. C (19:34:54) : うん！

    Yes!

10. D (19:36:18) : 会う？

    Do you want us to meet?

11. C (19:37:46) : ううん。今仕事中だもん！駄目だよ。☺

    No I am at work we cannot ☺ ((winking smiley))

결국에는 거절당하게 된 만나자는 그의 마지막 제안은 이 연속적 맥락에서 마지막으로 그들의 공현전과 온라인 인식과 상호작용적 상황을 재배열하고 그들을 일치하도록 만듦으로써 주름-관련된 긴장을 해소하려는 제안으로 보인다.

모기 현장연구에서 취한 또 하나의 인상적인 사례에서, 집에 있는 한 여성 플레이어가 친숙한 다른 플레이어들에게 그녀의 집 근처에서 온스크린에 자주 나타나서 공간적으로는 가깝고 근접성을 상호 인식하고 있지만 그녀와의 접촉을 시도하려고 하지는 않는 한 플레이어에 대한 걱정을 표현한다(Licoppe and Inada 2010). 그러한 의미심장한 '침묵' 때문에, 그는 모호한 인상을 준다. 그는 계속하여 침묵하기 때문에, 이방인이 행동하는 것과 같이 행동한다. 그러나 그는 게임 안에 있기 때문에, 플레이어로서 행동하기를 (곧, 문자메시지 접촉을 개시함으로써 온스크린 근접성을 인정하기를) 기대 받고 있다. 스크린상에서 매우 가까이에 있을 때, 그에게 예의 바른 무관심은 선택지가 아니다. 인류학은 우리에게 범주적 경계를 넘어서는 것들은 흔히 위험한 것으로 인식된다고 보여 주었다(Douglas 1966). 이 범주적 애매성은 그녀의 입장에서 볼 때 이 플레이어의 행동을 모호하고 위반인 것으로 만들며, 그녀로 하여금 그를 '스토커'(이 맥락에서는 '침묵'하지만 스크린에는 반복적으로 가깝게 나타나는 플레이어를 묘사하는 것으로 재정의된 범주)와 같이 잠재적으로 위험스러운 존재로 인식하고, 그녀의 플레이어 친구들에게 도움을 구하도록 이끈다. 위치-인식 게임의 세계 안에서 고프먼의 침묵하는 이방인 역할을 하는 것은 모든 플레이어들에게 이해 가능한 방식으로 불안을 야기할 수 있다. 위 상황을 특징지으며, 다른 범주화들과 관련 행동 유형들을 동시에 적절하게 만드는 특별한 형식의 결절성은 가명의 만남이 위반이나 위협으로 인식 가능한 행동 양식들의 장소가 될 수 있는 방식을 형성한다.

그러므로 가명의 이방인들과의 우연한 만남은 도시환경에서 위치기반 미디어 사용의 결과이자 핵심적인 특징이며, 그러한 경험을 독특하게 만들어 주는 것들의 일부이다. 그들의 조직, 기대되는 사회적 행동의 종류, 그리고 그것들이 창조적이거나 위반적인 태도로 발전할 수 있는 방식, 이 모든 것은 상황의 결절성(행인, 예의 바른 무관심과 모바일 애플리케이션 사용자 그리고 모바일 대화자와 같이, 행위와 커뮤니케이션의 구별된 매개, '증거적 경계,' 각기 다른 범주화 기기들과 범주−한정적category-bound 행동의 관련성)과 (주위 세계에 대한 '직접적인' 접근과 스크린에 매개된 접근과 관련하여 불일치로서 인식할 수 있는 일부 배열configuration과 그리고 그러한 불일치의 관리를 적절한 이슈로 만드는) 적절해진 상황의 형식을 기반으로 한다.

'소심한 만남'과 같은 앞서 묘사했던 일부 행동들은 또한 서로의 근접성과 디지털 아우라aura에 민감한 모바일 터미널을 가지고 거리를 따라 움직이는 위치기반 미디어 사용자가 대개 단지 소수만 있다는 사실에 근거한다. 그러한 도시 배열에서는 가명의 이방인들과의 우연한 만남이 고프먼이 상호작용 질서로 매우 잘 묘사했던 (연결되지 않은) 이방인들 사이의 만남의 종류보다도 중요하다. 그러나 위치기반 미디어의 사용이 더 흔한 일이 되어 모든 도시 거주민이 디지털 방식으로 연결되고 위치-인식 가능해지는 미래를 상상해 보면, 도시는 '이방인들의 장소'라기보다는 '가명의 이방인들'의 장소가 된다. 내가 보여 주려고 했던 바와 같이, 고프먼의 분석적 접근이 여전히 유효하지만, 가명의 이방인들의 만남을 특징짓는 상호작용 질서의 종류는 그가 20세기 중반 서구 메트로폴리스에서 관찰한 것과는 다르다. 모든 온스크린 근접성에 신경 쓰는 것은 싫증나는 일일 수 있기 때문에, '예의 바른 무관심'은 여전히 어느 정도 유효할 수 있으나, 그것은 체화된 근접성에 대해 최소한의 응시를 하도록 관리하고, 지나가는 행인에 대한 가용한 정보를 온라인으로 살피고 그에 따라 행동하는 것은 삼가는 다른 종류의 예의 바른 무관심일 것이다. 공공장소에 있는 모든 사람이 모두가 어떤 종류의 디지털 위치 인식을 통해 인식할 수 있는 디지털 아우라를 지니고 다닌다면, 도시의 사회적 경험은 필연적으로 달라 보일 것이다.

결론

우리는 여기서 다양한 위치기반 미디어를 사용하는 경험의 독특성을 이해하는 틀을 제공하고, 그 틀을 미래 디지털 모빌리티에 대한 감각을 갖기 위해 사용했다. 결절 개념은 한 사람이 온스크린 모바일 활동과 오프스크린 모바일 활동을 실행하는 다양한 인식 가능한 참여들 사이에서 왔다갔다하는 상황에 대한 이해를 가능하게 했지만, 나는 모바일 위치기반 미디어의 사용이 하이브리드 생태계의 결절성을 유지하고 있지만 특유의 반전을 갖고 있다고 주장했다. 스크린으로 매개된 근접성—또는 위치—인식 때문에, 동일한 '지금 여기'의 상황에 대한 두 가지 다른 버전이 동시에 가능하다. (종이 지도로부터 GPS 또는 그라인더와 같은 근접-인식 모바일 애플리케이션에 이르기까지) 위치기반 미디어의 사용은 우리가 '펼침'이라고 해석했던 일단의 행위를 포함한다. 펼침에서 지시적으로 표현된 상황 고려 방식은 잠재적 불일치나 차이를 눈에 띄게 만드는 방식 안에서 한데 묶여지며, 그래서 일종의 배열 작업을 적절하게 만든다. 그 배열 작업의 정확한 본질은 무대와 현재 활동에 의존한다.

　나는 이 분석적 틀을 미래 디지털 모빌리티의 특징으로 여겨지는 일부 모빌리티 형식과 사회성, 곧 모바일 위치기반 미디어의 광범위한 사용으로 특징지어지는 도시환경을 이해하는 데 사용했다. 나는 디지털 모바일 이방인들이 도시에서 고프먼의 메트로폴리스의 경우와 같은 익명의 이방인으로서보다는 가명의 이방인으로서 만난다고 주장했다. 가명의 이방인들은 만난 적은 없지만 우리가 모바일 기기를 통해 연결되고, 모바일 위치기반 미디어가 그들의 근접성을 인식하게 하는 온라인 페르소나만 보았던 사람들이다. 도시 공공장소에서 가명의 이방인들과의 만남은 공공장소에서 익명의 이방인들 사이의 만남에 대한 고프먼의 묘사에서처럼 모바일 신체와 재빠른 시선과 예의 바른 무관심만을 포함하는 것이 아니다. 그 만남은 시각적 인식과 신원 확인, 그리고 시각적으로 가용한 신체적인 것과 모바일 애플리케이션을 통해 가용한 것 사이의 일치 등 '펼침'과 관계되는 모든 이슈들을 관련되게 만든다. 그러한 사람-관련 펼침 형식은 (한 사람이 온라인으로는 상호작용하면서 그러한 시각적 인식과 매칭 작업을 회피하는 '소심한 만남'의 등장과 같이) 창조적인 행동과, 근처에서 자주 온라인으로 지켜보기만 하면서 스토커와 같은 어떠한 형태의 상호작용도 제안하지 않는, 연결된 타인에 대한 재정의再定義로서 잠재적 위협을 인식할 특별한 기회를 제공한다.

위치-민감 그리고 근접-민감 기술은 우리 주변의 그러한 '타자들'에 대한 끊임없는 디지털 발견을 가능하게 한다. 그러한 기술이 광범위해지고 모든 도시 거주민이 그러한 애플리케이션에 연결되는 한계 내에서는, 디폴트 기대가 도시 공공장소에서 타인들을 익명의 이방인으로서가 아니라 가명의 이방인으로서 만난다는 것이다. 그러므로 근접-인식 디지털 모빌리티의 발전과 함께, 이방인들과의 가명의 만남이 제기하는 관심사는 도시 사회성에 핵심이 될 것이다. 가명의 이방인들의 도시에서, 일부 상징적인 인물들과 이방인을 만나는 것과 관련하여 19, 20세기 서구 메트로폴리스에 특유한 활동들은 상관없는 것이 된다. 보들레르의 '지나가는 여인passante'의 프로필이 스크린에 떠 있는 완전히 연결된 세계에서, 그녀의 길을 지나가는 것과 여전히 연결되어 근처에 있는 보행자에 관련된 디지털 정보를 보기 위해 어떤 프로필에 클릭할 수 있는 상황에서 '산보객flâneur'의 위반적인 분리를 회복하려고 하는 것을 상상해 보라. 관여와 비관여와 심지어 분리로 간주되는 것의 관리, 그리고 근대 메트로폴리스의 특징인 도시 공공장소에서 개인의 평온을 보존할 권리는 디지털 모빌리티의 발전에 깊이 영향 받고 재형성될 것이다.

8장

매개된 보행자 모빌리티

에릭 로리어Eric Laurier
배리 브라운Barry Brown
모이라 맥그레거Moira McGregor

걷기는 항상 매개되지만, 많은 앱을 가진 스마트폰의 도래는 우리가 걷는 방식과 앱을 사용하는 방식을 변화시켜 왔다. 이 연구에서, 우리는 거리의 보행자와 스크린 위의 앱 사용자 행위들의 관계를 조사한다. 우리는 모바일 기기를 사용하는 동안에, 걷기에 의해서 그리고 걷기와 함께 구성되는 일련의 상호주관적 실천들을 드러내고 묘사한다. 함께 걷기를 성취하기 위해 스마트폰이 사용되고 주위와 교류되는 방식을 중심 주제로 하는 우리의 분석과 함께, 사용된 비디오 데이터는 도시 무대에서 스마트폰을 사용하는 보행자에 대한 더 광범위한 연구로부터 가져온 것이다. 우리의 접근은 이동적인 온스크린 행위들의 순차적이고 범주-기반적인 조직에 대한 민간방법론적ethnomethodological* 대화 분석 연구에 기대고 있다. 분석은 (일방적인 멈춤, 방향 전환, 다시 걷기 등과 같은) 걷기 행위들이 어떻게 지도 표시하기, 축척 조정하기, 그리고 '당신의-현위치' 점들의 이동 모니터링과 같은 지도 행위들과 연결되는지 보여 준다. 우리는 앱을 가지고 걷기의 협동적인 상호-주관적 본질에 대한 언급과 함께 결론을 맺는다.

---

* [역주] 그동안 Ethnomethodology를 '민속방법론'으로 번역해 왔지만, 이 옮김말은 '민속학 ethnology'과 혼돈하기 쉽다. Ethnomethodology는 사람들이 사회생활을 하면서 사용하는 방법에 대한 연구라는 뜻에서 '민간방법론'으로 옮기자는 김광기의 주장을 따라 '민간방법론'이라는 용어를 채택하였다.

서론

보행자들은 그저 걷는 것이 아니다. 그들은 서두르고, 꾸물거리고, 거닐고, 느긋하게 걷고, 빙빙 돌고, 잠시 멈추고, 멈추고, 가장자리를 지나고, 한가로이 걷고, 터벅터벅 걷고, 앞서가고, 물러서고, 왔던 길을 되돌아가고, 인도하고, 따라간다. 걷기는 다수의 전치적이고prepositional, 의도적이며 결과적인 행위다. 그들은 향해 걷고, 걸어 나가고, 걸어 떠나고, 안으로 걸어 들어간다. 보행자들은 그들이 걷는 장소들과 벌거벗은 채 접촉하는 것이 아니다. 하이킹 운동화는 비탈을 걷는 동안 그들의 발을 보호하며, 가격표와 상표는 쇼핑하는 동안 그들의 궤도를 형성하며, 팟캐스트는 걸어서 출근하는 동안 재미 있는 대화 안에 그들을 감싼다.

이 논문에서, 우리는 걷기 그 자체라는 것은 없다는 아이디어를 밀고 나가 확대한다. 우리의 목적은 '자아와 경관landscape의 차별적인 배열'(Wylie 2005. 336)을 생산하려는 것이 아니라, 매개된 모바일 실천의 상호주관적인 생산을 향해 나아가려는 것이다. 도시에서 우리의 걷기 실천은 모두 같지 않으며, 공원에서 맨발로 걷는 것과도 같지 않다. 걷기 실천은 신발, 포장도로, 횡단보도 등의 아주 오래된 기술에 의해 매개된다. 우리는 쇼핑 목록을 가지고 슈퍼마켓을 돌아다니며(Cochoy 2008), 버스 정거장에서 시간표를 읽으며 서 있고(Watson 2009), 전시와 관련하여 미술관을 이리저리 다니며(vom Lehn 2013), 길거리 연주를 듣기 위해 한동안 거리에 멈춰 서 있다(Smith 근간). 우리가 발로 장소들을 지나다니는 방식은 다양한 새로운 기술 체계와 관련된 미디어의 도래로 더 변화되어 왔다. 스마트폰은 소지하고 걷는 기기, 곧 여러 종류의 미디어를 보행자 실천에 도입한 기기로서 중대하게 여겨진다. 스마트폰이 걷는 사람들에게 가져다준 '새롭지만–오래된' 중요한 미디어의 하나는 지도이다. 지도 앱은 몇 가지 점에서 보행자가 들고 다니던 기존의 종이 지도와 다르다. 지도 앱은 '당신의 현위치you-are-here' 표시점을 나타내며, 지점들 사이에 제안된 경로를 제공한다. 지도 앱은 기기의 나침반 방위 측정과 맞추기 위해 축척이 재조정되고 회전될 수 있으며, 온라인 검색 엔진과 통합된다. 지도 앱은 사용자들이 자신의 현재 위치와 관련하여 사물들이 어디 있는지 보여 줄 수 있도록 지도 안에 핀과 다른 표시들을 할 수 있게 해 준다.

걷기는 몽유병적인 것이 아니다. 발을 움직이고 있다는 것은 그렇게 하는 이유가 있다는 뜻이다. 고객이 카운터로 걸어올 때, 그들은 물건 값을 지불할 것이라고 여겨진다. 걷기는 다양한 형태의 보행자 움직임뿐만 아니라 보행자 실천을 구성하는 의도된 행위들을 호도한다. 오스틴(Austin 1962)의 《말과 행위How to do things with words》는 언어는 참과 거짓 진술에 대한 준거 체계가 아니라 우리가 언어를 가지고 무언가 **행한다**는 것을 탐구한 기념비적인 강의 시리즈였다. 모빌리티에 대한 연구는 오스틴과 그 밖의 학자들의 작업을 기반으로 모빌리티의 수행적 역할을 고찰하지만, 구체적인 일상 언어가 무엇을 하는지 오스틴이 주의 깊게 구별했던 것을 놓치고 있다.

예를 들어, 참인 진술에 대한 논의에서 오스틴은 그러한 진술들에서 흔히 사용되는 세 단어(보기: '함의한다entail', '함축한다imply', '전제한다presuppose')의 다양한 효과를 조사한다. 이 논문에서, 우리는 **걷기가 사물과 함께 이루어지는 방식**을 놓치지 않으면서도 보행자들이 **걷기와 함께 무언가 하는 방식**을 고려함으로써 모빌리티 연구와 오스틴의 작업과의 관계를 심화시킨다.

다음에서, 우리는 어떻게 해서 걷기 실천이 지도 앱을 읽는 데 핵심적인지, 그리고 어떻게 해서 지도 앱을 읽는 것이 비대칭적이라 할지라도 성찰적으로 걷기와 연결되어 있는지 살펴볼 것이다. 함께 걷는 보행자들을 조사함으로써, 그들이 어디로 가고 있는지 그리고 각자가 다음에는 어디로 갈 것인지를 알든지 모르든지 간에, 우리는 순간 단위로 무슨 일이 일어나는지 서로에게 인식 가능하게 만드는 데 걷기가 하는 역할을 탐구할 것이다.

보행자의 움직임 자체가 지도에 기입되기 때문에 속도, 궤적, 멈춤, 방향 전환 등과 같은 걷기 행위의 구체적인 특징들은 함께 지도를 이해하고, 지도로부터 이해하는 의미를 보여 주는 자원을 제공한다. GPS 기술은 '당신의 현위치' 점을 지도 위에 표시해 주며, 지도를 상하로 움직이며, 축척을 설정하는 데 이용된다. 프리스(Frith 2012)가 언급하듯이, 지도 앱은 고전적인 국가 지도 제작법을 전도轉倒시킬 수 있다. 세계가 지도에 어떻게 나타나는지를 국가가 미리 결정하지 않고, 지도 앱 사용자들이 앱의 알고리즘과 인터페이스와의 상호작용 가운데 순간순간 단위로 중심점과 축척, 각자의 지도 층위들을 설정한다.

걷기와 함께 무언가 하기

라이어브와 쉔카인Ryave and Schenkein은 "기어가기, 깡충깡충 뛰기, 달리기, 옆으로 재주넘기, 점프하기, 팔짝팔짝 뛰기"에 대한 짧은 언급과 함께 그들의 고전적인 '걷기 하기doing walking'(1974. 265) 연구를 시작했지만, 결국 항행航行과 함께 걷는 보행자들의 성찰적 생산과 인정recognition이 그들의 주된 초점이었다(Ryave and Schenkein 1974). 그러나 우리는 개인들이 어떻게 '따라가기'나 '합류하기'와 같은 활동으로 보이지 않도록 보도 위에서의 움직임을 주의 깊게 관리하는지에 대한 그들의 언급에서 걷기에 의해 생산되는 행위들의 단서들을 모을 수 있다. 그들의 작업은 거의 20년 후 기차에 오르고 붐비는 계단을 항행하는 노상마켓 보행자들에 대한 리와 왓슨(Lee and Watson 1993)의 연구에서 다시 시작되었다.

리와 왓슨은 걷는 사람들이, 서로에 관한 일반적인 위치짓기와 관련된 환경의 특징으로 어떻게 '흐름 줄flow files'을 생산하고 경로찾기를 수행하는지 묘사했다. 그러면서 공공장소에서의 걷기가 이동 장애물들을 최소화하려는 속도와 선호의 해명가능성accountability[1]에 나

---

1 [역주] '민간방법론'은 일상생활에서 사람들이 행위하고 상호행위하며 사용하는 다양한 방법과 상식, 그리고 그 절차들에 관심을 두는 사회학적 접근 방법이다. 민간방법론의 주창자인 해롤드 가핑켈Harold Garfinkel은 의미의 지표적indexical 특징을 강조하면서, 행위자들이 어

타나는 도덕 질서를 어떻게 생산하는지 보여 주었다(Lee and Watson 1993).

이 초기 연구들이 부분적으로 모빌리티 연구의 등장과 모빌리티가 체화된 실천에서 특징을 이루는 방식에 대한 반응으로서 되돌아오게 된 것은 최근이다(다음의 편저들을 볼 것. Haddington, Mondada, and Nevile 2013: McIlvenny, Broth, and Haddington 2014). 민간방법론과 대화 분석EMCA으로부터 발전한 현대 연구는 대화, 제스처, 대상 그리고 환경이 행위 과정에서 어떻게 서로 얽혀 있는지 면밀히 조사해 왔다. 이 모빌리티를 향한 전환은 이동하는 것the vehicular에 대한 연구, 달리 표현하면 사람들이 하나의 이동단위vehicle로서 이동하면서 또 이동을 통해 무언가를 하는 방식을 연구하면서 가능해졌다. 문제의 이동단위는 빌딩에 들어가는 보행자들일 수도 있고(Weilenmann, Normark, and Laurier 2014), 차로 여행하는 커플일 수도 있고(Mondada 2012b), 착륙하는 소형 비행기일 수도 있고(Nevile 2004), 린디 합Lindy Hop[2]을 추는 커플일 수도 있다(Broth and Keevallik 2014). 이렇듯 다양한 상황들에 걸쳐서, 연구는 먼저 사람들이 순간순간 단위로 그들의 모빌리티를 어떻게 공동으로 조정하고 성취하는지, 둘째로 그들이 특정한 사회 단위의 범주로서 어떻게 이것

떻게 자신들의 행위 상황을 정의하고, 행위를 수행하는 데 어떤 고려를 하며, 행위를 완수하는 데 어떤 조건들이 있는지 보여 주고자 했다. 이를 위해 그는 현재 진행형인 실천적 성취로서 실천적 행위의 해명가능성을 강조한다. 해명가능성은 행위가 관찰가능하며observable 보고가능하다reportable는 뜻을 담고 있다.

2 [역주] 스윙swing 리듬에 맞추어 추는 사교댄스의 한 종류로서, 1923~1928년 무렵 흑인들을 중심으로 크게 유행했던 춤이다. 린디 합이라는 이름은 1927년 5월 초 대서양 무착륙 비행에 성공한 린드버그 대위의 인기에 편승하여 지어졌다.

을 하는지에 관심을 두어 왔다.

행위의 순간순간 단위의 조직과 관련하여, "그건 지금 왜?" 그리고 "다음에는 무엇?"이라는 고전적인 민간방법론적 질문은 이동에 대한 수많은 연구들에서 "그건 왜 여기서?" 그리고 "다음은 어디?"라는 질문으로 보충되었다. 환경을 통한 바로 그 이동에 의해서 움직이고 있는 이동단위들은 끊임없이 변화하는 '여기'를 가지며, 그럼으로써 또한 사건들과 관점들에 변화하는 접근권을 제공한다. 움직임motion은 또한 환경의 근접성과 특징들, 곧 운전을 위한 옆길, 출구, 입구(Haddington and Keisanen 2009), 또는 슈퍼마켓 쇼핑을 위한 통로, 냉동식품 코너, 빵집 계산대, 바겐세일 바구니 등을 변화시킨다. 각 단위는 그것들의 현재 진행형의 이동에 의해 부수적으로 그것들이 방금 어디에 있었는지 그리고 다음에는 어디에 있을 수 있는지의 순차적 지형이 바뀐다.

행위로서의 걷기가 갖고 있는 상황지어진 본질에 민감한 EMCA 연구는, 단위 자체의 범주가 그 모빌리티에 의해 성찰적으로 변경되면서 어떻게 독특한 걷기 방식들을 생산하는지 조사해 왔다. 모바일 단위의 사회적 범주들을 고려하면서 우리는 걷기 이론들의 전제로 돌아가게 되었으며, 걷기 자체라는 것이 없듯이 걷는 사람들은 결코 단지 걷는 사람들이 아니다(Broth and Mondada 2013: Mondada 2012a; de Stefani and Mondada 2014). 걷는 사람들 자체가 각기 다른 집단 범주들(보기: 주차 단속원, 사무실 근로자, 미술관 방문객)인 것만이 아니라, 그들의 범주화를 변화시켜서 미술관 방문객의 경우 전시 관람에서 미술관 상점 둘러보기 그러고 나서 미술관 레스토랑 대기 줄에 함께 서 있기로 이동할 수 있는 다양한 실천들을 감당한다. 그렇게 함으로써 그들은 방문객으로 생산하고 인식되고 대응되는 데서 쇼핑객으로 그리고 식사하는 사람으로 변화한다.

최근의 EMCA 연구는 강조점을 초기 연구가 갖고 있던 함께 걷기의 지속적인 유지에 대한 관심에서 집단들이 '떠나기moving off' 또는 '넘어가기moving on'(Broth and Lundström 2013: vom Lehn 2013: Mondada 2012a)와 같은 것들을 할 때 일어나는 다양한 재구성으로 이동시켰다. 집단 구성원들의 상대적인 위치와 그들 대화의 현재 진행형의 재구성은 상호적으로 서로를 완성시킨다. 예를 들어, 드 스테파니(de Stefani 2013)의 슈퍼마켓 쇼핑 연구에서, 함께 간 무리에서 한 멤버가 혼자서 빵을 가지러 간다고 알리고 자리를 뜸으로써, 한 쌍은 일시적으로 두 명의 단독 쇼핑객으로 나뉘어진다. 드 스테파니가 강조하는 것은 이것이 공동의joint 모바일 행위이며, 자리를 떠난 한쪽이 자신이 의도한 것을 할 수 있느냐 없느냐의 문제라기보다는 다음 행위들이 방향지어지고, 다른 쪽에 의해서 동시에 또는 뒤이어서 응답된다는 것이다.

드 스테파니의 사례에서, 한 쇼핑객이 떠나면 다른 쇼핑객은 그대로 서 있지 않고 아무 말도 하지 않고 '나란히 걷는다'. 홀로 빵을 선택하려는 애초의 출발은 빵을 함께 선택하게 됨을 의미하는 걷기 행위로써 취소된다. 함께 쇼핑을 하는 커플들과 친구들에 대한 연구를 통하여, 드 스테파니는 걷기 행위가 무한히 다양해질 필요가 있다는 것이 아니라, '멈추기'와 '가기'와 같은 단순한 모바일 행위가 어떻게 해서 보행 이동단위로서 쇼핑의 상호 이해가능성intelligibility에 핵심이 되는지 보여 준다. 이 논문에서, 우리는 이러한 EMCA 연구들에 기대고 또한 이를 확대하여 걷기 행위가 모바일 미디어와 관련하여 길을 찾는 관광객에 의해서 어떻게 사용되는지 살피고자 한다.

매개된 걷기

걷는 사람과 지면 사이에 매개, 곧 누구나 알다시피 부츠와 신발을 통한 것뿐만 아니라 트랙, 길, 보도를 통한 매개에 대해서는 긴 역사가 있다(Ingold 2004: Michael 2000). 도시에서 걷는 사람에게는, 바로 그 지면이 발을 디딘 자리로부터 올려다볼 수 있도록 닦여 있고 모양지어져 있을 뿐만 아니라(Ogborn 1998), 그 사람은 파리 연구에서 라투르(Latour 2003)가 스케치한 것처럼 수많은 도시의 신호들과 광고들에 둘러싸여 있다. 라투르는 도로명 게시판, 시각 장치들, 입금 전표들, 가이드 북들 등으로 가득 차 있는 도시를 기록했다. 라투르는 도시 보행자들의 광범위한 스마트폰 사용보다 시간적으로 앞서서 파리의 매개를 명상했다.

스마트폰은 공공장소에서의 우리 삶에 새로운 형식의 만남과 새로운 형식의 공현전co-presence을 가져왔다(Licoppe 2013). 그것은 이동 중에 게임 플레잉을 수월하게 해 주었고, 그래서 변화된 공동 플레잉 방식(Richardson 2013), 곧 '멀리 있는' 타자를 보행자와 공현전하게 해 주는 게임들(Southern 2012)을 가능하게 했다. 스마트폰에 있는 지도 앱은 새로운 모바일 기기의 사용으로 도입된 더 길어진 도보 여행과 미디어의 변화라는 두 어깨 위에 도래한다. 모바일폰을 통해 전화 통신이 보행자에게 옮겨짐으로써, 거는 사람과 받는 사람 모두의 추정된 위치에 변화가 일어났다(Ling 2004: Weilenmann 2003). 모바일폰은 또한 SMS 문자메시지와 결과적으로 원거리 타자와 함께 있는 형식으로서 새로운 쓰기와 읽기의 실천을 가져왔다(harper et al. 2005).

사람으로 붐비는 도시 공간을 헤치고 (또는 똑같이 빈 농촌 공간을 거쳐) 걷는 것은 음악 듣기, 먼 곳의 친구와 잡담하기 또는 오늘 저녁 주문하기 등 이전에는 다른 공간에서 발견되었던 일련의 실천들과 융합되었다(Frith 2012). 스마트폰이 디지털 미디어(보기: 구글 검색, 위키피디아, 유튜브, 옐프)를 더 감싸게enfolded 되면서 훨씬 더 많은 실천, 곧 검색, 추천 검색, 게임 하기, 그리고 우리가 여기서 초점을 두고 있는 지도 따라가기 등을 보도에서 하게 되었다(Brown, McGregor, and McMilan 2015; de Souza e Silva and Sutko 2011).

이동단위의 걷기가 시스템에 의해서 미디어에 등록되는데, 이는 부지런한 지도 읽는 사람이 연필, 나침반, 도로명 게시판, 랜드마크 등을 가지고 감당할 수 있었던 작업의 대체이다. 한편, 모바일 기기는 GPS에 의해서 추적되고 시스템에 의해서 이해되기만 하는 것이 아니다. 보행자들은 주머니에서 그 기기를 꺼내어, 눈 가까이로 들어 올려, 다른 보행자들에게 보여 주거나 그들로부터 숨긴다. 우리가 위에서 언급한 바와 같이, 기기 자체가 보행자들의 대화, 제스처,

행위 과정과 관련하여 모빌리티를 가진다. 우리는 지도 앱으로 교정되는 지도 실천map practices, 스마트폰 자체의 이동 그리고 보행자의 길찾기 실천 안에서 특정한 방식으로 지도 앱이 필요해지는 방식에 관심을 두고 있다.

매개된 걷기 실천을 통해 성취되는 길찾기

하나의 걷는 단위로서 관광객들은 그들의 개인적이고 상대적인 모빌리티를 하나의 자원으로서 의존하면서, 독특한 방식으로 도시를 거쳐 이동한다. 예를 들어, 그룹의 한 구성원이 안내 책자를 참조하기 위해 멈추면, 다른 구성원들은 주변 환경에서 거리 이름이나 안내판, 랜드마크 등을 검색하면서 이리저리 움직일 수 있다(Laurier and Brown 2008). 움직이지 않고 안내 책자를 읽고 있는 사람에게서 '걸어서 떠나는walking away' 구성원의 보행 실천에 의해서, 그 집단의 다른 구성원들은 스스로를 '사전 답사를 하는' 것으로 범주화한다. 주변 환경을 조사하기 위해 떨어질 때, 그들은 길찾기 과제에 적절한 정보를 가지고 돌아올 것이라는 기대가 있다.

특정한 양태로서의 걷기와 모빌리티의 물질적 배열이 지도 앱을 가지고 길찾기를 하는 데에서 만들어 내는 차이는 애초에는 분명하지 않을 수 있다. 자동차에 있는 GPS 네비게이션 시스템으로 잠깐 돌아가 보면, 이것은 명백하게 함께 움직이는 사회적 이동단위인 반면, 자동차 승객들은 쉽게 교환할 수 없는 상대적 위치를 정하고 있다. GPS 세트는 주로 자동차의 내부 생태계의 일부로서 대시보드에 고정되어 있다. 자동차 여행자들은 일단 좌석에 자리를 잡게 되면 좌석에 그대로 있게 된다. 그들의 상대적 위치로부터, 운전자와 탑승자는 눈과 손으로 제스처를 하고, 머리를 돌리고, 몸통을 기댈 수 있으나, 그 외에 서로 관계에서의 모빌리티는 제한된다(Brown and Laurier 2012: Haddington and Keisanen 2009).

　반면에 스마트폰에 있는 지도 앱을 사용하는 보행자들은 독특한 체화된 함께 걷기 방식을 가진 전혀 다른 실체이다. 그들은 개인적으로 '멈추고' '가고' 할 수 있으며, '뒤쳐지거나' '앞서감'으로써 그들의 상대적 속도를 변화시킬 수 있다. 그들은 그들 신체 사이의 간격을 조절할 수 있고, 다른 보행자들이 지나갈 수 있도록 서로 떨어질 수도 있으며, 또는 좁은 간격이나 문을 통과하기 위해 좌우로 이동하여 한 줄을 만들 수도 있다(Conein, Félix, and Relieu 2013). 기기 자체는 주머니와 가방에 들어갔다 나왔다 할 수 있고, 눈에서 가까워졌다 멀어졌다 할 수 있으며, 다른 보행자를 향해 기울어지거나 멀어질 수도 있다. 지도 앱이 제공하는 새로운 자원들과 함께 다른 종류의 상호주관적 모바일 탐구를 요구하는 이것들은 우리가 길을 찾고 이동하는 방식으로 자리를 잡아 가고 있다. 그래서 우리는 다음으로 도시에서 관광객으로서 걷기 실천을 하는 동안 특정한 지도 앱이 어떻게 이용되고 스스로 변경시키는지 조사하는 가운데 어떤 새로움이 있을 것이라고 희망한다.

방법론

극한 스포츠를 위해 개발된 최근 세대의 가벼운 비디오카메라는 모바일 주체들과 함께 움직이는 카메라를 위한 변화된 레코딩 기술을 지향하고 있다(Brown, Dilley, and Marshall 2008; Spinney 2011 볼 것). 레코딩을 하는 사이클리스들을 위해 매킬베니(McIlvenny 2015)가 개발한 여러 카메라 기술을 따라, 우리는 프로젝트 참가자들에게 각자 가슴에 카메라를 부착해 달라고 요청했다. 매킬베니의 사이클링 연구에 따르면, 자전거 프레임과 헬맷에 전방·후방·측방 각도를 찍을 수 있게 몇개 지점에 카메라를 부착할 수 있지만, 우리는 카메라로 참가자들에게 과중한 부담을 주고 싶지 않았다. 결과적으로 각 프로젝트 참가자는 가슴 높이의 전방을 찍을 수 있는 카메라 한 대만을 부착한 채 몸통 방향이나 걷는 방향, 걷는 속도를 마음대로 결정할 수 있었다. 참가자들은 서로를 향한 방향에 의존하면서, 각자의 신체 방향과 때때로 제스처들을 레코딩했다. 다른 연구자들(보기: Licoppe and Figeac 2013)은 머리 움직임과 다른 제스처, 스마트폰 검색을 더 잘 포착하는 카메라 안경을 사용했다. 그러나 더 깨끗한 음질을 위해 옷깃 마이크를 넣을 수 있는 스포츠 카메라가 만들어 내는 양질의 이미지를 선호했다. 우리의 설정이 가진 주된 결점은 우리가 참가자의 얼굴 표정을 거의 볼 수 없고, 참가자들의 움직이는 시야에 있을 수많은 제스처들과 대상 및 환경 요소들을 놓친다는 것이다. 그러나 카메라들은 참가자들의 눈이 아니라 머리와 함께 움직이기 때문에, 이 문제는 카메라 안경으로 해결되지 않는다. 데이터를 수집하는 과정에서, 우리는 또한 참가자들의 폰에 스크린 캡처 앱을 설치하거나 그 소프트웨어가 이미 설치되어 있는 프로젝트 폰을 제공했다.

카메라와 스크린 캡처를 통한 레코딩은 그래픽 사본transcript으로 전환되었다(Laurier 2014). 포맷은 대화를 데이터로 옮기는 제퍼슨 관례 Jeffersonian convention[3] 요소들을 그래픽노블graphic novel의 요소들과 병합시키는 형식이었다. 말풍선이 겹치면 참가자들의 말이 겹치고 있는 것이고, 말풍선들이 멀리 떨어져 놓이면 이는 대화 사이의 간격을 가리킨다. 그래픽 사본으로 읽기 쉽게 하고, 더 중요하게는 긴 원문 기술記述 없이도 독자들이 인식할 수 있도록 시각적 세부 사항을 위해 원문 사본의 정확성은 희생되었다.

우리는 스톡홀름과 런던 두 도시에서 15명의 참가자를 모집했다. 이들 가운데 다섯은 개인이고 다섯은 커플이나 친구들이었다. 데이터를 수집하기 위한 우리의 설정은 고전적인 과제 중심 길찾기 실험과 지도 사용에 대한 민속지적 연구의 융합이다. 연구 참가자들을 모집했을 때, 그들이 하려고 계획했던 것과 일치하는 '전형적인 일일 외출'을 하도록 요청했다. 길찾기 사건들과 지도 앱 사용을 중심으로 작은 단편들로 편집된 24시간짜리 비디오 데이터를 수집했다. 우리가 이 논문에서 이용할 단편은 걷기 행위와 지도 앱의 상호연결

---

3 [역주] 게일 제퍼슨Gail Jefferson이 개발한 대화 분석을 위한 표기법. 예를 들어 (.)은 매우 짧은 멈춤을 뜻하고, ↑는 억양이 올라가는 것을 뜻한다.

을 분석하는 소재로서 풍부한 표본이다. 그것은 점심 먹을 장소를 향해 걸어가다가 실수했다는 것을 깨닫고, 지도 앱을 참조하여 실수를 만회한 두 미국인 관광객('캐롤'과 '다니')을 포함한다.

단지 걷기로서의 걷기와 경로 체크하기

위에서 주장한 바와 같이, 사람들이 혼자 또는 함께 걸을 때, 그것은 단지 함께 나란히 걷기 그 이상을 수반한다. 걷는 사람들이 다음에 어디로 갈 것인지, 그 그룹이 다음에 어디로 갈지 누가 알고 있는지 그리고 그들이 거의 길을 잃었는지 하는 질문들은 대화와 걷기 행위의 조합을 통해서 제기되고 대답된다. 서로의 걷기 행위 생산과 인식은 걷는 속도, 방향 전환, 시작과 멈춤의 조정을 포함한다. 이 첫 번째 절에서, 우리는 관광객들의 걷는 속도와 방향이 단순히 여행 자체를 지속시키는 곳에서 그들의 걷기 행위를 탐구한다.

캐롤의 스마트폰에 있는 지도 앱은 이전에 랜드마크와 거리 이름의 짧은 목록을 확인하면서 노선을 계획하기 위해 사용되었다. 그들이 걸어서 지나가는 중심가를 따라 있는 지하철역들은 랜드마크로 선택되었다. 이전에 선정한 랜드마크를 지나면서 (또는 지나지 않으면서) 지도는 그들이 하고 있는 여행과의 성찰적 관계 안에서 이해된다(Liberman 2013). 지도 참고하기는 이전에 각자가 지도 앱을 참고하면서 선택했던 바로 그 도시환경의 특징들에 의해 형성된다.

캐롤은 여행 출발부터 스마트폰을 꺼내어 지도 앱을 체크함으로써, 또한 이 계획된 경로를 해명할 수 있게 되었다. 그룹에서 길찾기는, 배의 선원과 같이 공식적이든 또는 일일 외출에 나선 친구들과 같이 비공식적이든, 일과 해명가능성을 분배하는 것을 포함한다. 캐롤은 지도 읽는 사람이 되는 책임과 점심 식사할 곳을 찾는 여정의 부분으로서 그것을 해명할 책임을 맡았다. 그러나 이러한 책임감은 여행 동안에 잠재적으로 계속하여 관련되지만, 보행자들이 지도 읽기 직무를 맡거나 그 직무로부터 벗어나는 것은 걷기 활동 가운데 그들이 하는 다른 것들에 의존한다. 도시에서 걷기는 많은 다른 활동들이 스며들어 있기 때문에 침투적인 특성을 가지고 있다.

사본 1에서 캐롤과 다니는 지하철역 입구에 접근하고 있다. 카메라 각도는 캐롤의 몸통으로부터 전방을 향해 있다. 역 입구는 빨간 카펫 입구 바로 넘어 길모퉁이에 있다. 다니는 캐롤의 오른쪽에서 걷고 있고, 카메라 범위 밖에 있다.

역에 가까워지면서 동시에 그들의 대화가 잠시 중단된 상태가 된다. 캐롤은 스마트폰의 위치를 바꿈으로써, 스마트폰을 중심으로 새로운 행위 과정을 시작하고 지도 읽는 자로서의 직무를 되찾는다. 그러나 착신 호출에 응답하기, 문자메시지 확인하기, 사진 찍기, 이메일 확인하기, 그리고 당연히 지도 확인하기와 같이 스마트폰을 들어서 시작할 수 있는 행위들이 많다는 것을 고려하면, (오른쪽에 있는) 다니에게는 캐롤이 시작한 행위가 무엇인지가 즉각적으로 분명한 것은 아니다. 캐롤은 스마트폰을 다니에게 향하게 하면서 제스처로 스크린에 있는 것을 다니에게 제시한다. 그리고 나서 그녀는 말한다. "오 우리가 여기에 있는 거야." '오'로 시작하는 것은 인식적 변화(보기: 그것은 그들이 이 지하철역에 있다는 발견이다.)를 표시한다. '여기'의 지시 대상은 그들이 현재 걸어서 지나고 있는 것과 그녀가 스크린에서 지도에 있는 역을 가리키는 것과 관련된 타이밍으로 밝혀진다(**사본 1**의 마지막 두 패널을 볼 것). 다니는 최소한의 관여만 하고 있으며, 이는 스크린과 그녀의 거리를 고려할 때 놀랍지 않다. 캐롤은 길 이름들을 읽을 정도로 가까이 지도 맵을 살피기 위해 스마트폰을 눈 가까이로 이동시켜야 했다. 반대로 **사본 1**에서 다니는 스마트폰이 그녀를 향해 기울어져 있을 때 단지 힐끗 보기만 했으며, 그 거리는 그녀의 보는 행위와 결합되어 단지 그러한 최소한의 관여만을 나타낸다.

이러한 스마트폰 확인이 진행되는 동안에, 그들의 걷기 속도나 방향의 변화는 없으며, 그런 의미에서 여정은 변화나 수정 없이 계속된다. "자, 다 왔어"라는 캐롤의 말이 완수하는 것은 목적지에 도착하기 위해 그들에게 요구되는 상세한 확인과 접근-작업 준비다. 걷기는 랜드마크를 하나씩 지나며 걷는 것에서 그들 여정의 최종 목적지를 향해 걷는 것으로 변해 간다. 요약해서, 우리는 길찾기 작업이 수행되는 가운데 지속적인 걷기를 유지하기 위해 어떻게 미디어에 의존하는지 살펴보았다. 그러나 모든 일이 그렇게 순조롭게 계속되지는 않는다.

일방적인 멈춤

도시에서 함께 걷고 있는 보행자들에게 구두 요청 없이 함께 멈추

사본 1. 함께 걷기, 스마트폰 확인하고 보여 주기

는 것은 그룹으로서 걷기의 중요한 부분이다. 보행자들은 건널 수 없을 때 길 끝에 서며, 사진을 찍거나, 사람이 지나갈 수 있게 해 주거나, 입구와 출구를 지나면서 길을 내주기 위해 멈춘다(Weilenmann, Normark, and Laurier 2014). 보행자들은 그들의 여정을 잠시 멈추거나 여행을 완전히 멈추도록 요구하는 환경의 많은 특징들과 사건들에 함께 접근할 수 있기 때문에 상접相接하여 조정되는 멈춤이 가능하다. 사실상, **사본 1**과 **2a** 사이에 캐롤과 다니는 멈추어야 타당한 가장 흔한 도시 지형 가운데 하나, 곧 도로를 만나는 보도의 끝을 지나쳤다.

캐롤과 다니는 캐롤이 일방적으로 멈출 때까지 계속하여 함께 전진하고 있다(**사본 2a** 볼 것). 걷기를 멈추는 것은 다소 갑자기 이루어질 수 있으며, 우리의 자료 모음 안에는 걷기가 점진적으로 멈추는 사례들도 있다. 여기서, 캐롤은 멈출 때, 갑자기 멈춘다. 그녀가 점진적으로 멈추었다면, 다니는 그녀와 함께 멈출 수 있었을 것이다.

게다가 그녀는 공간적으로 멈추어야 하는 지점(보기: 보도의 앞쪽 끝)에 있지 않았다.

그러나 캐롤의 멈춤은 그 멈춤을 놓치고 몇 발짝 더 갔던 다니의 입장에서 보이는 것처럼 그렇게 갑작스럽거나 예고되지 않은 것은 아니다. 캐롤은 스마트폰을 확인하면서, 그것을 넣어 두지 않고 길을 건너면서 지도 앱을 다시 시작하여 계속 검색하고 있었다(우리는 아래에서 더 자세하게 그것을 볼 것이다). 게다가, 그 멈춤은 들을 수 있는 한숨으로 예견된다. 그 한숨으로부터 캐롤은 다니도 겹치면서(**사본 2a**의 패널 2와 3) 자아낸 '어'에 의한 어려움을 예견한다. 다니의 '어'는 한숨에 대한 반응으로 캐롤의 어려움이 무엇인지에 대한 질문에 앞설 수 있다. 게다가 캐롤은 그들이 목적지에 '가까워졌다'고 언급했으며, 그들이 전에 그곳에 가 본 적도 없고 어떻게 생겼는지도 모르고 어디에 있는지도 모른다는 것을 고려할 때, 다니는 그들 목적지의 정확한 위치를 찾아내는 것과 관련한 문제들을 예견하고 있다.

캐롤은 "우리가 너무 멀리 왔나?"라고 말함으로써 그녀의 일방적 멈춤을 해명하기 시작한다(패널 3과 4). 그 질문은 즉각적인 멈춤과 잘 들어맞는 해명account이며, 그 자체는 그 다음으로 가능한 걷기 행위인 그들의 경로로 돌아가는 것에 앞설 수 있다. 고작 3분 전에 기차역을 지나면서 어떠한 문제도 감지하지 못했던 것을 고려할 때, 캐롤의 짜증 내는 말투는 지도 앱에서 그녀가 보았던 것에 대한 회의懷疑를 나타낼 수 있다. 질문을 들으면서 다니는 그들이 이전에 진

사본 2a. 캐롤에 의한 일방적이고 갑작스러운 멈춤

사본 2b. 당신의-현위치와 목적지 표시점들

행하고 있던 궤도와 반대 방향으로 자신을 재정향하고, 캐롤과의 면대면 공간 형태를 창조하기 위해 단호하게 돌아선다(형태 바꾸기에 대해서는 Mondada 2012a 볼 것). 일방적 멈춤이 여러 가지를 성취할 수 있지만, 그에 대한 반응은 제한된다. 다른 보행자(들)는 또한 그때 멈추거나 걷기를 계속할 수 있다. 슈퍼마켓 쇼핑에 대한 드 스테파니(2013)의 작업에서, 한 쇼핑객이 물건들을 살펴보기 위해 멈출 때, 다른 쇼핑객은 앞질러 갈 수도 있고, 멈춰서 물건들을 살피는 데 합류할 수도 있다. 길을 찾는 이들에게는, 지도를 읽는 이가 멈출 때, 그 그룹의 다른 구성원들은, 그들이 앞서 걸어야 하는가 아닌가 하는 것 자체가 문제라는 것을 고려할 때, 계속 가지 않는 것이 최상이다.

당신의-현위치 표시점으로서 걷기

스마트폰에 있는 지도 애플리케이션(구글 맵과 같은 '지도 앱')은 흔히 파란색의 당신의-현위치 점을 사용한다. 그 과정에서, 이전에 고정되었던 '당신의-현위치' 표시점은 사용자가 환경 가운데 이동할 때 따라서 지도상에서 이동한다. 지도 앱은 몇 가지 점에서 예전의 종이 지도와 다르다. 지도 앱은 기기의 나침반 방향에 맞추어 재축척되고 회전될 수 있다. 지도 앱이 지도와 환경을 일치시키는 작업을 해 준다는 것을 고려할 때, 우리는 이러한 당신의-현위치 표시점의 위치적 자원과 지도의 자동 회전의 결합이 우리의 여행이 진척되어 가면서 우리가 어디에 있는지 그 위치를 쉽게 찾을 수 있도록 해 줄 것이라 기대한다. 그러나 바로 이러한 기기의 조종은 그 이상의 의미 부여sense-making를 요구하며(Laurier and Brown 2008), 우리가 이동하면서 지도를 가지고 하는 것들은 우리의 위치를 찾는 것 이상이다(Brown and Laurier 2005).

일방적 멈춤이 일어나는 이유 가운데 일부는 다니가 지도 앱에 대한 시각적 접근을 공유하지 않는다는 것이다. 일방적 멈춤 전에, 캐롤의 스크린에 나타나는 것을 보면, 지도 앱은 재시작됐고 캐롤은 그들이 이전에 합의한 목적지를 찾을 검색어를 다시 찍었다(**사본 2b**의 패널 1). 그들이 보도를 올라가고 있을 때, 지도는 그녀의 지도 앱에 다시 나타난다. 캐롤은 아마도 지도 앱이 다시 시작됐을 때 목적지를 다시 찍어야 했기 때문에 한숨을 쉬었을 것이다. '어'를 예견한 문제는 캐롤이 지도 앱에서 목적지를 가리키는 빨간 핀이 이동하는 것을 볼 때 발생한다(**사본 2b** 삽도 상자를 볼 것). 캐롤은 바로 이러한 지도 앱상에서의 상태 변화에 갑작스런 일방적 멈춤으로 반응한 것이다.

캐롤은 지도를 확인할 때마다, 지도의 가운데에 두드러진 노란 길로 나타나 있는 그들의 경로를 따라 그들의 표시점이 이동하는 것을 점검했다. 캐롤이 감지한 문제는 빨간 목적지 핀이 파란 당신의-현위치 표시점 위에 있다가 그 아래로 이동한 것이다. 이 문제에 대한 반응으로, 캐롤은 기기를 가까이 들어 올려서 지도를 더 자세히 볼 수 있도록 손가락을 움직여 줌인zoom in한다. 그러나 "우리가 너무 멀리 왔나?"라는 그녀의 말에 대해 앞에서 언급했듯이, 그들이 진행해 오면서 랜드마크를 확인했던 과정을 고려할 때, 그녀의 말투는 정말로 문제가 있는지에 대해 회의적이거나 어떤 점에서는 불확실한 상태이다. 그 질문하는 말투는 큰 소리로 말해져서 캐롤과 다니가 그들의 여행에서 저질렀을 수도 있는 실수를 알아차릴 기회를 제공하지만, 사실상 지도 앱에 의해 주장된 것에 대한 것이다. 랜드마크들을 계획하고 그것들을 지나가면서 표시하는 것이 종이 지도를 가지고 걷는 오랜 관례였던 반면, 지도 앱은 표시점이나 유사한 아이콘으로 우리의 위치를 보여 준다. 지도 앱에서 표시점 자체는, 우리가 제안된 경로에서 이탈했는지의 여부에 따라, 우리가 계획했던 경로를 따라 이동하거나, 실제로 경로에서 벗어난다. 이동을 통하여, 당신의 현위치-표시점은 우리가 걷는 방향과 일치된다. 우리가 발견한 보행자들이 사용하는 흔한 수법은, 그들의 방향을 점검하는 방법으로서 지도 앱에서 파란 점이 어디로 이동했는지 보기 위해 약간 앞으로 걷는 것이다. 또는 여기 사례처럼, 지나치는 물리적 랜드마크 확인의 일부분으로서 표시점의 이동을 확인하는 것이다. 지도 앱에는 우리가 여행의 어느 지점에 있든지 위치를 설정해 주는 새로운 자원들이 있다.

정찰과 다시 멈춤

지금까지의 연구 결과를 요약하면, 우리는 지도를 가지고 걷는 순조로운 진행과 부분적으로 스마트폰에 대한 비대칭적 접근으로 초래된 지도 읽는 사람의 일방적 멈춤의 사용을 살펴보았고, 나아가서 지도 앱이 보행자들의 위치를 이해하는 데 어떻게 사용되는지 고려하였다. 이제는 각 보행자가 서로의 관계 속에서 이동할 때, 걷기 행위에서 길찾기 작업의 분배와 분절을 탐구할 것이다. 그들이 어디에 있는지 그리고 다음에는 어디로 가야 하는지가 문제라는 것을 기억하면서, 우리는 각자가 이 질문들에 어떻게 답하는지 보려고 한다.

앞의 길찾기 작업의 분배를 생각해 보면, 다니는 캐롤과 함께 이동하고 있었으나, 길찾기에는 (보기: 그들이 기차역을 지나칠 때 기기를 보여 주는 것으로) 지엽적으로만 참여하였다. 캐롤의 일방적 멈춤과 해명 이후에, 다니의 참여는 즉각적인 모바일 재구성을 통해 증가한다. **사본 3a**의 첫 번째 패널과 두 번째 패널에서, 다니는 재빨리 돌아서, 길의 반대편을 가리키면서 걷기를 계속한다. 이러한 모바일 재구성의 일부분으로서, 그녀는 공조하면서 지도 읽는 자인 캐롤에게 길찾기와 관련된 질문을 한다. 그 질문은 순간적으로 '꼼짝 못 했던' 캐롤의 비이동성에 대한 이해를 보여 준다. 다니의 가리키는 제스처는, 그녀가 그들로 하여금 되돌아서 목적지 검색을 시작하도록 한 새로운 방향으로 몇 발짝 디디면서, 길어진다. 짧게 말해서, 그녀는 그 문제에 재빨리 대응해서 목적지의 일반적인 방향을 설정하려고 노력하고 있다.

우리는 두 방향을 결합시키는 다니의 행위에서 보행자들이 성취할 수 있는 제스처와 행위의 복잡한 계획가능성projectability을 본다. 그녀의 걷는 방향과 지시 방향은 서로 다르다. 그녀의 제스처는 그

사본 3a. 다니의 정찰과 그들의 실수에 대한 캐롤의 확인

사본 3b. 거리 이름 읽기와 지도 조정하기

들의 목적지를 어디에서 찾아야 하는지의 문제를 다루고 있지만, 그녀의 걷기는 어떤 다른 걷기-관련 목표(보기: **사본 3a**의 마지막 프레임에서 보이는 횡단보도)를 향해 있다. 우리가 캐롤의 카메라 이동(**사본 3a**의 각 패널에서 변화하는 관점을 볼 것)에서 감지할 수 있는 것은 캐롤이 다니의 전진 이동 방향과 만나기 위해 돌아서고 횡단보도를 향해 얼굴을 돌림으로써 그들의 계획된 다음 행위를 정렬시키는 것이다.

캐롤의 반응은 다니와 함께 횡단보도로 이동하는 것보다 더 복잡하다. 그녀는 자신의 걷기 행위를 다니의 걷기 행위를 따르기 위해 사용하지만, 그녀는 "그거 반대편에 있는 거 아니야?"라는 다니의 질문을 무시하고 그 대신에 "그래 우리 너무 멀리 왔어"라고 스스로 확인함으로써 "우리가 너무 멀리 왔나?"라는 앞서 스스로 던진 질문에 답한다. 그러나 그녀가 다니를 그렇게 무시하고 있는 것 같지는 않다. 왜냐하면 그들이 실제로 목적지를 지나쳤는지 여부는 캐롤이 밝힌 것이 아니기 때문이다. 인식론적으로 얕은 근거 위에서, 캐롤은 그녀의 길찾기에 문제가 있었는지 여부를 확인하든지, 또는 그 문제가 지도 앱에 있었는지 아니면 그녀의 지도 읽기에 있었는지를 분명히 하기 전까지는 길을 향해 많이 이동하지 않는다.

캐롤이 다시 이동하기 시작한 이후 다시 멈출 때 이러한 병렬적 참여 과정은 지속된다. 새로운 방향으로 다시 시작한 이후, 이 두 번째 멈춤은 (**사본 3b**의 스크린 캡처에서 보여지는) 그들이 지나쳤는지에 대한 그녀의 계속된 불확실성과 그들의 이동으로 초래된 "내 생각에는"과 함께 해명된다. 캐롤은 지도 앱을 줌인함으로써 거리 이름들과 도시 블록에 대한 상세한 보기를 떠운다. 지도를 약간 드래깅dragging(**사본 4b**)한 것은 그녀로 하여금 어떤 다른 문제가 있다기보다는 그들이 너무 멀리 왔음을 확인하게 해 준 것으로 보인다.

그래서 다시 멈춤은 캐롤이 두 번째로 지도 앱을 살펴보는 가운데, 왔던 길을 되돌아가는 일을 보류하게 했다. 그녀의 다시 멈춤은, 걷기에 의해서 지도 앱을 더 자세히 살펴봐야 할 필요를 인식하고 있음을 보여 주면서, 캐롤에 가까이 가기 위해 몇 발 작은 걸음을 뗀 다니에게 가시적이다. 이러한 근접 대형에서 다니는 단지 지도 앱을 읽고 있는 캐롤에게 대답을 기다리기만 하는 것이 아니라, 본인이 찾고 있는 거리 이름을 묻는 다른 요청을 하고 있다. 이전의 요청

사본 4a. 캐롤이 다시 멈추고 지도 읽기를 계속한다.

사본 4b. 거리 이름 읽기와 지도 조정하기

에서 그녀는 그들이 향하고 있는 지역에 대해 물었으나, 이제 캐롤과 다니는 가게들, 카페들 그리고 레스토랑들을 향해 방향을 조정하고 있으며, 다니는 이름을 묻는다(유사한 도시 거리에서의 방향 적용 작업에 대해서는 Mondada 2009 볼 것). 이름을 가지고 그녀는 그 장면에 있는 가게들의 이름들을 스캔할 수 있었다. 캐롤은 짧게 "잠깐" 하면서 다니의 요구를 미룬다(**사본 4a** 패널 2). 그리고 나서 캐롤은 다시 더 확실해져 끝내기 전에, 그들의 이동(보기: "어느 길로?")과 관련한 자신의 어려움들을 언급한다. 그녀는 세 번째로 "우리가 너무 멀리 왔어"라는 구절을 반복함으로써 그렇게 하며, 그것은 회의적인 질문에서 긍정적인 결론으로 바뀐다.

다시 멈춤은 그들의 진행을 보류시킨 것 외에, 그 쌍이 서로 향하고 있는 방향을 재조정하여 앞에 있는 거리의 특징들로 향하게 한다. '보류'의 위치로부터 걷기를 다시 시작한 것은 캐롤이며, 그럼으로써 캐롤은 확신 없는 지도 읽는 자에서 그들이 어디에 있고 어디로 가고 있는지 알고 있는 자로 변하게 된다. 걷기와 누가 무엇을 아는가 사이의 관계 측면에서(Mondada 2013), 캐롤의 걷기의 이 짧은 멈춤은 경로 조정을 계속하는 것에 대한 그녀의 불확실성을 표시하기 위해 사용된다. 그들의 여정과 관련하여 지도 앱을 이해하면서, 캐롤은 교차점을 향한 이동을 다시 시작하는 궤도 방향으로 '출발함'으로써 그 확실성을 가시화한다.

이 복잡한 상호작용의 조각이 보여 주는 것은 미디어 읽기가 순간순간만이 아니라 병행적인 행위 과정에서─그 가운데 하나는 도시

환경을 탐색하는 것을 지향하고, 다른 하나는 미디어를 탐색하는 것을 지향하는(또한 Haddington et al. 2014 볼 것)―어떻게 그들의 걷기를 재형성하고 또한 그들의 걷기 행위에 의해 재형성되는가 하는 것이다. 게다가, 하나의 걷는 단위가, 이 경우에는 정찰 작업을 하려고 하는 쪽이 이에 필요한 정보를 얻지 못할지라도, 그 구성원들 사이에 길찾기 과제를 어떻게 분배할 수 있는지 강조한다.

인도하기와 따르기

앞 절에서 우리는 지도 앱과 도시환경 확인이 걷기 멈춤/시작과 질문의 연쇄를 통해 어떻게 성취되었는지 자세하게 살펴보았다. 다니는 가리키며 돌아서면서 정찰원이 되고, 캐롤은 멈추고, 돌아서고, 다시 멈추는 지도 읽는 자가 된다. 우리는 지도를 읽는 사람이 주의 깊은 지도 읽기를 통해 그들이 "길 하나를 더" 갔다는 것을 확신하게 된 지점에 캐롤과 다니를 남겨 두었다. 이 절에서는 캐롤이 그들이 어디로 가고 있는지에 대해 그녀가 확신하고 있다는 것을 어떻게 알게 하는지 살펴볼 것이다. 캐롤이 수행하는 걷기 행위는 다니의 상대적 위치에 앞서 이동하는 것이다. 그녀는 나란히 이동하거나 한 줄로 이동하는 형태를 취하기보다는 한 발 앞서서 간다(**사본 5를 볼 것**). 그러면 하나의 걷는 단위는, 한 사람은 인도하고 한 사람은 한 발 뒤처져서 따르는 방식으로 조직된다. 캐롤이 그룹을 인도하는 입장이 된 것은 횡단보도를 향해 걸어가면서 지속적으로 확인하는 그녀의 지도 참조 행위에 기반한다(**사본 5의 패널 2를 볼 것**).

다니는 이름을 알지도 못하고 그래서 그 주변 환경을 검색할 수도 없다는 것을 고려할 때, 다니가 길찾기 과제에서 어느 정도 열외인 것은 쉽게 느낄 수 있다(이 사례는 Laurier and Brown 2008에서 볼 수 있다). 그러나 다니는 포기하지 않으며, 캐롤이 서둘러 나아갈 때 다니는 그녀에게 다시 가까이 가기 위해 속도를 낸다(**사본 6**을 볼 것). 간격을 좁히려 시도하지만, 다니는 이름을 요청하는 것에서 이 거리에 있는 목적지 방향만을 질문하는 것으로 옮겨 감으로써 길찾기 작업에서 그녀의 동등성을 증가시킬 지식을 추구한다. 다니는 목적지를 찾는 것과 관련하여 추가 질문을 할 뿐만 아니라, 나란히 걷는 쌍의 형태를 만들어 내며, 이로써 하나의 걷는 단위로서의 인도자−추종자 배열은 끝난다. 그녀는 걷기 행위로, 자신의 정보 요청과의 성찰적 관계 가운데, 관광객으로서 그들의 길찾기와 관련하여 그녀의 인식적 지위를 감당하고 있다. 바로 이 단계에서 그녀는 결국 캐롤에게서 그녀 '쪽'의 질문에 대한 대답을 얻는다.

다니는 그들의 목적지가 (보기: "이 거리**에** 있는 게 아니야") 근처에 있었다는 오해를 표현하기 전에, '오'로 시작하는 자각을 한다(**사본 6**의 패널 3을 볼 것). 목적지를 찾고자 하는 바람에도 불구하고, 목적지가 아직 그들의 시야 넘어 도시 블록의 저편에 있었기 때문에, 다니는 목적지를 찾기 위해 둘러봄으로써 길찾기 문제를 해결하는 데 도움을 줄 수 없었을 것이다. 다니를 이렇게 자각하도록 한 것이 무엇인지는 밝히기 어렵지만, 우리는 그것이 캐롤의 걷기 행위에 있다고 추정한다. 캐롤은 앞서 걸어가고 있으나, 거리의 반대편에 있는 장

사본 5. (다니의 시각으로부터): 다른 사람을 앞서 걷기

사본 6. 나란함을 재창조하기 위해 가속하기

소들의 이름을 둘러보지는 않고 있으며, 어떠한 것도 가리키지 않는다. 그녀는 단지 거리의 반대편을 향해 걷는다. 다른 말로 해서, 캐롤의 걷기로부터 탐색하여 목적지를 찾기에 충분히 가까이 왔음을 보여 줄 수 있는 체화된 특질들이 부재함으로 인해, 다니는 그들의 목적지가 "이 거리에 있지 않다"는 것을 확증할 수 있다.

이 마지막 절에서, 우리는 먼저 인도하기와 따르기의 배열이 어떻게 캐롤에 의해서 구성되는지, 그럼으로써 그녀를 목적지 위치를 확신하는 지도 읽는 자로 재확립하는지 탐구하였다. 두 번째로 우리는 다니가 어떻게 그녀를 따라잡고 실제로 지인이나 친구들과 함께 걷는 형태인 나란히 걷는 배열을 확립하는지 보여 주었다. 다니가 만약 캐롤에 뒤쳐졌다면, 그것은 낯선 도시를 탐사하는 친구들로서 현재의 동행에 망설임, 실망, 피곤함 또는 다른 문제가 있음을 보여 주는 것이었을 것이다.

셋째로 우리는 또한 이 지점에서 캐롤의 걷는 매너가 그들의 목적지 찾기와 관련하여 어떻게 이해될 수 있는지 다루었다. 주변을 세심히 살피지 않고 걸어가는 것은 그녀의 요청에 대한 응답의 부재와 관련하여 다니에 의해 분석되었는데, 이는 그들의 목적지가 그녀가 생각했던 것보다 더 멀었다는 것을 의미한다. 다른 말로 해서, 여정 그 자체는 걷기 행위를 중심으로 하는 기대들에 성찰적으로 연관되어 있다. 우리가 새롭고 낯선 목적지 가까이에 있을 때, 우리는 그 목적지를 찾을 수 있도록 우리의 걷기를 조정한다.

결론

걷기의 매개와 물질성에 대한 첫 연구들이 적절하게 발이 땅을 내딛는 곳에서 출발했다면, 이 글에서 우리는 몸통, 어깨 그리고 거의 눈의 높이로 올렸다. 걷기에 대한 잉골드Ingold의 주의 깊은 고려는 '본말 전도의 편견bias of the head over heels'을 보여 준다(Ingold 2004, 331: 또한 Michael 2000 볼 것). 근대성의 등장과 함께, 발은 생각으로부터 아주 먼 것으로, 그리고 심지어 신발에 의해 강화되고 행진과 다른 신체 테크닉들에 의해 규율되는 것으로 취급되었다. 마이클(Michael 2000)에 따르면, 부츠는 보행자와 자연 사이에 결코 단순한 매개자 아니라 고통, 스타일, 표준화 그리고 마모를 통해 개입하고, 방해하고, 영향을 준다. 스마트폰 역시 보행자를 매개하고, 방해하고 영향을 준다고 말하는 것은 그리 놀랄 일이 아니다. 도시의 붐비는 거리에서 신발과 보도에 의해서 땅으로부터 자유로워져 "다른 사람들을 스캐닝함"으로써 그들과 부딪히지 않도록 피하는 고프먼의 도시 보행자가 되는 시선(Ingold 2004, 238), 이 시선은 이제 스마트폰에 의해 수행되는 다양한 활동들로 다시 아래를 향하게 되었다. 스마트폰-보행자는 불(Bull 2001, 2005)이 '아이팟iPod으로 연출되는 보행자'라고 적절히 묘사했던 방식으로 이동하지 않는다. 두 관광객이 도시에서 길을 찾는 와중에 몇 분 동안 그들을 따라다님으로써, 우리가 묘사했던 것은 잉골드와 마이클이 보행자의 발에서 멈추었던 곳에서 발견한 스마트폰과 걷기의 진화하는 매개이다. 우리는 엄지손가락을 지도 앱과 횡단보도를 건너는 보행자들과 보행자들의 상호적이고 반응하는 지향과 궤적들에게로 가져왔다.

우리의 논문은 빠르게 진화하는 기술인 스마트폰을 걷기를 매개하는 스마트폰의 작업과 연결시킬 뿐만 아니라, 함께 모빌리티를 행하는 것과 반응적이지만 분기하고 융합하는 모바일 행위들로 우리의 관심을 이끈다. 걷기에 대한 많은 연구들이 인식하는 자아와 인식할 수 있는 문화와 환경 사이의 연결을 탐구했던 곳에서(Wylie 2005), 우리는 대신에 두 사람이 어떻게 상호주관적으로 도시에서 그들의 여정을 만들어 가는가 하는 문제와 함께 시작했다. 보행자에게 핵심적인 문제는 걷기가 우리가 어디를 지나왔는지, 지금은 어디에 있는지, 그리고 다음에는 어디로 갈지에 대한 현재 진행형의 의미를 생산하는 방식을 중심으로 한다. 집합적인 도보 여행에서 이동단위의 구성원들 사이에 할 일들이 분배되어 있으며, 또한 이것은 전진하는 (그리고 후진하는) 여행과 미디어의 이용에 대하여 지역적으로 결정된 해명가능성들을 분배한다.

비디오와 스크린 녹화 분석을 통해, 우리는 걷기가 어떻게 해서 현재 진행형 실시간으로 관광객들이 무엇을 하는지에 대한 이해가능성(과 이해불가능성)을 유지하는 행위 형태gestalt의 한 부분인지를 묘사했다. 우리는 '단지 걷기,' 일방적 멈춤, (가리키기 위해 돌아서는 것과는 다른) 가리키면서 돌아서기, 다시 멈춤, 다시 시작, 앞서 걷기, 따라잡기, 옆에서 걷기, 방향 전환 등 다양한 걷기 행위들을 규명했다. 각각의 행위에 대해, 우리는 걷기 행위들이 관광객들의 목적지를 지나치는 문제에 대한 새로운 반응과 분석 안에서 그리고 지도 앱에 대한 한 관광객의 분석과 현재 진행형의 배열과 관련하여 어떻게 사용되는지 묘사했다. 지도 앱 읽기와 여행 사이의 성찰적 관계는, 지도와 길찾기에 대한 초기의 연구들로부터 친숙한 행위 과정들을 통과하였으나, 지도 앱은 단지 걷는 표시점만이 아니라, 새로운 매개된 실천을 가져온다. 여기에 있는 것처럼, 후자는 지도 위의 이전 당신의-현위치 표시점들의 축적을 통하여, 그리고 우리 연구의 다른 참여자들과 그랬던 것처럼 파란점이 지도에서 어느 방향으로 이동했는지 보기 위해 확인하는 가운데 실제로 걷기를 통하여 분석될 수 있다.

스마트폰이 보행자 실천에 관련되어 있는 방식의 복잡성을 탐구하는 데 모빌리티의 그리고 모빌리티에 의한 터치스크린의 재구성에 대해서는 피상적으로만 다루었다는 것은 분명하다. 스마트폰이 친구들이 함께 하고 헤어지는 데, 버스를 잡는 데, 게임을 하는 데, 정보를 찾는 데, 음악 듣기를 잊지 않는 데, 그리고 수많은 다른 실천들을 하는 데 관여되는 방식을 잠시 생각해 보면, 모빌리티 연구가 단지 걷기 행위뿐만 아니라 운전, 사이클링, 버스·기차·비행기 여행의 매개에 대해 이해해야 할 것이 많다. 우리는 고전적인 외로운 보행자에서 터치스크린과 함께하는 현대적인 걷기 양태의 연구로 옮겨 가려고 했다.

이 논문을 수정하고 고쳐 쓰는 데 도움을 준 앨리슨과 제임스에 특별히 빚을 지고 있다. 우리 연구의 참여자들에게 정말로 감사한다.

9장

예상되는
우주 관광의 미래

마크 존슨Mark R. Johnson
대릴 마틴Daryl Martin

　　　이 논문은 주로 레크레이션이나 여가 목적을 위한 우주 기술의 발전을 의미하는 개념인 '우주 관광' 산업의 발전을 탐구한다. 먼저 이론적으로 우주 관광을 연관된 모빌리티 문헌들의 흐름, 주로 항공 모빌리티와 관광 모빌리티에 대한 연구와 함께 위치시킨다. 그러고 나서 제안되었던 여러 우주 관광 모델과 그 모델들 사이의 미묘하지만 중요한 차이점들에 특히 초점을 두면서, 우주 관광에 대한 기존의 문헌을 요약한다. 그리고 분석은 우주 부문 내에 있는 이들의 우주 관광 실행가능성에 대한 인식, 이런 형태의 우주 관광이 우리 삶에 가져올 예상되는 변화들, 그리고 우주 관광의 가치와 잠재력을 '판매'하려고 할 때 우주 부문에 있는 많은 이들이 선호하는 기존의 모빌리티 형태들과의 비교를 탐구한다. 논문의 마지막 부분에서 우리는 이 갓 태어난 산업에 담겨 있는 암묵적 가정들과 이러한 미래 우주 관광 개념에서 승객이 차지하는 불안정한 위치를 탐구하고, 이 새로이 등장하는 모빌리티 형태에 대한 미래 연구의 길을 규명한다.

서론

우주 산업은 현재 주로 레크레이션이나 여가 목적을 위한 우주 기술의 발전을 의미하는 미래의 잠재적인 '우주 관광' 사업 모델을 많이 발전시키고 있다. 우주 관광은 현재 민영화되고 있는 많은 글로벌 우주 산업의 한 부분에 불과하다. 앙드레 레보Andre Lebeau(전 유럽 우주국 국장)는 냉전 경쟁과 블록의 위세는 이제 사라졌으며(Salomon 1996), 우주 기구들이 과거에 국가로부터 받았던 것과 동일한 '확고한 지지'를 얻어 낼 수는 없다고 지적했다. 그는 이 때문에 힘의 균형이 산업으로 이동하고 있다고 주장한다. 1994년 유로스페이스(Eurospace 1994) 보도가 우주 산업은 이제 근본적으로 고객 수요에 의해서 추동된다고 주장했던 것처럼, 이 산업은 시장에 풀리면서 국가의 역할을 감소시키고 있으며, 이는 "우주 기술의 성숙도를 드러낼 것이다." 미래 우주 관광객들에게 함축된 모빌리티에 대한 성찰과 함께, 그들이 나타낼 산업 수치에 대한 수사적 구성이 이 논문의 초점이 될 것이다. 우주 관광은, 그 대표들이 아마도 부분적으로는 사회정치적·경제적·기술적 도전과 현재의 맥락 때문에 새로운 실천을 상상하면서 좀 더 편하게 과거의 모빌리티 체계와 인프라들을 떠올리는 그러한 부문 안에 자리하고 있다고 주장한다.

어떠한 주어진 우주 임무라 할지라도 궤도에 도달하는 어려움을 고려할 때, 우주 관광의 잠재적 실행가능성과 현실성은 우주 부문과 공적 담론 모두에서 널리 의문시되어 왔다. 이 이슈들은 우주 관광을 다룬 이전의 학술적 작업과 관련된 모빌리티 연구들을 통해, 그리고 제1저자가 영국 우주 산업에 대한 연구 가운데 얻은 자료들을 통해 탐구될 것이다. 이 연구는 광범위한 우주 부문 역할들에 걸쳐 고용된 개인들과의 26개의 반구조화된 심층 인터뷰를 포함하고 있다. 그들 가운데 많은 이들이 공공 기구나 민간 기구에서 고위직에 있었다. 인터뷰 대상자들은 공공 기구와 민간 기업의 과학 및 상업, 정부, 기술 등 다양한 출신 배경을 가지고 있다. 대략 응답자의 3분의 1은 영국의 우주 활동 감독·관리·기금을 관장하는 정부 기구인 영국우주국에서 인터뷰했고, 나머지 3분의 2는 더 넓은 영국 우주 산업 분야를 통틀어 눈덩이 표집 방법으로 접촉했다. 전체 연구 표본의 3분의 1인 8명의 인터뷰 대상자들은 이 논문에서 인용되었고, 모두 가명이 부여되었다. 우주 관광은 원래 인터뷰 연구에서 탐구된 여러 주제 가운데 하나에 불과했다. 전체적인 연구 디자인에서 귀납적인 연구에 충실할 수 있도록, 인터뷰의 테마는 연구자가 아니라 인터뷰 대상자들이 정하도록 했다. 많은 토픽과 반구조화된 인터뷰의 사용을 고려할 때, 이 논문에서 성찰하기에 충분한 분석적 깊이에서 우주 관광 주제가 이야기된 것은 인터뷰의 3분의 1에 불과하다.

　이 논문은 먼저 지금까지 우주 관광에 대한 문헌들을 요약하기 전에, 모빌리티 문헌과 관련 있는 흐름들(주로 항공 모빌리티와 여행 모빌리티 영역에서)에서 최근에 어떠한 발전이 있는지 기록할 것이다. 여기서 우리는 과거에 제안된 여러 우주 관광 모델들과 그 모델들 사이의 미묘하지만 중요한 차이점들을 살펴볼 것이다. 그러고 나서 제1저자의 연구를 기반으로 세 가지 주요 영역을 분석할 것이다. 첫째는 우주 부문 내에 있는 이들의 우주 관광 실행가능성에 대한 인식, 둘째는 이런 형태의 우주 관광이 우리 삶에 가져올 예상되는 변화, 셋째는 우주 관광의 가치와 잠재력을 '판매'하려고 할 때 우주 부문에 있는 많은 이들이 선호하는 기존 모빌리티 형태들과의 비교이다. 그래서 이 논문은 우주 부문에서 일하는 이들이 제안한 우주 관광에 대한 다양한 관점들을 분석하고, 이러한 우주 관광의 미래에 대한 예측들을 제시하는 데 쓰이는 다양한 담론적·수사적인 도구들을 비판적으로 연구한다.

우주 관광은 효율적이고, 믿을 만하며, 값싸고, 규칙적인 발사와 (Sadeh 2005) 안전하고 유연한 우주 공간에 대한 접근(Launius 2000)을 추구한다. 둘 다 현존하는 대부분 위험하고, 값비싸고, 긴 기간의 우주 산업과 거리가 멀다(Elhefnawy 2004). 이것은 많은 질문을 제기한다. 실제로 우주 관광 산업은 어떤 모습일까? 우주 관광이 여행자에게는 어떤 느낌일까? 이러한 여행자들은 누구일까? 그 산업은 국가에 의해서 운영될까, 국가에 의존하거나 국가가 투자한 파트너십에 의해 운영될까, 아니면 산업 스스로 자립할까? 이 논문의 주제와 관련하여 가장 중요하게는, 우주 관광을 촉진하는 이들은 어떠한 미래 모빌리티 형태를 창조하려고 하고, 이 행위자들은 우주 관광을 담론적으로 현실적이고 성공 가능한 개념으로 위치시키기 위해 어떻게 기존의 모빌리티와 교통 형태들을 사용하는가?

코스모폴리탄 비전:
항공 모빌리티, 여행 모빌리티 그리고 우주여행

지난 10년 동안 신체들, 객체들, 이미지들, 아이디어들, 그리고 자본의 일상적 이동을 통해 구성되는, 현대사회를 형성하고 구조화하는 모빌리티에 대한 풍부한 연구 어젠다의 등장과 확립을 목격했다 (Hannam, Sheller, and Urry 2006: Merriman 2015). 토픽들은 개인들의 이동으로부터 개인들이 이동하는 체계에 이르기까지 다양한 스케일에 이르고, 뿐만 아니라 이들을 탐구하는 이동적 방법들의 사용에 대한 문헌이 급증하고 있다(Büscher, Urry, and Witchger 2010).

《모빌리티스》의 첫째 호에서 애디(Adey, 2006a 83)는 "심오하게 관계적이고 경험적"인 것으로서 모빌리티에 대한 이해를 주장했다. 단순하게 말해서, 사람들이 이동을 경험하는 방식에는 차이가 있으며, 이 차이에는 정치적 함의가 있다는 것이다. 어리(Urry 2000, 167)는 현대 모빌리티에 대한 분석에서, 개인 경험이 점점 국경을 초월하는 사회과정과 상호작용들과 밀접하게 관련되는 사회들에서 정치적 소속과 시민성의 문제들을 이끌어 내면서 '탈국가적 시민성의 성장'을 분석한다. 이러한 국민국가의 재설정은 사회동학을 이해하는 새로운 방식을 포함하며, 벡(Beck 2002, 8)이 전통 사회들의 '방법론적 국가주의'와 '독백적 상상력monologic imagination'[1]이라고 불렀던 것을 넘어

---

1 [역주] 울리히 벡은 국가주의적 관점은 타자의 타자성을 배제하는 독백적 상상력이라고 하

서서 현대사회를 분석하는 새로운 분석적 상상력을 요구한다. 벡은 방법론적 국가주의와 독백적 상상력을 대신하여, 현대사회 세계들과 그 세계들이 촉진하는 일상적 문화 과정에 대한 사회학적·정치적 분석의 코스폴리탄적 비전과 재보정을 주장한다. 여기서는 업계 인사들이 미래 우주여행에 대해 표현한 열망과 기대들을 조명할 수 있는 두 가지 일상적 실천인 항공 모빌리티와 관광 모빌리티 아이디어들을 학자들이 어떻게 발전시켰는지 짧게 성찰해 볼 것이다.

국경 안에 닻을 내리고 있는 사회적인 것에 대한 전통적인 아이디어 문제는 어떤 점에서 기술이 이동적 실천, 특히 항공 모빌리티의 실천과 연관된 문화적·정치적 이미지를 형성한 방식의 징후이다. 스커비스와 우드워드(Skrbis and Woodward 2013, 61)는 '코스모폴리타니즘의 미학'을 글로벌 여행 네트워크의 발전에 위치시키고 있으며, 어리 (Urry 2007, 136)는 전 지구에 걸쳐 신체들과 물체들을 이동시키는 비행기뿐만 아니라 이러한 이동들을 일치시키고 규제하는 제도적 체계와 전문가 체계의 중요성을 강조하면서, "복잡한 항공 여행 체계가 없다면, 현재 '세계화globalization'이라고 불리는 것은 전혀 다를 것"이라고 주장한다. 애디(Adey 2010, 21)에 따르면, 오늘날뿐만 아니라 20세기 동안 비행기 사용의 역사를 생각해 보면 "비행기의 모빌리티는 '영토,' '국경,' 그리고 '시민'의 필수적인 통일성을 위협한다".

면서, 이를 타자의 타자성을 포용하고 대안적인 새로운 삶의 방식과 합리성을 상상하는 코스모폴리탄적 상상력에 대비시킨다.

이러한 경계들을 교란하는 비행의 능력은 부분적으로 상공의 높이에서 제공되는 시각, 젠더화되고 사회적으로 형성된 것으로 보일 수 있는 시각과 관련되어 있다(하지만 초기 여성 항공 개척자들에 대한 논의를 위해서는 DeLyser 2011 보라). 비행기는 시민권 내러티브의 구성에 주요한 문화적 가공물이었다. 애디(Adey 2007, 2008)는 일반 대중들 사이에 '비행호감air-mindedness'[2]이 커지는 데 항공산업의 발전과 공항과 공항 전망대와 같은 (이제는) 일상적 공간들의 중요성을 설득력 있게 기록했다. 애디(Adey 2006b, 346)는, 비행호감은 "누구든지 국가나 지역이나 도시의 시민권을 획득하는 데 용인될 수 있는 특정한 아이디어와 신념, 행동을 정의하는 데 작동하는 도덕적 지리학으로 인식될 수 있다"고 제시한다. 비행호감은 20세기 동안 여러 국민국가들이 (미국의 자유의 이상이든 또는 소련의 국가 계획에 의한 유토피아든지) 그들의 수사적 열망에 기술적으로 부응하는 능력에 대한 넓은 신념 체계의 부분으로서, 교육과 대중문화에서 항공의 재현을 통해 진화했다.

비행호감은 항공에 대한 열정과 발전을 지휘했던 조직 복합체이거나 이상이었다. 그것은 비행의 발전과 국가의 개선을 위해 정치, 기술, 사람들, 교육, 정책, 장소들 그리고 사물들을 분배했다(Adey 2006b, 346).

---

2 [역주] "비행호감은 비행기 여행을 좋아하거나 항공 분야에 관심을 갖는 감정을 말한다." 존 어리, 《모빌리티》, 강현수·이희상 옮김, 아카넷, 254쪽.

이 분배는, 국가 정체성의 비전이 사회통제의 비전과 한데 얽히고 기술 혁신을 통해 성취했던 곳에서, 항공 시각의 로맨스로부터 인구의 통치를 위한 기제를 창조하는 층화된 형태의 '목표설정visioning'을 강하게 결부시켰다. 항공 모빌리티 내에 이 목표설정 과정들과 그것들에 밀접하게 관련된 담론과 실천이 어떻게 더 넓은 사회적 내러티브로 가치를 높이게 되는가 하는 질문은, 우주여행의 사회적·정치적 함의와 우주여행이 발전된 담론적 목록에 접근할 때 적절하다.

새로운 우주여행 담론을 위치시킬 때 현대의 여행 모빌리티에 대한 이해가 가장 중요하다. 학자들이 전지구에 걸쳐 관광객의 이동을 어떻게 특징지었는지를 추적하는 것은, 우리가 지구 궤도 바깥을 여행하는 것과 그러한 실천 내에 둥지를 틀고 있는 사회적·정치적 함의를 어떤 방식으로 생각할지를 고려하는 데 유익할 수 있다. 시야vision의 은유들은 어리(Urry 1990, 1995)의 '관광객의 시선tourist gaze'과 이후 이와 관련된 현대 관광객들의 실천을 함축하는 '미학적 코스모폴리타니즘'에 대한 그의 관찰부터, 저먼 몰츠(Germann Molz 2010, 345)가 최근에 세계 일주 여행자들을 "세계를 대상으로 취급하는 이동적 파놉틱 시선"을 갖고 다니는 것으로 묘사한 것에 이르기까지, 관광의 개념화에 핵심적이었다.

저먼 몰츠의 현대 관광 모빌리티에 대한 해석은 많은 서구 여행객들이 점점 이동하는 와중에 집에 있다는 관찰에 근거하고 있다. 여기서 그녀는 집에 있음과 떠남의 정동적 특징들 사이의 관습적 구분을 교란하는 클리포드(Clifford 1997)의 '여행 가운데 거주하기dwellingin-traveling' 은유를 기반으로, 관광이 점점 일상적 실천이 되어 가면서 일상에서의 탈출로 보는 관광에 대한 전통적인 이해를 교란하고 있다고 하는 이덴서(Edensor 2007)의 주장과 친화성을 공유한다. 몰츠의 작업은 경험적으로 새로운 모바일 통신기기와 인프라의 중요성으로 뒷받침된다. 관광객 실천을 "사회적인 것과 기술적인 것이 상호적으로 결정되는 신체, 모빌리티, 휴대용 기술, 구체적 인프라, 네트워크화된 공간 그리고 가상 장소들의 복잡한 '아상블라주'"로서 생각해야 하는 정도로, 이 새로운 모바일 통신기기와 인프라는 세계를 여행하면서 멀리 있는 타자들과의 공현전 형태를 가능하게 한다(Germann Molz and Paris 2015, 176).

모빌리티와 기술의 이러한 상호의존성은, 관광을 문화적 시민권의 공식화에 깊이 관련되어 있는 것으로 위치시키는 한남, 버틀러, 파리스(Hannam, Butler, and Paris 2014)의 최근 리뷰에서 규명되었듯이, 관광 모빌리티 분야에서 매우 넓은 주제이다. 다시 말해서, "실제로 존재하는 코스모폴리타니즘"을 관광의 맥락 안에서, 몰장소성placelessness이 아니라, "(재)애착, 다중적 애착, 또는 원거리 애착의 현실"(Robbins 1998, 3)과 결부된 상황지어진 장소감과 관련된 것으로서 정의하는 브루스 로빈스Bruce Robbins에 기대고 있는 저먼 몰츠(Germann Molz 2008)와 의견을 같이하여, 코스폴리탄 비전과의 연결은 핵심적이다. 저먼 몰츠(Germann Molz 2008, 339)는 이 사회정치적 동학의 관광 모빌리티로의 번역이 관광 실천에 깊이 뿌리박은 문화적 경향, 곧 특정 사회집단들이 그들이 가는 곳 어디서나 여행 가운데 수반하는 자격entitlement,

편안함comfort 그리고 자신감을 통한 '세계의 특권적인 코스모폴리탄적 전유'의 재생산과 궤를 같이한다고 주장한다. 우주 관광의 발전이 어떻게 제시되는지(곧 누구에게 그리고 누구에 의해서) 묻는 것은 이 미래 모빌리티 체계의 관계적 측면들에 대한 질문을 전면에 내세우는 데 중요할 것이다.

사회과학자들 사이에서는 우주 부문에서 기술의 문화적 중요성이 상대적으로 느리게 수용되었지만(Parker and Bell 2009), 우주 산업을 더 넓은 자본주의 발전의 내러티브 안에 위치시키는 분석들과(Dickens 2009; Parker 2009) 국민국가의 변화하는 배열에 대한 논의들은 있었다(Collis 2009). 새로운 기술의 채택 가운데 문화적 지속성을 진단하기 위하여, 이전 형태들의 발전에 대해 역사적으로 아는 것을 참고로 하여 새로운 형태의 모빌리티의 등장을 통해 생각하는 것은 유익하다(Cresswell 2011). 이를 위해 콜리스(Collis 2009, 62)는 법적 지리학과 정지 궤도geostationary orbit의 소유권 주장에 대한 현대적 논의들을 식민지 확장 시기의 영토 분쟁과 역사적으로 병행하여 비교한다. 발생 초기 상태의 기술을 고려할 때에도 다중적이고 정치적으로 조율되는 이해를 구성하기 위해(Cresswell 2010) 모빌리티가 어떻게 경험되고 표현되는지에 대한 정동적 견해들을 끄집어내는 것도 유익하다. 그래서 우주여행이, "현재보다 좋아질 수 있는 미래의 이미지를 창출하기 위해 기술과 허구를 섞는 텍스트"로서(Parker and Bell 2009, 3) '희망적인 문화적 공명'으로 특징지어진다는 것을 성찰해 보는 것은 흥미롭다. 왜냐하면 그것은 특히 "만년설이 녹고 신용 경색으로 괴로워지면서, 유지하기 어려워지는 일종의 미래에 대한 지향"을 함축하기 때문이다(Parker and Bell 2009, 4).

어리(Urry 2011, 139-141)가 주장하듯이, 규범적 비전, 현재의 트렌드로부터 추정하는 전망적 모델 그리고 있음직한 결과와 바람직한 결과를 구분하는 시나리오 구축 실천에 기반한 예측들과 함께, 미래의 사회-기술적 삶에 대한 내러티브 해명 안에 배태된 각기 다른 기술들techniques이 있다. 우주여행에 대한 학술적인 토론과 산업계의 토론에서, 이 기술들은 섞여 있다. 신뢰성은 성공적인 우주 프로그램에 필수적인 측면이며, 우주 프로그램을 위한 확실한 비전과 계획된 과정을 제시하는 것이 우주 프로그램의 출발 단계부터 중요하다. 왜냐하면 미래는 현실적이고 실행 가능하게 여겨지는 한 존재할 수 있기 때문이다(Brown, Rappert, and Webster 2000). 제안된 시점에서 확립된 우주 산업 규범으로부터 지나치게 먼 미션은 신뢰할 만한 가능성으로 보이지 않을 수 있다. 초기 우주 비행의 '공상과학소설적 경이로움'(Huntley, Bock, and Weingartner 2010)은 위험과 보상에 대한 엄격하고 단호한 평가로 대체되면서 사라졌고, 민간 우주 비행의 핵심 목표인(von der Dunk 2011) 인간 '관광객'을 우주로 보내는 과제는 일반적으로 위성을 보내는 것보다 훨씬 더 어렵다는 것에 의견이 일치되었기 때문에 현대의 모든 우주 프로그램은 특별히 관련된 이러한 새로운 제약 안에서 작동한다. 우주 기술을 민간 부문으로 이동시키면 위험과 경영 우선 순위가 이 회사들에서 어떻게 관리될지 불투명해졌다. 이는 기술의 미래 전망, 곧 그 기술의 경제적 적용과 사회적 함의에 대한 현재의 불확실성으로 이끌며, 그래서 이 논문이 경험 연구 결과의 보고로 넘어가기 전에 지금 집중하려고 하는 것이 바로 미래의 우주 관광 시나리오이다.

예상되는 우주 관광의 형태들

예상과 예견은 많은 첨단 기술 산업들의 중요한 측면이 되어 가고 있는데, 특히 그 산업들이 환경적 변화의 과정에 얽매여 있음을 고려할 때 그러하다(Dennis and Urry 2009; Urry 2011). 기술의 미래 효과가 예상될 수 있다는 주장은 과학기술연구STS가 그토록 열심히 도전해 온 기술적 결과에 대한 선형 결정론적 개념을(Williams 2006) 강화한다. 우주 관광에는 예상되는 많은 형태들이 있는데, 각각은 우주 관광이 10년 후 또는 더 먼 미래에 어떤 것이 되어 있을지에 대한 각기 다른 개념을 시사한다. 이 형태들은 우주 관광 산업에 각기 다른 결과들을 제안할 뿐만 아니라, 이 각기 다른 개념들은 매우 명백하게 그러한 산업을 중심으로 발생할 수 있는 각기 다른 모빌리티 실천과 제도적 형태 그리고 사회동학을 상상한다.

(학술적인 것과 홍보 지향적인 것 모두) 기존 문헌들에서는 우주 관광을 묘사하기 위해 세 개의 다른 개념들을 사용한다. 세 개의 개념은 모두 비슷하고, 저마다 유인하려고 하는 시장과 상상하는 우주여행의 정형화 면에서 구별되지만, 각각은 각기 다른 미래를 시사한다. 단순히 '우주 관광'뿐만 아니라―이것이 또한 때때로 특유의 미묘한

의미뿐만 아니라 모두를 포함하는 더 포괄적인 의미를 띠고 있음을 보게 되겠지만,—'시민 우주 탐험'과 '개인 우주 비행'이란 용어들이 우주 관광의 목표와 어젠다를 설명하는 맥락에서 사용되어 왔다. 각 용어들이 의미하는 바를 자세히 살펴보기 전에, 모호성의 수준이 있다는 점을 언급하는 것이 중요하다. 일부 회사들과 개인들은 이 용어들을 호환해서 사용하고, 어떤 경우에는 같은 용어가 다른 행위자들에게 다른 것을 의미하며, 어떤 경우에는 행위자들이 이 세 용어를 그 사이의 미묘한 차이를 정의하지 않은 채 단순히 '우주 관광'을 의미하는 것으로 사용한다. 그럼에도 불구하고,—제1저자의 연구와 외부 미디어 출처 모두로부터—우주 산업 내의 담론과 각기 다른 용어 선택들이 결합되어 세 가지 정의와 '우주 관광'이 무엇을 포함하는지에 대한 각각의 개념화 사이에 미묘한 차이가 있음을 제시한다.

  세 가지 정의 가운데 첫째 것은 두 가지를 결합한 측면을 포함하는 '시민 우주 탐험'이다. 이는 하나의 사회적 공간으로서 우주 공간의 탐험을 중심으로 초점 맞추어진 우주 관광의 해방적 결과이다. 단지 우주 비행사와 상당한 부자들만이 우주 공간을 방문할 수 있는 것이 아니라, 이 기회는 다양한 시민들에게 열려야 한다. '시민 우주 탐험' 모델은 또한 시민 과학과 시민 우주 탐험의 결합을 통해 우주 공간에 대한 접근권이 확대되고, 우주에 관련된 행위자들이 기존의 경제 · 과학 엘리트들을 넘어 넓어지는 미래를 앞당길 수 있다고 주장한다. 위에서 언급한 바와 같이, 20세기 동안 항공산업 발전의 중요성과 각기 다른 국가적 시민권 내러티브 사이에는 역사적 유사성이 있으며(Adey 2006b), 시민권을 둘러싼 수사修辭는 근대사회의 자유와 진보의 표현과 핵심적으로 관련된 것으로서 모빌리티 실천의 폭넓은 재현과 관련시킨다(Cresswell 2010, 21). 앞서 언급되었듯이, '우주 관광'에 대한 세 가지 정의들이 때로 호환적으로 사용되지만, '시민 우주 탐험'은 현재 가장 덜 명확하게 표현되어 있으며, 어떤 점에서는 사회변동을 상상하는 데 가장 '유토피아적인' '시민 과학'이고, 생활과 사회적 삶의 형태로서 지배적으로 상상된 우주에 대한 광범위한 접근권, 그래서 비관광적인 것이다.

두 번째 정의는 '개인 우주 비행'이다. 이 개념은 매우 개인주의적 경향을 드러낸다. 이 용어는 '개인 트레이너' 또는 '개인 비서'에 대한 가정들과 유사하게 어떤 부나 라이프 스타일 형태를 의미한다. 개인 우주 비행은 이러한 종류의 개인 서비스를 누릴 형편이 되는 라이프 스타일과 부를 가진 사람들의 삶에 무엇을 가져다줄 수 있는가? 그것이 자동차 모빌리티 체계의 많은 담론적 상상에 함축되어 있다고 페더스톤(Featherstone 2004, 2)이 주장하는 '모험의 강력한 문화적 꿈'을 실행할 것인가? 우리는 엘리트 모빌리티에 대한 기존 표현과의 일치와(Birtchnell and Caletrio 2014), 무시당한 여행 관광객들을 위해 잠재적인 공간적 실천의 혼란과 마찰을 관리하고 최소화하기 위해 잘 준비된 체계를 갖춘, 바로 이덴서(Edensor 2007)가 '인클레이브 관광조경 enclavic touristscape'이라 불렀던 것의 연장을 목격하게 될 것인가? '개인 우주 비행' 모델에서 우리는 더 일반적으로 모빌리티의 관계적 경험과 정동(Adey 2006a), 그리고 그것들이 구성하는 권력 기하학에 대한 논쟁을 본다. 어떤 이들은 다른 사람들보다 다른 여행 방식에 대한 접근 기회를 더 갖겠지만, 인구의 특정 부분을 위한 모빌리티의 편의를 우선시하는 상업적·정치적 결정은 인구의 다른 부문의 선택과 기회를 적극적으로 제한한다. 이 경우에 우리는 **개인 우주 비행**의 범주는 **교통**의 미래 곧, 누릴 여유가 있고, 빠른 세계 일주 여행을 할 형편이 되는 이들을 위한 개인화되고, 개인주의적인 교통의 형태, 그리고 인구의 대다수에게는 가능하지 않은 여가 활동을 상상하는 것이라고 주장한다. 이것은 부분적으로는 관광이지만, 관광과 여가 측면들은 이 개념에서 새로운 교통 형태 발전의 하위 집합이다.

  세 번째 정의는 단순히 '우주 관광'이다. 이 개념은 이 목록에서 세 가지 다른 이해들을 위한 포괄적 용어로 사용될 뿐만 아니라, 다른 두 정의처럼 특별한 종류의 미래에 대한 비전을 불러일으키는 더 구체적인 의미로도 사용된다. '가장 순수한' 형태에서 우주 관광은 우주로의 여행이 갖는 구경sight-seeing의 잠재성을 강조하는 대중 시장 미래를 제안한다. 이것은 우리의 글로벌한 것에 대한 감각을 보정해 주는 이전 형태의 관광과 일반적인 '기호의 경제학'(Lash and Urry 1994)과 연관시키는, 새로운 형태의 '관광객 시선'(Urry and Larsen 2011)의 시작이다. 또는 그 점을 확대하자면, 우리는 관광객의 신체와 지나치는 풍경 사이의 상호작용이 순간적이어서 인식과 느낌이 영화적인 '여행 시선travel glance'(Larsen 2011)의 반복을 목격하고 있는 것일 수 있다. 이런 의미에서, 그것은 기존의 수송 형태들과 미묘하게 다르기는 하지만, **상업화**의 미래이다. 알고 있듯이 우주 산업의 많은 점들을 기차 여행 및 항공과 뚜렷한 비교를 하지만, 이것들은 수송 형태가 신생일 때 애초의 관심과 별개로 승객을 다른 장소로 이동시키는 데 초점을 맞춘 여행 형태이다. 여행을 매력적인 것으로 인식하는 대중 시장 우주 관광과는 다르게, 여정journey 자체는 매력적인 요소가 아니다. 이것은 레스터와 로비슨(Lester and Robison 2009)이 우주 담론에서 '땅의 편견'이라고 부른 것에 시달리고 있는 우주 산업과 대조된다. 지구를 탐험한 문명들이 섬(과 섬의 자원)에 도달하는 데 초점을 두었고 그들이 지나쳐 온 바다에는 관심이 없었던 것과 같이, 우주 탐험의 유일한 초점이 외계 땅에 발을 내딛는 데 있는 "우주 공간과의 유사점"이 도출될 수 있다. 반대로, 우주 관광은 **공간**을 강조하지, 그 공간이 포함하는 물리적 대상은 강조하지 않는다. 우주 관광이 현재 어떻게 정교하게 발전되고 있는지의 핵심에 있는 의심스런 부재, 곧 승객과 승객의 체화된 여행 경험의 부재로 이끌 수 있다. 우리는 인간 행위자의 역할이 거의 전적으로 줄어든, 라슨Larsen에 기대자면 관광의 "이동적 신체가 주로 이동하기보다는 이동되는 신체"(2002, 94, 강조는 저자의 것)인 행위자 네트워크의 아상블라주를 가지고 있다. 그렇다면 우주여행은 연구자들이 현대의 논쟁들 안에 포함시켰던 승객의 상상적 정의나 정동적 묘사와는 다르다(보기: Adey et al. 2012; Bissell 2010; Bissell, Adey, and Laurier 2011; Laurier et al. 2008). 아마도 우주여행의 미래 시나리오가 갖는 사회적 함의가 과거의 교훈에 더 단단하게 기초하게 되는 것은 단순히 시간문제일 것이다. 그 연구 결과들의 핵심 주제는 다음에서 살펴보고자 한다.

기존 모빌리티와의 비교

많은 연구 인터뷰 대상자들은 우주여행이 어떻게 성장할지 예측할 때 기차 여행이나 (더 흔하게) 항공 여행과 명백한 연관을 지었으며, 심지어 다른 수송 형태인 우주 관광이 개시된 이후 수십 년 또는 수세기 만에 거대한 산업으로 성장한다는 가정에 근거하여 성장할 것이라는 점을 **증거**로 도출하였다. 미래 모빌리티의 비전은 일부 기존 여행·관광 형태들의 과거와 특정한 측면들에 대한 관점에 기반한다.

그래서 이 절은 인터뷰 대상자들이 우주 관광과 기존 모빌리티 형태를 비교하고 추정한 것들을 탐구할 것이다. 대부분의 인터뷰 대상자들이 논리적으로 즉각 비교할 수 있는 우주 관광과 민간항공의 발전을 연결시켰지만, 두 명의 인터뷰 대상자는 우주 관광을 기차 여행의 발전과 연결시켰다. 우리가 보게 될 것처럼, 흔히 항공과의 연결은 무엇보다 산업 발전과 관련된 재정과 규모에 초점을 두는 반면에, 기차 여행과의 비교는 수송 형태로 창출된 사회 변화에 초점을 맞추고 있다.

철도가 가능하게 한 모든 사회 변화들에 덧붙여서, 철도는 향상된 수송에 기반하여 많은 산업들이 발전할 수 있게 해 주었습니다. 그래서 수송 체계에 많은 흥미로운 파생효과spinoffs와 부수 효과가 있었죠 (앨리스, 민간 부문).

이것은 수송의 형태들과 사회적 삶의 형태들 사이의 관계에 대한 명확한 이해이다. 이 인터뷰 대상자는 수송의 형태로서 우주 관광이 아직 예상되지 않는 새로운 형태의 산업들을 가능하게 할 수 있으나, 또한 사회적 삶에 상당한 변화를 가져올 수 있다고 시사했다. 이 점에서 인용문은 아마도 **개인 우주 비행** 형태의 우주 관광에 가장 가까운 것이다. 개인 우주 비행은 전지구를 비행하는 시간과 같은 사회적 삶의 독특한 측면들을 변화시키는 새로운 형태의 수송을 제공할 뿐만 아니라, 기존의 사회적 삶과 여가, 관광 형태가 과거 기차 여행(Schivelbusch 1980)이나 자동차 문화(Thrift 2004)로 변화되었듯이, 우주 관광으로 심대하게 변화되는, 우주 관광업의 광범위한 수용을 암시하는 아이디어이다. 다른 인터뷰 대상자는 기차 여행과의 비교에 맞추어 항공과 연결시켰던 이들의 두 가지 주된 초점 가운데 하나를 제기했다. 그 이슈는 다른 수송 형태들의 성장에 필수적인 부분으로서 **경쟁**의 역할과 그래서 경쟁이 우주 관광의 성공에 필수적이라는 예측이다.

철도가 건설되었을 때 이러한 폭발적인 증가가 있었고, 모두가 시류에 편승하고자 했어요. 새로운 철도가 사방에서 건설되고 있었지요. 어떤 이들은 믿을 수 없게 성공적이었고, 어떤 이들은 파산했어요. 제가 생각하기에는 우주 관광도 그럴 거 같아요(밥, 민간 부문).

그러므로 이것은 두 개의 밀접하게 연관되어 있지만 구별되는 예측, 곧 첫째 산업으로서 우주 관광이 현재 위치에서 상당히 발전할 것이라는 것, 그리고 많은 기업들과 행위자들이 그 산업에 뛰어들지만 이들은 성공 또는 실패의 뚜렷한 선을 따라 나뉘어질 것이라는 예측을 가능케 한다. 그러므로 이 예측은 수많은 행위자들이 관여하게 될 거대한 잠재적 우주 관광 시장이 있다는 암묵적 가정과 맥을 같이한다(그러한 암묵적 가정은 이 논문의 뒤에서 다시 다루어질 것이다). 그러나 두 인터뷰 대상자는 철도와 비교했어도, 가장 흔한 비교는 민간항공 여행과의 비교였다. 특히 물신화되고 이상화된 '시장' 재현에 의한 미래 경제에 대한 언급은 양쪽 모두에 공통적이었다. 다만, 철도와의 비교가 초기 철도가 사회에 미친 영향과 희망되거나 예상되는 우주 관광의 사회적 효과들 사이의 유사성을 분명히 표현한 반면, 항공과의 비교는 다른 이슈들에 초점을 두었다. 비록 올라가는 높이는 달라도 항공과 우주 관광은 '비행'을 포함한다는 것이 뻔한 비교일 텐데, 인터뷰 대상자들은 사회적 영향보다는 가격과 위험의 주제들에 초점을 두었다.

비행을 보세요. 그게 시작됐을 때는 거부의 범위에 드는 상위 1퍼센트만이 비행기를 탔어요. 그게 지금의 공간은 아니겠죠? 10명 이하의 승객이 평균 봉급의 10배에 해당하는 돈을 지불하고 탔던 처음 항공기가 해협을 건넌 초기 비행의 비용이었어요(캐롤, 민간 부문).

그 상황은 승객 항공 여행이 있었던 1919년 즈음과 같았어요. 그

때 처음으로 영국해협을 건넌 비행기는 두 명의 승객과 많은 우편물을 실은 제1차 세계대전 때 폭격기를 개조한 것이었어요. 비용은 어마어마했고요. 어쩌면 온전하게 돌아오지 못할 수도 있었어요(웃음).(단, 공공 부문)

이러한 종류의 비교는 많은 담론적 작업을 수행한다. 먼저 가격대를 비교함으로써, 이제는 우주 관광에 드는 가격이 한 세기 전 민간항공 가격과 비슷하지만, 승객 여행이 흔한 일이 된 시점에서 시간의 흐름에 따라 비용이 감소했듯이 우주 관광도 그럴 것이라고 주장한다. 다른 방식으로 표현하면, 이것은 우주 관광에 대해 제기할 수 있는 비판에 대한 방어 역할을 한다. 우주 관광은 현재 엄두를 못 낼 정도로 비싸지만, **승객 항공 여행도 그랬었다.** 오늘날 우주 비행에 드는 높은 비용은 저비용 관광객 우주여행의 실행가능성을 부정하는 증거로 쓸 수 없다는 주장이다. 물론 모빌리티 문헌에 있는 연구가 제시하듯이, 항공 여행을 글로벌 인구 대비 절대치로 볼 때 소수의 특권으로 생각하든지(Adey, Budd, and HUbbard 2007, 785) 또는 계층화된 서구적 유형의 저예산 항공 여행 안에서 생각하든지, 저비용 승객 항공 여행의 아이디어는 그 자체로 자격 조건이 필요하다. 그리고 엘리트 집단의 모빌리티가 다른 사회 집단에게는 엄청난 해가 되는 체계적 불평등이 있다는 것도 우리는 안다(Birtchnell and Caletrio 2014). 그럼에도 불구하고, 여기 인용문들에는 결국 민주적으로 열린 영역으로 우주여행을 위치시키는 데 기여하면서 우주여행 산업을 작동하게 하려는 목적론이 있다.

사회와의 통합

더 먼 문화적 상상 영역에서 우주여행 내러티브를 가져오려는 시도에는 무언가 중요한 것이 있어, 한 번 더 항공 여행과 비교해 보는 것은 유익하다. 애디와 버드 그리고 허바드(Adey, Budd, and Hubbard 2007, 774)는 "상공은 어떤 비사회적 영역이나 '비-장소'가 아니라, 그것의 체화되고, 감정적인 그리고 실천되는 지형들이 절대적으로 기록되는 공간"이라고 주장한다. 다음 인용문을 통해 우리는 우주 기술을 정상화하려는 욕구 이면에 사회적 필요성social imperatives의 표현을 본다.

저는 그게 일상적으로 유용해 보이는 지점까지 대단하지 않은 것이 되길 바랍니다. 자동차가 처음에는 위험을 알리는 붉은 기를 가지고 있었고 비행기가 타기에 위험한 것이었던 것처럼요. 비행기가 처음 날기 시작한 지 겨우 100년이에요. 비행기는 여전히 첨단이고 만들기 힘든 것이지만, 사회의 한 부분으로 여겨져요(이브, 공공 부문).

우주가 점점 더 일상생활에서 중요해진다면, 확실히 오늘날 배가 항구 서비스를 제공하고 비행기들이 승객 여행 서비스를 제공하는 것과 같은 방식으로 일상적 기반 위에서 우주여행 서비스를 제공할 능력은 우주여행에 좋은 모델임이 틀림없어요(프랭크, 공공 부문).

아이디어는 우주 수송을 정상적인 상업 영역 안으로 끌어들이는 거예요(그랜트, 민간 부문).

희망했던 '일상성mundanity'과 평범함의 종류에 차이가 있다는 것을 언급하는 것은 중요하겠지만, 우주 관광의 옹호자들은 이런 방식으로 우주 관광이 정상화되고 항공 여행처럼 일상적인 것이 되기를 희망한다. 이 논문의 앞에서 탐구했듯이, 대부분의 우주 관광 모델은 수송과 관광 레저 경험이 완전히 하나로 융합된 형식의 관광으로 개념화한다. 우주선에 승선하고, 궤도를 향해 날아가고, 거기에 상당 기간 머물렀다 지구로 돌아오는 행위는 경험이며, 그 경험을 제공하는 것은 (글자 그대로 그리고 은유적으로) 운송수단vehicle이다. 매우 소수의 우주 관광 제안만이 아주 먼 미래에 우주 호텔이나 그와 유사한 것들의 개념들을 상상하고 있지만, 이 여행-과-귀환 모델은 현재까지 우주 관광을 선도하는 상상으로 남아 있다. 이것은 많은 점에서 관광 실천의 최근 트렌드, 특히 저먼 몰츠(Germann Molz 2008)의 '글로벌 거주지global abode' 개념이 포착하듯 연장되고 자율적인 관광 형태가 멀리 떨어진 곳에서도 친밀한 집의 특징들을 찾는, 세계 어느 곳에서든지 근접감과 소속감을 찾는 여행자의 능력을 전제로 하는 세계 일주 여행 모델과 다르다. 반대로, 이러한 관광 모델들은 흔히 경험을 위생 처리하려는 시도들, 곧 많은 관광객들의 열망과는 점점 더 조화를 이루지 못하는 시도들에 의해 추동되는 것이라고 이덴서(Edensor 2007, 210)가 주장하는 "모바일 인클레이브에서 여행하는" 느낌을 불러일으킨다. 그럼에도 불구하고, 기업 대표자들은 수송-레저 융합 자체가 관심을 불러일으키기에 충분히 흥미진진하다는 것을 보증하면서, 우주 관광 여행에 대한 **고려**를 일상적인 것으로 만들기를 희망한다. 이것은 대부분의 다른 형태의 관광이나 수송에서는 이루어질 필요가 없는 균형 행위balancing act이다. 관광객의 선택은 이국적이면서 일상적인, 곧 흥분하게 하지만 통상적 레저의 영역 안에 있는 것으로 보이도록 해야 한다. 그 지지자들에 따르면, 이러한 균형 행위의 일부는 우주 관광의 규모를 상승시킴으로써 성취될 수 있다. **개인**을 강조하는 '개인 우주 비행' 모델에서 벗어남으로써, 우주 관광을 체계적인 현상으로 전환시키는 것은 더 널리 받아들여지는 거대한 미개척 시장으로 이끄는 길이라고 옹호자들은 주장한다. 한 인터뷰 대상자는 다음과 같이 표현했다.

한 해에 대략 50~100번 정도의 우주 비행이 있습니다. 한 해 3천만 번인 민간항공 비행에 비교해 보면, 우주로의 운항 수는 미미합니다. 항공 운항 수는 몇 백만 배 많지만, 우주의 잠재력은 그저 우리가 그 서비스를 고심하고 있는 수준이죠(밥, 민간 부문).

이 인터뷰 대상자가 언급하듯이, 현재 한 해 대략 3천만 지구 내 비행에 달하는 항공산업과 갓 태어난 우주 관광 산업을 비교함으로써, 이들은 우주 관광 산업이 그에 버금가게 큰 규모로 성장할 수 있다는 믿음을 강조했다. 대대적인 광고는 미래 기술 내러티브의 구성에 주요한 부분이다(Deuten and Rip 2000). 초기 단계에서 기술은 흔히 기존 기술의 완전한 교체를 약속하지만(Brown 2003), 실제로 기존 기술과 새 기술은 흔히 나란히 있다(Geels and Smit 2000; Giikalp 1992). 그러한 선견적 믿음은 그들의 과학적 지위를 위해 사용되는 것이 아니라, 분명하게 **변화**를 알리고(Elzinga 2004), 새로운 출발 또는 시작을 의미하기 위해 사용된다. 이런 식으로, 이런 종류의 규모에 대한 예언은 후원자들을 모으는 방법으로서, 예상되는 프로젝트 범위의 근거를 세우는 데 기여할 뿐만 아니라, 우주여행이 어느 선을 넘으면 항공의 필요를 넘어설 수 있다는 것을 시사한다. 여행 속도의 향상은 모든 인터뷰 대상자와 기존의 많은 우주 관광 문헌에 한결같은 주장으로 남아 있다. 그럼에도 불구하고, 한 형태의 여행이 다른 형태의 여행으로 완전히 대체되는 일은 일어날 것 같지 않다.

경쟁의 중요성

항공산업과의 또 하나의 중요한 비교는, 우주 관광 미래의 성공적인 발전에서 인식된 경쟁의 중요성이다. 경쟁과 탈규제가 미래 우주 산업의 주요한 부분이라는 예측은 이 논문 앞에서 살펴보았던 바이다(Levine 1985). 시장-지향적 이해는 단순화되고, 결정론적이고, 선형적인 경제와 기술 모델을 제안한다. 여기서 '시장'은 혁신과 기술 발전을 추동하며, 이 연구가 보여 주는 내러티브는 현재의 우주 산업에 강하게 재현되어 있다. 이것은 공공에 의해서가 아니라 민간에 의해서 우주 관광을 발전시키는 것이 성공에 이르는 최적의 길이라고 하는, 많은 우주 관광 옹호자들이 지지하는 모델이다. 외계는 민간 행위자들이 발전시키고자 하는 '가늠할 수 없는 규모의 산업 단지'로 칭해져 왔으며(Vedda 2002, 201), 인터뷰 대상자들이 주장하듯이, 우주 관광은 이러한 우주의 민영화가 특별히 주목할 만한 것이 될 수 있는 하나의 영역으로 보인다.

프로젝트의 본질은 우주에 방문하는 것을 지금보다 훨씬 싸게 하고, 완전한 우주 시장을 열고, 항공처럼 더 많이 상업 영역으로 이끌고 가는 상업적 틀에 있어요(앨리스, 민간 부문).

에어버스와 보잉이 항상 서로를 이기려고 하면서 끝장 승부를 펼치고 있는 비행기 산업과 매우 비슷하게, 그런 식으로 진정한 경쟁이 있기 때문에 항공 여행의 비용이 최소한으로 떨어진 거예요. … 그래서 경쟁, 진정한 경쟁이 엄청나게 중요하다고 보는 거예요(밥, 민간 부문).

우주 프로그램에서 국가 영향력의 감소는 현재 우주 관광의 성장에 하나의 주요한 요소이며, 그래서 그 옹호자들은 흔히 민간 경쟁과 국가 개입 부재 담론을 우주 산업 성장에 중요한 것으로 강조한다. 이런 방식으로, 우주 관광은 국가 후원 우주 프로그램에 명백한 전략적 또는 과학적 이익이 있는 무언가가 아니라 국가 참여 **없이** 대신에 추상적인 '시장' 개념에 기댐으로써, 진정한 잠재력을 성취하는 데 가장 적합한 무언가로 보인다. 여기서 우리는 다른 연구자들이 우주 탐험과 정책의 특징으로 지정했던(Ehrenfreund and Peter 2009: de Montluc 2009) 경제 자유화 논리의 표현을 볼 수 있다. 그러나 기술 혁신과 신뢰성의 보증인으로서 시장에 대한 호소는 또한 우주 관광을 아마도 더 넓은 부문의 나머지와는 동떨어진 우주 부문의 한 영역으로서 위치시키는 데 기여할 수도 있다. 그들이 이러한 상황이 영원히 지속될 수 있을 거라고 느끼는지 또는 '시장'이 미래에 우주 프로그램의 유일한 추동자가 될 수 있을지 물었을 때, 많은 인터뷰 대상자들이 민간 우주 투자를 향해 보인 존중에도 불구하고, 어느 누구도 우주 부문 전체의 완전한 시장화를 예언하려고 하지는 않았다. 그래서 우주 관광은 이런 방식으로 공적인 투입이 요구되지 않는, 아마도 적극적으로 반대되는, 그래서 우주 부문 내에 다른 어젠다들 가운데 독특한 위치에 있는 영역으로 인식된다.

결정론과 우주 관광

마지막으로, 대부분의 인터뷰 대상자들의 언급을 통해 드러난, 특히 우주 관광을 '시장'에 맡기는 것의 힘, 영향력, 이익을 존중하는 중요한 기술 결정론의 가닥을 분리하여 분석하는 것이 중요하다.

다른 형태의 수송이 상당한 수용을 경험했고 사회적 편재의 지점에 도달했다는 것은, 비슷한 경로가 우주 관광에서도 예견될 수 있다는 증거로 받아들여진다. 이것은 모빌리티 형태의 수용 규모, 현재 투자된 자금의 양, 다른 회사들 또는 제공자들 사이의 경쟁 수준, 또는 철도 또는 항공 여행의 '초창기'와 현재 우주 관광 초창기의 비교로 이어질 수 있다. 이러한 비교들은 과거에 기반하여 미래를 예측할 능력을 상정하며(Michael 2000. 22), 관심 있는 관찰자가 이 데이터에 기반하여 선형적 기술 발전 형태를 볼 수 있다는 것을 상정한다. 일부 인터뷰 대상자들은 더 나아가 똑같이 결정론적으로 인식되는 우주 관광의 다른 측면들을, 그리고 어떤 경우에는 이것이 우주 관광의 미래 성공을 보여 줄 '증거'로서 사용될 수 있다는 의견을 표했다. 한 인터뷰 대상자는 이렇게 언급했다.

〔우주 관광이〕값싸지는 것을 막는 것은 단순히 우리가 그렇게 할 수 있는 기술을 가지고 있지 않다는 겁니다. 그 기술이 발전되고 있냐구요? 예! 그래서 논리적으로 비용은 내려갈 거예요(003, 민간 부문).

우주 비행선이 상품이 되는 데 이르면, 그건 고전적인 시장경제학이에요. 당신이 더 많이 만들면, 그건 더 싸지고, 더 많은 사람들이 비행할 수 있고, 그러면 당신은 이러한 긍정적인 피드백을 받게 돼요. 당신이 그 방아쇠를 당기는 데 성공하면, 그 산업은 아마도 폭발할 거예요(캐롤, 민간 부문).

이것은 일반적으로 받아들여지는 기술 비용과 그 기술이 발전되거나 연구되는 시간 사이의 관계를 도출한다. '논리적으로'라는 낱말의 사용은 우주 관광 비용이 시간이 지나면서 줄어들 것이며, 우주 관광 비용과 사회적 수용은 그것을 가능하게 하고 마찬가지로 지속적으로 향상될 기술 발전에 의존한다는 것이 명확해져야 함을 시사한다. 똑같이, '고전적인 시장경제학'에 대한 언급은 거의 마찬가지의 담론 작업을 수행한다. 그것은 이해 가능하고 문제없는, 고전적인 무엇이다. 이 인터뷰 대상자는 우주 관광 시장이 특정한 지점에 도달할 때 시장은 자립하게 될 것이며, 시장의 경쟁이 혁신을 인수하여 추동하고 가격을 낮추게 되면서, 우주 관광을 지지한 사람들이 더 이상 자금이나 후원을 모으려고 경쟁하지 않을 것이라고 시사한다. 다른 인터뷰 대상자도 비슷한 언급을 했다.

우린 40년 후에는 지루한 옛날 제트 비행기를 타고 비행하지는 않을 거예요. 우린 이런 종류의 기술을 사용할 겁니다(헬렌, 공공 부문).

이것은 우리로 하여금 탈자동차의 미래와 하이퍼모빌리티의 잠재력—이 경우에는 우주 관광의 약속—또는 지속 가능한 지방주의 형태에 대한 어리의 분석으로 돌아가게 한다. 탈자동차와 하이퍼모빌리티는 제트 비행기가 수십 년 동안 완벽하게 지속 가능하지 않을 수도 있다는 진술과 일치한다. 그러나 새로운 형태의 지역화된 수송 형태가 요구될 것이라고 상정하는 대신, 이 언급은 기술적 정교함에서 뒷걸음치기보다는 새로운 형태의 기술이 그 자리에서 실행될 것이라고 주장한다. 여기서 우리는 영속하는 소비주의 모델을 전제로 하는 미래의 사회-기술적 삶의 시나리오에서 발견되는 '기술적 해결technological fix'의 전형을 본다(Urry 2011, 146). 이 결정론적 예측의 일부로서, 그것은 또한 우주 관광과 일상적인 사회적 삶의 통합을 주장했던 앞의 인용을 암묵적으로 지지한다. 무언가가 통상적인 '제트 비행기'를 대체한다면, 그것은 단지 그것을 대체하거나 기술적으로 향상된 무언가가 아니라, 현재 비행기가 감당하고 있는 사회적 역할, 수송 역할, 관광객 역할을 감당해야 할 무언가이다.

결론과 미래 연구의 방향

이 논문은 이전 연구들뿐만 아니라 더 일반적으로 항공 모빌리티와 관광 모빌리티에 대한 학술적 논쟁 내부에서 발달한 다양한 우주 관광 모델과 그 실행가능성에 대한 주장들을 살피는 기존 우주 문헌 분석과 함께, 우주여행 부문에 걸쳐 있는 다양한 기관들에서 일정한 역할을 하는 다양한 개인들과의 인터뷰 데이터를 제시했다. 이 논문은 개인 우주 비행과 시민 우주 탐험을 포함하는 앞으로 예상되는 우주 관광의 세 가닥을 구별하고, 미래 모빌리티와 관련하여 각각이 제시하는 것을 확인하였다. '시민 우주 탐험'은 해방적인 우주여행 형태를 상상하며, '개인 우주 비행'은 더 개인주의적이고 라이프 스타일 지향적인 모델 형태를 띠는 것으로 보이며, '우주 관광' 자체는

관광, 여행 그리고 관련된 기술과 사회 형식들에 대한 대중 시장의
매력을 강조한다.

　그리고 이 논문은 인터뷰 대상자들이 제시한 기존 모빌리티 형태
들과의 비교를 탐구했다. 먼저 경쟁과 관련된 사회변동에 초점을
두면서 철도와 비교했으며, 다음으로는 민간항공과의 비교를 고려
했다. 인터뷰 대상자들은 우주 관광이 대략 한 세기 전 항공기와 유
사하다고 주장했으며, 그 시기를 돌이켜 봄으로써 분석가들은 우주
관광이 나중에 어떻게 진보할지 어느 정도는 정확성을 가지고 예측
할 수 있다. 특히 이 산업들과의 역사적 비교는 우주 비행의 현재 비
용과 사회적 배타성에 대한 방어로서 그리고 우주여행이 광범위한
인구에게 더 민주적인 방식으로 열릴 수 있는 예상되는 미래를 이야
기하는 방식으로 기능하는 수사적 전략 가운데 강조되었다. 참가자
들은 우주 관광과 사회와의 통합, 경쟁의 인식된 중요성, 그리고 중
요한 국가-후원 부분보다는 우주 관광을 시장에 '열기'를 강조했다.
마지막으로 이 논문은 우주 관광의 미래(들)을 예견하는 것과 관련
된 많은 결정론적 내러티브의 함의를 탐구했다.

　그래도 몇 가지 질문이 남는다. 가장 뚜렷한 불확실성은 그 옹호
자들이 믿고 있는 (또는 외부 행위자들을 설득하려고 하는) 규모의 우
주 관광 시장이 있는가의 여부이다. 한 인터뷰 대상자는 이 이슈에
대한 인식을 표현하면서, 우주 관광 옹호자들의 가정에도 불구하고
그 영역에서 이루어진 연구는 거의 없다고 하였다.

우주 관광이 사람들에게 매력적인 것이 될 것이라는 거대한 추측이 있습니다. 사람들은 최고의 시간에 이상한 휴가를 가지요. 사람들이 정말로 우주 스테이션에 가서 한 주 또는 두 주를 우주에서 보내고 돌아오기를 원할까요? 그들이 거기에 지불할 준비가 되어 있을까요? … 거리의 보통 사람이 우주에서 휴일을 보내는 데 돈을 쓰기 원할까요?(그랜트, 민간 부문)

개인적인 생생한 경험의 특질은 우주 관광이 중요한 산업으로 성장할 것이라는 제안의 신뢰성에 중요한 질문이다. 이 논문 앞에서 논의했듯이, 우주 관광의 미래는 일반적으로 여행의 목적이 먼 곳에 가는 것이 아니라 여행 자체인 관광 형태―우주에 가서, 궤도로부터 지구를 내려다보고, 무중력을 경험하는―를 상상한다. 이것은 강조의 수준을 여행 경험으로 가져오며, 우주여행에는 (골밀도 감소와 같은) 수많은 위험과 (관성력과 멀미와 같은) 불쾌한 측면이 딸려 있다. 많은 이들이 항공기로 비행하는 것을 즐기지 않을 수 있지만, 이것은 최종 목적지에 도착하기 위해 참아야 하는 무언가이다. 반대로, 우주 관광 여행에서 '최종 목적지'는 최초 발사의 부정적인 측면을 포함한다. 똑같이, 이것은 또한 **휴일** 또는 관광객 경험이 무엇인지에 대한 인식의 변화를 포함한다. 여행과 목적지가 하나가 되거나, 적어도 보통의 우주 관광객에게는 그렇게 보일 수 있다. 우주여행의 실행가능성 문제는 일반적으로 우주로 여행하는 것은 신체적으로 어떤 **느낌**일까 하는 것보다, 기업 대표자들에 의해서 경제적·기술적 이슈들과 관련하여 표현되었다.

얄궂게도, 대중문화 안에 존재하는 우주여행의 환상적 특성을 고려하면, 그 분석은 승객에 대해 생각하게 될 때 상상력의 부재, 곧 관광객은 누구이며, 애초에 그들은 왜 우주로 여행하고자 하는지, 그들은 어떠한 감정을 경험할 수 있는지를 신체적이고 체화된 방식으로 상상해 보는 시도의 부재를 드러낸다. 정동과 기술 사이의 상호관계를 지적하는 특정한 질문들은 실종된 것으로 보인다. 그래서 지구 궤도 밖으로 나갈 때, 우주 관광객과 다른 이들과의 관계는 어떻게 유지될 수 있는가? 우주여행은 어떻게 관광객의 소속감과 교차하는가? 관광객은 소셜 미디어의 사용을 통해 가족과 친구들과 연결될 수 있을 것인가? 우주에서의 네트워크 범위와 와이파이WiFi는 어떨 것인가? 이러한 질문들은 관광객들이 전 지구에 걸쳐 이동하면서 소지하는 커뮤니케이션 기술로 가능해진 공현전, 평안 그리고 자신감의 기대를 지적하고 있다(Germann Molz 2008: Germann Molz and Paris 2015).

우주 관광은 다른 유형의 관광이 될 것인가? 아직 분석되지 않은 많은 가정들이 미래 우주 관광객과 관련해 제기되듯이, 우주 기술을 암묵적으로 추동하는 규범적 기대들로 이어지는 많은 연구들이 있다. 미래 연구는 대상 고객이 이미 중요한 여행객들인지를 조사하는 광범위한 프로젝트, 현재까지 우주 관광 미디어에 대한 문헌 분석, 그리고 기업 대표자들과 주주들이 함께 생산하는 최종적 승객들의 상상적 비전의 길을 열어 주는 창조적 방법과 그들의 모빌리티를 포함할 수 있다.

시장 역량과 물리적 가능성으로 우주 관광의 실행 가능성 질문이 답해질 수 있을지라도, 우주 관광 모델이 결국 어떤 것이 될지는 여전히 남아 있는 문제이다. 우리는 대중 시장의 선을 따라 펼쳐지는 **시민 우주 탐험**을 보게될 것인가? 아니면 그 모델은 대기를 넘어서는 방문에 자금을 댈 만한 부를 가진 이들의 욕망이 개인화된 산업 형태, 게다가 그러한 부를 갖지 않은 이들로부터는 멀어지는 새로운 형태의 **빠른** 수송 형태를 조각하는 **개인 우주 비행**의 목적과 비슷할 것인가?

저먼 몰츠(Germann Molz 2008, 338)는 현대 문화에 널리 퍼져 있는 많은 관광객 내러티브를 부, 젠더, 계급, 섹슈얼리티와 같은 특권의 표시와 연결된 것으로 특징지었다. (특히 '개인 우주 비행' 모델이 발생한다면) 우주 관광은 비슷한 사회동학 세트를 제공할 것인가? 아니면 엘리트 모빌리티 형태의 연장을 관찰하게 될 것인가?(Birtchnell and Caletrio 2014) 수송과 기술적 미래에 대한 미래 시나리오의 논의에서, 어리(Urry 2011, 141)는 예언자들이 "세 개의 가능한 미래, **곧 가능한**possible, **개연성 있는**probable, **선호하는**preferable"사이를 구분하는 경향을 언급한다. 물론 어떤 최종적인 우주 관광 산업도 이 두 극단 사이에서 길을 찾는 것이 가능하며 아마도 그럴 수 있을 것이다. 그러나 아마도 사회과학자들은 궁금할 것이다. 우리 모두가 상상하는 데 지분을 가질 수 있는 **선호하는** 우주여행의 미래가 있는지 여부이다. 지난 10년 동안 많은 모빌리티 연구의 가장 중요한 교훈 가운데 하나는 모빌리티 체계들이 물리적 환경에 끼치는 해는 말할 것도 없고, 우리의 사회 세계들 안에 관계적인 불평등의 유형과 권력 동학을 구성하는 데 기여했다는 것이다. 이것은 언뜻 보면 다소 멀어 보이거나 난해해 보일 수 있는 미래 모빌리티 논의에 긴급성을 부여한다. 어떤 인구가 우주 관광에 포함될 수 있을지, 최종적인 우주 관광 모델이 실제로 이 논문에서 확인된 모델들 가운데 하나와 유사할지, 그리고 어느 정도로 우주 관광의 성격에 대한 암묵적 예측과 그것들이 특징으로 하는 결정론적 내러티브가 생겨날지는 두고 볼 일이다. 그러나 이것들은 사회과학을 제외해서는 안 되는 사회적 과정과 논의이다.

10장

가속, 역전 또는 출구 찾기?

파편화된 미국적 상상력에서
미래의 자동차 모빌리티

캐서린 리스Katherine G. Reese

　　미국의 정책 담론에서 조망되는 자동차 모빌리티의 미래는 어떠한 것인가? 이 논문은 미국 에너지부·교통부·환경보호청의 정책 문서들과, 탈탄소post-carbon 운동의 저작들을 분석한다. 담론 분석을 사용하여 미국 자동차의 미래를 이야기하는 이 논문은, 위의 텍스트들이 주체성subjecthood과 정당화 행위 형태를 생산하면서 어떻게 정치적 작업을 수행하는지 분석한다. 이 논문은 미국적 상상력 안에서 자동차 모빌리티의 지배는 자동차의 미래에 대한 담론이 세 가지 구별되는 내러티브, 곧 진보, 복귀, 급진적 변화로 파편화되면서 불안정해지고 있다고 결론내린다.

자동차의 미래는 무엇인가? 우리는 우리 자신을 위해 재생에너지 체계에 접속된 저탄소 운송수단을 가진 첨단 세계를 창조할 것인가? 우리는 자동차가 경관을 지배하게 되었을 때 잃어버린 근린 형태를 회복할 도시들을 재건할 것인가? 우리는 피크 오일peak oil[1] 이후 지구에서 자동차 사용이 필수불가결하게 그리고 급격하게 감소한 것을 발견하게 될 것인가?[2]

이 물음들은 단지 자동차의 기술적 미래에 대한 것만이 아니다. 지난 10년의 과정 동안 모빌리티 장이 분명하게 확립되어 왔듯이, 모빌리티는 단순히 수송 기술과 동일시될 수 없다. 우리가 전 세계를 어떻게 이동하는가는 사회적 삶과 문화적 의미에 엄청난 구성적 영향을 미쳤다. 특히 자동차 모빌리티 문헌은 자동차가 어떻게 근대 서구의 경관과 그 경관을 통해 이동하는 주체들을 창조하는 데 기여했는지 조명해 왔다. 자동차의 미래는 바로 근대 서구의 미래를 의미한다.

지난 수년 동안 글로벌 기후변화와 에너지 불안정성이 훨씬 더 긴박한 공적 관심을 끌게 되면서, 자동차 모빌리티 문헌은 초점을 미래로 옮겼다. 지금까지 학자들은 어느 정도 추측하는 데서 이미 변화하고 있는 트렌드의 경험적 증거로 초점을 옮기면서, 자동차 모빌

---

1 [역주] 석유 생산이 최고점에 이르는 시점. 곧 석유 생산이 더 이상 늘어나지 않는 지점.

2 논문을 통틀어, 나는 '21세기 모바일 주체로서의 우리'를 의미하기 위해 '우리'라는 용어를 취한다.

리티의 잠재적 전환을 스케치해 왔다. 그러나 이 논문은 '자동차의 미래는 무엇인가?'라는 질문에 다른 접근 방법을 취한다. 그 질문에 답하려 하기보다는 질문 행위를 분석한다. 여기서 '미래'는 예상되는 최종적 사태가 아니라, 현재에 행위를 규율하고 동원하는 담론적 도구이다. 이 논문은 행위자들이 자동차의 미래에 대해서 이야기할 때 하는 정치적 행동들political moves, 곧 흔히 자동차와 관련되기보다는 엄연한 전문가 권위와 사회적 정체성 및 더 관련되는 행동들을 조명한다.

이 논문의 전반부는 미래를 상상하는 것은 무엇이 변할 수 있고 무엇이 지속할지를 가정하는 것을 의미한다고 주장한다. 그와 같이 미래를 상상하는 것은 특정한 형태의 주체성, 권력 그리고 행위를 정당화한다. 이것은 특히 '권위적 재현들,' 곧 미래에 무엇이 가능하며 무엇이 바람직할지를 공식적으로 정의하는 설계 기준이나 기술적 '로드 맵'과 같은 텍스트들의 경우에 사실이다. 논문의 후반부에서는, 미국 정책 담론에서 미래 자동차의 변화를 구상하는 세 가지 내러티브를 식별한다. 첫째는 지배적인 근대 진보 내러티브를 재생산한다. 그것은 사회가 '가속하도록accelerate', 곧 과학 연구 속도와 기술 발전을 증진시키도록 고무한다. 둘째는 근대적인 소외와 가속에 대한 오래된 비판을 이용한다. 그것은 20세기 후반 자동차 지배적인 계획과 팽창sprawl의 과잉을 역전시킬reverse 필요를 예상한다. 그리고 셋째는 디스토피아적인 환경주의 전통에 의존한다. 그것은 공동체들이 너무 늦기 전에 극적으로 다른 피크 오일 이후 미래의 삶

에 적응하면서 '출구 찾기find the off ramp'를 해야 한다고 가정한다.[3]

경관들은 아스팔트를 쏟아붓는 것뿐만 아니라 담론적 정당화를 통해서도 형성된다. 미래의 내러티브들은 정치적 효과를 가지기 때문에 중요하다. 그 내러티브들은 각기 다른 형태의 모빌리티 생산과 사용을 정당화하는 것 외에, 소비자로부터 도시 거주자로, 공동체 활동가로, 각기 다른 형태의 주체성을 표현한다. 그것들은 각기 다른 전문 지식과 국가 권위의 배열을 정당화한다. 게다가 이 내러티브들은 종합해 볼 때 철저히 파편화된 미국적 상상력을 지적하기 때문에 중요하다. 예를 들어, 미국인들은 전기자동차 판매가 언제 증가할 수 있을지 또는 자동차 전용 도로가 확대되어야 하는지에 대해 의견이 다르기만 한 것이 아니다. 그들은 집합적으로 그리고 전 세계를 이동하는 주체들로서 자신들이 누구인지를 두고 극심한 의견 충돌을 보인다.

자동차 모빌리티를 21세기에 위치시키기

근대성에서 자동차 모빌리티

'자동차 모빌리티' 개념이 자동차 생산과 사용에 대한 광범위한 정치적·사회문화적 차원을 포함하게 된 이래로 수년 동안(Sheller and

---

3 북미 용어로, 출구off ramp는 진입 통제 고속도로에서 일반적으로 더 작고 낮은 속도의 도로로 나가는 출구이다.

Urry 2000: Urry 2004), 이 개념은 자동차에 대한 학술적 분석의 범위를 확대하는 데 기여해 왔다. 이 학술 지식은 자동차 모빌리티가 근대 시대에 삶을 가속화하고 탈배태시키는 데 핵심 역할을 한(Beckmann 2001: Urry 2004: Paterson 2007: Seiler 2008) "근대성의 산물이자 생산자"(Rajan 2006, 113)였다는 이해를 생산해 왔다. 에너지 집약적인 경제 팽창주의에 의해 지지되고, 근대사회는 좋은 길이 필요하다는 주장으로 정당화된('탄소 자본'에 대해서 Urry 2013 볼 것) 자동차 모빌리티는 서구 도시 경관을 변화시켰다. 자동차 사용은 도시 공간의 합리화, 분리, 전문화를 (더) 허용하였다(Featherstone 2004: Bonham 2006). 고속도로의 건설은 특히 독일과 미국에서 국가적인 규모의 지형 건설에 기여했다(Goddard 1994: Koshar 2004). 자동차 모빌리티는 '초근대성의 비장소'의 확산에 기여하면서 (Merriman 2004: Urry 2004, 30: cf. Wollen and Kerr 2003 또는 Dalakoglou and Harvey 2012), 황무지와 거주지로 그리는 근대적인 환경적 상상에 영향을 주었다 (Jackson 1985: Flink 1988: Sachs 1992: Gunster 2004: Huijbens and Benediktsson 2007: clarsen and Veracini 2012).

20세기 말에 이미 많은 서구 국가에는 인구의 절반에 해당하는 수의 자동차가 있었으며(World Bank 2003, 167), 보통의 도시 거주자는 매년 수천 킬로미터를 운전했다(Kenworthy and Laube 1999).[4] 자동차 모빌리티는 이제 수백만의 일상적 아비투스habitus와 관련되며, 그 존재의 질

---

4 유럽의 도시 거주자들은 1990년 한 해에 1인당 평균 5,026km의 자동차 주행거리(VKT, Vehicle Kilometers Traveled)를 운전했다. 캐나다에서 이 숫자는 7,761km였고, 오스트레일리아에서는 8,034km, 미국에서는 12,336km였다(Kenworthy and Laube 1999).

감과 템포는 자동차 지배적인 경관을 통해 이동함으로써 구성된다(Bull 2004; Bonham 2006; Hagman 2006; Urry 2006; McLaren and Parusel 2012). 규칙적인 운전자이든 아니든 간에, 감정적이고 윤리적이고 체화된 경험으로서 자동차 모빌리티는 세계를 경험하는 방식을 형성한다(Dant 2004; Sheller 2004; Pearce 2012). 자동차와 그 의례들은 집단 소속을 수행하는 데 기여하며 자기-표현을 위한 발산 수단을 제공한다(Miller 2001; Gartman 2004; Collin-Lange 2013; Lumsden 2013). 운전은 전형적으로 근대적인 주체, 곧 개인을 체화시킨다. 자동차 모빌리티는 "어떤 일상적 선택권을 자유로이 행사할 수 있는 자유 사회가 그 시민들에게 하는 약속의 (문자적으로) 구체적인 표현"이다(Rajan 2006, 113-114; 또한 Latimer and Munro 2006을 볼 것). 그러나 패터슨(Paterson 2007)과 다른 이들은 근대국가가 이 개인화되고 자율적으로 이동적인 주체의 생산에 깊이 연관되어 있다는 것을 우리에게 보여 주었다(Bonham 2006;Merriman 2006; Packer 2008; Seiler 2008).

위기의 자동차 모빌리티

전체적으로 보아, 문헌들은 자동차 모빌리티가 근대 경관과 그 경관을 통해 이동하는 주체들에게 형식을 부여해 왔다고 밝혔다. 그러나 이 문헌들은 또한 자동차 모빌리티가 "근대성의 '좋은 것'과 '나쁜 것' 모두를 전형적으로 보여 주기에"(Hagman 2006, 64) 매우 문제적이라는 것을 보여 주었다. 근대성은 '불가능성'(Bohm et al. 2006), '불만족'(Paterson 2007), 그리고 '깨진 약속'(Hagman 2006)으로 벌집이 되어 버렸다. 여러 학자들이 '자동차 모빌리티의 복합 모순problematique'에 각기 다른 강조를 두고 있지만, 코헨(Cohen 2006)의 용어를 사용하여, 관심사들의 핵심 이야기는 장황하게 혼잡, 인간과 비인간에 대한 폭력, 사회적 고립, 석유 의존성, 조방적 토지이용-粗放的 土地利用, 그리고 글로벌 기후변화와 같은 주제들을 불러일으킨다. 자동차는 그 사회적 · 환경적 영향 때문에 맹비난을 받으면서, 간헐적인 위기와 비판의 긴 역사를 가지고 있는 반면(Mumford 1961; Nader 1965; Freund and Martin 1993; Kunstler 1994), 자동차 모빌리티에 대한 지난 10년의 비판적인 학문적 관심은 "자동차와 운전은 최근 그 편재성에 의해 일상적인 것이 되기까지 또다시 무언가 위기를 구성한다고 시사한다"(Seiler 2010, 389).[5] 우리는 "의심의 국면에 들어갔다."(Flonneau 2010, 384) 이 국면에서 학자들은 의도적으로 "자동차를 염려하면서"(Conley and McLaren 2009) 자동차 모빌리티를 "폭로하고 반대"(Bohm et al. 2006, 11)하려고 한다.

그러나 나는 구체적으로 지난 10년 동안 비판의 **시간적** 굴절을 강조하려고 한다. 문헌들은 자동차와 자동차의 효과에 대한 단순한 비판에서 **자동차 모빌리티는 지속할 수 없다**는 주장으로 이동해 왔다. 봄과 동료들(Bohm et al. 2006)은 이것을 자동차 모빌리티의 '불가능성'이라고 부른다. "자동차-기반 레짐이 지속된다면, 레짐 그 자체를 포기하지 않고서는 해결될 수 없는 광범위한 문제를 생성한다. 이런 의미에서, 현재 형태에서 **자동차 모빌리티의 지속은 불가능하다**"(Bohm et

---

5 어떤 이들은 이러한 비판의 역사를 자동차 모빌리티가 결코 단단히 자리잡은 적이 없다는 증거로 받아들인다. 자동차 모빌리티의 지배는 언제나 확실치 않고 우연적인 것이었다(Paterson 2007; Goodwin 2010; Dowling and Simpson 2013).

al. 2006, 9: 글쓴이의 강조). 비슷하게 벡만Beckmann은 자동차 모빌리티가 "글로벌 규모로 헤아릴 수 없는 위험을 초래했으며, 따라서 스스로의 기반을 위협하고 있다"고 주장한다. 자동차 모빌리티는 "스스로 등을 돌렸다"(Beckmann 2001, 604: 글쓴이의 강조: 또한 Beckmann 2004도 볼 것). 자동차 모빌리티에 대한 관심은 필연적으로 미래에 대한 관심이 된다.

이처럼 학자들은 자동차 모빌리티의 미래는 어떠할지 또한 어떠해야 하는지 질문하기 시작했다. 일부는 '자동차 이용의 정점peak car'[6]을 추측하기 위해 경제적·인구적 트렌드를 추정한다(Goodwin and Van Dender 2013: Metz 2014). 몇몇은 데니스와 어리의《자동차 이후After the Car》(Dennis and Urry 2009)에서 나온 가장 포괄적인 작업과 함께, 사회-기술적 체계로서 자동차 모빌리티의 가능한 변화에 초점을 둔다(보기: Geels 2012). 다른 이들은 인간 행위자를 더 강조하면서 자동차 모빌리티를 구성하는 사회적·문화적 실천에서 일어날 변화의 잠재성을 평가해 왔다(Sheller 2012: Watson 2012: Dowling and Simpson 2013: Kent Dowling 2013). 이 모든 연구들은 자동차 모빌리티 레짐의 '구멍opening' 또는 틈을 분석하려고 시도하며(Sheller 2012, 186), 그 구멍이 새로운 체계와 새로운 물질문화로 확대될 것으로 추측한다. 이 연구들은 자동차 모빌리티가 (특히 도시 지역에서) 점점 불안정해질 수 있지만, 미래는 여전히 불확실하다는 일반적 합의를 공유한다.

자동차 모빌리티의 미래에 대한 이러한 연구는 칭찬받을 만하며

---

6 [역주] 자동차 이용이 최고점에 달한 이후에는 그 이용이 감소한다는 뜻을 가진 용어.

필요하다. 데니스와 어리가 적절히 언급했듯이, 글로벌 기후변화의 위험을 고려할 때 "자동차 모빌리티의 '미래를 생각하는 것은' 단순히 회피되기 어렵다"(Dennis and Urry 2009, 147). 그러나 학자들이 자동차 모빌리티의 미래에 관여하는 똑같이 유용한 또 하나의 방식이 있다. 여기서 나는 모빌리티 학자들이 자동차 모빌리티를 코튼 세일러의 표현대로 "문화가 스스로에 대해 스스로 말하는" '하나의 이야기'로서 취급하기를 요청한다(Seiler 2010, 392). 이 관점에서, 어떤 티핑포인트tipping point[7]에서 어떠한 탈자동차 세계를 만들지 묻기보다는 우리 문화가 스스로에 대해 어떠한 이야기를 말할지를 묻는 것이 더 의미 있다. 이러한 학문 연구의 목적은 자동차 모빌리티의 미래를 상상하는 것이 아니라, 행위자들이 자동차 모빌리티의 미래를 상상할 때 이어 가는 정치적 담론 작업을 분석하는 것이다.

미래의 정치

모빌리티 문헌들에서 시간과 공간 관념의 중심성에도 불구하고, 지금까지의 작업은 이동이 어떻게 공간의 경계를 정하고 의미를 제공하는지 분석하면서 공간에 특권을 부여하는 경향이 있었다(Jensen 2011을 볼 것). 그러나 시간, 특히 개인적 시간에 대비되는 것으로서 역사적 시간은 모빌리티의 생산과 경험에 동등하게 연관되어 있다. 모든

---

7 [역주] 갑자기 뒤집히는 점. 작은 변화들이 어느 기간 동안 쌓여서 작은 변화가 하나만 더 일어나도 갑자기 큰 변화를 초래할 수 있는 상태가 된 단계.

형태의 모빌리티는 "설명하는 구조화된 이야기들"을 평가하고, "기존 물질문화"를(Sheller 2012, 185) 정당화하는— 나는 그렇게 주장할 것이다—폭넓은 사회적 내러티브로 풍부하게 가득 차 있다. 근대 세계를 이동하는 것은 우리가 모두 어디를 향해 있는지를 이야기하는 것이다. 20세기의 대부분은 진보와 질서에 대한 이야기였다. 국가 권위는 모빌리티를 공간적으로 통치했으며(Urry 2007; Jensen 2011; Bærenholdt 2013), 이 통치는 어느 정도의 질서와 미래에 대한 예측력을 가져올 수 있다는 국가의 주장으로 정당화되었다(MacIntyre 1984; Reese 2015).

자아가 타자에 의해 구성되고 또는 모빌리티가 정박에 의해 인식되듯이(Adey 2006), 미래는 변화와 지속성이라는 이중적 논리를 통해 상상된다. 미래를 상상하는 것은 변화를 의미한다. 그것은 자아의 측면들을 문제시하고 변화를 상상할 수 있도록 해 준다. 잠재적 변화를 상상하는 이 능력은 창조성과 비판의 핵심에 있다. 실제로 그것은 인간 행위자 자체의 핵심 측면이다(Ricoeur 1991; Joas 1996; Emirbayer and Mische 1998). 그러나 또한 지속성을 기대함으로써 변화를 상상할 수도 있다. 도시의 인조 환경built environment에 변화를 상상하는 것은 미래에 도시가 여전히 존재하기를 기대할 것을 요구한다. 운전자들이 여전히 존재해야만 '미래의 자동차'를 상상할 수 있다. 뻔해 보이지만, 이것이 바로 요점이다. 그러한 지속성을 이야기하는 것은 미래의 변화가 확대될 수 없는 경계들을 정의하는 것이다. 그래서 미래의 지속성을 기대함으로써 흔히 당연하게 여겨지는 사회적·정치적 삶의 구조들을 이용하(고 재생산하)는 것이다.

명백하게 우리는 미래에 지속성과 변화를 둘 다 기대할 수 있다. 그러나 여기에 더 근본적인 존재론적 주장이 있다. 우리는 집합적 자아의 특정 측면들을 (기능적으로) 영구적인 것으로 그리고 타자들을 변화 가능한 것으로 해석함으로써 미래를 상상한다. 우리가 그렇게 할 때, 우리는 **현재에** 특정 형태의 주체성을 (그들이 얽혀 있는 권력관계와 함께) 재생산한다. 더 나은 미래를 이야기하는 것은 이제 어떤 행위 형태들은 정당화하고 다른 것들은 관련 없거나 역효과를 낳는 것으로 특징지으면서 행위에 의미를 부여한다. 이 관점으로부터, 우리가 오늘 하는 것이 내일의 모습을 형성하는 것이 아니다. 대신에 우리가 내일이 어떨지 생각하는 것이 오늘 우리가 하는 것을 형성한다.

이어지는 원문 분석textual analysis에서, 나는 미국 정책 담론에서 미래의 담론적 재현들에 초점을 둔다. 구체적으로, 나는 미래의 담론적 재현이 어떻게 현재에 사람이 특정한 종류의 주체이도록 또는 되도록 요청하는지 분석한다. 기대된 행동들과 연관된 의미들로 완비되어 있는 특별한 사회적 역할들을 상세히 기술함으로써, 미래의 이러한 재현들은 우리가 될 수 있는 가능한 주체의 범위를 정의할 수 있다. 행위자들이 담론적으로 사회적 역할을 표현할 때, 그들은 "말하고 행위하도록 승인된 주체들을 정의한다"(Milliken 1999, 229). 자동차 모빌리티 미래의 맥락에서, 이것은 (고도로 훈련된 엔지니어들 또는 내력 있는 도시계획가들과 같은) 특정 유형의 행위자들이 미래를 알고 형성하는 위치에서 독특하게 권위적인 것으로 재현된다는 것을 의미한다. 미래의 담론적 재현은 또한 (암묵적으로 또는 명시적으로) 이러한 주관성들을 더 큰 스토리 아크story arc[8] 속으로 통합시킨다. 그 재현들은 이해 가능한 시작과 끝, 원인과 결과, 문제와 해결로써 잠재적 세계를 구성한다.[9] 그래서 나의 원문 분석은 변화(누가 변화를 이끌어 낼 수 있는 것으로 보이는가? 변화의 합법적 목적은 무엇인가?)와 지속성(현재에서 미래까지 변하지 않는 것으로 보이는 것은 무엇인가?)의 재현에 특별히 주목하면서 주관성과 내러티브에 초점을 둔다.

권위적 텍스트의 내러티브

미국의 현재 정책 담론은 자동차 모빌리티의 미래 변화에 대하여 내가 '가속,' '역전,' '출구 찾기'로 특징지은 세 가지 특정한 방식으로 이야기한다. 첫째는 자동차 자체의 기술적 변화를 가속화하는 것을 구상한다. 둘째는 자동차 이전 시대의 인조 환경으로의 귀환을 예상한다. 그리고 셋째는 피크 오일과 기후변화로 정의된 미래 공동체를 위한 새로운 궤도를 희망한다.

이 논문의 나머지 부분은 이 세 가지 다른 내러티브들이 세 가지 텍스트 세트에 어떻게 쓰여 있는지 탐구한다.[10] '가속' 내러티브를

---

8 [역주] 개별적인 에피소드가 전체적인 구조 안에서 연장되거나 이어지는 줄거리.

9 나는 주로 환경 정치 담론에 대한 문헌을 통해서 담론 분석을 알게 되었다(Litfin 1994; Hajer 1995; Epstein 2008). 하이여(Hajer 1995)는 스토리 라인이 환경 정책 결정에 하는 중요한 정치적 작업에 주의를 기울인다. 엡스틴은 이어서 내러티브 내에 주체 위치를 분석하기 위해 라클라우와 무페(Laclau and Moffe 1985) 그리고 웰디스(Weldes 1999)에 의존한다.

10 자동차 모빌리티는 단순히 자동차 자체보다 훨씬 더 많은 것을 포함하고 있지만, 나는 텍스

표현하는 첫 번째 텍스트 세트는, 미국 에너지부Department of Energy의 첨단 자동차 기술 프로그램에 의해서 그리고 그 프로그램을 위해 생산된 기술적 '로드 맵들'을 중심으로 구성되어 있다.[11] '역전'을 표현하는 두 번째 텍스트 세트는, 미국 교통부Department of Transportation와 환경보호청Environmental Protection Agency뿐만 아니라 시민 사회 파트너들에 의해 생산된 '스마트 성장'을 성문화한 문서들을 중심으로 구성되어 있다.[12] (종말론적 소설로부터 보험 통계표에 이르기까지) 미래를 상상하는 많은 방식이 있지만, 국가권력과 미래 담론 사이의 관계는 세계를 특별히 공식적이고, 형식적이고 또는 표준적인 것으로 특징짓는 '권위적 재현'에서 두드러지게 나타나기 때문에, 나는 이 두 가지 특별한 텍스트 세트를 모았다(Scott 1998과 Anderson 1991에 대해서는 Jasanoff 2004 볼 것). 이 텍스트들에서 국가는 스스로 당국으로서 수행하며, 공중의 이익을 위해 미래를 정할 권리를 재확인한다. 지식 생산과 통치는 가능한 것과 바람직한 것(그리고 가능할 것과 바람직할 것)

트 세트들을 모을 때 (자동차 자체의 변화를 포함하는지 또는 사회에서 자동차의 역할 변화를 포함하는지) 자동차의 미래 변화를 구상하는 텍스트들만을 살펴보았다.

11 에너지부는 환경보호청이 첨단 자동차 프로그램을 에너지부의 전신에 이전시켰던 1975년 이래로 에너지 효율적인 자동차를 책임지고 있는 정부 기구이다(Buck 1982).

12 스마트 성장 운동은 도시 교외 생활 방식에 대한 오랜 사회비평의 역사에서 비롯되었다. 환경보호청이 여러 시민 사회 파트너들과 스마트 성장 네트워크를 형성하고, 백악관이 '거주적합성 어젠다Livability Agenda'를 시작하고, 연방 교통행정부(FTA, Federal Transit Administration)가 거주 적합한 공동체 건설을 위한 가이드라인을 펴낸 1990년대 후반 제도적 기반을 얻었다(FTA 1999). 이런 방식으로 지난 20년 동안 반反팽창 '대항 공론'이 "레짐 실천, 네트워크 그리고 담론들에 스며들기" 시작했다(Sheller 2012, 184).

을 재현하는 것과 긴밀히 관련되어 있다.

반대로, 여기서 분석되는 세 번째 텍스트 세트, 곧 '출구 찾기' 또는 탈탄소 미래로의 이행을 사회에 촉구하는 문서들은 권위적이지 않은 텍스트들로 구성되어 있다. 그것들은 국가가 승인한 전문 지식의 지위 밖에 속한다. 이것은 부분적으로 세 번째 내러티브가 다른 두 내러티브와 동일한 (국가 수준의) 제도적 존재감을 갖고 있지 않기 때문이다. 이 내러티브는 자동차 모빌리티의 미래에 대한 더 권위적인 국가 재현들을 돋보이게 하는 보조 역할을 하는 것 외에, 시민사회와 지역 수준의 정책 결정자들 사이에서 영향력을 얻기 때문에 포함되었다. 미국에서 이 내러티브의 조직적 발상지는 트랜지션 유에스Transition US와 더 광범위한 전환 운동Transition Movement의 미국 본부이다.[13] 그래서 세 번째 텍스트 세트는 트랜지션 유에스가 출판하고 추천한 글들로 구성되어 있다.[14]

다양한 권위 위치로부터 비롯된 이 텍스트 세트 각각은 자동차 모빌리티의 미래에 대해 서로 다르게 이야기한다. 결론에서 자세히 설명하겠지만, 첨단 자동차 연구, 스마트 성장, 그리고 전환은 이들 사이의 선택 문제도 아니고 내기를 걸 말들도 아니다. 그것들은 미국이 자신의 집합적 자아를 이야기하는 세 현장이다.

---

13 2000년대 초 영국에서 시작된 전환 운동은 전세계로 급속히 확대되고 있는 환경과 사회 운동이다. 트랜지션 유에스는 2008년에 출범했다.

14 이 텍스트들은 개별 도시들이 피크 오일 세계 이후로 이전해야 한다는 정책 제안을 펼친 다양한 미국 도시들(보기: 버클리, 블루밍턴, 포틀랜드)의 '에너지 감축 행동 계획'을 포함한다.

21세기 미국의 상상력에서 자동차 모빌리티

가속

첫째 텍스트들은 자동차 기술 진보의 전망을 명쾌하게 제공하기 위해 쓰여진 로드 맵들로 구성되어 있다. 단일 방향의 진보에 대한 지배적인 근대적 이해를 반영하면서, 이 텍스트들은 자율적으로 이동하는 운전자들, 자동차 엔지니어들, 그리고 재생에너지 기술들—이 가운데 재생에너지로 달리는 가볍고 효율적인 자동차들이 두드러진—로 가득 찬 미래를 상상한다. 이 '프로메테우스적인'(Dryzek 2013) 견해에서, 역사는 과학 연구와 기술 발전의 상승 궤도이며, 거기서 인간은 지나가는 해마다 더 나은 미래로 가까이 간다. 사실 이 텍스트들에서, 연구는 단지 더 나은 미래를 만들 뿐만 아니라 **가능한 한 빨리** 더 낫게 만들어야 한다. 가속 개념 자체와 같이, 여기서 그 비전은 단지 진보만이 아니라 사회가 얼마나 진보하느냐 하는 것이다.

이렇게 상상된 변화는 에너지부의 용어로 두 가지 '도전'을 다루는 데로 방향을 맞추고 있다. 그 텍스트들은 가격 변덕의 위협, 오일 생산 지역들의 정치적 불안정성, 그리고 개발도상국에서 증가하는 수요를 환기시키면서, 미국을 제한되고 신뢰할 수 없는 오일 공급의 맥락 안에 위치시킨다(US DOE 2006, 2010, 2011). 그러나 이 텍스트들은 오일 공급의 제한이 협상 가능한 것이라고 제안한다. 인간의 혁신은 현재의 것을 최대한 활용하는 방법을 찾을 수 있다. 이 텍스트들이 향하고 있는 두 번째 '도전'은 잠재적으로 장기간의 대규모 영향을 미칠 것으로 보는 글로벌 기후변화이다(US DOE 2011, 2006: American's Energy Future Energy Efficiency Technologies Subcommittee, National Academy of Sciences, National Academy of Engineering, and National Research Council [AEF Panel et al.] 2010). 물론 이 영향들은 예측되고, 양화量化되고, 관리될 수는 있을 것이다(US DOE 2011). 이 도전들은 내러티브에 긴박감을 불어넣는다. 전前 에너지부 차관의 말을 빌리면, 그것들은 "우리의 행위에 가차 없는 시계時計를 설정해 놓는다"(Koonin 2011). 이것은 첨단 자동차 연구의 목적이 단지 기술에 '진화적인' 변화를 추진하는 것이 아니라, 과학 연구 자체의 가속을 통해 변화율을 가속하는 것임을 뜻한다(US DOE 2010: National Research Council [NRC] 2013: US DOE 2011). 이런 방식으로, 이 텍스트들은 근대주의적 개념 도구상자에서 가장 강력한 도구, 곧 더 많은 지식 생산을 통해 가속화되는 진보라는 도구를 사용한다.

　이 텍스트들은 주로 기술적 의미에서 변화를 상상한다. 그것들은 단기간의 소규모 변화, 곧 내연기관의 효율성 개선과 하이브리드 자동차의 사용 증가를 예상한다(Oak Ridge National Laboratory 2010: AEF Panel et al. 2010: US DOE 2011, 2012). 이러한 소규모 변화들은 정확하게 에너지 체계의 급격하지 않은 '진화적인' 변화를 나타내기 때문에 적절해 보인다(US DOE 2011, x: 또한 US DOE 2006, 2010: NRC 2013: AEF Panel et al. 2010: DOE 2009 볼 것). 텍스트들은 플러그인 전기자동차와 수소연료 전지의 채택과 같은 장기간의 더 급격한 변화를 기대한다(보기: AEF Panel et al. 2010: US DOE 2006, 2012: NRC 2013: US DOE 2011). 게다가 이 변화들은 "에너지 생산, 전달, 사용에서 저탄소 에너지 체계로의 대규모 변화를 가속"하는 광범위한 노력의 일부로 상상된다(President's Council of Advisors on Science and Technology [PCAST] 2010, vii; 또한 AEF Panel et al. 2010, vi 볼 것). 그래서 이 텍스트들은 전체 미국 에너지 경관에 일어날 장기간의 변화를 구상한다.

이 변화는 세 가지 중요한 지속성에 의해 상상된다. 첫째는 (소비하는) 주체로서의 운전자의 지속성이다. 자동차가 언젠가는 더 이상 경제와 일상의 삶에서 핵심적 역할을 하지 않을 것이라는 기미는 없다. 사실 이 텍스트들은 자동차에 대한 수요가 글로벌하게 증가하면서 미국에서도 여전할 것이라고 예상한다. 운전자-소비자는 구상된 기술 변화에 중심 역할을 한다. 첨단 자동차를 생산하는 것은, 만약 상당수의 소비자들이 그 첨단 자동차를 구매하여 사용한다면, 오일 소비와 기후변화의 도전들을 해결할 수 있을 것이다(US DOE 2011: 32; US DOE 2010: AEF Panel et al. 2010). 그러나 운전자-소비자들은 고정되고, 위험을 회피하며, 이익이 되는 일이 아니라면 변화를 받아들일 것 같지 않은 존재로 여겨진다(US DOE 2010: AEF Panel et al. 2010). 특히 미국 운전자로 이해되는 그들 운전자는, 크고 편안하고 빠른 자동차를 좋아한다. 그리고 미래에도 계속 그러할 것이다(보기: NRC 2013). 이러한 예상은 자동차의 가능한 미래에 경계를 설정한다(예를 들어, 훨씬 작은 자동차의 가능성은 배제한다: US DOE 2011: AEF Panel et al. 2010). 미국의 운전자-소비자는 변하지 않을 것이며, 그래서 기술은 변해야 한다(US DOE 2010, 2011: AEF Panel et al. 2010).

여기가 둘째 지속성, 곧 자동차 엔지니어가 들어오는 곳이다. 운전자-소비자의 행동들과 선호들이 명시적으로 예측 가능하기 때문에, 엔지니어는 이 행동들을 중심으로 설계할 수 있다. 그래서 엔지니어는 기술이 운전자–소비자의 (오일을 소비하고 탄소를 생산하는) 행동을 오일 소비와 탄소 배출을 감소시키는 목표와 조화시키는 것을 가능하게 하는 사람이다. 엔지니어는 변화의 에이전트이다. 운전자–소비자는 배우거나 변화하도록 기대되지 않지만, 오랜 세월 훈련으로 강화된 엔지니어는 국가 후원 첨단 실험실에서 실험하고, 발견하며, 혁신한다. 문제의 엔지니어는 구체적으로 오로지 **자동차** 엔지니어를 말한다. 변화는 오로지 자동차에만 지향되어 있다. 일부 첨단 자동차 텍스트들은 다른 형태의 교통을 일컫지만, 그들은 그러한 대안에 대한 책임감을 즉각적으로 포기하기 위해 그렇게 한다(US DOE 2011: AEF Panel et al. 2010: US DOE 2010). 그렇게 함으로써, 그들은 기능적으로 지식 생산을 자동차에 대한 변화와 배타적으로 동일시한다. 그들은 더 넓은 모빌리티의 의미에서 기술 발전을 고려할 공간을 제거한다.

텍스트들에서 기대되는 셋째 지속성은 문제 해결의 중심지로서 국민국가이다. 여기서 국가의 역할은 강제하는 것이 아니라, 지식 생산을 용이하게 하는 것이다. 이 내러티브에서 오일 소비와 기후 변화를 언급하는 것은 필수적으로 대규모 연구를 요구한다. 곧 여전히 미국 운전자–소비자의 기대를 충족시키면서 오일 소비와 탄소 배출을 감소시키는 자동차를 만들 수 있는 첨단 기술을 요구한다(보기: US DOE 2012). 그와 같이 국가만이 (기술 발전을 위한 목표를 정하거나 연구의 우선성을 설정함으로써[보기: Oak Ridge National Laboratory 2010: US DOE 2011]) 지식 생산을 초래하고, 집중화하고, 명령할 자원과 권위를 가지고 있다.

전체적으로 보아, 첨단 자동차 프로젝트는 변화된 에너지 경관을 향한 가속화된 기술 진보를 상상한다. 이 텍스트들은 이러한 진보를 이야기하면서, 특별히 자본주의적이고 자율적이며 이동적인 미국인 정체성의 경계를 재확인한다. 운전자–소비자는 자신의 자동차 선택에 대한 주권이 있으며, 그 선택이 미칠 영향은 고도로 훈련된 엔지니어가 과학 혁신을 통해 최소화한다. 이 텍스트들은 그러한 형태의 권력이 오일 소비와 탄소 배출의 감소에 필요한 일종의 대규모 첨단 기술의 변화를 가져오는 데 필수적임을 함축하면서, 중앙집중화된 지식과 국가의 부를 정당화한다. 그래서 국가는 국가만이 더 나은 미래를 효과적으로 보장할 인간 독창성을 결집시킬 수 있는 미래라는, 미래에 대한 특정한 개념으로 자신의 권력을 강화한다.[15]

역전

미래 자동차 모빌리티의 두 번째 내러티브는 자동차 자체를 덜 강조하고 자전거, 걷기, 대중교통 옵션을 수용하는 인조 환경을 상상한다. 이 텍스트들은 미국의 정부 기구들과 그들의 시민사회 파트너들의 '스마트 성장' 노력으로부터 얻은 것이다.[16] 첨단 자동차 연

---

15 이 텍스트들은 또한 '탄소 자본'(Urry 203)에 의한 담론적 책략을 지적할 수도 있다. 몇몇 자동차 제조사들과 오일 회사들은 근대사회는 자동차와 도로가 필요하다는 (수지맞는) 주장을 포기하지 않은 채 공적인 기후변화 담론에 적응하는 수단으로서 첨단 자동차 연구 개발(R&D)에 자금을 댄다.

16 이 정부 기구들은 교통부와 환경보호청을 포함한다. 그들의 시민사회 파트너는 특히 미국 그린빌딩 위원회(US Green Building Council), 미국 도시계획협회(American Planning

구가 자동차 자체의 기술 변화에 초점을 두고 있다면, 스마트 성장은 복합 토지이용mixed land use, 밀도, 도보 가능성, 그리고 광범위한 교통 선택지를 강조하는 도시 디자인을 통해 인조 환경 안에서 자동차의 지배력을 감소시키려 한다.[17]

　스마트 성장이 여러 가지 방식으로 (보기: 성장을 위한 계획) 미래를 포용하려고 하지만, 주로 과거에 의해서 미래를 이야기한다. 이 내러티브에서, 교외가 확장되고 자동차화된 전후 시기는 인조 환경과 사회구조에 파열의 시기였다(보기: Smart Growth Network, International City/County Management Association, and US Environmental Protection Agency [SGN et al.] 2002, 25). 이런 의미에서 미래는, 자동차의 증가와 함께 잃어버린 경관(과 사회)를 재건하는 '역전'의 가능성을 대변한다. 그와 같이, 스마트 성장 내러티브는 진보(나은 미래)와 귀환(과거와 같은 미래)이라는 다소 역설적인 주장을 만들어 낸다. 여기서 내러티브는 19세기 낭만주의 운동으로부터 윌리엄 모리스William Morris, 에버니저 하워드Ebenezer Howard, 그리고 최근의 심층 생태학적 사상을 거치는 근대 산업화와 소외에 대한 오랜 저항의 전통에 기댄다.[18] 이 전통에서, 더 나은 미래는 계

Association), 스마트 성장 네트워크(Smart Growth Network) 등을 포함한다.

17　스마트 성장 개념은 신도시성new urbanism과 '거주적합성' 개념과 많은 것을 공유한다. 일반적으로, 신도시성은 '전통적인' 근린 형태를 더 강조하는 반면, '거주적합성'은 스마트 성장보다 더 넓은 개념이다. '스마트 성장'의 여러 개념화에 대한 분석은 Ye, Mandpe, and Meyer(2005) 볼 것.

18　목가적 이상향Arcadian utopia 사상에 대해서는 Kumar(1991)를 보고, '향수nostalgia'의 정치에 대해서는 Smith(2000)를 볼 것.

속 가속화하는 기술 혁신을 통해서가 아니라 그 경관에서 보존하고 재활하는 지속성에 의해 확보된다.

'가속' 내러티브는 오일 소비와 기후변화 이슈들에 맞추어져 있는 반면, 이 '역전' 내러티브는 스마트 성장이 자동차가 야기한 광범위한 문제들을 해결하는(American Planning Association [APA] 2006: SGN et al. 2002, i) 또한 어느 정도의 영구성을 갖고 해결하는 미래를 예상한다(Federal Transit Administration [FTA] 1999). 스마트 성장은 운전을 감소시켜서 온실가스 배출을 감소시키는 대안적인 수송 방식을 도입한다(US Green Building Council [USGBC] 2009: Duany, Speck, and Lydon 2010). 그것은 (좁은 차선이나 나무들같이) 차량 통행을 느리게 하고·도로를 안전하게 만드는 '도로 안전 traffic calming' 설계 요소들(US Environmental Protection Agency [US EPA] 2009)과 "향상된 사회적 상호행위들을 통해 더 강한 공동체를 지지하는"(SGN et al. 2002, 26) 요소들을 포함한다. 이 텍스트들에서 이러한 변화들은 귀환의 감각으로 가득 차 있다. 상상된 변화는 "근대적 삶의 요소들을 간결하고, 보행자 친화적이고, 복합 용도의 근린으로 **재**해석하고"(APA 2006, 602: 글쓴이의 강조) "근린의 중심성을 〔**회**〕복하는"(Duany, Speck, and Lydon 2010, xvii: 글쓴이의 강조) 것을 의미한다. 그것은 "메인 스트리트"를 재창조하고, 전통적 근린 개발traditional Neighborhood Development, 곧 "50~100년 전 도시 근린의 많은 특징들을 모방하기 위해 노력하는 개발 스타일"(APA 2006, 602)에 참여하는 것을 의미한다. 그러나 걸을 수 있는 근린은 "역사를 통해 우리가 교외 팽창이라고 부르는 60년 동안의 일탈로 중단된, 거주지의 근본적인 증가"(Duany, Speck, and Lydon 2010, 1.3)였

338

기에, 이것은 특정한 시간으로의 귀환이 아니라 명시적으로 시간을 초월한 일 수행 방식이다. 미국 그린빌딩 위원회(USGBC 2009)는 루이스 멈포드Lewis Mumford를 인용하여 "근린은 인간이 모이는 곳이라면 어디에서나 어느 정도 원시적이고 조직화되지 않은 방식으로 존재한다"고 주장한다. 그래서 스마트 성장은 예전의 근린(만)이 아니라 (추정컨대) 항상 그러했던 근린이다.

이 텍스트들은 또한 도시계획 자체의 실천에 변화를 구상한다. 20세기 중후반에 도시계획은 백지상태에서 전혀 새롭고 초현대적인 발달을 창조하는 것, 곧 미개발지에 (또는 저소득층들을 쓸어 버림으로써 치워진 도시 지역에) 도로들과 교외 하위 구역을 건설하는 것을 의미했다. 반대로 스마트 성장은 완전히 새로운 무언가를 창조하는 것이라기보다는 기존의 인조 환경을 재활하거나 보존하는 것을 기대한다(USGBC 2009 볼 것). 칭송되었던 프로젝트들은 과거와 적극적으로 관계를 맺고, 잃어버린 요소들(보기: 시내 전차)을 재도입하고, 유전된 제약들(보기: 빈터 또는 버려진 고가철도 열차 라인)과 함께 작업하는 것들이다. 스마트 성장 네트워크가 혁신에 대해 쓸 때, 그것은 최첨단의 기술을 의미하는 것이 아니다. 그것은 야생동물 서식지를 보호하는 새로운 법률 도구와 미개발지보다 재개발 부지(이전에 개발되었고/거나 잠재적으로 오염된 땅)에 건설하는 것을 더 쉽게 해 주는 새로운 토지이용법을 의미한다(SGN et al. 2002). 혁신은 잃어버린 것을 재창조하고 여전히 존재하는 것을 그대로 보존하는 새로운 방법을 찾는 것을 의미한다.

이 '역전' 내러티브는 세 가지 지속성에 의해 변화를 상상한다. 이 중 첫째는 근린 거주자이다. 위 절의 운전자-소비자처럼 근린 거주자는 이동적이다. 그러나 거주자에게 모빌리티는 정확하게 자율적이지는 않다. 오히려 그것은 적어도 부분적으로는 도시계획가가 설계하고 국가가 건설하는 인프라에 의존하는 경관으로 형성된다. 거주자가 자동차를 사용한다면, 이 사용은 존재론적으로 선행하는 개인주의적 취향이라기보다는 (넓은 무료 주차장과 같은) 인조 환경으로 제공되는 편리성들에 영향을 받는다. 인조 환경이 모빌리티를 허용한다면, 거주자는 때로는 승객이고, 때로는 사이클리스트이고, 때로는 보행자이다(보기: Duany, Speck, and Lydon 2010; US EPA 2009; American Association of State Highway and Transportation Officials [AASHTO] 2004). 이러한 모빌리티의 복수성은 거주자가 타인들과 상호작용하고, 근린과 연결된 느낌을 갖게 해 준다(SGN et al. 2002; USGBC 2009; APA 2006; Duany, Speck, and Lydon 2010). 그래서 이 텍스트들은 스마트 성장이 저탄소 배출과 적은 오일 소비를 야기할 뿐만 아니라 사람들이 결과적으로 장소감을 갖게 되는 미래를 이야기한다. 이 텍스트들은 행복하기 위해서는 자신의 교외 범위를 벗어날 수 있어야 한다고 하는 오랫동안 지배적인 미국인의 관념에 도전한다(보기: US EPA 2009).

근린 거주자는 여러 가지 면에서 운전자-소비자와 다르다. 그러나 이 둘은 한 가지 중요한 측면에서 유사하다. 둘 다 예측 가능해 보인다는 것이다. 예를 들어, 거주자는 대중교통에 도달하기 위해 반≠마일 이상 걷기를 원치 않을 것이며(APA 2006, 450; USGBC 2009, xvi; SGN et al. 2002, 10; Duany, Speck, and Lydon 2010; AASHTO 2004, 96), 보도가 쾌적하고 밝고 직통이고 육교나 지하보도로 걸을 필요가 없다면 언제나 더 걸으려고 할 것이다(SGN et al. 2002, 31; AASHTO 2004, 96; Duany, Speck, and Lydon 2010, 3.5; APA 2006, 279). 거주자들의 행동은 유형화되고, 그 유형들은 알 수 있으며, 그 유형들에 맞추어 설계할 수 있다. 여기가 두 번째 지속성, 곧 도시계획가가 등장하는 곳이다. 도시계획은 가능성들의 구조화로서의 설계, 곧 사회적으로 바람직한 행동을 위해 심미성과 편리성을 향한 사람들의 충동을 솜씨 있게 조종하는 것으로서의 설계를 전제한다. 텍스트의 많은 부분들이 설계에 시민 의견 반영의 중요성을 인식하고 있지만(APA 2006, 46, 55-6; SGN et al. 2002, ch. 10), 경관을 비판적으로 보고, 변화를 구상하고, 변화의 필요에 대해 공중을 "교육하고"(SGN et al. 2002, 10, 82; Duany, Speck, and Lydon 2010, 1.3), 궁극적으로 변화의 에이전트로 행위하는 사람은 도시계획가이다. 연방 교통행정부FTA가 말하듯이, "거주 가능한 공동체는 그냥 생겨나지 않는다." 전문 권위자의 개입을 필요로 한다. 여기서 도시계획가는 위의 자동차 엔지니어의 역할과 흡사하다. 둘 다 더 나은 미래를 설계하는 데 관여한다. 둘 다 사람들이 근본적으로 누구인지, 어떤 이들이 될 것인지 그리고 기회가 주어진다면 어떻게 이 세계를 이동할 것인지에 대한 기대들을 중심으로 설계한다. 그러나 도시계획가는 푸코식의 감각을 갖고 힘을 행사한다. 자동차 엔지니어는 운전자의 행동을 인도하려고 하는 것이 아니라 이 행동들의 영향력을 줄이려고 하는 반면, 스마트 성장 계획가들은 거주자들에게 더 나은 (저탄소의, 안전한, 덜 소비하는) 행동을 장려하는 근린을 설계한다. 설계는 통치로서 기능한다. 교도소 설계나 고속도로 설계처럼, 근린 설계는 구체적인 사회적 결과를 산출하도록 이동에 방향을 잡아 준다.

마지막으로, 근린 거주자와 도시계획가는 국가권력의 맥락 안에 위치해 있다. 위에서 논의한 국민국가에 대비하여, 여기서 (특히 본질적으로 수송과 토지이용 정책은 지역정부의 문제이기 때문에) 국가는 상당히 더 분산되고 다층적이다. 그러나 이 텍스트들에서 국가는 유사하게 스스로 지식을 중앙집중화하고 정당화하는 존재로 위치를 정한다. 여기서 지식은 약간 다른 형태를 취한다. 국가는 리튬 이온 건전지에 대한 조사 결과 대신에, 대중교통 속도와 연석緣石 높이 기준 등을 다룬다. 그러나 변화를 확대하기 위해 지식을 표준화하고, 보편화하고, 재분산시키는 병행 논리가 있다(US EPA 2009: US Department of Transportation [US DOT] 2010). 이것은 어떠한 아이러니를 야기한다. 이상적인 스마트 성장 근린은 역사와 장소에 대한 감각을 갖고 있는 작고, 단단히 결속되어 있고, 독특한 근린이다. 그러나 그러한 근린을 효과적으로 널리 건설하는 것은 이 텍스트들에서 그러한 근린을 위해 국가적이고, 국가에 의해 정당화된 표준을 창조하는 것을 의미한다. 도시계획가는 변화를 낳는 존재이지만, 국가는 의미 있는 규모로 이러한 변화를 위한 조건들을 보장하는 존재이다.

출구 찾기

세 번째 내러티브는 급진적으로 그리고 불가피하게 다른 세계를 구상한다. 이 '탈탄소' 텍스트들에서는 많은 이들이 산업화된 서구에서 당연하게 여기게 된 삶의 방식이 자동차 모빌리티를 포함하여 우리가 원하든 원하지 않든 끝날 것이다. 이 내러티브에서 자동차 모빌리티는 21세기 초에 화석연료와 관련된 삶의 모든 측면들처럼 값싼 에너지 시대가 끝나고 기후 변동은 악화되면서 극적으로 변화할 것이다. 이 텍스트들에서 기후는 이미 변하고 있으며(Transition United States [Transition US] 2012), 피크 오일은 임박했다(Heinberg 2003; Hopkins 2008). 붕괴는 갑작스럽고 엄청난 규모일 것이다. "우리는 체계 실패에 직면해 있다"(Transition US 2011, 9; Heinberg 2003 볼 것).

여기서 상상된 변화는 한편으로는 그 규모상 잠재적으로 파국으로 여겨지기 때문에(Heinberg 2003; Hopkins 2008), 그리고 다른 한편으로는 불가피하고, 예측 불가능하고, 인간의 통제 능력을 벗어나는 것으로 여겨지기 때문에, 다른 두 내러티브와 다르다. 종말론적 비유는 피하고 있다는 주장에도 불구하고, 이 텍스트들은 환경 사상의 디스토피아적인 가닥, 곧 근본적으로 다른 (그러나 잠재적으로 더 나은) 세계로 이끄는 임박한 생태적 재앙을 경고하는 가닥을 이용한다.[19] 이 텍스트들은 음울할 것 같은 미래를 이야기하지만, 이것을 '재지역화된relocalized' 탈탄소 세계에 적응하는 인간 능력에 대한 낙관주의로 조화시키고 있다.

---

19 생태적 종말론 사상에 대해서는 Garforth(2005)을 보고, 생존주의 담론에 대해서는 Dryzek(2013)를 볼 것.

이 텍스트에 의해서 상상된 첫 번째 도전은 '에너지 감소energy descent', 곧 산업화된 서구에 사용되는 에너지 양의 감소이다(Heinberg 2003: Hopkins 2008). 이 감소는 인간 행위에 의해서가 아니라 지정학적·생태학적 힘에 의해 추동되기 때문에 불가피한 것으로 여겨지며, 그 힘들은 (생각컨대) 무시될 수 없다(Heinberg 2003: Chamberlin 2009). 이 내러티브에 따르면, 연료가 희소해지면서 사회경제적 삶은 재지역화(곧 지리적으로 축소; Hopkins 2008: Gilbert and Perl 2010)될 것이다. 이것은 자동차 모빌리티의 상당한 감소를 의미한다. 자동차와 도로를 건설할 자원들은 덜 확실하고 더 비싸질 것이며, 화석연료 연소는 걷잡을 수 없는 기후변화 시대에 사회적으로 수용하기 어려워질 것이다. 스마트 성장 텍스트들이 점차 설계되지 않는 인조 환경에서 자동차의 지배를 보고 있다면, 탈탄소 텍스트들은 자동차가 단순히 결딴나고 있다고 본다.

에너지 감소를 피하기 위해 할 수 있는 것은 아무것도 없지만, 이 텍스트들은 그것을 준비하기 위해서는 많은 것을 할 수 있으며, 그것은 의도적인 '이행'을 의미한다고 주장한다. 트랜지션 유에스(Transition US 2011)는 "변화는 일어나고 있다. 우리의 선택은 우리가 원하는 미래와 우리에게 일어날 미래 사이에 있다"고 말한다. 이 의도적인 사회의 변화는 광범위하고 체계적인, '엄청나고 역사적인' 변화로 상상된다(Transition US 2011, 21). 빠른 에너지 감소가 낳는 결정적인 단절은 너무도 급격해서 20세기의 전문 지식은 장차 무슨 일이 일어날지 그리고 일어나야 할지 주장할 수 없다. 탈탄소 미래를 계획하기 위해 시도하는 것은 "'평행 우주'를 창조하려고 하는 것"과 유사하다(Transition US n.d.). 근본적으로 다른 탈탄소, 피크 오일 이후, 거의 종말 이후 세계의 특징은 잠재적인 인간 노력의 범위를 넓힌다. 그래서 이 텍스트들은 심지어 붕괴하는 세계에서도 인간 에이전시를 위한 공간을 예견한다.

자동차 모빌리티의 경우에, 탈탄소 세계로 이행하는 것은 많은 수송 방식을 변화시키는 것을 의미한다. 흥미롭게도, 많은 탈탄소 정책 제안들은 스마트 성장 문서에서도 부적절해 보이지 않는다. 그것들은 자전거 전용 도로 우선, 자전거 주차 공간 증가, 자전거 공유 프로그램 채택, 무료 주차 감소, 보행자 친화적인 공간 증가, 카 셰어링 독려, 대중교통 확대 및 향상과 같은 요소들을 포함한다(Portland Peak Oil Task Force 2007: Berkeley Oil Independence Task Force 2009: Bloomington Peak Oil Task Force 2009: San Francisco Peak Oil Preparedness Task Force 2009). 텍스트들은 건물 밀도가 있고, 보행 가능하고, 대중교통 지향적인 개발을 권고한다. 그러나 이 텍스트들과 스마트 성장 텍스트들 사이의 차이는 이 정책 권고들을 방향짓는 내러티브들에 있다. 이 탈탄소 텍스트들에서, 인조 환경에 대한 변화는 자동차 이전의 과거를 되찾는 것이 아니라, 불가피하게 피크 오일 이후의 세계에서 생존하는 것이다. 그러한 세계에서, 정부는 도로 인프라를 유지할 형편이 못 될 수도 있다(Portland Peak Oil Task Force 2007. 39). 샌프란시스코 에너지 감소 계획은 "휘발유 가격이 급격히 오르고 공급이 불안정해질 때, 샌프란시스코가 계획을 하든 하지 않든 관계없이 수송 유형의 변화가 일어날 것"

이라고 명시한다(63). 이 내러티브는 변화에 스마트 성장 담론이 결여하고 있는 긴박성으로 가득 채운다. **"우물쭈물할 시간이 없다"**(San Francisco Peak Oil Preparedness Task Force 2009, 5; 원저자의 강조).

　임박한 종말론적 미래를 상상할 때조차도, 이 텍스트들은 한 가지는 변하지 않을 것이라고 시사한다. 그것은 인간과 공동체의 자기-변환 능력이다. 이 텍스트들이 환기시키는 주체성의 첫째 형태는 적응 가능한 인간의 주체성, 곧 역경에서도 배우고 실험하고 번영할 수 있는, 근본적으로 창조적인 존재이다. 좀 더 암울한 방식으로 해석된, 근본적으로 다른 미래에서도 생존할 수 있는 유일한 인간은 적응하는 존재일 것이다. 이 견해에서, 인간은 이제 운전자일 수 있다. 그(녀)는 근대성이 제공한 다른 모든 편리함들과 함께 자동차 모빌리티를 즐겨 왔을 수 있다. 그러나 그(녀)가 탈탄소 미래에 더 이상 운전자가 아니라 할지라도 그것이 그(녀)의 정체성을 근본적으로 변화시키는 것은 아닐 것이다. 인간은 세계를 이동하고 그 안에 사는 다른 방식들을 찾을 수 있다. 도로 여행의 즐거움이 더 이상 가능하지 않다면, 그(녀)는 기차 여행에서와 같이 "더 느린 이동을 통해 얻을 수 있는 특질을 높이 평가하는 법을 배울 수 있다"(Gilbert and Perl 2010, 9). 인간은 "바로 곁에 있는 지역에 더 연결되고, 구석구석 더 친근하게 익숙해진"(Hopkins 2008, 113) 느낌을 가지면서, 부동不動의 혜택을 높이 평가하는 법을 배울 수 있다.

　이 텍스트들은 또한 회복력이 강한 공동체 형태에서 지속성을 구상한다. 여기서 회복력은 장기간의 자급자족, 곧 "무기한으로 기능하고 그 한계 내에서 살 수 있는 공동체의 능력"을 의미한다(Hopkins 2008, 13). 지금 일상의 삶을 지탱하고 있는 글로벌 체계(오일 생산과 분배, 제조, 운송)가 해체되는 세계에서, 존속할 유일한 공동체는 글로벌 상품 연쇄와 관계를 끊는 공동체이다. 그 공동체는 그들이 먹을 식량을 많은 부분 직접 생산하고, 현지에서 공급되는 재료들로 집을 짓는다. 그 공동체는 자신들의 생태학적 자산과 수원水源, 토착종을 알고 있으며, 멀리 떨어져 있는 자연 자원에 의존하지 않고자 자신들의 자산을 강화한다. 이 견해에서, 회복력 강한 공동체는 반드시 비이동적인 것은 아니다. 사람들은 여전히 자전거를 타고, 자동차를 공유하고, 버스를 탄다. 그러나 그들은 예를 들어 자기 자전거를 고칠 줄 알며(Transition US 2011, 11), 자신의 바이오디젤[20]을 생산한다(보기: Hopkins 2011, 56). 그들의 모빌리티는 공동체 밖의 자원이나 전문 지식에 의존하지 않는다.

앞 절들에서 논의된 텍스트들과 반대로, 이 텍스트들은 미래에 국민국가의 능력에 불확실성을 표현한다. 몇몇은 단순히 국가 자원이 미래에는 가용하지 않을 것이며, 이미 줄어들고 있을 것이라고 시사한다(Heinberg 2003: Bloomington Peak Oil Task Force 2009). 이 텍스트들은 국가-단위 정부들이 기후변화와 피크 오일의 최악의 결과를 피할 수 없다고 (또는 피할 수 없을 것이라고) 주장한다(Transition US 2011). 그러한 미래에는 지역-단위 공동체들이 행동해야 한다. 왜냐하면 국가는 하지

---

20   [역주] 콩기름, 유채기름, 해조유 등의 식물성기름을 원료로 해서 만든 무공해 연료.

않을 것이기 때문이다. 그와 같이 문제 해결의 중심지는 국민국가가 아니라 공동체이다. 이 텍스트들은 임박한 붕괴를 주장하기 위해 전문가 권위에 의존하고 있지만, 임박한 붕괴에 맞서 무엇을 할지에 대해선 과학과 국가의 권위에서 벗어난다. 이 텍스트들은 인간을 근본적으로 적응 가능한 존재로 특징지으면서, 특이하지만 해방적인 담론적 움직임을 취할 수 있다. 이 텍스트들은 전문가가 근본적으로 다른 미래에 무슨 일이 일어날지에 대해 특권적 지식을 가지고 있지 않다고 주장한다. 과거 행동들은 미래 잠재성으로 인도하는 안내자가 아니다. 그래서 가능성의 공간은 활짝 열려 있다.

결론

21세기 미국 정책 담론에는 세 가지 내러티브가 작동하고 있다. 첫째 것은 기후변화와 오일 고갈과 관련한 자동차의 원인 제공이 기술적인 자동차 연구 프로그램의 가속으로 처리되는 미래를 예상한다. 둘째 내러티브는 광범위한 자동차 사용으로 촉발된 사회적 병폐에 대한 가장 좋은 접근은 '역전'하는 것, 곧 (상상된) 자동차 이전 시기의 사회적 인조 환경으로 돌아가는 것이라고 제안한다. 이 내러티브들의 역사적 아크arcs는 저마다 다르지만, 각각은 지속된 국가 권위 구조에 배태된 전문가들에 의한 변화를 구상한다. 반대로, 셋째 내러티브는 모빌리티를 지탱하는 체계가 붕괴하기 전에, 공동체들이 재지역화된 세계로 이행하려는 시도를 해야 하며, 그 시도는 그럴 수 있는 공동체의 능력 안에 있다고 시사한다. 여기서 변화는 자아와 공동체 사이의 관계에 내재한다. 변화의 범위는 매우 근본적이어서, 현재의 전문가와 국가 권위는 쓸모없어진다.

이 지점에서 내러티브들 사이에서 판결을 내리는 것, 예를 들어, 어느 것이 가장 잘 펼쳐질 수 있을지 또는 어느 것이 정의롭거나 지속 가능한 사회를 낳을지를 판단하는 것은 유혹적인 일이다.[21] 또한 어떠한 형태의 주체성이 가장 성취적일 수 있을지 입장을 취하는 것도 유혹적이다. 운전자-소비자로, 근린 거주자로, 적응 가능한 인간으로, 다른 순간에 다른 역할을 수용하는 이 셋의 브리콜뢰르bricoleur로, 과연 어떤 주체성으로 이 세계를 이동하는 것이 더 나을 것인가? 여기서 목표는 내러티브들 가운데 승자를 고르는 것이 아니다. 궁극적으로, 이 내러티브들에 대한 분석은 미래에 대하여 불가피하게 아무것도 말해 주지 않는다. 그 분석은 단지 현재에 대해서 말할 뿐이다. 그리고 현재에 이 세 내러티브는 모두 파편화된 미국적 상상력을 드러낸다. 미국의 정책 담론은 자동차 모빌리티에 대해 좀 더 포괄적인 이해로 전진하고 있지 않다(Cohen 2006과 대조해서). 지금은 정책 결정자들과 공중이 잠재적 선택지를 저울질하면서 집합적으로 '가속'이나 '역전'이나 '출구 찾기'를 선택하는 일관된 토론을 할 때가 아

---

21 실제로 미래 모빌리티의 윤리를 저울질하는 것은 미래 연구와 이론을 위한 유망한 방향이다. (유토피안 모빌리티에 대한 Jensen and Freudendal-Pedersen[2012]의 작업에서처럼) 행위, 상상력, 윤리 사이의 작동을 이해하려는 시도 가운데 이루어질 수 있는 많은 (그리고 아마도 더 체계적인) 작업이 있다.

니다.[22] 오히려 자동차는 미국인들이 스스로에 대해 말하는 이야기들의 만화경 같은 확산에 얽매여 가고 있다.

이것은 자동차 모빌리티의 전통적인 방벽 가운데 하나인 미국 정부 내에서 일어나는 자동차 모빌리티 지배의 분열을 시사한다. 이 논문에서 논의된 미래의 권위적 대표자들은 헤게모니적인 담론적 움직임을 하고 있다. 그들은 상황지어진 세계관을 보편적인 것으로 주장하며, 그래서 미국의 도시 엘리트를 위해 상상된 미래가[23] 공식적인 미래가 된다고 주장한다. 그러나 세 내러티브 사이의 차이를 고려할 때, 이것은 모든 텍스트가 하나의 도시-엘리트-색채의 미래관으로 수렴하는 헤게모니적인 담론적 폐쇄가 아니라 헤게모니의 분열이라고 여겨질 수 있는 것이다.

여기서 어디로 가는가? 이 논문에서 제기된 관심사들에서 어떤 연구 어젠다가 등장할 수 있을까? 나는 자동차 모빌리티가 그 생산, 소비, 결과에서 글로벌 현상이라는 사실에 중점을 두는 두 가지 연결된 접근을 제안할 것이다. 한 접근은 자동차 모빌리티의 미래에 대한 내러티브들의 폭넓은 초국가적 흐름을 탐구하는 것이다. 이

---

22 이것은 위험 사회에 대한 일부 저작들이(보기: Beck 1999) 그들의 목적론적 합리주의 안에서 과도하게 낙관적일 수 있다는 것을 시사한다. 근대성이 자초한 위험은 반드시 일관되고 조리 정연한 논쟁으로 이끌지 않는다.

23 그러한 미래는 다른 것보다도 사람들이 전기 자동차를 사용할 수 있도록 배전망에 충분히 가깝게 사는 것을 포함하여, 사람들이 무거운 장비를 그들의 공동체로 운송할 필요가 없거나, 식량 생산 방법을 배울 여가 시간을 가지고 있다는 계급차별주의적이고 도시-중심적인 가정들을 반영한다.

논문에서 재현된 내러티브들은 미국인 특유의 것과는 거리가 멀다. 예를 들어, 스마트 성장은 전세계에 걸쳐 지지자를 가지고 있다. 스마트 성장은 태어나면서부터 전적으로 국제적이었던 도시계획의 지적 전통으로부터 발달하였다. 자동차의 미래에 대한 이 (그리고 다른) 내러티브들의 역사적 범위와 글로벌 영향권을 설정하는 것은 모빌리티 연구자들이 지역적 논쟁 사례들을 글로벌하게 확산된 더 넓은 상상의 이야기들 안에 위치시키도록 해 준다. 그것은 지역적 인조 환경들이 초국가적으로 이동적인 아이디어로 형성된 (그리고 형성되어 온) 방식들을 강조할 것이다. 그렇게 함으로써, 그것은 아마도 일상 모빌리티와 글로벌 정치의 공동 생산에 대한 새로운 통찰을 제공할 것이다.

이 접근은 미래 내러티브들이 전지구에 걸쳐 구체적인 사례들에서 (보기: 구체적인 수송에 대한 논쟁들) 펼쳐지는 방식을 분석함으로써 보완될 수 있다. 세계 많은 곳의 일상 도시 생활에서 자동차의 지배력을 고려할 때, 자동차 모빌리티 연구는 많은 부분 지배와 저항의 본질에 대한 것이다. 이 논문에 도입된 기본적인 분석 개념은—'미래' 담론은 행위를 형성하고 권위를 정당화한다—이 지배/저항 동학에 대한 새로운 관점을 제공한다. 명목적인 미래는 자동차 모빌리티의 지배가 탈일상화되고, 문제화되며, 파편화되고 있는 곳이다. 담론적 저항이 다양한 지역적 사례들에서 펼쳐질 때, 그것을 추적하는 것은 자동차 모빌리티 레짐에 '갈라진 틈'의 확대와 깊이에 대한 관점을 제공할 것이다. 그러한 작업은 단지 자동차 모빌리티가 미래에 어떻게 변화할 것인지뿐만 아니라, 세계가 모빌리티, 권위, 정체성의 외형에 변화가 일어나고 있는 것을 이미 어떻게 목격하고 있는지를 밝혀 줄 것이다.

■ 참고문헌

1장 모바일 장의 발자취

Abbortt, A. 2001. *Chaos of Discipline*. Chicago, IL: University of Chicago Press.

Adey, P. 2008. "Airports, Mobility and the Calculaltive Architecture of Affective Control." *Geoforum* 39: 438-451.

Adey, P., D. Bissel, K. Hannam, P. Merriman, and M. Sheller. 2014a. "Introduction." In *The Routledge Handbook of Mobilities*, edited by P. Adey, D. Bissel, K. Hannam, P. Merriman, and M. Sheller, 1-20. London: Routledge.

Adey, P., D. Bissel, K. Hannam, P. Merriman, and M. Sheller, eds. 2014b. *The Routledge Handbook of Mobilities*. London: Routledge.

Aldred, R., and K. Jungnickel. 2013. "Matter in or out of Place? Bicycle Parking Strategies and their Effects on People, Practices and Places," *Social & Cultural Geography* 14 (6): 604-624.

Anim-Addo, A., W. Hasty, and K. Peters. 2014. "The Mobilities of Ships and Shipped Mobilities." *Mobilities* 9 (3): 337-349.

Bajc, V., S. Coleman, and J. Eade. 2007. "Introduction: Mobility and Centring in Pilgrimage." *Mobilities* 2 (3): 321-329.

Barker, J., P. Kraftl, J. Horton, and F. Tucker. 2009. "The Road Less Travelled-New Directions in Children's and Young People's Mobility." *Mobilities* 4 (1): 1-10. doi:10.1080/17450100802657939.

Basu, P., and S. Coleman. 2008. "Introduction: Migrant Worlds, Material Cultures." *Mobilities* 3 (3): 313-330.

Benson, M. 2011. "The Movement Beyond (Lifestyle) Migration: Mobile Practices and the Constitution of a Better Way of Life." *Mobilities* 6 (2): 221-235.

Bissell, D. 2009. "Conceptualising Differently-Mobile Passengers: Geographies of Everyday Encumbrance in the Railway Station." *Social & Cultural Geography* 10 (2): 173-195.

Bissell, D. 2010. "Passenger Mobilities: Affective Atmospheres and the Sociality of Public Transport." *Environment and Planning D: Society and Space* 28: 270-289.

Blok, A. 2010. "Mapping the Super–Whale: Towards a Mobile Ethnography of Situated Globalities." *Mobilities* 5 (4): 507-528.

Böhm, S., C. Jones, and C. Land. 2006. "Part One Conceptualizing Automobility: Introduction: Impossibilities of Automobility." *The Sociological Review* 54 (s1): 1-16.

Bourdieu, P. 1984. *Distinction: A Social Critique of the Judgement of Taste*. Translated by R. Nice. London: Routledge (피에르 부르디외. 2005. 《구별짓기-문화와 취향의

사회학》최종철 옮김. 새물결).

Budd, L. C. S. 2011. "On Being Aeromobile: Airline Passengers and the Affective Experiences of Flight." *Journal of Transport Geography* 19: 1010-1016.

Burrell, K. 2008. "Materialising the Border: Spaces of Mobility and Material Culture in Migration from Post–socialist Poland." *Mobilities* 3 (3): 353-373.

Büscher, M., and J. Urry. 2009. "Mobile Methods and the Empirical." *European Journal of Social Theory* 12 (1): 99-116.

Büscher, M., J. Urry, and K. Witchger, eds. 2011. *Mobile Methods*. London: Routledge.

Conley, J., and A. T. McLaren, eds. 2009. *Car Troubles: Critical Studies of Automobility*. Farnham: Ashgate.

Conradson, D., and A. Latham. 2007. "The Affective Possibilities of London: Antipodean Transnationals and the Overseas Experience." *Mobilities* 2 (2): 231-254.

Conradson, D., and D. Mckay. 2007. "Translocal Subjectivities: Mobility, Connection, Emotion." *Mobilities* 2 (2): 167-174.

Cresswell, T. 2006. *On the Move: Mobility in the Modern Western World*. London: Routledge.

Cresswell, T. 2010. "Towards a Politics of Mobility." *Environment and Planning D: Society and Space* 28 (1): 17-31.

Cresswell, T. 2011. "Mobilities I: Catching up." *Progress in Human Geography* 35 (4): 550-558.

Cresswell, T. 2012. "Mobilities II: Still." *Progress in Human Geography* 36 (5): 645-653.

Cresswell, T. 2014. "Mobilities III: Moving on." *Progress in Human Geography* 35 (5): 712-721.

Cresswell, T., and P. Merriman, eds. 2011. *Geographies of Mobilities: Practices, Spaces, Subjects*. Farnham: Ashgate.

Cwerner, S., S. Kesselring, and J. Urry, eds. 2009. *Aeromobilities*. New York: Routledge.

DiMaggio, P. J., and W. W. Powell. 1983. "The Iron Cage Revisited: Institutional Isomorphism and Collective Rationality in Organizational Fields." *American Sociological Review* 48 (2): 147-160.

Farías, I. 2010. "Sightseeing Buses: Cruising, Timing and the Montage of Attractions." *Mobilities* 5 (3): 387-407.

Featherstone, M., N. Thrift, and J. Urry, eds. 2005. *Automobilities*. London: Sage.

Fincham, B., M. McGuinness, and L. Murray, eds. 2010. *Mobile Methodologies*. Basingstoke: Palgrave Macmillan.

Fligstein, N., and D. McAdam. 2012. *A Theory of Fields*. Oxford: Oxford University Press.

Fortier, A. M., and Lewis, G. 2006. "Mobilities." *Editorial: Migrant Horizons* 1 (3): 307-311.

Gill, N., J. Caletrío, and V. Mason. 2011. "Introduction: Mobilities and Forced Migration." *Mobilities* 6(3): 301-316.

Hannam, K., M. Sheller, and J. Urry. 2006. "Editorial: Mobilities, Immobilities and Moorings." *Mobilities* 1 (1): 1-22.

Hargadon, A. B., and Y. Douglas. 2001. "When Innovations Meet Institutions: Edison and the Design of the Electric Light." *Administrative Science Quarterly* 46 (3): 476-501.

Hein, J. R., J. Evans, and P. Jones. 2008. "Mobile Methodologies: Theory, Technology and Practice." *Geography Compass* 2 (5): 1266-1285.

Hui, A. 2012. "Things in Motion, Things in Practices: How Mobile Practice Networks Facilitate the Travel and Use of Leisure Objects." *Journal of Consumer Culture* 12 (2): 195-215.

Hui, A. 2013. "Moving with Practices: The Discontinuous, Rhythmic and Material Mobilities of Leisure." *Social & Cultural Geography* 14 (8): 888-908.

Jensen, O. B. 2006. "'Facework', Flow and the City: Simmel." Goffman, and Mobility in the Contemporary City, *Mobilities* 1 (2): 143-165.

Jensen, O. B. 2009. "Flows of Meaning, Cultures of Movements—Urban Mobility as Meaningful Everyday Life Practice." *Mobilities* 4 (1): 139-158.

Jensen, O. B. 2010. "Negotiation in Motion: Unpacking a Geography of Mobility." *Space and Culture* 13 (4): 389-402.

Jensen, O. B., M. Sheller, and S. Wind. 2014. "Together and Apart: Affective Ambiences and Negotiation in Families' Everyday Life and Mobility." *Mobilities*. Accessed March 18, 2015. http://dx.doi.org/10.1080/17450101.2013.868158

Kaufmann, V., M. M. Bergman, and D. Joye. 2004. "Motility: Mobility as capital." *International Journal of Urban and Regional Research* 28 (4): 745-756.

Kidder, J. L. 2009. "Mobility as Strategy, Mobility as Tactic: Post-Industrialism and Bike Messengers." In *The Cultures of Alternative Mobilities: Routes Less Travelled*, edited by P. Vannini, 177-191. Surrey: Ashgate.

Knight, K., ed. 1998. *The MacIntyre Reader*. Notre Dame: University of Notre Dame Press.

Larsen, J. 2008a. "Practices and Flows of Digital Photography: An Ethnographic Framework." *Mobilities* 3 (1): 141-160.

Larsen, J. 2008b. "De-Exoticizing Tourist Travel: Everyday Life and Sociality on the Move." *Leisure Studies* 27 (1): 21-34.

Larsen, J., J. Urry, and K. Axhausen. 2006. *Mobilities, Networks, Geographies*. Aldershot: Ashgate.

Lassen, C. 2006. "Aeromobility and Work." *Environment and Planning A* 38: 301-312.

Licoppe, C. 2009. "Recognizing Mutual 'Proximity' at a Distance: Weaving together

Mobility, Sociality and Technology." *Journal of Pragmatics* 41: 1924-1937.

MacIntyre, A. 1985. *After Virtue: A Study in Moral Theory*. 2nd ed. London: Duckworth (알레스데어 매킨타이어. 1997.《덕의 상실》이진우 옮김. 문예출판사).

Manderscheid, K., T. Schwanen, and D. Tyfield. 2014. "Introduction to Special Issue on 'Mobilities and Foucault." *Mobilities* 9 (4): 479-492.

McHugh, K. E. 2009. "Movement, Memory, Landscape: An Excursion in Non-representational Thought." *GeoJournal* 74: 209-218.

Merriman, P. 2015. "Mobilities I Departures." *Progress in Human Geography* 39 (1): 87-95.

Navis, C., and M. A. Glynn. 2010. "How New Market Categories Emerge: Temporal Dynamics of Legitimacy, Identity, and Entrepreneurship in Satellite Radio, 1990-2005." *Administrative Science Quarterly* 55 (3): 439-471.

Nowicka, M. 2007. "Mobile Locations: Construction of Home in a Group of Mobile Transnational Professionals." *Global Networks* 7 (1): 69-86.

Ren, C. 2011. "Non-human Agency, Radical Ontology and Tourism Realities." *Annals of Tourism Research* 38 (3): 858-881.

Richardson, T. 2013. "Borders and Mobilities: Introduction to the Special Issue." *Mobilities* 8 (1): 1-6.

Scott, W. R. 1994. "Conceptualizing Organizational Fields: Linking Organizations and Societal Systems." In *Systems Rationality and Parcial Interests*, edited by J. Derlien, U. Gerhardt, and F. Scharpf, 203-221. Baden: Nomos.

Sheller, M. 2014. "Sociology after the Mobilities Turn." In *The Routledge Handbook of Mobilities*, edited by P. Adey, D. Bissel, K. Hannam, P. Merriman, and M. Sheller, 45-54. London: Routledge.

Sheller, M., and J. Urry. 2006. "The New Mobilities Paradigm." *Environment and Planning A* 38: 207-226.

Spinney, J. 2011. "A Chance to Catch a Breath: Using Mobile Video Ethnography in Cycling Research." *Mobilities* 6 (2): 161-182.

Urry, J. 2000. *Sociology beyond Societies: Mobilities for the Twenty-first Century*. London: Routledge (존 어리. 2012.《사회를 넘어선 사회학》윤여일 옮김. 휴머니스트).

Urry, J. 2007. *Mobilities*. Cambridge: Polity Press (존 어리. 2014.《모빌리티》강현수·이희상 옮김. 아카넷).

Vannini, P. 2011. "The Techne of Making a Ferry: A Non-representational Approach to Passengers' Gathering Taskscapes." *Journal of Transport Geography* 19: 1031-1036.

Warde, A. 2004. "Practice and Field: Revising Bourdieusian Concepts." CRIC Discussion Paper. Centre for Research on Innovation & Competition. Accessed March 18, 2015. www.cric.ac.uk/cric/Pdfs/DP65.pdf

Yeoh, B. S. A., and S. Huang. 2010. "Transnational Domestic Workers and the

Negotiation of Mobility and Work Practices in Singapore's Home–spaces."
Mobilities 5(2): 219-236.

2장 불균등한 모빌리티의 미래

Adey, P. 2010a. *Aerial Life: Spaces, Mobilities, Affects*. Chichester: Wiley-Blackwell.

Adey, P. 2010b. *Mobility*. London: Routledge.

Adey, P., D. Bissell, K. Hannam, P. Merriman, and M. Sheller, eds. 2014. *The Routledge Handbook of Mobilities*. London: Routledge.

Amoore, L. 2006. "Biometric Borders: Governing Mobilities in the War on Terror." *Political Geography* 25: 336-351.

Amoore, L., and A. Hall. 2009. "Taking Bodies Apart: Digitized Dissection and the Body at the Border." *Environment and Planning D: Society & Space* 27 (3): 444-464.

Auyero, J., and D. A. Swistun. 2009. *Flammable: Environmental Suffering in an Argentine Shantytown*. Oxford: Oxford University Press.

Bærenholdt, J. O. 2013. "Governmobility: The Powers of Mobility." *Mobilities* 8 (1): 20-34.

Bærenholdt, J. O., M. Haldrup, J. Larsen, and J. Urry, eds. 2004. *Performing Tourist Places*. Avebury: Ashgate.

Baldacchino, G. 2010. *Island Enclaves: Offshoring Strategies, Creative Governance, and Subnational Island Jurisdictions*. Montreal: McGill-Queen's University Press.

Birtchnell, T., and J. Caletrio, eds. 2014. *Elite Mobilities*. London: Routledge.

Blomley, N. 2011. *Rights of Passage: Sidewalks and the Regulation of Public Flow*. New York: Routlegde.

Blomley, N. 2014. "Sidewalks." In *The Routledge Handbook of Mobilities*, edited by P. Adey, D. Bissell, K. Hannam, P. Merriman, and M. Sheller, 472-482. New York: Routledge.

Butcher, M. 2011. "Cultures of Commuting: The Mobile Negotiation of Space and Subjectivity on Delhi's Metro." *Mobilities* 6 (2): 237-254.

Carse, A. 2012. "Nature as Infrastructure: Making and Managing the Panama Canal Watershed." *Social Studies of Science* 42 (4): 539-563.

Cowen, D. 2010. "A Geography of Logistics: Market Authority and the Security of Supply Chains." *The Annals for the Association of American Geographers* 100 (3): 1-21.

Cowen, D. 2014a. "Logistics." In *The Routledge Handbook of Mobilities*, edited by P. Adey, D. Bissell, K. Hannam, P. Merriman, and M. Sheller, 187-195. New York: Routledge.

Cowen, D. 2014b. *The Deadly Life of Logistics: Mapping Violence in Global Trade*.

Minneapolis: University of Minnesota Press.

Cresswell, T. 2006. *On the Move: Mobility in the Modern Western World*. London: Routledge.

Cresswell, T. 2010. "Towards a Politics of Mobility." *Environment and Planning D: Society and Space* 28 (1): 17-31.

Cresswell, T. 근간. "Black Moves." *Transfers: Interdisciplinary Journal of Mobility Studies* 6(1). Special Issue on Race and Mobility, edited by J. Nicholson and M. Sheller.

Davis, M., and D. Monk, eds. 2011. *Evil Paradises: Dreamworlds of Neoliberalism*. New York: New Press.

Dewsbury, J. D. 2014. "Loiterer." In *The Routledge Handbook of Mobilities*, edited by P. Adey, D. Bissell, K. Hannam, P. Merriman, and M. Sheller, 429-438. New York: Routledge.

Edensor, T. 1998. *Tourists at the Taj: Performance and Meaning at a Symbolic Site*. London: Routledge.

Edensor, T. 2000. "Staging Tourism: Tourists as Performers." *Annals of Tourism Research* 27: 322-344.

Edensor, T. 2001. "Performing Tourism, Staging Tourism: (Re)producing Tourist Space and Practice." *Tourist Studies* 1: 59-81.

EITI (Extractive Industries Transparency Initiative). 2014. "Country Report: Guinea." Accessed September 11. http://eiti.org/Guinea

Elliott, A. 2014. "Tracking the Mobile Lives of Globals." In *Elite Mobilities*, edited by T. Birtchnell and J. Caletrio, 21-39. London: Routledge.

Elliott, A., and J. Urry. 2010. *Mobile Lives*. London: Routledge.

Ferguson, J. 2006. *Global Shadows: Africa in the Neoliberal World Order*. Durham, NC: Duke University Press.

Fischer, B., B. McCann, and J. Auyero, eds. 2014. *Cities from Scratch: Poverty and Informality in Urban Latin America*. Durham, NC: Duke University Press.

Fuller, G. 2014. "Queue." In *The Routledge Handbook of Mobilities*, edited by P. Adey, D. Bissell, K. Hannam, P. Merriman, and M. Sheller, 205-213. New York: Routledge.

Furness, Z. 2010. *One Less Car: Bicycling and the Politics of Automobility*. Philadelphia, PA: Temple University Press.

Graham, S., ed. 2009. *Disrupted Cities: When Infrastructure Fails*. New York and London: Routledge.

Graham, S. 근간. "Vanity, Verticality, and Violence: Reflections on Contemporary Skyscrapers." *International Journal of Urban and Regional Research*.

Graham, S., and M. Crang. 2001. *Splintering Urbanism: Networked Infrastructures, Technological Mobilities and the Urban Condition*. London: Routledge.

Graham, S., and N. Thrift. 2007. "Out of Order: Understanding Repair and

Maintenance." *Theory, Culture & Society* 24 (3): 1-25.

Guattari, F. 2009. *Soft Subversions: Texts and Interviews 1977-1985*. Los Angeles, CA: Semiotexte.

Guy, S., and E. Shove. 2000. *A Sociology of Energy, Buildings and the Environment: Constructing Knowledge, Designing Practice*. London: Routledge.

Hamblin, J. D. 2013. *Arming Mother Nature: The Birth of Catastrophic Environmentalism*. Oxford: Oxford University Press.

Hannam, K., M. Sheller, and J. Urry. 2006. "Editorial: Mobilities, Immobilities and Moorings." *Mobilities* 1 (1): 1-22.

Henderson, J. 2006. "Secessionist Automobility: Racism, Anti-Urbanism, and the Politics of Automobility in Atlanta, Georgia." *International Journal of Urban and Regional Research* 30 (2): 293-307.

Jensen, A. 2011. "Mobility, Space and Power: On the Multiplicities of Seeing Mobility." *Mobilities* 6(2): 255-271.

Jensen, O. B. 2013. *Staging Mobilities*. Abingdon: Routledge.

Kaika, M. 2011. "Autistic Architecture: The Fall of the Icon and the Rise of the Serial Object of Architecture." *Environment and Planning D: Society and Space* 29 (6): 968-992.

Kaplan, C. 2006. "Mobility and War: The 'Cosmic View' of Air Power'." *Environment and Planning A* 38 (2): 395-407.

Kaplan, C. 2011. "The Balloon Prospect: Aerostatic Observation and the Emergence of Militarized Aeromobility." In Keynote Address at the Mobilities in Motion Conference. Philadelphia, PA: Drexel University.

Katz, J. M. 2014. *The Big Truck that Went By: How the World Came to Save Haiti and Left Behind a Disaster*. New York: Palgrave Macmillan.

Kaufmann, V., and B. Montulet. 2008. "Between Social and Spatial Mobilities: The Issue of Social Fluidity." In *Tracing Mobilities: Towards a Cosmopolitan Perspective*, edited by W. Canzler, V. Kaufmann, and S. Kesselring, 37-56. Farnham: Ashgate.

Lavau, S. 2014. "Viruses." In *The Routledge Handbook of Mobilities*, edited by P. Adey, D. Bissell, K. Hannam, P. Merriman, and M. Sheller, 298-305. New York: Routledge.

Manderscheid, K., T. Schwanen, and D. Tyfield. 2014. "Introduction to Special Issue on 'Mobilities and Foucault'." *Mobilities* 9 (4): 479-492.

Mavhunga, C. C. 2014. *Transient Workspaces: Technologies of Everyday Innovation in Zimbabwe*. Cambridge, MA: MIT Press.

Mavhunga, C. C. 근간. *The Tsetse Fly Rides Again: Mobility and the African Foundations of Tsetse Science in Zimbabwe*. Cambridge: MIT Press.

McFarlane, C., and A. Vasudevan. 2014. "Informal Infrastructures." In *The Routledge Handbook of Mobilities*, edited by P. Adey, D. Bissell, K. Hannam, P. Merriman, and M. Sheller, 256-264. New York: Routledge.

McKittrick, K. 2006. *Demonic Grounds: Black Women and the Cartographies of Struggle*. Minneapolis: University of Minnesota Press.

Montegary, L., and M. A. White, eds. 2015. *Mobile Desires: The Politics and Erotics of Mobility Justice*. New York, NY: Palgrave Macmillan.

Mountz, A. 2010. *Seeking Asylum: Human Smuggling and Bureaucracy at the Border*. Minneapolis University of Minnesota Press.

Nagel, J. 2003. *Race, Ethnicity and Sexuality: Intimate Intersections, Forbidden Frontiers*. Oxford: Oxford University Press.

Nicholson, J., and M. Sheller. 근간. "Special Issue on Race and Mobility." *Transfers: Interdisciplinary Journal of Mobility Studies* 6 (1).

Osterholm, M. 2014. "What We're Afraid to Say about Ebola." *The New York Times*, September 11, 2014, Opinion Page.

Packer, J. 2003. "Disciplining Mobility: Governing and Safety." In *Foucault, Cultural Studies and Governmentality*, edited by J. Bratich, J. Packer, and C. McCarthy, 135-161. Albany: State University of New York Press.

Packer, J. 2013. "The Conditions of Media's Possibility: A Foucauldian Approach to Media History." In *The International Encyclopedia of Media Studies*, Vol. 1, edited by A. Vadivia, 2-34. London: Blackwell.

PAHO (Pan-American Health Organization). 2014. "Epidemiological Update: Cholera, 27 June 2014," Accessed September 10. http://www.paho.org/hq/index. php?option=com_docman&task=doc_view&gid=25979+&Itemid=999999&lang=en

Salter, M., ed. 2008. *Politics at the Airport*. Minneapolis: University of Minnesota Press.

Sawchuk, K. 2014. "Impaired." In *The Routledge Handbook of Mobilities*, edited by P. Adey, D. Bissell, K. Hannam, P. Merriman, and M. Sheller, 409-420. New York: Routledge.

Shell, J. 2015. *Transportation and Revolt: Pigeons, Mules, Canals and the Vanishing Geographies of Subversive Mobilities*. Cambridge, MA: MIT Press.

Sheller, M. 2003. *Consuming the Caribbean: From Arawaks to Zombies*. London and New York: Routledge.

Sheller, M. 2007. "Re-Touching the 'Untouched Island': Post-Military Tourism in Vieques, Puerto Rico." *Téoros* 26 (1): 21-28.

Sheller, M. 2009a. "Infrastructures of the Imagined Island: Software, Mobilities, and the Architecture of Caribbean Paradise." *Environment and Planning A* 41: 1386-1403.

Sheller, M. 2009b. "The New Caribbean Complexity: Mobility Systems, Tourism and the Re-scaling of Development." *Singapore Journal of Tropical Geography* 30: 189-203.

Sheller, M. 2013. "The Islanding Effect: Post-disaster Mobility Systems and

Humanitarian Logistics in Haiti." *Cultural Geographies* 20 (2): 185-204.

Sheller, M. 2014. *Aluminum Dreams: The Making of Light Modernity*. Cambridge: MIT Press.

Sheller, M. 근간. "Connected Mobility in a Disconnected World: Contested Infrastructure in Post-Disaster Contexts." *Annals of the Association of American Geographers*, Special Issue on Geographies of Mobility, edited by M.-P. Kwan.

Sheller, M., and Leon, Y. 근간. "Uneven Socio-Ecologies of Hispaniola: Asymmetric Climate Adaptation in Haiti and the Dominican Republic." *Geoforum*, Special Issue on Climate Justice & the Caribbean, edited by A. Baptiste and K. Rhiney.

Sheller, M., and J. Urry, eds. 2004. *Tourism Mobilities: Places to Play, Places in Play*. London: Routledge.

Sheller, M., and J. Urry. 2006a. "The New Mobilities Paradigm." *Environment and Planning A* 38 (2): 207-226.

Sheller, M., and J. Urry, eds. 2006b. *Mobile Technologies of the City*. London: Routledge.

Star, S. L. 1999. "The Ethnography of Infrastructure." *American Behavioral Scientist* 43 (3): 377-391.

Thurlow, C., and A. Jaworski. 2014. "Visible-invisible: The Social Semiotics of Labour in Luxury Tourism." In *Elite Mobilities*, edited by T. Birtchnell and J. Caletrio, 176-193. London: Routledge.

Urry, J. 2014a. "The Super-rich and Offshore Worlds." In *Elite Mobilities*, edited by T. Birtchnell and J. Caletrio, 226-240. London: Routledge.

Urry, J. 2014b. *Offshoring*. London: Polity.

Vicuña Gonzalez, V. 2013. *Securing Paradise: Tourism and Militarism in Hawai'i and the Philippines*. Durham, NC: Duke University Press.

Vicuña Gonzalez, V. 2015. "Tourism Mobilities, Indigenous Claims, and the Securitization of the Beach." In *Mobile Desires: The Politics and Erotics of Mobility Justice*, edited by L. Montegary and M. A. White, 28-40. New York, NY: Palgrave Macmillan.

Vukov, T., and M. Sheller. 2013. "Border Work: Surveillant Assemblages, Virtual Fences, and Tactical Counter-Media." *Social Semiotics* 23 (2): 225-241.

3장 비상사태 모빌리티

Adey, P., and B. Anderson. 2011. "Event and Anticipation: UK Civil Contingencies and the Space-times of Decision." *Environment and Planning A* 43: 2878-2899.

Adey, P., and B. Anderson. 2012. "Anticipating Emergencies: Technologies of Preparedness and the Matter of Security." *Security Dialogue* 43: 99-117.

Agamben, G. 1998. *State of Exception*. Chicago, IL: University of Chicago Press (조르

조 아감벤. 2009.《예외상태》김항 옮김. 새물결).

Amoore, L. 2006. "Biometric Borders: Governing Mobilities in the War on Terror." *Political Geography* 25 (3): 336-351.

Anastario, M., N. Shehab, and L. Lawry. 2009. "Increased Gender-based Violence among Women Internally Displaced in Mississippi 2 Years Post-Hurricane Katrina." *Disaster Medicine and Public Health Preparedness* 3 (1): 18-26.

Anderson, B. 2012. *Rapid Response*. Berfrois. http://www.berfrois.com/2012/08/ben-anderson-emergency-quick/.

Anderson, B., and P. Adey. 2012. "Governing Events and Life: 'Emergency' in UK Civil Contingencies." *Political Geography* 31: 24-33.

Aradau, C., and R. van Munster. 2012. "The Time/Space of Preparedness: Anticipating the 'Next Terrorist Attack'." *Space and Culture* 15: 98-109.

Barnes, T. J., and M. Farish. 2006. "Between Regions: Science, Militarism, and American Geography from World War to Cold War." *Annals of the Association of American Geographers* 96 (4): 807-826.

Bartling, H. 2006. "Suburbia, Mobility, and Urban Calamities." *Space and Culture* 9 (1): 60-62.

BBC News Online. 2014. "Liberia Declares State of Emergency over Ebola Virus." http://www.bbc.com/news/world-28684561.

Birtchnell, T., and M. Büscher. 2010. "Stranded: An Eruption of Disruption." *Mobilities* 6 (1): 1-9.

Budd, L., S. Griggs, D. Howarth, and S. Ison. 2010. "A Fiasco of Volcanic Proportions? Eyjafjallajökull and the Closure of European Airspace." *Mobilities* 6 (1): 31-40.

Büscher, M. 2007. Interaction in Motion: Embodied Conduct and Movement in Emergency Teamwork. In *Proceedings of the 2nd Congress of the International Society for Gesture Studies: Interacting Bodies*, edited by L. Mondada, 15-18. Lyon: ISGS.

Büscher, M. 2013. "A New Manhattan Project?: Interoperability and Ethics in Emergency Response Systems of Systems." *ISCRAM* 2013, Baden-Baden.

Calhoun, C. 2010. The Idea of Emergency: Humanitarian Action and Global (Dis) Order. In *Contemporary States of Emergency: The Politics of Military and Humanitarian Interventions*, edited by D. Fassin and M. Pandolfi 29-58. Cambridge, MA: Zone Books.

Campbell, D. 2005. "The Biopolitics of Security: Oil, Empire, and the Sports Utility Vehicle." *American Quarterly* 57 (3): 943-972.

Clarke, N. 2010. *Inhuman Nature: Sociable Life on a Dynamic Planet*. London: Sage.

Clarke, N. 2014. "Geo-politics and the Disaster of the Anthropocene." In *Disaster Politics: Materials, Experiments, Preparedness*, edited by M. TIroni, I. Rodriguez-Giralt, and M. Guggenheim, 19-37. London: Wiley-Blackwell.

Collier, S. J., and A. Lakoff. 2008. Distributed Preparedness: The Spatial Logic of

Domestic Security in the United States. *Environment and Planning. D, Society and Space* 26 (1): 7-28.

Cook, N., and D. Butz. 2015. "Mobility Justice in the Context of Disaster." *Mobilities* 1-20. doi:10.1080/17450101.2015.1047613

Cooper, M. 2014. "The Theology of Emergency: Welfare Reform, US Foreign Aid and the Faith-based Initiative." *Theory, Culture & Society*, 32(2): 53-77.

Cresswell, T. 2001. "The Production of Mobilities." *New Formations* 43: 11-25.

Cresswell, T. 2008. "Understanding Mobility Holistically." In *The Ethics of Mobilities: Rethinking Place, Exclusion, Freedom and Environment*, edited by S. Bergmann and T. Sager, 129-140. Aldershot: Ashgate.

Crouch, M. P. 2013. "In the Aftermath: Responsibility and Professionalism in the Wake of Disaster." *South Carolina Law Review* 65: 465-503.

Diken, B., and C. B. Laustsen. 2005. *The Culture of Exception: Sociology Facing the Camp*. London: Routledge.

Duffield, M. 2010. "Risk-management and the Fortified Aid Compound: Everyday Life in Postinterventionary Society." *Journal of Intervention and Statebuilding* 4 (December): 1-19.

Edkins, J. 2000. "Sovereign Power, Zones of Indistinction, and the Camp." *Alternatives* 25 (1): 3-25.

Edkins, J. 2011. *Missing: Persons and Politics*. New York: Cornell University Press.

Ek, R. 2006. "Giorgio Agamben and the Spatialities of the Camp: An Introduction." *Geografiska Annaler: Series B, Human Geography* 88 (4): 363-386.

Enarson, E. 1998. "Through Women's Eyes: A Gendered Research Agenda for Disaster Social Science." *Disasters* 22 (2): 157-173.

Fassin, D., and M. Pandolfi. 2010. *Contemporary States of Emergency: The Politics of Military and Humanitarian Interventions*. New York: Zone Books.

Fredriksen, A. 2014. "Emergency Shelter Topologies: Locating Humanitarian Space in Mobile and Material Practice." *Environment and Planning D: Society and Space* 32 (1): 147-162.

Foucault, M. 2003. *Society Must Be Defended: Lectures at the Collège de France, 1975-76*. Translated by D. Macey. London: Penguin Books (미셸 푸코. 2015. 《사회를 보호해야 한다》 김상운 옮김. 난장).

Gordon, R. 2012. *Ordering Networks: Motorways and the Work of Managing Disruption*. Durham: Durham University.

Graham, S. 2005. "Cities Under Siege: Katrina and the Politics of Metropolitan America." *Social Science Research Council: Understanding Katrina: Perspectives from the Social Sciences*. http://forums.ssrc.org/understandingkatrina/author/sgraham/.

Graham, S. 2009. *Disrupted Cities: When Infrastructure Fails*. New York: Taylor & Francis.

Graham, S. 2011. *Cities under Siege: The New Military Urbanism*. London: Verso Books.

Grove, K. J. 2013. "From Emergency Management to Managing Emergence: A Genealogy of Disaster Management in Jamaica." *Annals of the Association of American Geographers* 103 (3): 570-588.

Hannam, K., M. Sheller, and J. Urry. 2006. "Editorial: Mobilities, Immobilities and Moorings." *Mobilities* 1 (1): 1-22.

Henrici, J. 2010. "A Gendered Response to Disaster: In the Aftermath of Haiti's Earthquake." *Anthropology News* 51 (7): 5.

Honig, B. 2013. *Emergency Politics; Paradox, Law, Democracy*. Princeton, NJ: Princeton University Press.

Ikeya, N. 2003. "Practical Management of Mobility: The Case of the Emergency Medical System." *Environment and Planning A* 35 (9): 1547-1564.

Jassal, L. K. 2014. "Necromobilities: The Multi-sited Geographies of Death and Disposal in a Mobile World." *Mobilities* 10 (3): 1-24.

Keenan, K. 2014. "Place Ontologies and a New Mobilities Paradigm for Understanding Awareness of Vulnerability to Terrorism in American Cities." *Urban Geography* 35 (3): 357-377.

Klein, N., and N. Smith. 2008. The Shock Doctrine: A Discussion. *Environment and Planning. D, Society and Space* 26 (4): 582.

LA Times. 2014. "Liberia Imposes Ebola Quarantine and Curfew in a Monrovia Slum." http://www.latimes.com/world/africa/la-fg-africa-ebola-liberia-curfew-20140819-story.html.

Lakoff, A. 2007. "Preparing for the Next Emergency." *Public Culture* 19 (2): 247-271.

Law, J. 2006. "Disaster in Agriculture: Or Foot and Mouth Mobilities." *Environment and Planning A* 38 (2): 227-239.

Little, S. 2006. "Twin Towers and Amoy Gardens: Mobilities, Risks and Choices." In *Mobile Technologies of the City*, edited by M. Sheller and J. Urry, 121-133. London: Routledge.

McNutt, M. 2014. "The Hunt for MH370." *Science* 344 (6187): 947.

Medd, W., and S. Marvin. 2005. "From the Politics of Urgency to the Governance of Preparedness: A Research Agenda on Urban Vulnerability." *Journal of Contingencies and Crisis Management* 13 (2): 44-49.

Mitchell, D. 2005. "The SUV Model of Citizenship: Floating Bubbles, Buffer Zones, and the Rise of the 'Purely Atomic' Individual." *Political Geography* 24 (1): 77-100.

Monahan, T. 2007. "'War Rooms' of the Street: Surveillance Practices in Transportation Control Centers." *The Communication Review* 10 (4): 367-389.

Montalo, F., P. Gurian, M. Piasecki, and M. Sheller. 2013. *Post-earthquake Haitian Infrastructure Reconstruction: A Focus on Water & Sanitation in the Town of*

Leoganetle. *Philadelphia*, PA, 1-77. https://mcenterdrexel.files.wordpress.com/2013/04/final-haiti-report.pdf.

Morrice, S. 2014. *Returning "Home"? Emotional Geographies of the Disaster-displaced in Brisbane and Christchurch*. Egham: Royal Holloway University of London.

Neocleous, M. 2006. "The Problem with Normality: Taking Exception to 'Permanent Emergency.'" *Alternatives: Global, Local, Political* 31 (2): 191-213.

Neumayer, E., and T. Plümper. 2007. "The Gendered Nature of Natural Disasters: The Impact of Catastrophic Events on the Gender Gap in Life Expectancy, 1981-2002." *Annals of the Association of American Geographers* 97: 551-566.

O'Grady, N. 2014. "Securing Circulation through Mobility: Milieu and Emergency Response in the British Fire and Rescue Service." *Mobilities* 9 (4): 512-527.

O'Regan, M. 2010. "On the Edge of Chaos: European Aviation and Disrupted Mobilities." *Mobilities* 6 (1): 21-30.

Opitz, S., and U. Tellmann. 2014. "Future Emergencies: Temporal Politics in Law and Economy." *Theory, Culture & Society* 32 (2): 107-129 .

Parr, H., and N. Fyfe. 2013. "Missing Geographies." *Progress in Human Geography* 37 (5): 615-638.

Redfield, P. 2008. "Vital Mobility and the Humanitarian Kit." In *Biosecurity Interventions: Global Health and Security in Question*, edited by A. Lakoff and S. J. Collier, 147-171. New York: Columbia University Press.

Salter, M. B. 2008. "When the Exception Becomes the Rule: Borders, Sovereignty, and Citizenship." *Citizenship Studies* 12 (4): 365-380.

Samuels, A. 2012. "Moving from Great Love: Gendered Mobilities in a Post-Tsunami Relocation Neighborhood in Aceh, Indonesia." *International Journal of Urban and Regional Research* 36: 742-756.

Sheller, M. 2013. "The Islanding Effect: Post-disaster Mobility Systems and Humanitarian Logistics in Haiti." *Cultural Geographies* 20 (2): 185-204.

Smirl, L. 2008. "Building the Other, Constructing Ourselves: Spatial Dimensions of International Humanitarian Response." *International Political Sociology* 2: 236-253.

Smirl, L. 2015. *Spaces of Aid: How Cars, Compounds and Hotels Shape Humanitarianism*. London: Zed Books.

Smith, N. 2006. "There's No Such Thing as a Natural Disaster." *Understanding Katrina: Perspectives from the Social Sciences* 11. http://forums.ssrc.org/understandingkatrina/theres-no-such-thing-as-anatural-disaster/.

Steinberg, P. 2014. "The Malaysian Airlines Tragedy and South China Sea Geopolitics." *Rhulgeopolitics*. https://rhulgeopolitics.wordpress.com/2014/03/12/the-malaysian-airlines-tragedy-and-south-chinasea-geopolitics/.

The Guardian. 2014. "Haitians Launch New Lawsuit against UN over Thousands of

Cholera Deaths." http://www.theguardian.com/world/2014/mar/11/haiti-cholera.

Whatmore, S. 2013. "Earthly Powers and Affective Environments: An Ontological Politics of Flood Risk." *Theory, Culture and Society* 30 (7-8): 33-50.

Whatmore, S., and S. Boucher. 1993. "Bargaining with Nature: The Discourse and Practice of 'Environmental Planning Gain'." *Transactions of the Institute of British Geographers* 18 (2): 166-178.

Yarwood, R. 2012. "One Moor Night: Emergencies, Training and Rural Space." *Area* 44: 22-28.

4장 (항공)모빌리티 재-결합하기

Adey, P. 2004. "Surveillance at the Airport: Surveilling Mobility/Mobilising Surveillance." *Environment and Planning A* 36 (8): 1365-1380.

Adey, P. 2010a. *Mobility*. London: Routledge.

Adey, P. 2010b. *Aerial Life: Spaces, Mobilities, Affects*. Malden, MA: Wiley-Blackwell.

Adey, P., L. Budd, and P. Hubbard. 2007. "Flying Lessons: Exploring the Social and Cultural Geographies of Global Air Travel." *Progress in Human Geography* 31 (6): 773-791.

Adey, P., and W. Lin. 2014. "The Social and Cultural Geographies of Air-transport." In *Geographies of Air Transport*, edited by A. Goetz and L. Budd, 61-71. Farnham: Ashgate.

Allen, J. 2011. "Topological Twists: Power's Shifting Geographies." *Dialogues in Human Geography* 1 (3): 283-298.

Allen, J., and A. Cochrane. 2007. "Beyond the Territorial Fix: Regional Assemblages, Politics and Power." *Regional Studies* 41 (9): 1161-1175.

Anderson, B., and C. McFarlane. 2011. "Assemblage and Geography." *Area* 43 (2): 124-127.

Aviation Views. 1986a. "What on Earth is Freedom of the Air?" *Aviation Views* 2 (3): 6.

Aviation Views. 1986b. "New Promotion Team to Woo New Airlines to Singapore." *Aviation Views* 2 (1): 6.

Bhimull, C. 2011. "Caribbean Airways, 1930-32: A Notable Failure." *Journal of Transport History* 33 (2): 228-242.

Birtchnell, T., and M. Büscher. 2011. "Stranded: An Eruption of Disruption." *Mobilities* 6 (1): 1-9.

Bissell, D. 2015. "Virtual Infrastructures of Habit: The Changing Intensities of Habit through Gracefulness, Restlessness and Clumsiness." *Cultural Geographies* 22 (1): 127-146.

Bradsher, K. 2004. "Banished Bicycles; China's Car Culture Hits Some Potholes." *The*

New York Times, January 11. http://www.nytimes.com/2004/01/11/weekinreview/
the-world-banished-bicycles-china-scar-culture-hits-some-potholes.html.

Budd, L. 2009. "Air Craft: Producing UK Airspace." In *Aeromobilities*, edited by S.
Cwerner, S. Kesselring, and J. Urry, 115-134. London: Routledge.

Budd, L. 2011. "On Being Aeromobile: Airline Passengers and the Affective
Experiences of Flight." *Journal of Transport Geography* 19 (5): 1010-1016.

Budd, L., and P. Adey. 2009. "The Software-simulated Airworld: Anticipatory Code
and Affective Aeromobilities." *Environment and Planning A* 41 (6): 1366-1385.

Butler, D. 2001. "Technogeopolitics and the Struggle for Control of World Air Routes,
1910-1928." *Political Geography* 20 (5): 635-658.

Button, K., and S. Taylor. 2000. "International Air Transportation and Economic
Development." *Journal of Air Transport Management* 6 (4): 209-222.

Caprotti, F. 2011a. "Visuality, Hybridity, and Colonialism: Imagining Ethiopia
through Colonial Aviation, 1935-1940." *Annals of the Association of American
Geographers* 101 (2): 380-403.

Caprotti, F. 2011b. "Overcoming Distance and Space Through Technology: Record
Aviation Linking Fascist Italy with South America." *Space and Culture* 14 (3):
330-348.

Cowen, D. 2014. *The Deadly Life of Logistics: Mapping Violence in Global Trade*.
Minneapolis: University of Minnesota Press.

Cresswell, T. 2014. "Mobilities III: Moving On." *Progress in Human Geography* 38 (5):
712-721.

Cwerner, S. 2009. "Introducing Aeromobilities." In *Aeromobilities*, edited by S.
Cwerner, S. Kesselring, and J. Urry, 1-21. London: Routledge.

De Landa, M. 2006. *A New Philosophy of Society: Assemblage Theory and Social
Complexity*. London: Continuum.

DeLyser, D. 2010. "Feminism and Mobilities: Crusading for Aviation in the 1920s." In
Geographies of Mobilities: Practices, Spaces, Subjects, edited by T. Cresswell and
P. Merriman, 83-96. Farnham: Ashgate.

Dodge, M., and R. Kitchin. 2004. "Flying through Code/Space: The Real Virtuality of
Air Travel." *Environment and Planning A* 36 (2): 195-211.

Engel, J. A. 2007. *Cold War at 30,000 Feet: The Anglo-American Fight for Aviation
Supremacy*. Cambridge, MA: Harvard University Press.

Gottdiener, M. 2001. *Life in the Air: Surviving the New Culture of Air Travel*. Lanham,
MD: Rowman and Littlefield.

Graham, B. 1995. *Geography and Air Transport*. Chichester: Wiley.

Graham, S. 2005. "Software-sorted Geographies." *Progress in Human Geography* 29 (5):
562-580.

Hetherington, K., and J. Law. 2000. "Guest Editorial: After Networks." *Environment
and Planning D: Society and Space* 18 (2): 127-132.

ICAO. 1973. *Report of the First Asia/Pacific Regional Air Navigation Meeting.* Montreal: International Civil Aviation Organisation.

ICAO. 1974. *The Convention on International Civil Aviation: Annexes 1 to 18.* Montreal: International Civil Aviation Organisation.

ICAO. 1977. *Assembly 22nd Session: Minutes of the Plenary Meetings.* Montreal: International Civil Aviation Organisation.

ICAO. 1983. *Assembly 24th Session: Plenary Meetings, Minutes.* Montreal: International Civil Aviation Organisation.

ICAO. 2007. *Procedure for Air Navigation Services: Air Traffic Management.* Montreal: International Civil Aviation Organisation.

ICAO. 2008. "Report of the Second Meeting of ICAO SEA-RNP Implementation Task Force." Accessed July 26, 2012. http://www.icao.or.th/meetings/2008/rnpsea_tf2rpt.pdf

ICAO. 2014. "Report of ADS-B Seminar and Thirteenth Meeting of ADS-B Study and Implementation Task Force." Accessed June 17. http://www.icao.int/APAC/Meetings/2014%20ADSBSITF13/Report%20of%20ADS-B%20SITF13-25th%20V4-Rev.pdf

Lagendijk, A., and S. Boertjes. 2013. "Light Rail: All Change Please! A Post-structural Perspective on the Global Mushrooming of a Transport Concept." *Planning Theory* 12 (3): 290-310.

Lim, C. B. 2000. *Transportation in Singapore* [Accession Number 002358/2]. Singapore: Singapore National Archives.

Lin, W. 2014. "The Politics of Flying: Aeromobile Frictions in a Mobile City." *Journal of Transport Geography* 38: 92-99.

Lin, W. 2015. "Cabin Pressure: Designing Affective Atmospheres in Airline Travel." *Transactions of the Institute of British Geographers* 40 (2): 287-299.

Little, V. 1949. "Control of International Air Transport." *International Organization* 3 (1): 29-40.

Martin, C. 2011. "Desperate Passage: Violent Mobilities and the Politics of Discomfort." *Journal of Transport Geography* 19 (5): 1046-1052.

McCann, E. 2011. "Urban Policy Mobilities and Global Circuits of Knowledge: Toward a Research Agenda." *Annals of the Association of American Geographers* 101 (1): 107-130.

McCormack, D. P. 2009. "Aerostatic Spacing: On Things Becoming Lighter than Air." *Transactions of the Institute of British Geographers* 34 (1): 25-41.

McFarlane, C. 2009. "Translocal Assemblages: Space, Power and Social Movements." *Geoforum* 40 (4): 561-567.

Millward, L. 2007. *Women in British Imperial Airspace: 1922-1937.* Montreal, QC: McGill-Queen's University Press.

Ó Tuathail, G. 1996. *Critical Geopolitics: The Politics of Writing Global Space.*

Minneapolis: University of Minnesota Press.

Ong, A., and S. Collier. 2005. "Global Assemblages, Anthropological Problems." In *Global Assemblages: Technology, Politics, and Ethics as Anthropological Problems*, edited by A. Ong and S. Collier, 3-21. Malden, MA: Blackwell Publishing.

Oum, T. H., and C. Yu. 2000. *Shaping Air Transport in Asia-Pacific*. Aldershot: Ashgate.

Outlook. 1981a. "Closed Skies Over Frankfurt." *Outlook: House Newspaper of the SIA Group*, December: 3.

Outlook. 1981b. "ICAP is Dead." *Outlook: House Newspaper of the SIA Group*, June: 1.

Peters, P. 2009. "Airborne on Time." In *Aeromobilities*, edited by S. Cwerner, S. Kesselring, and J. Urry, 159-176. London: Routledge.

Pirie, G. 2009. *Air Empire: British Imperial Civil Aviation, 1919-1939*. Manchester, NH: Manchester University Press.

Raguraman, K. 1986. "Capacity and Route Regulation in International Scheduled Air Transportation: A Case Study of Singapore." *Singapore Journal of Tropical Geography* 7 (1): 53-67.

Raguraman, K. 1997. "Airlines as Instruments for Nation Building and National Identity: Case Study of Malaysia and Singapore." *Journal of Transport Geography* 5 (4): 239-256.

Sharp, J. P. 2011. "Subaltern Geopolitics: Introduction." *Geoforum* 42 (3): 271-273.

Sheller, M. 2010. "Air Mobilities on the US−Caribbean Border: Open Skies and Closed Gates." *The Communication Review* 13 (4): 269-288.

Steele, M. W., and W. Lin. 2014. "Mobilities and Modernities in Asia: History, Historiography, and Be(com)ing on the Move." *Transfers* 4 (3): 43-48.

Urry, J. 2000. *Sociology Beyond Societies: Mobilities for the Twenty-first Century*. London: Routledge (존 어리. 2012. 《사회를 넘어선 사회학》 윤여일 옮김. 휴머니스트).

Urry, J. 2007. *Mobilities*. Cambridge: Polity Press. (존 어리. 2014. 《모빌리티》 강현수 · 이희상옮김. 아카넷).

Williams, A. J. 2011a. "Enabling Persistent Presence? Performing the Embodied Geopolitics of the Unmanned Aerial Vehicle Assemblage." *Political Geography* 30 (7): 381-390.

Williams, A. J. 2011b. "Reconceptualising Spaces of the Air: Performing the Multiple Spatialities of UK Military Airspaces." *Transactions of the Institute of British Geographers* 36 (2): 253-267.

Wood, A. 2014. "Learning through Policy Tourism: Circulating Bus Rapid Transit from South America to South Africa." *Environment and Planning A* 46 (11): 2654-2669.

Abbott, A. 2001. *Chaos of Disciplines*. Chicago, IL: University of Chicago Press.

Adey, P., D. Bissell, K. Hannam, P. Merriman, and M. Sheller, eds. 2014. *The Routledge Handbook of Mobilities*. London: Routledge.

Ahmed, S., C. Castañeda, A.-M. Fortier, and M. Sheller, eds. 2003. *Uprootings/ Regroundings: Questions of Home and Migration*. Oxford: Berg.

Bailey, A. J. 2001. "Turning Transnational: Notes on the Theorisation of International Migration." *International Journal of Population Geography* 7: 413-428.

Bailey, A. J., R. A. Wright, A. Mountz, and I. M. Miyares. 2002. "(Re)producing Salvadoran Transnational Geographies." *Annals of the Association of American Geographers* 92 (1): 125-144.

Barry, A., G. Born, and G. Weszkalnys. 2008. "Logics of Interdisciplinarity." *Economy and Society* 37 (1): 20-49.

Basch, L., N. Glick Schiller, and C. Szanton Blanc. 1994. *Nations Unbound: Transnational Projects, Postcolonial Predicaments, and Deterritorialized Nation-states*. Amsterdam: Gordon and Breach.

Basten, S., and G. Verropoulou. 2013. "'Maternity Migration' and the Increased Sex Ration at Birth in Hong Kong SAR." *Population Studies* 67 (3): 323-334.

Basu, P., and S. Coleman. 2008. "Introduction: Migrant Worlds, Material Cultures." *Mobilities* 3 (3): 313-330.

Blunt, A. 2007. "Cultural Geographies of Migration: Mobility, Transnationality and Diaspora." *Progress in Human Geography* 31 (5): 684-694.

Boehner, K., W. Gaver, and A. Boucher. 2012. "Probes." In *Inventive Methods: The Happening of the Social*, edited by C. Lury and N. Wakeford, 185-201. London: Routledge.

Boix Mansilla, V., D. Dillon, and K. Middlebrooks. 2002. *Building Bridges Across Disciplines: Organizational and Individual Qualities of Exemplary Interdisciplinary Work*, 73. Cambridge, MA: Good Work Project; Project Zero: Harvard Graduate School of Education.

Bourdieu, P. 1984. *Distinction: A Social Critique of the Judgement of Taste*. Translated by R. Nice. London: Routledge (피에르 부르디외. 2005. 《구별짓기-문화와 취향의 사회학》 최종철 옮김. 새물결).

Bourdieu, P. 1990. *The Logic of Practice*. Translated by R. Nice. Stanford, CA: Stanford University Press.

Burrell, K. 2008. "Materialising the Border: Spaces of Mobility and Material Culture in Migration from Post–Socialist Poland." *Mobilities* 3 (3): 353-373.

Burrell, K. 2011. "Going Steerage on Ryanair: Cultures of Migrant Air Travel between Poland and the UK." *Journal of Transport Geography* 19: 1023-1030.

Büscher, M., and J. Urry. 2009. "Mobile Methods and the Empirical." *European*

Journal of Social Theory 12 (1): 99-116.

Castles, S. 2007. "Twenty-first-century Migration as a Challenge to Sociology." *Journal of Ethnic & Migration Studies* 33 (3): 351-371.

Castles, S. 2010. "Understanding Global Migration: A Social Transformation Perspective." *Journal of Ethnic & Migration Studies* 36 (10): 1565-1586.

Cheng, M. H. 2007. "Hong Kong Attempts to Reduce Influx of Pregnant Chinese." *The Lancet* 369 (9566): 981-982.

Collins, F. L. 2009. "Transnationalism Unbound: Detailing New Subjects, Registers and Spatialities of Cross-border Lives." *Geography Compass* 3 (1): 434-458.

Collins, F. L. 2011. "Transnational Mobilities and Urban Spatialities: Notes from the Asia-Pacific." *Progress in Human Geography* 36 (3): 316-335.

Conradson, D., and A. Latham. 2005. "Transnational Urbanism: Attending to Everyday Practices and Mobilities." *Journal of Ethnic and Migration Studies* 31 (2): 227-233.

Conradson, D., and D. Mckay. 2007. "Translocal Subjectivities: Mobility, Connection, Emotion." *Mobilities* 2 (2): 167-174.

Crang, M., and J. Zhang. 2012. "Transient Dwelling: Trains as Places of Identification for the Floating Population of China." *Social & Cultural Geography* 13 (8): 895-914.

Cresswell, T. 2011. "Mobilities I: Catching Up." *Progress in Human Geography* 35 (4): 550-558.

Dant, T. 2004. "The Driver-car." *Theory, Culture and Society* 21 (4/5): 61-79.

Deng, A. 2012. "Loopholes in Non-resident Expectant Mother Barrier." *China Daily*. Accessed September 3, 2014. http://www.chinadaily.com.cn/hkedition/2012-03/03/content_14745471.htm%3E

Dogan, M., and R. Pahre. 1990. *Creative Marginality*. Boulder, CO: Westview Press.

Faist, T. 2013. "The Mobility Turn: A New Paradigm for the Social Sciences?" *Ethnic and Racial Studies* 36 (11): 1637-1646.

Favell, A. 2001. "Migration, Mobility and Globaloney: Metaphors and Rhetoric in the Sociology of Globalization." *Global Networks* 1 (4): 389-398.

Favell, A. 2007. "Rebooting Migration Theory: Interdisciplinarity, Globality, and Postdisciplinarity in Migration Studies." In *Migration Theory: Talking Across Disciplines*, 2nd ed., edited by C. B. Brettell and J. Hollifield, 259-278. London: Routledge.

Fortier, A.-M. 2014. "Migration Studies." In *The Routledge Handbook of Mobilities*, edited by P. Adey, et al., 64-73. London: Routledge.

Fortier, A.-M., and G. Lewis. 2006. "Migrant Horizons." *Mobilities* 1 (3): 307-311.

Franquesa, J. 2011. "We've Lost our Bearings: Place, Tourism, and the Limits of the Mobilities Turn." *Antipode* 43 (4): 1012-1033.

Garrow, D., and E. Shove. 2007. "Artefacts between Disciplines. The Toothbrush and the Axe." *Archaeological Dialogues* 14 (2): 117-131.

Gill, N., J. Caletrio, and V. Mason. 2011. "Introduction: Mobilities and Forced Migration." *Mobilities* 6 (3): 301-316.

Glick Schiller, N., and N. B. Salazar. 2013. "Regimes of Mobility across the Globe." *Journal of Ethnic & Migration Studies* 39 (2): 183-200.

Halfacree, K. 2012. "Heterolocal Identities?" *Counter-urbanisation, Second Homes, and Rural Consumption in the era of Mobilities, Population, Space and Place* 18: 209-224.

Hannam, K., M. Sheller, and J. Urry. 2006. "Mobilities, Immobilities and Moorings." *Mobilities* 1 (1): 1-22.

Holland, D. 2014. *Integrating Knowledge through Interdisciplinary Research: Problems of Theory And Practice.* Abingdon: Routledge.

Hui, A. 2012. "Things in Motion, things in Practices: How Mobile Practice Networks Facilitate the Travel and use of Leisure Objects." *Journal of Consumer Culture* 12 (2): 195-215.

Hui, A. 2015. "Networks of Home, Travel and use during Hong Kong Return Migration: Thinking Topologically about the Spaces of Human−Material Practices." *Global Networks* 15 (4): 536-552.

Kalir, B. 2013. "Moving Subjects, Stagnant Paradigms: Can the 'Mobilities Paradigm' Transcend Methodological Nationalism?" *Journal of Ethnic & Migration Studies* 39 (2): 311-327.

King, R. 2012. "Geography and Migration Studies: Retrospect and Prospect." *Population, Space and Place* 18: 134-153.

King, R., and A. Christou. 2011. "Of Counter-diaspora and Reverse Transnationalism: Return Mobilities to and from the Ancestral Homeland." *Mobilities* 6 (4): 451-466.

Lam, J., and S. Chan. 2013. "LCQ1 Annex 1: Mainland Pregnant Women Giving Birth in Hong Kong." (Press Release) Hong Kong: Legislative Council of the Hong Kong SAR Government. http://gia.info.gov.hk/general/201302/20/P201302200471_0471_107399.pdf

Levitt, P., J. DeWind, and S. Vertovec. 2003. "International Perspectives on Transnational Migration: An Introduction." *International Migration Review* 37 (3): 565-575.

Li, X. 2013. "Connect or Disconnect? Transborder Activities and Family Networks of Mainland Chinese with Children Born in Hong Kong." Paper given at David C. Lam Institute for East-West Studies Seminar Series, Hong Kong, February 25.

Lyall, C., A. Bruce, J. Tait, and L. Meagher. 2011. *Interdisciplinary Research Journeys: Practical Strategies for Capturing Creativity.* London: Bloomsbury Academic.

MacDonald, J. S., and L. D. MacDonald. 1964. "Chain Migration Ethnic Neighborhood Formation and Social Networks." *The Milbank Memorial Fund Quarterly* 42 (1): 82-97.

Mai, N., and R. King. 2009. "Love, Sexuality and Migration: Mapping the Issue(s)." *Mobilities* 4 (3): 295-307.

Meeus, B. 2012. "How to 'Catch' Floating Populations? Research and the Fixing of Migration in Space and Time." *Ethnic and Racial Studies* 35 (10): 1775-1793.

National Academies (US), Committee on Facilitating Interdisciplinary Research, Committee on Science, Engineering and Public Policy (US), National Academy of Sciences, National Academy of Engineering, and Institute of Medicine (US). 2005. *Facilitating Interdisciplinary Research.* Washington, DC: National Academies Press.

Nowicka, M. 2007. "Mobile Locations: Constructions of Home in a Group of Mobile Transnational Professionals." *Global Networks* 7 (1): 69-86.

Ohnmacht, T., H. Maksim, and M. M. Bergman. 2009. *Mobilities and Inequality.* Farnham: Ashgate.

Portes, A. 2003. "Theoretical Convergencies and Empirical Evidence in the Study of Immigrant Transnationalism." *International Migration Review* 37 (3): 874-892.

Richardson, T. 2013. "Borders and Mobilities: Introduction to the Special Issue." *Mobilities* 8 (1): 1-6.

Rogers, A. 2005. "Observations on Transnational Urbanism: Broadening and Narrowing the Field." *Journal of Ethnic and Migration Studies* 31 (2): 403-407.

Sheller, M., and J. Urry. 2006. "The New Mobilities Paradigm." *Environment and Planning A* 38: 207-226.

Skeggs, B. 2004. *Class, Self, Culture.* London: Routledge.

Strober, M. H. 2010. *Interdisciplinary Conversations: Challenging Habits of Thought.* Stanford, CA: Stanford University Press.

Tolia-Kelly, D. 2004. "Materializing Post-colonial Geographies: Examining the Textural Landscapes of Migration in the South Asian Home." *Geoforum* 35: 675-688.

Tsoi, G. 2012. "Integration Anxiety." *HK Magazine*, February, 17, 8-14.

Urry, J. 2000. *Sociology beyond Societies: Mobilities for the Twenty-first Century.* London: Routledge (존 어리. 2012. 《사회를 넘어선 사회학》 윤여일 옮김. 휴머니스트).

Urry, J. 2007. *Mobilities.* Cambridge: Polity Press (존 어리. 2014. 《모빌리티》 강현수 · 이희상 옮김. 아카넷).

Walsh, K. 2006. "British Expatriate Belongings: Mobile Homes and Transnational Homing." *Home Cultures* 3 (2): 123-144.

Walsh, N., and H. Tucker. 2009. "Tourism 'things': The Travelling Performance of the Backpack." *Tourist Studies* 9 (3): 223-239.

Wimmer, A., and N. Glick Schiller. 2002. "Methodological Nationalism and Beyond: Nation-state Building, Migration and the Social Sciences." *Global Networks* 2 (4): 301-334.

Yuen, C. Y.-M. 2011. "Towards Inclusion of Cross-boundary Students from Mainland China in Educational Policies and Practices in Hong Kong." *Education, Citizenship and Social Justice* 6 (3): 251-264.

6장 모빌리티 인프라

Adey, P. 2006. "If Mobility is Everything Then It is Nothing: Towards a Relational Politics of (Im)Mobilities." *Mobilities* 1: 75-94.

Adey, P. 2008. "Airports, Mobility and the Calculative Architecture of Affective Control." *Geoforum* 39: 438-451.

Amery, C., and D. Cruickshank. 1975. *The Rape of Britain*. London: Paul Elek.

Anderson, B. 2014. *Encountering Affect*. Farnham: Ashgate.

Andreu, P. 1998. "Tunneling." In *Anyhow*, edited by C. Davidson, 58-63. Cambridge, MA: The MIT Press.

Baker, G., and B. Funaro. 1958. *Parking*. New York: Reinhold Publishing.

Ballard, J. G. 1973. *Crash*. London: Jonathan Cape.

Bell, D. 2006. "Bodies, Technologies, Spaces: On 'Dogging'." *Sexualities* 9 (4): 387-407.

Ben-Joseph, E. 1995. "Changing the Residential Street Scene: Adapting the Shared Street (Woonerf) Concept to the Suburban Environment." *Journal of the American Planning Association* 61 (4): 504-515.

Ben-Joseph, E. 2012. *Rethinking a Lot*. London: The MIT Press.

Bennett, J. 2010. *Vibrant Matter*. London: Duke University Press.

Bishop, P. 2002. "Gathering the Land: The Alice Springs to Darwin Rail Corridor." *Environment and Planning D: Society and Space* 20: 295-317.

Bissell, D. 2007. "Animating Suspension: Waiting for Mobilities." *Mobilities* 2 (2): 277-298.

Bissell, D. 2010a. "Vibrating Materialities: Mobility-Body-Technology Relations." *Area* 42: 479-486.

Bissell, D. 2010b. "Passenger Mobilities: Affective Atmospheres and the Sociality of Public Transport." *Environment and Planning D: Society and Space* 28 (2): 270-289.

Bissell, D. 2013. "Habit Displaced: The Disruption of Skilful Performance." *Geographical Research* 51: 120-129.

Bissell, D., and G. Fuller. 2011. "Stillness Unbound." In *Stillness in a Mobile World*, edited by D. Bissell and G. Fuller, 1-17. London: Routledge.

Borden, I. 2001. *Skateboarding, Space and the City*. Oxford: Berg.

BPA (British Parking Association). 2010. *New Build Car Park Guidelines for Car Park Designers, Operators and Owners*. Haywards Heath: Safer Parking Scheme.

BPA (British Parking Association). 2013. "Park Mark® Safer Parking" *Leaflet*. Haywards Heath: Safer Parking Scheme.

Buchanan, C. 1958. *Mixed Blessing*. London: Leonard Hill.

Büscher, M., J. Urry, and K. Witchger, eds. 2011. *Mobile Methods*. London: Routledge.

Cornwell, R. 2013. "Felixstowe: Nearly 900 Drivers Fined for Illegal Parking in Resort's Shared Space." *Ipswich Star*. Accessed March 23. http://www.ipswichstar.co.uk

Cresswell, T. 2014a. "Mobilities III: Moving On." *Progress in Human Geography* 38: 712-721.

Cresswell, T. 2014b. "Friction." In *The Routledge Handbook of Mobilities*, edited by P. Adey, D. Bissell, K. Hannam, P. Merriman, and M. Sheller, 107-115. London: Routledge.

Cresswell, T., and C. Martin. 2012. "On Turbulence: Entanglements of Disorder and Order on a Devon Beach." *Tijdschrift voor Economische en Sociale Geografie* 103: 516-529.

Cullen, G. 1961. *Townscape*. London: The Architectural Press.

Dalakoglou, D., and P. Harvey. 2012. "Roads and Anthropology: Ethnographic Perspectives on Space, Time and (Im)Mobility." *Mobilities* 7 (4): 459-465.

De Landa, M. 2006. *A New Philosophy of Society*. London: Continuum.

DfT (Department for Transport). 2007. *Manual for Streets*. London: Thomas Telford.

DfT (Department for Transport). 2011a. *Shared Space (Local Transport Note 1/11)*. London: Department for Transport.

DfT (Department for Transport). 2011b. *Making the Connection: The Plug-in Vehicle Infrastructure Strategy*. London: Department for Transport.

Duffy, E. 2009. *The Speed Handbook*. London: Duke University Press.

EPA (United States Environmental Protection Agency). 2006. *Parking Spaces/Community Places*. Washington, DC: Environmental Protection Agency.

Fincham, B., M. McGuinness, and L. Murray, eds. 2010. *Mobile Methodologies*. Basingstoke: Palgrave Macmillan.

Graham, S., and S. Marvin. 2001. *Splintering Urbanism*. London: Routledge.

Graham, S., and N. Thrift. 2007. "Out of Order: Understanding Repair and Maintenance." *Theory, Culture and Society* 24 (3): 1-25.

Gregson, N., and L. Crewe. 1994. "Beyond the High Street and the Mall: Car Boot Fairs and the New Geographies of Consumption in the 1990s." *Area* 26 (3): 261-267.

Hagman, O. 2006. "Morning Queues and Parking Problems." *Mobilities* 1: 63-74.

Hamilton-Baillie, B. 2008. "Shared Space: Reconciling People, Places and Traffic." *Built Environment* 34 (2): 161-181.

Hannam, K., M. Sheller, and J. Urry. 2006. "Editorial: Mobilities, Immobilities and

Moorings." *Mobilities* 1: 1-22.

Harvey, D. 1989. *The Condition of Postmodernity*. Oxford: Blackwell (데이비드 하비. 2013.《포스트 모더니티의 조건》 구동회 · 박영민 옮김. 한울).

Harvey, P. 2012. "The Topological Quality of Infrastructural Relation: An Ethnographic Approach." *Theory, Culture & Society* 29: 76-92.

Harvey, P., and H. Knox. 2012. "The Enchantments of Infrastructure." *Mobilities* 7: 521-536.

Henderson, J. 2009. "The Spaces of Parking: Mapping the Politics of Mobility in San Francisco." *Antipode* 41: 70-91.

Henley, S. 2007. *The Architecture of Parking*. London: Thames and Hudson.

Home Office 2012. *Protecting Crowded Places*. London: HM Government.

Honoré, C. 2004. *In Praise of Slow*. London: Orion.

Hooker, C. 2007. "Charlie Hooker." In *This Will Not Happen Without You: From the Collective Archive of the Basement Group, Projects UK and Locus+ (1977-2007)*, edited by R. Grayson, 48-49. Sunderland: The University of Sunderland Press.

Jakle, J. A., and K. A. Sculle. 2004. *Lots of Parking*. London: University of Virginia Press.

Jones, R., J. Pykett, and M. Whitehead. 2013. *Changing Behaviours*. Cheltenham: Edward Elgar.

Kodransky, M., and G. Hermann. 2011. *Europe's Parking U-Turn*. New York: Institute for Transportation and Development Policy.

Larsen, J. 2015. "Bicycle Parking and Locking: Ethnography of Designs and Practices." *Mobilities*. doi:10.1080/17450101.2014.993534.

Latour, B. 1993. *We Have Never Been Modern*. Hemel Hempstead: Harvester Wheatsheaf (브뤼노 라투르. 2009.《우리는 결코 근대인이었던 적이 없다》 홍철기 옮김. 갈무리).

Laurier, E., H. Lorimer, B. Brown, O. Jones, O. Juhlin, A. Noble, M. Perry, et al. 2008. "Driving and 'Passengering': Notes on the Ordinary Organization of Car Travel." *Mobilities* 3: 1-23.

Lefebvre, H. 1991. *The Production of Space*. Oxford: Blackwell (앙리 르페브르. 2011. 《공간의 생산》 양영란 옮김. 에코리브르).

Lipset, D., and R. Handler, eds. 2014. *Vehicles*. Oxford: Berghahn.

Lumsden, K. 2013. *Boy Racer Culture*. London: Routledge.

Manns, J. 2010. "Park-and-Ride: Politics, Policy and Planning." *Town & Country Planning* 79 (3): 144-148.

Marples, E. 1963. "Foreword." In *Parking-The Next Stage*, edited by Ministry of Transport, 4-5. London: HMSO.

Marusek, S. 2012. *Politics of Parking*. Farnham: Ashgate.

Massey, D. 1991. "A Global Sense of Place." *Marxism Today*, June 24-29.

Massey, D. 2000. "Travelling Thoughts." In *Without Guarantees*, edited by P. Gilroy, L.

Grossberg, and A. McRobbie, 225-232. London: Verso.

Massey, D. 2005. *For Space*. London: Sage.

McCluskey, J. 1987. *Parking*. London: E & FN Spon.

Merriman, P. 2007. *Driving Spaces*. Oxford: Wiley-Blackwell.

Merriman, P. 2009. "Automobility and the Geographies of the Car." *Geography Compass* 3: 586-599.

Merriman, P. 2011. "Enfolding and Gathering the Landscape." In *Routes, Roads and Landscapes*, edited by M. Hvattum, B. Brenna, B. Elvebakk, and J. Kampevold Larsen, 213-226. Farnham: Ashgate

Merriman, P. 2012. *Mobility, Space and Culture*. London: Routledge.

Merriman, P. 2014. "Rethinking Mobile Methods." *Mobilities* 9 (2): 167-187.

Middleton, M. 1962. "Clutter in the Streets." *Design* 166: 40-49.

Ministry of Transport. 1963. *Parking-The Next Stage*. London: HMSO.

Ministry of Transport and Civil Aviation. 1956. *Parking Survey of Inner London (Interim Report, September 1956)*. London: HMSO.

Ministry of Transport and Civil Aviation. 1958. *Parking Survey of Inner London (Final Report, November 1957)*. London: HMSO.

Morrison, K., and J. Minnis. 2012. *Carscapes*. London: Yale University Press.

Mumford, L. 1964. *The Highway and the City*. London: Secker and Warburg.

Nairn, I. 1955. "Outrage." *The Architectural Review* 117: 363-460.

Newman, O. 1973. *Defensible Space*. London: The Architectural Press.

Nottingham City Council. 2011. *Workplace Parking Levy: Employer Handbook*. Nottingham: Nottingham City Council.

O'Connell, S. 1998. *The Car and British Society*. Manchester, NH: Manchester University Press.

Packer, J. 2008. *Mobility without Mayhem*. London: Duke University Press.

Parkhurst, G. 1995. "Park and Ride: Could it Lead to an Increase in Car Traffic?" *Transport Policy* 2(1): 15-23.

Parr, M. 2003. *Speaking in: Imagine ... the World According to Martin Parr*, produced and directed by Rebecca Frayn and BBC Television.

Parr, M. 2007. *Parking Spaces*. London: Chris Boot.

Parr, M. 2014. "Parking Spaces Book Description." http://www.martinparr.com/books.

Paterson, M. 2007. *Automobile Politics*. Cambridge: Cambridge University Press.

Pearson, M., and M. Shanks. 2013. "Autosuggestion: A Work of Theatre/Archaeology." *Performance Studies International*. http://documents.stanford.edu/MichaelShanks/544.

Richards, J. M. 1958. "Man in a Hot Tin Box." *The Architectural Review* 123: 288-301.

Rosa, H., and W. Scheuerman, eds. 2009. *High-Speed Society*. Philadelphia: The Pennsylvania University Press.

Sachs, W. 1992. *For Love of the Automobile: Looking Back into the History of our*

Desires. Oxford: University of California Press.

Seiler, C. 2008. *Republic of Drivers*. Chicago, IL: Chicago University Press.

Sheller, M. 2014. "The New Mobilities Paradigm for a Live Sociology." *Current Sociology* 62: 789-811.

Shoup, D. 2006. "Cruising for Parking." *Transport Policy* 13: 479-486.

Shoup, D. 2011. *The High Cost of Parking*. Chicago, IL: American Planning Association.

Smith, C. 2010. *London: Garden City?* London: London Wildlife Trust.

Spinney, J. 2006. "A Place of Sense: A Kinaesthetic Ethnography of Cyclists on Mont Ventoux." *Environment and Planning D: Society and Space* 24: 709-732.

Stewart, K. 2014. "Road Registers." *Cultural Geographies* 21: 549-563.

Thacker, A. 2003. *Moving through Modernity*. Manchester, NH: Manchester University Press.

The Times. 1968a. "Clash Over Multi-story Car Park Near Cathedral." *The Times*, 21 February: 4.

The Times. 1968b. "Car Park Go-ahead for Canterbury." *The Times*, 9 April: 2.

Tomlinson, J. 2007. The Culture of Speed. London: Sage.

Tsamboulas, D. A. 2001. "Parking Fare Thresholds: A Policy Tool." *Transport Policy* 8: 115-124.

University of Nottingham. 2013. "University Car Parking Charges Approved Scheme." http://www.nottingham.ac.uk/estates/documents/security/approvedcarparkingschemesummary.pdf.

Urry, J. 2003. *Global Complexity*. Cambridge: Polity.

Urry, J. 2007. *Mobilities*. Cambridge: Polity (존 어리. 2014. 《모빌리티》 강현수 · 이희상 옮김. 아카넷).

Valentine, G. 1989. "The Geography of Women's Fear." *Area* 21: 385-390.

Wall, G. 2011. "Environmental Parking Charging Policies: A Case Study of Winchester." *Local Economy* 26 (4): 246-259.

Warhurst, J. R., K. E. Parks, L. McCulloch, and M. D. Hudson. 2014. "Front Gardens to Car Parks: Changes in Garden Permeability and Effects on Flood Regulation." *Science of the Total Environment* 485-486: 329-339.

Watts, L. 2008. "The Art and Craft of Train Travel." *Social and Cultural Geography* 9: 711-726.

Whitley, K., and C. Stark. 2014. "Orchestral Manoeuvres in the Car Park." *The Guardian*, online music blog, Accessed June 20. http://www.theguardian.com/music/musicblog/2014/jun/20/peckham-carpark-multi-story-orchestra-sibelius

Wollen, P., and J. Kerr. 2002. *Autopia*. London: Reaktion.

Barkhuus, L., and V. Polichar. 2010. "Empowerment through Seamfulness: Smart Phones in Everyday Life." *Personal and Ubiquitous Computing* 15 (6): 629-639.

Bell, G., and P. Dourish. 2007. "Yesterday's Tomorrows: Notes on Ubiquitous Computing's Dominant Vision." *Personal and Ubiquitous Computing* 11 (2): 133-143.

Benford, S., R. Anastasi, M. Flintham, A. Drozd, A. Crabtree, C. Greenhalgh, N. Tandavanitj, M. Adams, and J. Row-Farr. 2003. "Coping with Uncertainty in a Location-based Game." *Pervasive Computing* 3: 34-41.

Blackwell, C., J. Birnholtz, and C. Abbott. 2014. "Seeing and Being Seen: Co-situation and Impression Formation using Grindr, a Location-aware Gay Dating App." *New Media and Society* 17 (7): 1117-1136. doi:10.1177/1461444814521595.

Brown, B., and E. Laurier. 2005. "Maps and Journeys: An Ethno-methodological Investigation." *Cartographica* 40 (3): 17-33.

Brown, B., and E. Laurier. 2012. "The Normal Natural Troubles of Driving with GPS." In *Proceedings of the SIGCHI Conference on Human Factors in Computing Systems*, 1620-1630. New York: ACM Press.

Brown, P., and S. Levinson. 1987. *Politeness: Some Universals in Language Usage*. Cambridge: Cambridge University Press.

Brubaker, J., M. Anani, and K. Campbell. 2014. "Departing Glances: A Sociotechnical Account of 'Leaving' Grindr." *New Media and Society*. doi:10.1177/1461444814542311.

Buscher, M., J. Urry, and K. Witschger. 2010. *Mobile Methods*. London: Routledge.

Chalmers, M., and A. Galani. 2004. "Seamful Interweaving: Heterogeneity in the Theory and Design of Interactive Systems." *Proc. ACM DIS 2004*, 243-252. New York: ACM Press.

Chalmers, M., and I. MacColl. 2003. "Seamful and Seamless Design in Ubiquitous Computing." *Personal and Ubiquitous Computing* 8: 19-30.

Cocks, H. G. 2009. *Classified. The History of the Personal Column*. London: Random House.

Crabtree, A., and T. Rodden. 2008. "Hybrid Ecologies: Understanding Cooperative Interaction in Emerging Physical-digital Environments." *Personal and Ubiquitous Computing* 12 (7): 481-493.

De Souza e Silva, A., and M. Sheller. 2014. *Local and Mobile: Linking Mobilities, Mobile Communication and Locative Media*. London: Routledge.

De Souza e Silva, A., and D. Sutko. 2009. *Digital Cityscapes*. New York: Peter Lang.

Douglas, M. 1966. *Purity and Danger*. London: Routledge (매리 더글러스, 《순수와 위험》 유제분·이훈상 옮김. 현대미학사).

Farman, J. 2013. *The Mobile Story: Narrative Practices with Locative Technologies*.

New York: Routledge.

Frith, J. 2013. "Turning Life into a Game: Foursquare, Gamification, and Personal Mobility." *Mobile Media and Communication* 1 (2): 248-262.

Frith, J. 2014. "Communicating Through Location. The Understood Meaning of the Foursquare Check-in." *Journal of Computer-Mediated Communication* 19 (4): 890-905.

Goffman, E. 1963. *Behavior in Public Places*. New York: The Free Press.

Goffman, E. 1972. *Relations in Public*. New York: Penguin.

Goffman, E. 1974. *Frame Analysis. An Essay on the Organization of Experience*. New York: Harper and Row.

Hjorth, L., and I. Richardson. 2014. *Gaming in Social, Locative & Mobile Media*. Basingstoke: Palgrave Macmillan.

Humphreys, L. 2007. "Mobile Social Networks and Social Practice: A Case Study of Dodgeball." *Journal of Computer-Mediated Communication* 13 (1): 341-360.

Humphreys, L. 2010. "Mobile Social Networks and Urban Public Space." *New Media and Society* 12 (5): 763-778.

Ingold, T. 2000. *The Perception of the Environment. Essays in Livelihood, Dwelling and Skill*. London: Routledge.

Ingold, T. 2011. *Being Alive Essays on Movement, Knowledge and Description*. London: Routledge.

Introna, L., and F. Ilharco. 2006. "On the Meaning of Screens: Towards a Phenomenological Account of Screenness." *Human Studies* 29 (1): 59-76.

Licoppe, C., and Figeac, J. 2014. "Direct Video Observation of the Uses of Smartphone on the Move. Reconceptualizing Mobile Multi-activity". In *Mobility and Locative Media. Mobile Communication in Hybrid Spaces*, edited by A. de Souza e Silva and M. Sheller, 48-64. London: Routledge.

Licoppe, C., and Y. Inada. 2006. "Emergent Uses of a Location Aware Multiplayer Game: The Interactional Consequences of Mediated Encounters." *Mobilities* 1 (1): 39-61.

Licoppe, C., and Y. Inada. 2010. "Locative Media and Cultures of Mediated Proximity: The Case of the Mogi Game Location-aware Community." *Environment and Planning D: Society and Space* 28 (4): 691-709.

Licoppe, C., and Y. Inada. 2015. "Mobility and Sociality in Proximity-sensitive Digital Urban Ecologies: 'Timid Encounters' and 'Seam-sensitive Walks'." *Mobilities*. doi:1 0.1080/17450101.2014.988530.

Licoppe, C., and M.-C. Legout. 2014. "Living Inside Mobile Social Information: The Pragmatics of Foursquare Notifications." In *Living Inside Mobile Information*, edited by J. Katz, 109-130. Dayton, OH: Greyden Press.

Licoppe, C., C.-A. Rivière, and J. Morel. 2015. "Grindr Casual Hook-ups as Interactional Achievements." *New Media and Society*. doi:

10.1177/1461444815589702.

Lofland, L. 1998. *The Public Realm Exploring the City's Quintessential Social Territory*. New York: Aldine de Gruyter.

Massey, D. 2005. *For Space*. London: Sage.

Milgram, S. 1992. "The Familiar Stranger: An Aspect of Urban Anonymity." In *The Individual in a Social World: Essays and Experiments*, edited by John Sabini and Maury Silver, 51-53. New York: McGraw-Hill.

Morel, J. 2014. "Ingress. Mobilités et sociabilités dans un jeu de réalité augmentée [Mobilities and Socialities in an Augmented Reality Game]." *Interfaces numériques* 3 (3): 447-472.

Race, K. 2014. "Speculative Pragmatism and Intimate Arrangements: Online Hook-up Devices in Gay Life." *Culture, Health & Sexuality: An International Journal for Research, Intervention and Care* 17 (4): 496-511. doi:10.1080/13691058.2014.930 181.

Sheller, M., and J. Urry. 2006. "The New Mobilities Paradigm." *Environment and Planning A* 38 (2): 207-226.

Southern, J. 2012. "Co-mobility: How Proximity and Distance Travel Together in Locative Media." *Canadian Journal of Communication* 37 (1): 75-91.

Urry, J. 2000. *Sociology Beyond Societies: Mobilities for the Twenty-first Century*. London: Routledge (존 어리. 2012. 《사회를 넘어선 사회학》 윤여일 옮김. 휴머니스트).

Weiser, M. 1991. "The Computer for the 21st Century." *Scientific American* 265 (3): 94-104.

Whyte, W. H. 1980. *The Social Life of Small Urban Spaces*. Ann Arbor: Edwards Brothers Publishers.

Wilken, R., and G. Goggin. 2012. *Mobile Technology and Place*. New York: Routledge.

8장 매개된 보행자 모빌리티

Austin, J. L. 1962. *How to Do Things with Words: W. James Lectures Delivered at Harvard, 1955*. London: Oxford University Press (J. L. 오스틴. 1992. 《말과 행위―오스틴의 언어철학, 의미론, 화용론》 김영진 옮김. 서광사).

Broth, M., and L. Keevallik. 2014. "Getting Ready to Move as a Couple: Accomplishing Mobile Formations in a Dance Class." *Space and Culture* 17 (2): 107-121. doi:10.1177/1206331213508483.

Broth, M., and F. Lundström. 2013. "A Walk on the Pier: Establishing Relevant Places in Mobile Instruction." In *Interaction and Mobility*, edited by P. Haddington, L. Mondada, and M. Nevile, 91-121. Berlin: Walter de Gruyter.

Broth, M., and L. Mondada. 2013. "Walking Away: The Embodied Achievement of Activity Closings in Mobile Interaction." *Journal of Pragmatics* 47 (1): 41-58. doi:10.1016/j.pragma.2012.11.016.

Brown, B., and E. Laurier. 2005. "Maps and Journeys: An Ethno-methodological Investigation." *Cartographica: The International Journal for Geographic Information and Geovisualization* 40 (3): 17-33, UT Press.

Brown, K. M., R. Dilley, and K. Marshall. 2008. "Using a Head-mounted Video Camera to Understand Social Worlds and Experiences." *Sociological Research Online* 13 (6): doi:10.5153/sro.1818.

Brown, B., and E. Laurier. 2012. "The Normal Natural Troubles of Driving with GPS." In *Proceedings of the SIGCHI Conference on Human Factors in Computing Systems*, 1621-1630. New York: ACM.

Brown, B., M. McGregor, and D. McMillan. 2015. "Searchable Objects: Search in Everyday Conversation." In *Proceedings of the 18th ACM Conference on Computer Supported Cooperative Work & Social Computing*, 508-517. New York: ACM. doi:10.1145/2675133.2675206.

Bull, M. 2001. "The World According to Sound Investigating the World of Walkman Users." *New Media & Society* 3 (2): 179-197.doi:10.1177/14614440122226047.

Bull, M. 2005. "No Dead Air! The iPod and the Culture of Mobile Listening." *Leisure Studies* 24 (4): 343-355. doi:10.1080/0261436052000330447.

Cochoy, F. 2008. "Calculation, Qualculation, Calqulation: Shopping Cart Arithmetic, Equipped Cognition and the Clustered Consumer." *Marketing Theory* 8 (1): 15-44.

Conein, B. C. Félix, and M. Relieu. 2013. *The Visual Sense of Togetherness. Passing through Doors*. Presented at MOBSIN 4, Nice: University of Nice, Sophia Antopolis, Copies available from the authors.

Frith, J. 2012. "Splintered Space: Hybrid Spaces and Differential Mobility." *Mobilities* 7 (1): 131-149. doi:10.1080/17450101.2012.631815.

Haddington, P., and T. Keisanen. 2009. "Location, Mobility and the Body as Resources in Selecting a Route." *Journal of Pragmatics* 41 (10): 1938-1961. doi:10.1016/j.pragma.2008.09.018.

Haddington, P., T. Keisanen, L. Mondada, and M. Nevile. 2014. "Towards Multiactivity as a Social and Interactional Phenomenon." In *Multiactivity in Social Interaction: Beyond Multitasking*, edited by P. Haddington, T. Keisanen, L. Mondada, and M. Nevile, 1-30. Amsterdam: John Benjamins.

Haddington, P., L. Mondada, and M. Nevile. 2013. "Being Mobile: Interaction on the Move." In *Interaction and Mobility*, edited by P. Haddington, L. Mondada, and M. Nevile, 3-61. Berlin: Walter de Gruyter.

Harper, R., L. A. Palen, and A. Taylor. 2005. *The Inside Text*. Dordrecht: Springer.

Ingold, T. 2004. "Culture on the Ground the World Perceived Through the Feet." *Journal of Material Culture* 9 (3): 314-340.

Latour, B. 2003. *Paris: Invisible City*. Paris: bruno-latour.fr. Accessed June 12, 2012. http://www.brunolatour.fr/virtual/EN/index.html

Laurier, E. 2014. "The Graphic Transcript: Poaching Comic Book Grammar for Inscribing the Visual, Spatial and Temporal Aspects of Action." *Geography Compass* 8 (4): 235-248. http://doi.org/10.1111/gec3.12123.

Laurier, E., and B. Brown. 2008. "Rotating Maps and Readers: Praxiological Aspects of Alignment and Orientation." *Transactions of the Institute of British Geographers* 33 (2): 201-216.

Lee, J. R. E., and R. Watson. 1993. *Interaction in Public Space: Final Report to the Plan Urbain*. Paris: Plan Urbain.

vom Lehn, D.. 2013. "Withdrawing from Exhibits: The Interactional Organisation of Museum Visits." In *Interaction and Mobility*, edited by P. Haddington, L. Mondada, and M. Nevile, 65-90. Berlin: Walter de Gruyter.

Liberman, K. 2013. *More Studies in Ethnomethodology*. New York: State University of New York Press.

Licoppe, C. 2013. "Merging Mobile Communication Studies and Urban Research: Mobile Locative Media, 'Onscreen Encounters' and the Reshaping of the Interaction Order in Public Places." *Mobile Media & Communication* 1 (1): 122-128. doi:10.1177/2050157912464488.

Licoppe, C., and J. Figeac. 2013. *Patterns of Gaze Switching in the 'Naturally-Occurring' Uses of Smartphones in Urban Mobile Settings*. Paris: TELECOM ParisTech.

Ling, R. S. 2004. *The Mobile Connection*. San Francisco, CA: Morgan Kaufmann.

McIlvenny, P. 2015. "The Joy of Biking Together: Sharing Everyday Experiences of Vélomobility." *Mobilities* 10 (1): 55-82. doi:10.1080/17450101.2013.844950.

McIlvenny, P., M. Broth, and P. Haddington. 2014. "Moving Together: Mobile Formations in Interaction." *Space and Culture* 17 (2): 104-106. doi:10.1177/1206331213508679.

Michael, M. 2000. "These Boots are Made for Walking: Mundane Technology, the Body and Human-Environment Relations." *Body and Society* 6 (3-4): 107-126. doi: 10.1177/1357034X00006003006.

Mondada, L. 2009. "Emergent Focused Interactions in Public Places: A Systematic Analysis of the Multimodal Achievement of a Common Interactional Space." *Journal of Pragmatics* 41 (10): 1977-1997. doi:10.1016/j.pragma.2008.09.019.

Mondada, L. 2012a. "Garden Lessons: Embodied Action and Joint Attention in Extended Sequences." In *Interaction and Everyday Life: Phenomenological and Ethnomethodological Essays in Honor of George Psathas*, edited by H. Nasu and F. C. Waksler, 279-296. Plymouth: Lexington Books.

Mondada, L. 2012b. "Talking and Driving: Multiactivity in the Car." *Semiotica* 191 (1/4): 223-256. doi:10.1515/sem-2012-0062.

Mondada, L. 2013. "Displaying, Contesting and Negotiating Epistemic Authority in Social Interaction: Descriptions and Questions in Guided Visits." *Discourse Studies* 15 (5): 597-626. doi:10.1177/1461445613501577.

Nevile, M. 2004. *Beyond the Black Box*. Aldershot: Ashgate.

Ogborn, M. 1998. *Spaces of Modernity*. New York: Guilford Press.

Richardson, I. 2013. "Touching the Screen: A Phenomenology of Mobile Gaming and the iPhone." In *Media*, edited by S. Mobile, 133-151. London: Routledge.

Ryave, A. L., and J. N. Schenkein. 1974. "Notes on the Art of Walking." In *Ethnomethodology: Selected Readings*, edited by R. Turner, 265-274. Harmondsworth: Penguin.

Smith, T. 근간. "Street Performing Spectacles and Ordinary Life." PhD diss., University of Edinburgh, Edinburgh.

Southern, J. 2012. "Comobility: How Proximity and Distance Travel Together in Locative Media." *Canadian Journal of Communication* 37 (1): 75-91.

de Souza e Silva, A., and D. M. Sutko. 2011. "Theorizing Locative Technologies through Philosophies of the Virtual." *Communication Theory* 21: 23-42.

de Stefani, E. 2013. "The Collaborative Organisation of Next Actions in a Semiotically Rich Environment: Shopping as a Couple." In *Interaction and Mobility*, edited by P. Haddington, L. Mondada, and M. Nevile, 123-151. Berlin: Walter de Gruyter.

de Stefani, E., and L. Mondada. 2014. "Reorganizing Mobile Formations: When 'Guided' Participants Initiate Reorientations in Guided Tours." *Space and Culture* 17 (2): 157-175. doi:10.1177/1206331213508504.

Spinney, J. 2011. "A Chance to Catch a Breath: Using Mobile Video Ethnography in Cycling Research." *Mobilities* 6 (2): 161-182. doi:10.1080/17450101.2011.55277.

Watson, R. 2009. *Analysing Practical and Professional Texts*. Farnham: Ashgate.

Weilenmann, A. 2003. "I Can't Talk Now, I'm in a Fitting Room: Formulating Availability and Location in Mobile-phone Conversations." *Environment and Planning A* 35: 1589-1605.

Weilenmann, A., D. Normark, and E. Laurier. 2014. "Managing Walking Together: The Challenge of Revolving Doors." *Space and Culture* 17 (2): 122-136. doi:10.1177/1206331213508674.

Wylie, J. 2005. "A Single Day's Walking: Narrating Self and Landscape on the South West Coast Path." *Transactions of the Institute of British Geographers* 30 (2): 234-247.

9장 예상되는 우주 관광의 미래

Adey, P. 2006a. "If Mobility is Everything Then it is Nothing: Towards a Relational Politics of (Im)mobilities." *Mobilities* 1 (1): 75-94.

384

Adey, P. 2006b. "Airports and Air-mindedness: Spacing, Timing and Using the Liverpool Airport, 1929-1939." *Social and Cultural Geography* 7 (3): 343-363.

Adey, P. 2007. "May I Have your Attention: Airport Geographies of Spectatorship, Position, and (Im)mobility." *Environment and Planning D* 25 (3): 515-536.

Adey, P. 2008. "Architectural Geographies of the Airport Balcony: Mobility, Sensation and the Theatre of Flight." *Geografiska Annaler: Series B, Human Geography* 90 (1): 29-47.

Adey, P. 2010. *Aerial Life: Spaces, Mobilities, Affects*. Oxford: Wiley/Blackwell.

Adey, P., L. Budd, and P. Hubbard. 2007. "Flying Lessons: Exploring the Social and Cultural Geographies of Global Air Travel." *Progress in Human Geography* 31 (6): 773-791.

Adey, P., D. Bissell, D. McCormack, and P. Merriman. 2012. "Profiling the Passenger: Mobilities, Identities, Embodiments." *Cultural Geographies* 19 (2): 169-193.

Beck, U. 2002. "The Cosmopolitan Society and its Enemies." *Theory, Culture & Society* 19 (1/2): 17-44.

Birtchnell, T., and J. Caletrío, eds. 2014. *Elite Mobilities*. London: Routledge.

Bissell, D. 2010. "Passenger Mobilities: Affective Atmospheres and the Sociality of Public Transport." *Environment and Planning D* 28 (2): 270-289.

Bissell, D., P. Adey, and E. Laurier. 2011. "Introduction to the Special Issue on Geographies of the Passenger." *Journal of Transport Geography* 19 (5): 1007-1009.

Brown, N. 2003. "Hope Against Hype—Accountability in Biopasts, Presents and Futures." *Science Studies* 16 (2): 3-21.

Brown, N., B. Rappert, and A. Webster. 2000. "Introducing Contested Futures: From Looking into the Future to Look at the Future." In *A Sociology of Prospective Techno-science*, edited by N. Brown, B. Rappert, and A. Webster, 3-20. Farnham: Ashgate.

Büscher, M., J. Urry, and K. Witchger. 2010. *Mobile Methods*. London: Routledge.

Clifford, J. 1997. *Routes: Travel and Translation in the Late Twentieth Century*. Cambridge, MA: Harvard University Press.

Collis, C. 2009. "The Geostationary Orbit: A Critical Legal Geography of Space's Most Valuable Real Estate." *Sociological Review* 57 (s1): 47-65.

Cresswell, T. 2010. "Towards a Politics of Mobility." *Environment and Planning D* 28 (1): 17-31.

Cresswell, T. 2011. "Mobilities 1: Catching Up." *Progress in Human Geography* 35 (4): 550-558.

DeLyser, D. 2011. "Flying, Feminism and Mobilities—Crusading for Aviation in the 1920s." In *Geographies of Mobilities*, edited by T. Cresswell and P. Merriman, 83-98. Farnham: Ashgate.

Dennis, K., and J. Urry. 2009. *After the Car*. Cambridge: Polity.

Deuten, J., and A. Rip. 2000. "Narrative Infrastructure in Product Creation Processes." *Organization* 7 (1): 69-93.

Dickens, P. 2009. "The Cosmos as Capital's Outside." *Sociological Review* 57 (s1): 66-82.

von der Dunk, F. 2011. "Space Tourism, Private Spaceflight and the Law: Key Aspects." *Space Policy* 27 (3): 146-152.

Edensor, T. 2007. "Mundane Mobilities, Performances and Spaces of Tourism." *Social & Cultural Geography* 8 (2): 201-215.

Ehrenfreund, P., and N. Peter. 2009. "Toward a Paradigm Shift in Managing Future Global Space Exploration Endeavours." *Space Policy* 25 (4): 244-256.

Elhefnawy, N. 2004. "Viewpoint: Feeling the Pinch: Societal Slack and Space Development." *Astropolitics* 2 (3): 323-334.

Elzinga, A. 2004. "Metaphors, Models and Reification in Science and Technology Policy Discourse." *Science as Culture* 13 (1): 105-121.

Eurospace. 1994. "Small Missions: Exploiting the Opportunities." *Space Policy* 10: 322-326.

Featherstone, M. 2004. "Automobilities: An Introduction." *Theory, Culture & Society* 21 (4/5): 1-24.

Geels, F. W., and W. A. Smit. 2000. "Failed Technology Futures: Pitfalls and Lessons from a Historical Survey." *Futures* 32 (9-10): 867-885.

Germann Molz, G. 2008. "Global Abode: Home and Mobility in Narratives of Round-the-world Travel." *Space & Culture* 11 (4): 325-342.

Germann Molz, G. 2010. "Performing Global Geographies: Time, Space, Place and Pace in Narratives of Round-the-world Travel." *Tourism Geographies* 12 (3): 329-348.

Germann Molz, G., and C. Paris. 2015. "The Social Affordances of Flashpacking: Exploring the Mobility Nexus of Travel and Communication." *Mobilities* 10 (2): 173-192.

Giikalp, I. 1992. "On the Analysis of Large Technical Systems." *Science, Technology and Human Values* 17 (1): 57-78.

Hannam, K., M. Sheller, and J. Urry. 2006. "Editorial: Mobilities, Immobilities and Moorings." *Mobilities* 1 (1): 1-22.

Hannam, K., G. Butler, and C. Paris. 2014. "Developments and Key Issues in Tourism Mobilities." *Annals of Tourism Research* 44: 171-185.

Huntley, W., J. Bock, and M. Weingartner. 2010. "Planning the Unplannable: Scenarios on the Future of Space." *Space Policy* 26 (1): 25-38.

Larsen, J. 2001. "Tourism Mobilities and the Travel Glance: Experiences on the Move." *Scandinavian Journal of Hospitality & Tourism* 1 (2): 80-98.

Lash, S., and J. Urry. 1994. *Economies of Signs and Space*. London: Sage.

Launius, R. 2000. "The Historical Dimension of Space Exploration: Reflections and

Possibilities." *Space Policy* 16 (1): 23-38.

Laurier, E., H. Lorimer, B. Brown, O. Jones, O. Juhlin, A. Noble, M. Perry, D. Pica, P. Sormani, L. Watts, A. Weilenmann. 2008. "Driving and 'Passengering': Notes on the Ordinary Organization of Car Travel." *Mobilities* 3 (1): 1-23.

Lester, D. F., and M. Robinson. 2009. "Visions of Exploration." *Space Policy* 25 (4): 236-243.

Levine, A. 1985. "Commercialization of Space: Policy and Administration Issues." *Public Administration Review* 45 (5): 562-569.

Massey, D. 1993. "Power-geometry and a Progressive Sense of Place." In *Mapping the Futures: Local Cultures, Global Change*, edited by J. Bird et al., 60-70. London: Routledge.

Merriman, P. 2015. "Mobilities 1: Departures." *Progress in Human Geography* 39 (1): 87-95.

Michael, M. 2000. "Futures of the Present from Performativity to Prehension" In *A Sociology of Prospective Techno-science*, edited by N. Brown, B. Rappert, and A. Webster, 21-42. Ashgate.

de Montluc, B. 2009. "The New International Political and Strategic Context for Space Policies." *Space Policy* 25 (1): 20-28.

Parker, M. 2009. "Capitalists in Space." *Sociological Review* 57 (s1): 83-97.

Parker, M., and D. Bell. 2009. "Introduction: Making Space." *Sociological Review* 57 (s1): 1-5.

Robbins, B. 1998. "Actually Existing Cosmopolitanism." In *Cosmopolitics*, edited by P. Cheah and B. Robbins, 1-19. Minneapolis: University of Minnesota Press.

Sadeh, E. 2005. "The Evolution of Access to Space as an Idea and Technology." *Astropolitics* 3 (3): 305-318.

Salomon, J.-J. 1996. "Science Policy to Cope with the Inevitable?" *Science, Technology and Society* 1 (1): 73-100.

Schivelbusch, W. 1980. *The Railway Journey: Trains and Travel in the 19th Century*. Oxford: Blackwell.

Skrbis, Z., and I. Woodward. 2013. *Cosmopolitanism: Uses of the Idea*. London: Sage.

Thrift, N. 2004. "Driving in the City." *Theory, Culture & Society* 21 (4/5): 41-59.

Urry, J. 1990. *The Tourist Gaze*. London: Sage.

Urry, J. 2000. *Sociology Beyond Societies: Mobilities for the Twenty-first Century*. London: Routledge (존 어리. 2012. 《사회를 넘어선 사회학》 윤여일 옮김. 휴머니스트).

Urry, J. 2007. *Mobilities*. Cambridge: Polity (존 어리. 2014. 《모빌리티》 강현수 · 이희상 옮김. 아카넷).

Urry, J. 2011. *Climate Change and Society*. Cambridge: Polity.

Urry, J., and J. Larsen. 2011. *The Tourist Gaze 3.0*. 3rd ed. London: Sage.

Vedda, J. 2002. "Space Commerce." In *Space Politics and Policy*, edited by E. Sadeh,

201-229. London: Kluwer.

Williams, R. 2006. "Compressed Foresight and Narrative Bias: Pitfalls in Assessing High Technology Futures." *Science as Culture* 15 (4): 327-348.

10장 가속, 역전 또는 출구 찾기?

Adey, P. 2006. "If Mobility is Everything Then It is Nothing: Towards a Relational Politics of (Im)Mobilities." *Mobilities* 1 (Mar): 75-94.

America's Energy Future Energy Efficiency Technologies Subcommittee, National Academy of Sciences, National Academy of Engineering, and National Research Council [AEF Panel et al.]. 2010. *Real Prospects for Energy Efficiency in the United States*. Washington, DC: National Academies Press. http://www.nap.edu/catalog.php?record_id=12621.

American Association of State Highway and Transportation Officials [AASHTO]. 2004. *A Policy on Geometric Design of Highways and Streets*. Washington, DC: AASHTO.

American Planning Association [APA]. 2006. *Planning and Urban Design Standards*. Hoboken, NJ: Wiley.

Anderson, B. R. 1991. *Imagined Communities: Reflections on the Origin and Spread of Nationalism*. New York: Verso.

Bærenholdt, J. O. 2013. "Governmobility: The Powers of Mobility." *Mobilities* 8 (Feb): 20-34.

Beck, U. 1999. *World Risk Society*. Malden, MA: Polity Press.

Beckmann, J. 2001. "Automobility—A Social Problem and Theoretical Concept." *Environment and Planning D: Society and Space* 19: 593-607.

Beckmann, J.. 2004. "Mobility and Safety." *Theory, Culture & Society* 21 (Oct 1): 81-100.

Berkeley Oil Independence Task Force. 2009. *Berkeley Energy Descent 2009-2020: Transitioning to the Post Carbon Era*. Berkeley, CA. http://postcarboncities.net/files/BerkeleyEnergyDescentPlan.pdf.

Bloomington Peak Oil Task Force. 2009. "Redefining Prosperity: Energy Descent and Community Resilience." http://bloomington.in.gov/peakoil.

Bohm, S., C. Jones, C. Land, and M. Paterson. 2006. "Introduction: Impossibilities of Automobility." In *Against Automobility*, edited by S. Bohm, C. Jones, C. Land, and M. Paterson, 3-16. Malden, MA: Blackwell.

Bonham, J. 2006. "Transport: Disciplining the Body That Travels." In *Against Automobility*, edited by S. Bohm, C. Jones, C. Land, and M. Paterson, 57-74. Malden, MA: Blackwell.

Buck, A. 1982. *A History of the Energy Research and Development Administration*.

Washington, DC. http://energy.gov/sites/prod/files/ERDA%20History.pdf.

Bull, M. 2004. "Automobility and the Power of Sound." *Theory, Culture & Society* 21 (Oct 1): 243-259.

Chamberlin, S. 2009. *The Transition Timeline for a Local, Resilient Future.* White River Junction, VT: Chelsea Green.

Clarsen, G., and L. Veracini. 2012. "Settler Colonial Automobilities: A Distinct Constellation of Automobile Cultures?" *History Compass* 10 (Dec 2): 889-900.

Cohen, M. J. 2006. "A Social Problems Framework for the Critical Appraisal of Automobility and Sustainable Systems Innovation." *Mobilities* 1 (Mar): 23-38.

Collin-Lange, V. 2013. "Socialities in Motion: Automobility and Car Cruising in Iceland." *Mobilities* 8 (Sep): 406-423.

Conley, J., and A. T. McLaren. 2009. *Car Troubles.* Farnham: Ashgate.

Dalakoglou, D., and P. Harvey. 2012. "Roads and Anthropology: Ethnographic Perspectives on Space, Time and (Im)Mobility." *Mobilities* 7 (Nov): 459-465.

Dant, T. 2004. "The Driver-Car." *Theory, Culture & Society* 21 (Oct 1): 61-79.

Dennis, K., and J. Urry. 2009. *After the Car.* Cambridge: Polity.

Dowling, R., and C. Simpson. 2013. "'Shift-The Way You Move': Reconstituting Automobility." *Continuum* 27 (Jun): 421-433.

Dryzek, J. S. 2013. *The Politics of the Earth: Environmental Discourses.* Oxford: Oxford University Press.

Duany, A., J. Speck, and M. Lydon. 2010. *The Smart Growth Manual.* New York: McGraw-Hill.

Emirbayer, M., and A. Mische. 1998. "What is Agency?" *American Journal of Sociology* 103 (4): 962-1023.

Epstein, C. 2008. *The Power of Words in International Relations.* Cambridge, MA: MIT Press.

Featherstone, M. 2004. "Automobilities: An Introduction." *Theory, Culture & Society* 21 (Oct 1): 1-24.

Federal Transit Administration [FTA]. 1999. *Building Livable Communities with Transit.* Washington, DC: Federal Transit Administration.

Flink, J. J. 1988. *The Automobile Age.* Cambridge, MA: MIT Press.

Flonneau, M. 2010. "Read Tocqueville, or Drive? A European Perspective on US 'Automobilization'." *History and Technology* 26 (4) (Dec): 379-388.

Freund, P. E. S., and G. T. Martin. 1993. *The Ecology of the Automobile.* New York: Black Rose Books.

Garforth, L. 2005. "Green Utopias: Beyond Apocalypse, Progress, and Pastoral." *Utopian Studies* 16 (3): 393-427.

Gartman, D. 2004. "Three Ages of the Automobile the Cultural Logics of the Car." *Theory, Culture & Society* 21 (Oct 1): 169-195.

Geels, F. W. 2012. *Automobility in Transition?: A Socio-technical Analysis of*

Sustainable Transport. New York: Routledge.

Gilbert, R., and A. Perl. 2010. "Transportation in the Post-Carbon World." In *The Post Carbon Reader*, edited by R. Heinberg and D. Lerch, 347-362. Berkeley, CA: Watershed Media.

Goddard, S. B. 1994. *Getting There: The Epic Struggle between Road and Rail in the American Century*. New York: Basic Books.

Goodwin, K. J. 2010. "Reconstructing Automobility: The Making and Breaking of Modern Transportation." *Global Environmental Politics* 10 (4): 54-58.

Goodwin, P., and K. Van Dender. 2013. "Peak Car-Themes and Issues." *Transport Reviews* 33 (Jun 20): 243-254.

Gunster, S. 2004. "'You Belong Outside': Advertising, Nature, and the SUV." *Ethics & the Environment* 9 (2): 4-32.

Hagman, O. 2006. "Morning Queues and Parking Problems. On the Broken Promises of the Automobile." *Mobilities* 1 (Mar): 63-74.

Hajer, M. A. 1995. *The Politics of Environmental Discourse*. Oxford: Clarendon Press.

Heinberg, R. 2003. *The Party's Over: Oil, War and the Fate of Industrial Societies*. Gabriola, BC: New Society Publishers.

Hopkins, R. 2008. *The Transition Handbook: From Oil Dependency to Local Resilience*. Totnes: Green.

Hopkins, R. 2011. *The Transition Companion: Making Your Community More Resilient in Uncertain times*. White River Junction, VT: Chelsea Green.

Huijbens, E. H., and K. Benediktsson. 2007. "Practising Highland Heterotopias: Automobility in the Interior of Iceland." *Mobilities* 2 (Mar): 143-165.

Jackson, K. T. 1985. *Crabgrass Frontier: The Suburbanization of America*. New York: Oxford University Press.

Jasanoff, S. 2004. *States of Knowledge*. London: Routledge.

Jensen, A. 2011. "Mobility, Space and Power: On the Multiplicities of Seeing Mobility." *Mobilities* 6 (May): 255-271.

Jensen, O. B., and M. Freudendal-Pedersen. 2012. "Utopias of Mobilities." In *Utopia: Social Theory and the Future*, edited by M. Hviid Jacobsen and K. Tester, 197-218. Farnham: Ashgate.

Joas, H. 1996. *The Creativity of Action*. Chicago: University of Chicago Press (한스 요아스. 2009.《행위의 창조성》 신진욱 옮김. 한울아카데미).

Kent, J. L., and R. Dowling. 2013. "Puncturing Automobility? Carsharing Practices." *Journal of Transport Geography* 32 (Oct): 86-92.

Kenworthy, J. R., and F. B. Laube. 1999. "Patterns of Automobile Dependence in Cities." *Transportation Research Part A: Policy and Practice* 33: 691-723.

Koonin, S. E. 2011. "Statement of Steven E. Koonin, under Secretary for Science." US Department of Energy, before the Committee on Energy and Natural Resources, United States Senate. November 15. Washington, DC.

Koshar, R. 2004. "Cars and Nations Anglo-German Perspectives on Automobility between the World Wars." *Theory, Culture & Society* 21 (Oct 1): 121-144.

Kumar, K. 1991. *Utopianism*. Minneapolis, MN: University of Minnesota Press.

Kunstler, J. H. 1994. *The Geography of Nowhere: The Rise and Decline of America's Man-Made Landscape*. New York: Simon & Schuster.

Laclau, E., and C. Mouffe. 1985. *Hegemony and Socialist Strategy: Towards a Radical Democratic Politics*. London: Verso. (에르네스토 라클라우 · 샹탈 무페. 2012. 《헤게모니와 사회주의 전략—급진 민주주의 정치를 위하여》 이승원 옮김. 후마니타스.)

Latimer, J., and R. Munro. 2006. "Driving the Social." *The Sociological Review* 54 (Sep 18): 32-53.

Litfin, K. 1994. *Ozone Discourses*. New York: Columbia University Press.

Lumsden, K. 2013. "(Re)Civilizing the Young Driver: Technization and Emotive Automobility." *Mobilities* 10 (Aug 15): 36-54.

MacIntyre, A. C. 1984. *After Virtue: A Study in Moral Theory*. Notre Dame: University of Notre Dame Press (알레스데어 매킨타이어. 1997. 《덕의 상실》 이진우 옮김. 문예출판사).

McLaren, A. T., and S. Parusel. 2012. "Under the Radar: Parental Traffic Safeguarding and Automobility." *Mobilities* 7 (May): 211-232.

Merriman, P. 2004. "Driving Places: Marc Augé, Non-Places, and the Geographies of England's M1 Motorway." *Theory, Culture & Society* 21 (Oct 1): 145-167.

Merriman, P. 2006. "'Mirror, Signal, Manoeuvre': Assembling and Governing the Motorway Driver in Late 1950s Britain." *The Sociological Review* 54 (Sep 18): 75-92.

Metz, D. 2014. *Peak Car*. London: Landor LINKS.

Miller, D. 2001. *Car Cultures*. Oxford: Berg.

Milliken, J. 1999. "The Study of Discourse in International Relations: A Critique of Research and Methods." *European Journal of International Relations* 5 (Jun 1): 225-254.

Mumford, L. 1961. *The City in History*. New York: Harcourt, Brace & World.

Nader, R. 1965. *Unsafe at Any Speed*. New York: Grossman.

National Research Council [NRC]. 2013. *Review of the Research Program of the U.S. DRIVE Partnership: Fourth Report*. Washington, DC: National Academies Press.

Oak Ridge National Laboratory. 2010. *Report on the Transportation Combustion Engine Efficiency Colloquium Held at USCAR, March 3-4, 2010*. Oak Ridge, TN: Oak Ridge National Laboratory.

Packer, J. 2008. *Mobility without Mayhem*. Durham, NC: Duke University Press.

Paterson, M. 2007. *Automobile Politics*. Cambridge: Cambridge University Press.

Pearce, L. 2012. "Automobility in Manchester Fiction." *Mobilities* 7 (Feb): 93-113.

Portland Peak Oil Task Force. 2007. "Descending the Oil Peak: Navigating the Transition from Oil and Natural Gas." http://www.portlandonline.com/shared/

cfm/image.cfm?id=145732.

President's Council of Advisors on Science and Technology [PCAST]. 2010. "Report to the President on Accelerating the Pace of Change in Energy Technologies through an Integrated Federal Energy Policy." http://www.whitehouse.gov/sites/default/ files/microsites/ostp/pcast-energy-tech-report.pdf.

Rajan, S. C. 2006. "Automobility and the Liberal Disposition." *The Sociological Review* 54 (Sep 18): 113-129.

Reese, K. 2015. "The Traffic Light." In *Making Things International 1: Circuits and Motion*, edited by M. Salter, 36-48. Minneapolis, MN: University of Minnesota Press.

Ricoeur, P. 1991. *From Text to Action*. Evanston, IL: Northwestern University Press.

Sachs, W. 1992. *For Love of the Automobile: Looking Back into the History of Our Desires*. Berkeley: University of California Press.

San Francisco Peak Oil Preparedness Task Force. 2009. *Report of the San Francisco Peak Oil Preparedness Task Force*. San Francisco: City of San Francisco. http:// postcarboncities.net/node/4374.

Scott, J. C. 1998. *Seeing like a State: How Certain Schemes to Improve the Human Condition Have Failed*. New Haven, CT: Yale University Press.

Seiler, C. 2008. *Republic of Drivers*. Chicago, IL: University of Chicago Press.

Seiler, C. 2010. "Author Response: The Ends of Automobility." *History and Technology* 26 (Dec): 389-397.

Sheller, M. 2004. "Automotive Emotions: Feeling the Car." *Theory, Culture & Society* 21 (Oct 1): 221-242.

Sheller, M. 2012. "The Emergence of New Cultures of Mobility: Stability, Openings, and Prospects." In *Automobility in Transition? A Socio-technical Analysis of Sustainable Transport*, edited by F. W. Geels, R. Kemp, G. Dudley, and G. Lyons, 180-202. New York: Routledge.

Sheller, M., and J. Urry. 2000. "The City and the Car." *International Journal of Urban and Regional Research* 24 (4): 737-757.

Smart Growth Network, International City/County Management Association, and US Environmental Protection Agency. 2002. *Getting to Smart Growth: 100 Policies for Implementation. Development*. Washington, DC: Smart Growth Network. http://www.smartgrowth.org/pdf/gettosg.pdf.

Smith, K. K. 2000. "Mere Nostalgia: Notes on a Progressive Paratheory." *Rhetoric & Public Affairs* 3 (4): 505-527.

Transition United States [Transition US]. 2011. "Transition Primer: A Guide to Becoming a Transition Town." http://transitionus.org/sites/default/files/primer-us-v2.0.pdf.

Transition United States [Transition US]. 2012. "A Year in Review." http://transitionus. org/sites/default/files/TUS-2012-AYearinReview.pdf.

Transition United States [Transition US]. n.d. "Governance Toolbox V2.0." http://
transitionus.org/guides/governance-toolkit.

Urry, J. 2004. "The 'System'of Automobility." *Theory, Culture & Society* 21 (Oct 1): 25-
39.

Urry, J. 2006. "Inhabiting the Car." *The Sociological Review* 54 (s1): 17-31.

Urry, J. 2007. *Mobilities*. Cambridge: Polity.(존 어리. 《모빌리티》 강현수 · 이희상 옮김.
아카넷)

Urry, J. 2013. *Societies Beyond Oil: Oil Dregs and Social Futures*. London: Zed Books.

US Department of Energy [US DOE]. 2006. *Basic Research Needs for Clean and
Efficient Combustion of 21st Century Transportation Fuels*. Washington, DC: US
Department of Energy. http://www.osti.gov/servlets/purl/935428-bbBji1/.

US Department of Energy [US DOE]. 2009. *Advanced Combustion Engine R&D:
Goals, Strategies, and Top Accomplishments*. Washington, DC: US Department of
Energy

US Department of Energy [US DOE]. 2010. *Multi-Year Program Plan*. Washington,
DC: US Department of Energy.

US Department of Energy [US DOE]. 2011. *Report on the First Quadrennial
Technology Review*. Washington, DC: US Department of Energy.

US Department of Energy [US DOE]. 2012. *Report on the First Quadrennial
Technology Review: Technology Assessments*. Washington, DC: US Department of
Energy.

US Department of Transportation [US DOT]. 2010. *Livability in Transportation
Guidebook*. Washington, DC. http://www.fhwa.dot.gov/livability/case_studies/
guidebook/livabilitygb10.pdf.

US Environmental Protection Agency [US EPA]. 2009. "Essential Smart Growth Fixes
for Urban and Suburban Zoning Codes." Washington, DC. http://www.epa.gov/
dced/pdf/2009_essential_fixes.pdf.

US Green Building Council [USGBC]. 2009. *Green Neighbourhood Development:
LEED Reference Guide for Neighbourhood Development*. Washington, DC: US
Green Building Council. http://www.usgbc.org/resources/leed-neighbourhood-
development-v2009-current-version.

Watson, M. 2012. "How Theories of Practice Can Inform Transition to a Decarbonised
Transport System." *Journal of Transport Geography* 24 (Sep): 488-496.

Weldes, J. 1999. *Constructing National Interests: The United States and the Cuban
Missile Crisis*. Minneapolis: University of Minnesota Press.

Wollen, P., and J. Kerr. 2002. *Autopia: Cars and Culture*. London: Reaktion Books.

World Bank. 2003. *World Development Indicators 2003*. Washington, DC: World
Bank.

Ye, L., S. Mandpe, and P. B. Meyer. 2005. "What is 'Smart Growth?'—Really?" *Journal
of Planning Literature* 19 (Feb 1): 301-315.

모바일 장의 발자취

2019년   2월 24일 초판 1쇄 발행

지은이 ㅣ 제임스 폴콘브리지 · 앨리슨 후이
옮긴이 ㅣ 하홍규
펴낸이 ㅣ 노경인 · 김주영

펴낸곳 ㅣ 도서출판 앨피
출판등록 ㅣ 2004년 11월 23일 제2011-000087호
주소 ㅣ 우)07275 서울시 영등포구 영등포로 5길 19(양평동 2가, 동아프라임밸리) 1202-1호
전화 ㅣ 02-336-2776   팩스 ㅣ 0505-115-0525
블로그 ㅣ bolg.naver.com/lpbook12
전자우편 ㅣ lpbook12@naver.com

ISBN 979-11-87430-58-2 94300